권력, 유혹, 마스터리, 전쟁, 인간 본성에 대한 366가지 기술

오늘의 법칙

THE
DAILY
LAWS

로버트 그린
노승영 옮김

까치

THE DAILY LAWS :
366 Meditations on Power, Seduction, Mastery, Strategy, and Human Nature
by Robert Greene

역자 노승영(盧承英)
서울대학교 영어영문학과를 졸업하고, 서울대학교 대학원 인지과학 협동과정을 수료했다. 컴퓨터 회사에서 번역 프로그램을 만들었으며 환경단체에서 일했다. '내가 깨끗해질수록 세상이 더러워진다'라고 생각한다. 옮긴 책으로 『우리 몸 오류 보고서』, 『약속의 땅』, 『행동경제학』, 『이렇게 살아가도 괜찮은가』, 『트랜스휴머니즘』, 『나무의 노래』, 『노르웨이의 나무』, 『정치의 도덕적 기초』, 『그림자 노동』, 『테러리스트의 아들』, 『새의 감각』 등이 있다. 홈페이지(http://socoop.net)에서 그동안 작업한 책들에 대한 정보와 정오표를 볼 수 있다.

편집, 교정 _ 권은희(權恩喜), 옥신애(玉信愛)

오늘의 법칙: 권력, 유혹, 마스터리, 전쟁, 인간 본성에 대한 366가지 기술

저자/로버트 그린
역자/노승영
발행처/까치글방
발행인/박후영
주소/서울시 용산구 서빙고로 67, 파크타워 103동 1003호
전화/02·735·8998, 736·7768
팩시밀리/02·723·4591
홈페이지/www.kachibooks.co.kr
전자우편/kachibooks@gmail.com
등록번호/1-528
등록일/1977. 8. 5
초판 1쇄 발행일/2021. 12. 15
    4쇄 발행일/2022. 11. 25

값/뒤표지에 쓰여 있음

ISBN 978-89-7291-757-1 03180

역사상 가장 위대한 고양이 브루투스를 기리며

차례

한국의 독자들에게

2020년 초 이후로 우리는 모두 지독한 팬데믹, 커져가는 경제적 불안정, 강대국 간의 긴장 증대와 같은 전례 없는 혼란을 마주해야 했습니다. 개인으로서도 엄청난 위험을 맞닥뜨리고 있습니다. 온갖 무질서에 어리둥절한 채 과거와 옛 대처 방식에 매달려보지만, 변화하는 지형에 압도되고 맙니다. 지나친 불안과 두려움에 사로잡힌 탓에 혼돈의 시기가 성장과 혁신을 위한 절호의 기회임을 깨닫지 못할 수도 있습니다. 소셜 미디어의 온갖 유혹에 넘어가서 커져만 가는 문제들을 직시하지 않고 엉뚱한 곳에 한눈팔기도 합니다.

우리에게 무엇보다 필요한 것은 예리한 초점, 위험에 대한 자각, 끊임없이 유동하는 세상을 마주하는 현실주의적인 태도입니다. 우리는 이 시대의 혼돈을 받아들이고, 심지어는 끌어안아야 합니다. 『오늘의 법칙』은 독자들이 이런 사나운 물결을 헤치고 나아가는 데에 필요한 기술들을 연마하도록 쓰였습니다.

이 책을 통해서 여러분은 매일 자신의 결점과 약점에 대해서, 삶의 목표와 목적으로부터 멀어지게 하는 것에 대해서, 변덕스럽고 기만적인 주변 사람들의 행동을 간파하는 방법에 대해서, 21세기 삶의 정치 게임을 능수능란하게 벌이는 법에 대해서 숙고하게 될 것입니다. 그리고 무엇보다도 자신을 다스리는 법에 숙달하게 될 것입니다. 지금과 같은 상황에서 방향을 잃지 않으려면 자제력과 규율을 익혀야 합니다.

그런 권력과 자제력은 거창한 극적 변화를 통해서가 아니라, 자신이 누구이며 목표를 실현하기 위해서는 무엇을 해야 하는지를 조금씩 자각하는 작은 걸음들을 통해서 얻을 수 있습니다. 우리는 습관의 동물입니다. 이 습관은 좋은 것일 수도 있고 나쁜 것일 수도 있습니다. 이 하루하루의 법칙을 통해서 여러분은 긍정적인 습관을 기르는 방향으로 나아갈 것입니다.

지난 25년간 저는 집필을 위해 조사하고 여러 업계의 거장들을 면담하며 인간의 본성과 심리를 연구하는 일에 전념했습니다. 이 책에는 제가 오랫동안 배운 교훈들이 집약되어 있습니다. 존경하는 한국 독자들에게 『오늘의 법칙』이 힘든 앞날을 헤쳐나갈 귀중한 길잡이이자 조언자가 되기를 기원합니다.

로버트 그린

머리말

우리는 인류라는 종種으로 존재하기 시작했을 때부터 생존과 성공을 위해서 현실과 관계를 맺어야 했다. 이를 위해서 우리의 조상들은 주변 환경에 촉각을 곤두세운 채 날씨의 변화를 감지하고 포식자의 공격을 예측하고 식량이 있는 곳을 찾아야 했다. 환경 변화를 인지하고 주목하고 그 의미를 끊임없이 곱씹어야 했다.

이렇듯 압박이 극심하고 순간의 부주의가 생사를 가르는 상황에서, 인간의 두뇌는 위험을 감지하는 수단으로뿐만 아니라 위험한 환경을 점차 통제하는 수단으로도 진화했다. 우리 조상들이 내면에 침잠하여 소망과 환상을 품으려고만 하면 현실은 그들의 망상과 오판을 무자비하게 응징했다.

수십만 년이 지난 오늘날에도 우리의 두뇌는 그때와 똑같은 목적을 위해서 설계되어 있다. 하지만 우리가 환경을 점차 장악하고 물리적인 압박으로부터 한결 벗어나면서 위험은 훨씬 미묘해졌다. 이제 우리가 상대해야 하는 것은 표범이 아니라 사람들과 그들의 기만적인 심성, 그리고 교묘한 정치적, 사회적 술수이다. 이 불분명한 위험들로 인한 가장 큰 문제는 우리의 정신이 환경에 무뎌진다는 것이다. 우리는 내면에 틀어박혀 꿈과 환상에 탐닉한다. 한마디로 현실 감각을 잃는다.

설상가상으로 문화는 온갖 거짓 관념들로 우리의 머릿속을 채워 세상과 인간 본성의 현실이 아니라 당위를 믿게 한다. 우리는 거짓 관념들을 진리로 여기고 행동의 토대로 삼는다. 그러나 환경과 현실은 언제나 그러했듯이 우리의 망상적 행동을 기필코 응징한다. 목숨을 잃지는 않더라도 경력과 인간관계의 손실을 대가로 치러야 한다. 우리는 곤경을 남의 탓으로 돌리지만 원인은 우리 스스로에게 있으며, 우리의 어수룩함과 우리가 탐닉하는 환상이 우리의 행동을 부지불식간에 인도하며 문제를 키운다.

문화적 거짓 관념들이 우리를 잘못된 길로 이끄는 흔한 예를 들어보겠다. 우리는 학벌, 인맥, 연줄이 미래 성공의 열쇠라고 믿는다. 실수를 저지르거나 실패하거나 분쟁에 휘말리는 것은 무슨 수를 써서라도 피하려고 들며, 돈을 벌고 관심을 끌고 꼭대기에 올라서려고 안달한다. 일은 신나야 하고 단조로움은 나쁜 것이고 실력을 쌓는 지름길이 있을 것이라고 상상한다. 창의성을 천부적인 재능으로 여긴다. 모든 사람이 평등하며 위계질서는 과거의 유물이라고 생각한다.

우리는 사람들을 대할 때, 대부분의 친구와 동료가 우리와 같으며 우리가 잘되기를 바란다고 믿는다. 나쁜 행동을 일삼던 사람이라도 이제는 개과천선했다고 말하면 신뢰할 수 있고, 확신과 분노에 가득 찬 사람은 진실을 말하는 것이 틀림없으며, 우리의 상사들을 비롯하여 권력을 가진 사람은 불안감을 느끼지 않는다고 생각한다. 다정다감하고 사근사근한 사람들이 어둡고 비뚤어진 본성을 숨기고 있을 리 없고, 진보적인 사상을 지지하는 사람들은 그에 걸맞은 고귀한 품성을 지녔으며, 우리가 어떤 호의를 베풀든 사람들이 고마워할 것이라고 상상한다.

우리 자신으로 말할 것 같으면, 솔직히 이야기하고 자신의 생각을 있는 그대로 밝히는 것이 상책이라고 생각한다. 지능과 성실 같은 장점을 드러내는 것이 이롭다고 여긴다. 나쁜 일을 당하면 자신은 피해자일 뿐이고 아무런 책임도 없다고 생각한다. 자기애적이고 호전적이고 샘바르고 허풍스럽고 의뭉스러운 사람이 있다는 것은 물론 알지만, 이런 자들은 극소수에 불과하며 자신에게는 이런 성격이 전혀 없다고 믿는다.

종종 그렇듯이 우리는 이런 망상에 빠진 채 아주 젊은 나이에 직업의 세계에 들어서는데, 그러면 현실이 느닷없이 우리의 뺨을 후려친다. 우리는 허약한 자아상을 가진 사람들이 있다는 것을 알게 된다. 그들이 속임수를 일삼으며 겉보기와 전혀 다르다는 것을 발견한다. 냉대나 뜻밖의 배신에 허를 찔리기도 한다. 생겨먹은 대로 살고 생각하는 대로 말했을 뿐인데 온갖 말썽에 휘말릴 때도 있다. 우리는 정치 게임이 난무하는 직업의 세계에 무방비 상태로 던져졌음을 절감한다.

돈과 관심을 얻으려고 선택한 직업이 감정 소진, 환멸, 막다른 골목으로 이어지기도 한다. 우리는 자신을 냉철히 들여다보지 않고 결점과 약점을 못 본 체함으로써 헤어나올 수 없는 습관에 사로잡힌다. 해가 갈수록 오독, 헛발질, 비현실적인 결정들이 쌓여서 낙담하고 어리둥절하고 상처받기도 한다.

『오늘의 법칙』은 이런 해로운 습관을 버리고 다시 현실을 대면하게 해줄 것이다. 우리 모두가 빠져 있는 온갖 망상을 깨부수고 가장 깊숙한 인간 본성과 우리 뇌의 실제 작동방식에 정신의 주파수를 맞추도록 해줄 것이다. 이 책의 목표는 당신을 급진적인 현실주의자로 탈바꿈시키는 것이다. 책을 다 읽고 나면 당신은 혼자 힘으로 이 렌즈를 통해서 사람과 사건을 더 명확하게 볼 수 있을 것이며, 자신이 처한 사회적 환경의 위험과 기회에 더욱 예민해질 것이다. 이 책은 권력, 설득, 전략, 숙달, 인간 본성이라는 주제를 25년간 파고든 결과물이며, 내 전작들의 모든 교훈에서 알맹이만 추린 것이다.

첫 석 달간 당신은 따라야 할 진로를 알려주겠다고 나서는 모든 외부의 목소리들을 뿌리치고, 자신의 목소리, 자신을 유일무이한 존재로 만드는 것, 자신의 목적과 소명에 귀를 기울일 것이다. 이 내면의 목소리는 이후의 모든 진로 선택에서 길잡이가 되어줄 것이다. 중요한 것은 학벌이나 돈이 아니라 끈기와 배우고자 하는 열망이고, 실패, 실수, 갈등이 종종 가장 훌륭한 교훈을 얻을 수 있는 기회가 되며, 이 모든 배움으로부터 진정한 창의력과 숙달이 생겨난다는 것 또한 보여줄 것이다.

다음 석 달간은 직업 세계의 정치적 성격을 꿰뚫어보고 겉모습을 현실로 착각하는 것이 얼마나 위험한지를 간파하는 훈련을 할 것이다. 감정의 소용돌이에 빠지기 전에 그 위험을 알아차리고 감정 조종의 선수들에게 맞서 이기는 법을 배울 것이다.

이어지는 석 달간은 진심 어린 설득과 영향력이 어떻게 효과를 발휘하는지를 알아볼 것이다. 자기 위주로 생각하고 머릿속 생각을 있는 그대로 말하는 것이 아니라 타인의 사고방식을 이해하고 그들의 이기심에 호소하는 법을 배울 것이다. 당신은 삶에서 빼어난 전략가가 될 것이며 자신이 진심으로 믿는 대의를 효과적으로 추구하고 목표를 실현할 것이다.

마지막 석 달간은 당신의 행동을 비롯한 모든 인간 행동의 이면에 놓인 동기를 꿰뚫어볼 것이다. 자신이 어떤 사람인지 성찰하고 자신 또한 남들과 마찬가지로 결함 있는 인간임을 깨달으면 공감 능력이 커지고 너그러워질 뿐만 아니라 나쁜 습관을 고치는 열쇠를 손에 넣게 될 것이다. 죽음에 대한 가장 깊숙한 공포를 직시함으로써 삶의 경이로움을 마주하게 될 것이며 삶의 숭고함을 체험하는 모든 순간에 감사하게 될 것이다.

이 글들은 내가 쓴 5권의 책과 현재 집필 중인 『숭고함의 법칙』, 지난 몇 년간의 인터뷰와 강연, 그동안 쓴 블로그와 온라인 에세이에서 추려낸 것들이다. 출처가 된 책의 제목과 장을 모든 글의 말미에 표시했으니 자세한 내용이 궁금한 독자는 참고하기를 바란다. 달마다 제목과 주제가 있으며 첫머리에 짧은 에세이를 실었다. 이 에세이들은 내 책의 개념들이 나 자신의 경험과 내가 맞닥뜨린 고난, 그 고난으로부터 배운 현실적인 교훈과 어떻게 맞물리는지를 보여준다.

이 책은 그때그때의 관심사에 따라서 원하는 부분을 골라 읽어도 무방하다. 하지만 가장 좋은 방법은 이 책을 집어든 첫날부터 하루에 한 꼭지씩 읽는 것이다. 이렇게 하면 이 책이 당신을 각각의 주제에 흠뻑 빠뜨리고 당신의 마음속에 스며들어 현실을 있는 그대로 보는 습관을 기르게 해줄 것이다. 과거와 현재의 경험을 떠올리며 그때그때 메모를 하는 것도 좋겠다. 이 책에 담긴 생각들을 실천하고 현실 경험을 성찰하는 계기로 삼는다면 더더욱 유익할 것이다.

마지막으로 『오늘의 법칙』을 일종의 성장소설로 생각해주기를 바란다. 성장소설은 '발전'이나 '교육 소설'을 뜻하는 독일어 'Bildungsroman'의 번역어로, 18세기에 생겨나서 지금까지 이어지는 문학 장르이다. 성장소설의 주인공은 대개 젊은 나이에 어수룩한 채로 세상에 발을 디딘다. 작가는 주인공이 사기꾼, 악당, 바보들로 가득한 세상을 헤쳐나가게 한다. 주인공은 진짜 세상을 배우면서 서서히 망상들을 벗어나간다. 그러다가 자신이 주입받은 어떤 환상보다도 현실이 훨씬 흥미진진하고 풍성하다는 것을 알게 된다. 그들은 깨우침을 얻고 노련해지고 나이보다 현명해진다.

『오늘의 법칙』의 주인공인 당신은 위험하고 해로운 자들로 가득한 세상을 헤쳐나가게 될 것이다. 당신은 망상을 벗어버리고 더욱 단단해진 모습으로 앞으로의 전투를 맞이할 것이다. 사람들과 세상을 참된 빛 속에서 바라보면서 위안과 기쁨을 만끽할 것이다.

우리는 지혜를 타고나지 않는다. 지혜는 아무도 우리를 대신할 수 없는 황무지로의 여행에서 돌아와서 우리 스스로 발견해야 한다. ⋯⋯당신이 존경하는 삶, 당신 눈에 고귀해 보이는 태도는 집에서나 아버지에 의한, 학교 교장에 의한 훈련의 결과가 아니라 전혀 다른 질서의 시작으로부터, 그들 주변에서 기승을 부린 사악하거나 진부한 모든 것들의 영향에 반발하면서 생겨난 것이다. 그 삶들은 투쟁과 승리를 나타낸다.

— 마르셀 프루스트

1월

인생의 과업

— 숙달의 씨앗을 뿌려라 —

January _____

우리는 모두 유일무이한 존재이다. 이 유일무이함은 우리의 DNA에 유전적으로 새겨져 있다. 우리는 우주에 단 한 번 일어나는 현상이며, 우리와 똑같은 유전자 조합은 이제껏 한 번도 존재하지 않았고 앞으로도 결코 존재하지 않을 것이다. 이 유일무이함은 모든 사람에게 어릴 적 원초적 성향을 통해서 처음으로 나타난다. 원초적 성향은 의식적 언어로 표현할 수 있는 것보다 깊숙한 곳에서 비롯되는 우리 내면의 힘으로, 우리를 어떤 경험으로 이끌기도 하고, 다른 경험들로부터 멀어지게 하기도 한다. 이 힘들은 우리를 이리저리 움직이면서 정신의 발달에 매우 특별한 방식으로 영향을 미친다. 이렇게 말해보자. 당신이 태어날 때 씨앗 하나가 심어진다. 그 씨앗은 당신의 유일무이함이다. 씨앗은 자라고 탈바꿈하고 꽃을 피워 잠재력을 온전히 발휘하고 싶어하며, 여기에 필요한 자연적이고 능동적인 에너지를 품고 있다. 당신 인생의 과업은 그 씨앗이 꽃을 피우게 하고, 일을 통해서 자신의 유일무이함을 표현하는 것이다. 당신에게는 성취해야 할 운명이 있다. 당신이 그 운명을 힘으로든, 목소리로든, 어떤 형태로든 더 확실하게 느끼고 간직할수록 인생의 과업을 성취하고 숙달을 달성할 가능성이 커진다. 1월은 인생의 과업, 목적, 해야 할 일을 발견하고 발전시키는 달이다.

나는 아주 어릴 적—아마도 여덟 살—부터 내가 작가가 되고 싶어한다는 것을 알았다. 책과 낱말을 무지무지 사랑했다. 어릴 때는 커서 소설가가 될 거라고 생각했지만, 대학을 졸업하고 생계를 꾸려야 했을 때에는 소설가가 되는 일이 너무 비현실적이라는 것을 깨달았다. 그래서 뉴욕에 살면서 기자가 되었다. 적어도 호구지책은 되었으니까. 그렇게 몇 년을 기자 겸 편집자로 지내던 어느 날, 내가 잡지에 기고한 최근 기사의 편집자와 점심을 먹게 되었다. 그는 마티니를 석 잔째 들이켠 뒤에야 내게 점심을 먹자고 한 이유를 꺼냈다. 그는 이렇게 말했다. "다른 직업을 진지하게 고민해보게. 자넨 글을 쓸 재목이 아니야. 자네 글은 뒤죽박죽이야. 문체는 괴상망측하고. 자네의 생각은 일반적인 독자들의 공감을 사지 못해. 로스쿨에 가게, 로버트. 경영학을 전공하든가. 사서 고생하지 말라고."

처음에는 명치를 한 대 얻어맞은 듯했다. 하지만 몇 달 지나자 나 자신에 대해 무엇인가를 깨달았다. 나는 자신에게 어울리지 않는 직종에 뛰어들었고 내 글에는 그런 위화감이 배어 있었다. 언론계는 내 길이 아니었다. 이 깨달음을 얻자 방황의 시기가 찾아왔다. 나는 유럽 전역을 돌아다녔다. 안 해본 일이 없었다. 그리스에서는 건설 일을 했고 바르셀로나에서는 영어를 가르쳤고 파리에서는 호텔 접수부에서 일했고 더블린에서는 관광 가이드를 했고 텔레비전 다큐멘터리를 제작하는 영국 회사에서 수습 직원으로 일했다. 소설과 희곡도 끄적거렸다. 그러다 내가 나고 자란 캘리포니아 주 로스앤젤레스로 돌아왔다. 나는 사립 탐정을 비롯한 특이한 직업들을 경험했다. 영화판에 뛰어들어 조감독, 자료 조사원, 스토리 작가, 대본 작가로 일했다. 그 기나긴 방황의 시절에 총 60개가량의 직업을 전전했다. 1995년이 되자 나의 부모님은 (하느님의 축복이 함께하시길) 아들을 심히 걱정하시기 시작했다. 서른여섯 살이나 먹고도 아직 갈피를 잡지 못하고 무엇에도 안착하지 못한다고 생각하신 것이다. 물론 지독히 회의적이고 심지어 우울하던 시기도 있었지만, 갈피를 잡지 못한 것은 아니었다. 내면의 무엇인가가 계속해서 나를 밀어붙이고 이끌었다.

나는 찾고 파고들었다. 경험에 굶주렸으며 끊임없이 글을 썼다. 그해 이탈리아에서 또다른 일에 종사하던 중, 주스트 엘퍼스Joost Elfers라는 출판 기획자 겸 발행인을 만났다. 어느 날 우리는 베네치아 부둣가를 걷고 있었는데 주스트가 내게 책 아이디어가 좀 있느냐고 물었다.

문득, 난데없이 아이디어 하나가 떠올랐다. 역사책을 꾸준히 읽다 보니 율리우스 카이사르와 보르자, 루이 14세의 이야기가 나의 오만가지 직업에서 두 눈으로 목격한 이야기들과 똑같더라고, 다만 유혈이 낭자하지 않았을 뿐이라고 주스트에게 말했다. 사람들은 권력을 원하며 자신의 권력욕을 숨기고 싶어한다. 그래서 그들은 게임을 한다. 은밀히 조종하고 모의하면서도 겉으로는 번듯하게 심지어 성인군자처럼 행세한다. 나는 이 게임을 폭로하고 싶었다.

주스트에게 아이디어를 즉흥적으로 설명하다가―이 아이디어는 결국 나의 첫 책 『권력의 법칙』으로 결실을 맺었다―내 머릿속에서 무엇인가가 번득였다. 어마어마한 흥분이 솟구쳤다. 순리이자 마치 운명 같았다. 그도 흥분한 것을 보고서 나는 더더욱 흥분이 되었다. 그는 아이디어가 마음에 든다며, 책의 절반을 쓸 때까지 자신이 생활비를 대고, 그런 다음 원고를 출판사에 팔아보겠다고 했다. 편집, 디자인, 제작도 자신이 도맡겠다고 나섰다. 로스앤젤레스의 집으로 돌아와 『권력의 법칙』을 쓰기 시작하면서 이것이 내게 일생일대의 기회임을, 그 모든 방황의 시절에서 빠져나올 유일한 탈출구임을 깨달았다. 그래서 모든 것을 걸었다. 나의 에너지를 한 방울도 남기지 않고 투입했다. 이 책이 성공하든 나의 인생이 실패작으로 남든 둘 중 하나였기 때문이다. 내가 배운 모든 교훈, 작가로서 받은 모든 훈련, 기자로서 습득한 모든 자질, 60개의 직업을 전전하며 쌓은 좋고 나쁜 모든 경험, 직장에서 겪은 온갖 끔찍한 상사들에 대한 이야기를 책에 쏟아부었다. 나의 억눌려 있던 흥분은 독자들에게 고스란히 전달되었으며, 놀랍게도 책은 상상도 하지 못했던 대성공을 거두었다.

25년쯤 지나 그 시절을 돌이켜보니 나를 밀어붙이고 이끈 것은 목적의식이요, 운명의식이었다. 내 안의 목소리가 이렇게 속삭이는 것 같았다. "포기하지 마. 계속 노력해. 계속 노력하라고." 어릴 적에 처음 들려온 이 목소리가 인생의 과업으로 나를 이끌고 있었던 것이다. 오랜 기간, 많은 경험, 숱한 실수, 그리고 좌절을 겪어야 했지만, 그 목소리 덕분에 나는 계속 앞으로 나아가고 힘겨운 상황에서도 희망을 간직할 수 있었다.

많은 책을 쓴 지금도 나는 인생의 과업에 최선을 다한다. 여느 사람처럼 나도 여전히 하루하루 목적의식의 인도를 받아야 한다. 내가 쓰는 모든 책은 운명의 일부처럼, 일어나야만 했던 일처럼 느껴져야 한다. 내가 평생 간직했고 25년이 지난 지금에는 더욱 뚜렷해진 이 목적의식은 내 삶의 모든 힘겨운 순간을 헤쳐나가게 해준 길잡이였다. 이 목적의식을 내면에서 감지한다면, 찾기 시작한다면 당신도 이렇게 할 수 있다.

여기에서 얻을 수 있는 진짜 교훈은 내가 지금의 자리에 이르기까지 오랜 시간이 걸렸고 수많은 우여곡절을 겪었다는 것이다. 성취는 인생의 후반부에 찾아올 수도 있다. 30대, 40대, 어쩌면 그 이후일 수도 있다. 그러나 인생의 과업을 받아들인 순간, 나는 이전과는 완전히 다른 존재가 되었다.

1월 1일　소명을 발견하라

> 모든 사람이 자신의 운명을 제 손에 쥐고 있는 것은 조각가가 어떤 형상으로 빚기
> 위해서 원재료를 들고 있는 것과 같다. 그러나 예술적인 유형의 활동뿐 아니라 나
> 머지 모든 활동들도 마찬가지이다. 우리가 타고나는 것은 능력일 뿐이다. 재료를
> 자신이 원하는 모양으로 빚는 기술은 학습되고 열심히 연마되어야 한다.
>
> **요한 볼프강 폰 괴테**

당신은 스스로를 인생의 과업으로 인도할 내면의 힘을 가지고 있다. 인생의 과업이란 당신이 살아 있는 동안 성취하도록 운명지어진 일을 뜻한다. 어릴 적에는 이 힘이 뚜렷이 느껴졌을 것이다. 이 힘은 당신을 타고난 성향에 어울리는 활동과 주제로 이끌었으며, 깊고 원초적인 호기심을 불러일으켰다. 하지만 자라는 동안 부모와 또래의 말에, 당신을 괴롭히는 하루하루의 불안에 더 귀를 기울이면서 그 힘은 점점 희미해진다. 이렇듯 자신이 어떤 사람이고 자신을 유일무이한 존재로 만드는 것이 무엇인지를 망각하는 것이야말로 불행의 근원인지도 모른다. 마스터리mastery, 즉 숙달을 향한 첫걸음은 언제나 내면을 향해야 한다. 자신의 참모습을 깨닫고 그 내적 힘과 다시 연결되어야 한다. 자신을 분명히 알면 올바른 길을 선택하는 방법을 발견할 것이며 모든 것이 제자리를 찾을 것이다. 지금도 늦지 않았다.

✦ **오늘의 법칙** ✦　　**숙달은 과정이며 자신의 소명을 발견하는 것은 그 출발점이다.**

『마스터리의 법칙』: 제1장 인생의 과업을 발견하라

1월 2일　어릴 적 집착의 의미를 깨달아라

　　훗날 라듐을 발견한 마리 퀴리Marie Curie는 네 살에 아버지의 서재에 들어갔다가 화학과 물리학에 필요한 온갖 실험 도구들이 들어 있는 유리 상자 앞에서 넋을 잃었다. 그녀는 몇 번이고 서재로 돌아가 도구들을 바라보면서 튜브와 측정 장비들로 할 수 있는 온갖 실험들을 머릿속으로 상상했다. 세월이 흘러 처음으로 진짜 실험실에 들어가 직접 실험을 하게 되자마자, 그녀는 어릴 적에 그녀를 사로잡았던 집착의 의미를 깨달았다. 자신이 소명을 발견했음을 깨달은 것이다.

✦ **오늘의 법칙** ✦　**어릴 적 무엇인가에 집착하는 데에는 이유가 있다. 그 의미를 깨달아라.**
　　　　　　　　　『마스터리의 법칙』 : 제1장 인생의 과업을 발견하라

1월 3일　목소리

> 삶의 의미와 가치를 되찾으려면 경험의 힘을 되찾고, 내면에서 비롯되는 충동의 목소리를 간직하고, 이 충동의 목소리를 들을 수 있어야 한다. **에이브러햄 매슬로**

나는 어릴 적부터 낱말에 매료되었다. 4학년 때 선생님은 '목수carpenter'라는 낱말을 보여주시면서 이 낱말에 들어 있는 글자만으로 만들 수 있는 낱말들을 생각해보라고 하셨다. '개미ant', '애완동물pet', '자동차car' 등의 대답이 나왔다. 문득 이런 생각이 들었다. '우와! 이렇게 글자들을 재조합하면 낱말이 되는 거였어?' 나는 넋을 잃었다. 이러한 어린 시절의 끌림은 말로 표현하기 힘들다. 에이브러햄 매슬로Abraham Maslow는 이것을 '충동의 목소리'라고 불렀다. 그는 아동이 매우 어릴 적부터 무엇이 좋고 싫은지를 명확히 안다는 것을 발견했다. 이것은 지극히 인간적이며 강력한 성향이다. 당신에게도 충동의 목소리가 있었을 것이다. 어떤 수업은 싫고 다른 수업이 좋았을지도 모른다. 수학은 지겹지만 언어는 재미있었을 수도 있다. 어떤 책을 읽으면 신이 났지만 다른 책을 잡으면 금세 잠이 들었을지도 모른다. 이런 어린 시절의 성향을 인식하는 것이 중요한 이유는 타인의 욕구에 물들지 않은 끌림을 뚜렷이 보여주기 때문이다. 이것은 부모가 심어준 피상적인 연결, 언어적이고 의식적인 성향과는 다르다. 초기의 성향은 더 깊은 곳에서 생겨나며 당신의 유일무이한 특성이 반영된 당신만의 것이다.

✦ 오늘의 법칙 ✦　**어릴 적 즐겨 하던 일을 오늘 해보라. 충동의 목소리를 되찾아라.**
「라이브 토크스 로스앤젤레스」 대담, 2019년 2월 11일

1월 4일 이미 당신 안에 있다

> 언젠가 무엇인가가 우리를 특정한 길로 이끄는 듯하다. 당신은 이것을 어릴 적의 깃발 신호 같은 것으로 기억할지도 모른다. 난데없는 충동, 매혹, 기이한 사건 전개가 마치 수태고지처럼 펼쳐졌을 때, 당신은 이렇게 생각했을 것이다. 이것은 내가 해야만 하는 일이야. 이것은 내가 가져야만 하는 것이야. 나는 이런 존재가 되어야 해.
> **제임스 힐먼**

당신은 머리가 굵어지면서 자신의 근본적인 기질이 보내는 신호들을 곧잘 놓친다. 그것들은 당신이 공부한 여타의 모든 주제들에 파묻혀 있을 수 있다. 당신의 힘과 미래는 이 근본 기질과 재결합하여 자신의 근원으로 돌아가는 것에 달려 있다. 아주 어릴 적까지 파고들어 그런 성향의 단서를 찾아야 한다. 단순한 것에 대한 본능적인 반응에서 실마리를 찾아보라. 이를테면 어떤 행동을 결코 지치지 않고 반복하려는 욕구, 이례적으로 호기심을 자극한 주제, 특정 행위를 할 때에 느꼈던 자신감 같은 것들 말이다. 이것은 이미 당신 안에 있다. 아무것도 만들어낼 필요가 없다. 지금까지 내면에 묻혀 있던 것을 캐내어 정제하기만 하면 된다. 어느 때든 이런 힘과 재결합하면, 그 원초적 끌림의 어떤 요소가 다시 생명을 얻어 당신에게 인생의 과업으로 이어지는 길을 보여줄 것이다.

✦ **오늘의 법칙** ✦ **당신의 어린 시절을 기억하는 사람에게 당신의 관심사가 무엇이었는지 물어보라. 그 어릴 적 열정을 되찾아라.**

『마스터리의 법칙』: 제1장 인생의 과업을 발견하라

1월 5일   무엇에 끌리는지 알고 그것에 몰입하라

현대의 인류학자이자 언어학자 대니얼 에버렛Daniel Everett은 캘리포니아와 멕시코의 국경 지역에 있는 카우보이 마을에서 자랐다. 그는 아주 어릴 적부터 주변의 멕시코 문화에 이끌렸다. 이주 노동자들의 말소리, 음식, 백인 세계와는 사뭇 다른 행동거지 등 모든 것이 그를 매료했다. 그는 멕시코의 언어와 문화에도 깊이 빠져들었다. 이것은 타자—지구상의 문화적 다양성과 이것이 우리의 진화에 의미하는 것—에 대한 평생의 관심으로 발전했다.

✦ **오늘의 법칙** ✦   **당신을 언제나 매료하는 것은 무엇인가? 오늘 그것을 파고들어보라.**
『마스터리의 법칙』: 제1장 인생의 과업을 발견하라

1월 6일　변화는 법칙이다

　　당신의 진로에 찾아온 불가피한 변화에 대처하려면 이런 식으로 생각해야 한다. 당신은 특정한 자리에 매여 있지 않다. 충성해야 할 대상은 직무나 회사가 아니다. 인생의 과업에 헌신하고 온 힘을 기울여야 한다. 인생의 과업을 찾고 올바르게 이끄는 것은 자신의 몫이다. 남들에게는 당신을 지켜주거나 도울 의무가 없다. 제 앞가림은 스스로 해야 한다. 지금 같은 대변혁의 시기에 변화는 불가피하다. 지금 당신의 직종에서 일어나는 변화를 예견하는 것은 당신이 해야 할 몫이다. 이 상황에 인생의 과업을 맞춰야 한다. 뒤처져 고생할 것이 뻔한 과거의 방식에 매달리면 안 된다. 융통성을 발휘하여 늘 적응을 모색해야 한다. 변화가 강요되었을 때, 과잉 반응을 하거나 자기연민에 안주하려는 유혹에 저항해야 한다. 프레디 로치Freddy Roach는 위대한 권투 트레이너가 되기 전에 선수생활을 어쩔 수 없이 접어야 했다. 그는 자신이 사랑하는 것이 권투 자체가 아니라 경쟁 스포츠와 전략 게임임을 깨우치고 본능적으로 복귀 방법을 발견했다. 이렇게 생각한 덕분에 자신의 성향을 권투 안에 존재하는 새로운 방향에 적응시킬 수 있었다. 로치처럼 당신도 이미 습득한 기술과 경험을 버리지 않고 이것을 적용할 새로운 방법을 찾고 싶을 것이다. 과거가 아니라 미래를 보라. 안주하던 곳에서 밀려나 방향을 다시 찾아야 한다면, 이런 창의적인 재조정을 통해서 오히려 더 높은 곳으로 올라갈 수도 있다.

✦ **오늘의 법칙** ✦　**자신의 성향을 변화에 적응시켜라. 경직된 목표와 꿈에 매달리지 말라. 변화는 법칙이다.**

『마스터리의 법칙』: 제1장 인생의 과업을 발견하라

1월 7일 돈과 성공

많은 사람들은 돈과 지위를 추구하는 일에서 동기를 얻고 그런 일에 집중력을 발휘한다. 이런 유형의 사람들은 삶에서 소명을 찾는 일을 시간 낭비이자 한물간 개념으로 치부할 것이다. 그러나 최후에 가장 훌륭한 결과를 낳는 것은 소명을 추구하는 철학이다. '노심초사'의 역효과는 누구나 안다. 잠이 너무나 간절해서 잠들려고 애를 쓸수록 오히려 잠들기 힘들지 않던가. 회의에서 최고의 연설을 하려고 들면 결과에 대해서 노심초사하다가 연설을 그르치기 일쑤이다. 연인을 찾거나 친구를 사귀려고 안달하면 도리어 그들을 멀어지게 하기 쉽다. 그 반대로 긴장을 풀고 다른 것에 집중하면 숙면을 취하거나 멋진 연설을 하거나 사람들을 매료할 가능성이 커진다. 삶에서 가장 만족스러운 일들은 직접 의도하거나 기대하지 않은 것의 결과로 일어난다. 행복한 순간을 억지로 만들어내려고 하면 실망하기 십상이다. 돈과 성공을 외곬으로 추구하는 것도 마찬가지이다. 가장 성공하고 유명하고 부유한 사람들 중 상당수는 돈과 지위에 대한 집착에서 출발하지 않았다. 좋은 예로 스티브 잡스Steve Jobs가 있다. 그는 비교적 짧은 생애에 막대한 부를 쌓았다. 하지만 그는 물질적 소유에는 별로 관심이 없었다. 그의 유일한 관심사는 가장 훌륭하고 독창적인 디자인을 창조하는 것이었으며, 그렇게 했더니 어마어마한 부가 따라왔다.

✦ **오늘의 법칙** ✦ 　**높은 수준의 목적의식을 유지하는 데 집중하면 성공은 자연스럽게 따라올 것이다.**

『인간 본성의 법칙』: 13. 인생의 소명을 발견하고 지침으로 삼는다 ─ 목표 상실의 법칙

1월 8일   틈새를 차지하라

1950년대 후반 인도 마드라스에서 어린 시절을 보낸 V. S. 라마찬드란V. S. Ramachandran은 자신이 남다르다는 사실을 알았다. 그는 홀로 해변을 거닐다가 바닷가로 떠밀려온 조가비들의 경이로운 다양성에 매혹되었다. 그래서 조가비를 수집하여 자세히 연구하기 시작했다. 머지않아 가장 신기한 종류들에 마음이 끌렸는데, 그중에는 버려진 껍데기를 모아 위장용으로 사용하는 조개인 제노포라Xenophora도 있었다. 어떤 면에서 그는 제노포라 같은 괴짜였다. 자연에서는 이런 괴짜가 더 폭넓은 진화적 목적에 적합할 때가 많다. 새로운 생태적 틈새를 차지하여 생존 가능성을 높일 수 있기 때문이다. 세월이 흘러 그는 소년 시절의 관심사를 인간의 해부학적 이상異常과 특이한 화학 현상 같은 주제로 발전시켰다. 의과대학에 진학한 뒤에는 캘리포니아 대학교 샌디에이고 캠퍼스의 시각심리학 교수가 되어 헛팔다리phantom limb 현상에 매혹되었다. 이것은 팔다리가 절단되었는데도 이미 사라진 팔다리에서 극심한 통증을 느끼는 현상을 말한다. 그는 헛팔다리 환자들을 대상으로 여러 실험들을 실시했다. 이 실험들은 뇌 자체에 대한 흥미로운 발견과 헛팔다리 환자들의 통증을 완화하는 새로운 치료법으로 이어졌다. 특이한 신경 장애는 그가 여생을 바칠 가치가 있는 연구 주제였다. 마치 한 바퀴를 크게 돌아 희귀한 조가비를 수집하던 시절로 돌아간 것 같았다.

✦ **오늘의 법칙** ✦   **자신의 특이함을 받아들여라. 무엇이 자신을 남다르게 만드는지 파악하라. 그것들을 버무려 괴짜가 되어라.**

『마스터리의 법칙』: 제1장 인생의 과업을 발견하라

1월 9일　자신의 영웅에게서 영감을 찾아라

　　존 콜트레인John Coltrane은 노스캐롤라이나에서 어린 시절을 보내면서 자신이 남다르고 특이하다고 느꼈다. 그는 반 친구들보다 훨씬 진지했으며 말로는 표현할 방법이 없는 정서적이고 정신적인 갈망을 느꼈다. 취미 삼아 음악을 시작했는데, 색소폰을 선택하여 고등학교 밴드에서 연주를 했다. 그러다 몇 년 뒤에 위대한 재즈 색소폰 연주자 찰리 '버드' 파커Charles 'Bird' Parker의 연주를 직접 듣게 되었다. 파커의 연주는 콜트레인의 심금을 울렸다. 원초적이고 내밀한 무엇인가가 파커의 색소폰에서 흘러나왔다. 그것은 내면의 깊숙한 곳에서 들려오는 목소리였다. 그 즉시 콜트레인은 자신의 유일무이함을 표현하고 정신적인 갈망에 목소리를 부여할 수단을 발견했다. 그는 색소폰 연습에 몰두했으며 10년도 지나지 않아 당대 최고의 재즈 연주자가 되었다. 이것을 명심하라. 어떤 분야에서 대가가 되려면 그 분야를 사랑하고 깊은 친밀감을 느껴야 한다. 당신의 관심은 자신의 분야를 초월하여 종교의 경지에 근접해야 한다. 콜트레인의 관심은 음악 자체가 아니라 벅찬 감정에 목소리를 부여하는 것이었다.

✦ **오늘의 법칙** ✦　누군가의 업적이 당신에게 중대한 영향을 미치는가? 그것을 분석하여 본보기로 삼아라.

『마스터리의 법칙』 : 제1장 인생의 과업을 발견하라

1월 10일   자신의 기이함을 끌어안아라

가장 용기 있는 행동은 스스로 생각하는 것이다. **코코 샤넬**

사람들은 대가를 일컬어 '유례를 찾을 수 없는 사람'이라고 말한다. 스티브 잡스 같은 사람은 한 명도 없었다. 워런 버핏Warren Buffett 같은 사람은 한 명도 없었다. 알베르트 아인슈타인Albert Einstein 같은 사람은 한 명도 없었다. 그들은 유일무이하다. 그들은 자신을 다른 존재로 만드는 특징을 끌어안았다. 물론 여기에는 고통이 따른다. 당신은 나의 책들, 특히 『권력의 법칙』을 싫어하고 사악하다고 생각할지도 모르지만, 장담컨대 그런 책은 한 번도 읽거나 본 적이 없을 것이다. 내가 만들어낸 구분법, 도입부 단락, 좌우의 인용문, 형태에 이르기까지 그 책에는 나 자신의 모습과 나의 기이함이 속속들이 배어 있다. 출판사는 기겁했다. 그들이 기대한 것은 더 평범한 책이었다. 나는 이렇게 말했다. "안 돼요. 이런 책이 한 번도 출간된 적 없다는 건 알지만, 지금 그대로 할 겁니다." 나는 스스로의 기이하고 특이한 점을 고수했다.

✦ **오늘의 법칙** ✦　당신을 기이하고 괴상하고 신기하고 남다르게 만드는 특징을 고수하라. 그것이 힘의 원천이다.

팟캐스트 인터뷰, 「큐리어스 위드 조시 펙」, 2018년 12월 4일

1월 11일 무엇이 당신을 더 생기 넘치게 하는가?

때로는 힘을 고양시키는 특정한 행위를 통해서 어떤 성향이 분명히 드러나기도 한다. 어릴 적 마사 그레이엄Martha Graham은 남들에게 자신을 깊이 이해시키지 못해 크나큰 좌절감을 느꼈다. 언어로는 역부족이었다. 그러던 어느 날 난생처음으로 무용 공연을 관람했다. 수석 무용수에게는 움직임으로 감정을 표현하는 비법이 있었다. 그것은 말의 언어가 아니라 몸의 언어였다. 그녀는 곧장 무용 레슨을 받기 시작했으며 금세 자신의 소명을 깨달았다. 춤출 때에만 자신이 살아 있음이 느껴지고 자신을 표현할 수 있었다. 몇 년 뒤에 그녀는 완전히 새로운 무용 형식을 창안하여 무용이라는 장르를 혁신했다.

✦ **오늘의 법칙** ✦   오늘 당신을 존재의 정점에 있는 것처럼 느끼게 해주는 일을 하라.
『마스터리의 법칙』: 제1장 인생의 과업을 발견하라

1월 12일 장애물이 곧 길이다

　　어떤 사람들은 어릴 적에 자신의 성향이나 미래의 진로를 인식하기보다는 자신의 한계만 뼈저리게 자각하기도 한다. 남들에게는 쉽거나 무난한 일들도 그들은 힘들어한다. 인생의 소명은 그들에게는 낯선 개념이다. 남들의 판단과 비판을 내면화하여 스스로에게 본질적인 결함이 있다고 생각하기도 한다. 조심하지 않으면 이것은 자기 충족적인 예언이 될 수도 있다. 이 운명을 누구보다 호되게 맞닥뜨린 사람은 템플 그랜딘Temple Grandin이다. 그녀는 세 살이던 1950년에 자폐 진단을 받았다. 의사는 그녀를 평생 동안 보호시설에 보내라고 권고했다. 그러나 그녀는 언어 치료사의 도움으로 그런 운명을 모면하고 일반 학교에 다닐 수 있었다. 그러면서 서서히 동물과 자폐에 대한 깊은 관심을 키워갔다. 이것은 과학 분야의 경력으로 이어졌다. 그녀는 남다른 추론 능력 덕분에 자폐 현상을 이해하는 실마리를 찾아냈으며 누구도 할 수 없는 방식으로 자폐를 설명할 수 있었다. 그녀는 난공불락일 것만 같은 모든 장애물을 극복하고 자신에게 알맞은 인생의 과업을 완성하는 길을 찾았다. 우리는 한계에 맞닥뜨리면 창의적인 방법으로 대응해야겠다는 생각을 하게 된다. 템플 그랜딘이 그랬듯이 그 방법은 어느 누구도 해내지 못하고 심지어 생각하지도 못한 것일지도 모른다.

✦ **오늘의 법칙** ✦　자신의 한계 ― 당신의 길에 놓인 장애물 ― 중 하나를 오늘 직시하라. 그 장애물을 부숴도 좋고 넘어가도 좋고 돌아갈 방법을 찾아도 좋다. 도망치지만 말라. 그 장애물은 당신을 위해서 세워진 것이니까.

『마스터리의 법칙』: 제1장 인생의 과업을 발견하라

1월 13일 작은 것들에 숙달하라

자신에게서 강점과 성향이 아니라 결점만 눈에 띈다면 이 전략을 택하라. 자신의 약점을 무시하고 남들과 비슷해지려는 유혹을 거부하라. 그 대신, 당신이 잘하는 작은 일들에 주목하라. 미래에 대해 꿈을 꾸거나 원대한 계획을 세우지 말고 단순한 목표에 필요한 기술을 숙달하는 데에 집중하라. 이렇게 하면 자신감이 생길 것이며 이를 발판 삼아 다른 분야로 나아갈 수 있다. 이렇게 한 걸음 한 걸음 나아가다 보면 인생의 과업을 맞닥뜨릴 것이다. 인생의 과업이 반드시 거창하거나 촉망받는 성향을 통해서 나타나는 것은 아니다. 결점의 탈을 쓰고 나타나서 당신이 잘하는 일에 집중하도록 유도하기도 한다(누구에게나 그렇듯이 당신에게도 잘하는 일이 한두 가지는 있을 테니까). 이 기술을 갈고닦으면 훈련의 가치를 배우고 노력의 보상을 얻을 수 있다. 당신의 기술은 마치 피어나는 연꽃처럼 강점과 자신감의 중심부로부터 바깥으로 뻗어나갈 것이다. 재능을 타고난 사람들을 시기하지 말라. 재능은 종종 저주이기도 하기 때문이다. 그런 사람들은 근면과 노력의 가치를 깨닫지 못해서 말년에 대가를 치르기 십상이다. 이 전략은 다른 어떤 역경과 난관에도 적용할 수 있다. 그럴 때마다 자신이 잘 알고 잘하는 소수의 것들에 집중하면서 자신감을 회복하는 것이 현명하다.

✦ **오늘의 법칙** ✦ **스스로가 미덥지 않을 때에는 잘하는 것에 집중하라. 그 중심으로부터 바깥으로 뻗어나가라.**

『마스터리의 법칙』: 제1장 인생의 과업을 발견하라

1월 14일 가짜 길을 피하라

당신 존재의 중심에 해답이 있다. 당신은 자신이 어떤 사람인지, 무엇을 원하는지 알기 때문이다. **노자**

인생에서 가짜 길이란 돈, 명예, 관심 같은 잘못된 목표에 현혹되는 것을 말한다. 관심을 예로 들면 우리는 내면의 공허를 세상 사람들의 인정이라는 가짜 사랑으로 메우고 싶어한다. 자신이 택한 분야가 가장 근원적인 성향과 맞지 않기 때문에, 우리는 그토록 갈망하는 성취감을 좀처럼 얻지 못한다. 이 때문에 일이 난항을 겪으며 그나마 받은 관심도 사그라들기 시작한다. 이것은 고통스러운 과정이다. 돈과 안락함 면에서 우리의 행동을 좌우하는 가장 흔한 원동력은 불안감과 부모를 기쁘게 하려는 욕구이다. 부모가 우리에게 벌이가 괜찮은 일자리를 권하는 것은 관심과 걱정 때문일 수도 있지만, 그 이면에 다른 것이 있을 수도 있다. 어쩌면 자신들이 젊었을 때보다 지금의 우리가 더 많은 자유를 누리는 것을 시기하는지도 모른다. 당신은 이중적인 전략을 구사해야 한다. 첫째, 자신감이 무너지기 전에 자신이 잘못된 이유로 진로를 선택했음을 최대한 일찍 깨달아야 한다. 둘째, 당신을 참된 길로부터 밀어낸 힘들에 적극적으로 맞서야 한다. 관심과 인정 욕구를 하찮게 여겨라. 그것들은 당신을 헤매게 할 것이다. 맞지 않는 직업을 강요하는 부모에게 분노와 화를 품어라. 부모에게서 벗어나 독립적인 길을 따르며 나름의 정체성을 확립하는 것은 건전한 성장 과정의 일부이다. 반항심이 당신을 활력과 목적의식으로 채우도록 하라.

✦ **오늘의 법칙** ✦ **당신이 가짜 길에 서 있다면 벗어나라. 반항 속에서 활력을 찾아라.**

『마스터리의 법칙』: 제1장 인생의 과업을 발견하라

1월 15일 목적의식을 길잡이로 삼아라

낮에 열심히 일하면 곤히 잘 수 있듯이, 생전에 열심히 살면 편안히 죽을 수 있다.
레오나르도 다빈치

현대인에게 가장 부족한 것은 삶에 대한 더 큰 목적의식이다. 과거에는 제도 종교가 사람들에게 목적의식을 불어넣었지만 오늘날에는 대부분이 종교를 믿지 않는다. 인류는 유일무이한 동물이며 자신의 세계를 스스로 구축해야 한다. 생물학적인 본능에 따라 사사건건 무작정 반응해서는 안 된다. 그렇지만 방향 감각이 없으면 허우적거리기 쉽다. 우리는 시간을 무엇으로 채우고, 어떻게 체계화할지를 알지 못한다. 자신의 삶에서 어떤 궁극적 목적도 보지 못한다. 비록 의식하지 못하더라도 이 공허함은 우리에게 속속들이 배어 있다. 자신이 무엇인가를 성취하도록 부름을 받았다고 느끼는 것은 목적의식과 방향 감각을 발견하는 가장 확실한 방법이다. 각자가 종교 못지않은 탐구를 해야 한다. 이 탐구를 이기적이거나 반사회적인 행위로 치부해서는 안 된다. 이것은 개인적 삶보다 훨씬 거대한 무엇인가와 연결되어 있기 때문이다. 종으로서 인류가 진화할 수 있었던 것은 엄청나게 다양한 기술과 사고방식을 창조한 덕분이다.

✦ **오늘의 법칙** ✦ 　어떤 행위에 개인적으로 깊이 연결되었다는 느낌이 들었던 때를 돌아보라. 그때 느낀 기쁨을 떠올려보라. 그런 행위 속에 당신의 참된 목적을 알려주는 실마리가 있다.

『마스터리의 법칙』: 제1장 인생의 과업을 발견하라

1월 16일 우월한 소명은 없다

문화에 이바지하는 방법에는 다양한 형태가 있음을 명심하라. 반드시 기업인이 되거나 세계 무대에서 두각을 드러낼 필요는 없다. 집단이나 조직의 일원으로도 얼마든지 한몫을 할 수 있다. 자기만의 확고한 관점을 간직한 채 겸허하게 영향력을 발휘하기만 하면 된다. 당신의 일은 육체적인 노고와 기술을 요하는 것일 수도 있다. 빼어난 업무 성과로 품질에 족적을 남겼다면 자부심을 가질 만하다. 가능한 최선의 방법으로 가족을 부양한 것도 마찬가지이다. 무엇보다 당신은 자신의 유일무이함과 그에 따르는 창조성을 한껏 계발하고 싶을 것이다. 쉽게 대체할 수 있을 듯한 사람들로 가득한 세상에서 당신은 대체 불가능한 존재이다. 당신은 유례를 찾을 수 없는 사람이다. 당신이 가진 기술과 경험의 조합은 복제할 수 없다. 이것이야말로 진정한 자유이자 우리 인간이 가질 수 있는 궁극적 힘이다.

✦ **오늘의 법칙** ✦ **어떤 소명도 다른 소명보다 우월하지 않다. 관건은 개개인의 필요와 성향과 연결되어 있어야 한다는 것이며, 스스로를 계발하고 경험으로부터 끊임없이 배우는 방향으로 에너지를 쏟아야 한다는 것이다.**

『인간 본성의 법칙』 : 13. 인생의 소명을 발견하고 지침으로 삼는다 ― 목표 상실의 법칙

1월 17일　창의성의 참된 원천

　　당신이 가진 창의성의 개념 자체를 바꿔 새로운 각도에서 바라보라. 사람들은 창의성 하면 흔히 지적 능력이나 특별한 사고방식을 떠올린다. 사실 창의적인 활동은 자신의 전부—감정, 활력, 성격, 정신—가 결부되는 활동이다. 무엇인가를 발견하고, 대중과의 접점을 만들고, 의미 있는 예술 작품을 창작하려면 시간과 노력을 들여야 한다. 이를 위해서는 다년간 시도하고 온갖 좌절과 실패를 겪고, 고도의 집중력을 유지해야 한다. 인내심을 발휘해야 하며 자신이 하는 일이 중요한 결실을 낳으리라고 확신을 가져야 한다. 지식과 아이디어가 넘쳐나는 가장 명석한 정신의 소유자라고 해도 주제나 공략할 문제를 잘못 고르면 활력과 관심이 중도에 바닥날 수 있다. 그러면 제아무리 지적으로 뛰어나다고 해도 무엇 하나 이루지 못할 것이다.

✦ **오늘의 법칙** ✦　**자신과 정서적으로 통하는 일을 하면 아이디어가 떠오를 것이다.**
　　　『마스터리의 법칙』: 제5장 다차원적 정신을 깨워라 — 창의적 근육의 단련

1월 18일   너무 착하게 굴지 말라

모든 사람들은 그림자를 가지고 있는데, 이것은 개인의 의식적인 삶에 덜 체화되어 있을수록 더 시커멓고 촘촘하다. **카를 융**

너무 착하고 공손하게 굴었다가는 자신의 그림자를 의식적으로 드러낼 때보다 더 큰 대가를 치를 수도 있다. 첫째, 자신의 그림자를 드러내려면 무엇보다 자신의 의견을 남들의 의견보다 존중해야 한다. 자신의 전문 분야나 자신이 몰두하는 분야에서는 더더욱 그렇다. 타고난 천재성과 떠올린 아이디어를 신뢰하라. 둘째, 일상생활에서 자신의 의견을 더 많이 관철하고 더 적게 타협하는 습관을 들여라. 단, 자제력을 발휘하고 적절한 때에만 시도하라. 셋째, 사람들이 당신을 어떻게 생각하는지 노심초사하지 말라. 그런 생각에서 벗어나면 엄청난 해방감을 느낄 것이다. 넷째, 당신의 길을 가로막는 사람, 추악한 가치관을 가진 사람, 당신을 부당하게 비난하는 사람을 공격하고 심지어 해코지해야 할 때가 있음을 명심하라. 이렇듯 불의가 명백한 상황에서는 자신의 그림자를 끄집어내어 떳떳이 보여주어라. 다섯째, 남들의 어리석음과 위선을 조롱할 때에는 버릇없고 고집 센 내면의 아이를 마음껏 풀어놓아라. 마지막으로, 남들이 전전긍긍하며 따르는 관습을 무시하라.

✦ **오늘의 법칙** ✦   권력은 사람들에게 불쾌감을 줄지언정 자신의 유일무이함을 발휘하는 데에서 생겨난다는 것을 명심하라. 오늘 자신의 어두운 면을 들여다보라.
『인간 본성의 법칙』: 9. 내 안의 어둠을 직시한다 — 억압의 법칙

1월 19일   내면의 권위에 귀 기울여라

당신이 이 자리에 있는 것은 단지 자신의 충동을 만족시키거나 남들이 만든 것을 소비하기 위해서가 아니라, 당신 스스로도 무엇인가를 만들고 기여하고 더 숭고한 목적에 이바지하기 위해서이다. 이 숭고한 목적에 이바지하려면 자신의 유일무이한 점을 계발해야 한다. 남들의 말과 의견에 너무 귀 기울이지 말고, 자신이 어떤 사람이며 무엇을 좋아하고 싫어하는지를 사람들에게 이야기하라. 사물과 사람을 스스로 판단하라. 자신이 무슨 생각을 하고, 왜 그렇게 느끼는지 자문하라. 타고난 취향과 성향, 자연스럽게 끌리는 분야에 이르기까지 자신을 속속들이 파악하라. 자신의 유일무이한 정신과 목적에 들어맞는 기술을 향상시키기 위해서 매일 노력하라. 자신의 유일무이함이 반영된 것을 만들어서 문화적 다양성의 필요에 부응하라. 자신을 남다르게 만드는 것을 끌어안아라. 이 길을 따르지 않는 것이야말로 당신이 이따금 우울해지는 진짜 이유이다. 우울한 순간은 내면의 권위에 다시 귀를 기울이라는 신호이다.

✦ **오늘의 법칙** ✦ **살아오면서 능동적이었던(자신의 길을 따른) 순간과 피동적이었던(남이 바라는 길을 따른) 순간을 떠올려보라. 그때 느낀 감정을 비교해보라.**
『인간 본성의 법칙』: 15. 권위란 따르고 싶은 모습을 연출하는 기술이다 — 변덕의 법칙

1월 20일 숙달에서 구원을 찾아라

당신을 억누르는 불행은 당신의 직업이 아니라 당신 자신에게 있다! 내면의 부름을 경험하지 못한 채로 기예나 기술, 실로 어떤 형태의 삶이든 선택한다면 세상의 그 누가 자신의 상황을 견딜 수 있겠는가? **요한 볼프강 폰 괴테**

세상은 문제들로 가득하며 그중 상당수는 우리가 자초한 것이다. 이 문제들을 해결하려면 엄청난 노력과 창의력을 쏟아부어야 한다. 유전학, 기술, 마법, 착하고 자연스러운 것 따위에 의지해서는 구원을 받을 수 없다. 우리에게 필요한 것은 현실 문제에 대처할 뿐만 아니라 변화된 상황에 들어맞는 새로운 제도와 질서를 빚어낼 에너지이다. 우리 자신의 세상을 창조하지 못한다면 우리는 무기력하게 사멸할 것이다. 수백만 년 전 인류를 하나의 종으로 정의한 숙달 개념으로 돌아가는 길을 찾아야 한다. 이 숙달은 자연이나 타인을 지배하기 위한 것이 아니라 우리 자신의 운명을 결정하기 위한 것이다. 수동적이고 냉소적인 태도는 근사하거나 낭만적이기는커녕 애처롭고 파괴적이다. 당신은 현대의 대가로서 무엇을 성취할 수 있는지에 대한 본보기를 세우고 있으며 침체의 시대에 인류의 생존과 번영이라는 가장 중요한 대의에 이바지하고 있다. 이것을 명심하라. 사람들은 삶에서 어떤 행동을 취하는가에 따라 그에 걸맞은 수준의 정신과 두뇌를 가지게 된다.

✦ 오늘의 법칙 ✦ **자신의 시도를 무척 필요하고 긍정적인 무엇인가를 숙달하는 과정으로 바라보라.**

『마스터리의 법칙』: 서장

1월 21일 타인에게 의존하는 것은 고통이다

타인에게 의존한다는 느낌보다 고약한 것은 없다. 타인에게 의존하다 보면 배신감, 실망감, 좌절감 등 자신의 정신적 균형을 무너뜨리는 온갖 감정에 휘둘린다. 자신을 믿는 것은 매우 중요하다. 타인과 이른바 전문가들에게 덜 의존하려면 자신의 기량을 폭넓게 키워야 한다. 또한 자신의 판단에 대해서 더 자신감을 가져야 한다. 명심할 사실은 우리가 으레 타인의 능력을 과대평가하고—어쨌거나 그들은 자신이 무슨 일을 하는지 아는 것처럼 보이려고 애쓰고 있으니까—자신의 능력을 과소평가한다는 것이다. 이 성향을 바로잡으려면 자신을 더 신뢰하고 타인을 덜 신뢰해야 한다. 하지만 자신을 믿는 것이 자질구레한 일들까지 짊어진다는 뜻은 아님을 유념해야 한다. 남들에게 떠넘겨도 무방한 사소한 일들과 당신이 주목하고 관심을 두어야 하는 중요한 일들을 구별할 수 있어야 한다.

✦ **오늘의 법칙** ✦　　어려울 것 없다. 타인에 대한 의존은 고통이요, 자신에 대한 의존은 힘이다.
『전쟁의 기술』: 3. 평정심을 잃지 마라 — 리더의 정신력

1월 22일 저항과 부정적 자극을 활용하라

부정적인 것은 모두 긍정적이다. 내게 일어나는 나쁜 일을 나는 좋은 일로 만든다.
피프티 센트

어느 분야에서든 성공의 관건은 먼저 다양한 방면에서 기술을 갈고닦은 다음 그것을 독특하고 창의적으로 조합하는 것이다. 하지만 자신의 한계와 기술 부족을 자각하게 된다는 점에서 그 과정은 지루하고 고역일 수 있다. 대부분의 사람들은 의식적으로든 무의식적으로든 단조로움, 고통, 역경을 피하려고 한다. 비난을 덜 받고 실패의 가능성을 최소화할 수 있는 곳에 안주하려고 든다. 하지만 당신은 반대를 선택해야 한다. 부정적 경험, 한계, 심지어 고통까지도 자신의 실력을 끌어올리고 목적의식을 벼리는 완벽한 수단으로서 끌어안아야 한다.

✦ **오늘의 법칙** ✦　부정적 경험을 받아들여라. 최근에 실패하거나 곤경에 처하거나 비난받은 적은 언제인가? 무엇 때문이었는가? 그 경험에서 어떤 교훈을 얻었는가?
『인간 본성의 법칙』: 13. 인생의 소명을 발견하고 지침으로 삼는다 — 목표 상실의 법칙

1월 23일 내려가는 목표의 사다리를 만들어라

장기적인 목표를 추구하면 명료한 시각과 결단력을 가지게 된다. 프로젝트 기획이나 창업 등은 상대적으로 야심찬 목표이며 당신에게서 최상의 능력을 끌어내기에 충분하다. 문제는 현재 시점에서부터 그곳에 도달하기까지 겪어야 하는 모든 일들을 생각하면 불안해진다는 것이다. 이런 불안을 다스리려면 현재에서 아래로 내려가는 작은 목표들의 사다리를 만들어야 한다. 사다리 아래로 내려갈수록 목표가 단순해지며 당신은 비교적 짧은 시간 안에 목표를 달성하여 만족감을 느끼고 일이 진척된다는 느낌을 받을 수 있다. 언제나 과제를 작은 조각들로 쪼개라. 매일이나 매주일의 미시적인 목표를 정하라. 이렇게 하면 일에 집중할 수 있으며 쓸데없는 일에 얽히거나 엉뚱한 방향으로 가느라 에너지를 낭비하는 일을 피할 수 있다. 그와 동시에, 방향을 잃거나 자질구레한 일들에 빠져들지 않도록 더 큰 목표를 늘 상기해야 한다. 주기적으로 원래의 목표를 떠올리면서 그 목표가 실현되었을 때에 찾아올 엄청난 만족감을 상상하라. 그러면 막막해하지 않고 계속 앞으로 나아갈 수 있다. 어느 정도 여지를 두는 것도 좋다. 시시때때로 진척 상황을 재평가하고 필요하다면 목표를 조정하라. 끊임없이 경험으로부터 배우고 원래의 목표를 수정하고 개선하라.

✦ **오늘의 법칙** ✦ 당신이 추구하는 것은 실현되지 않은 꿈과 폐기된 프로젝트의 목록이 아니라 일련의 실제적인 결과와 성취임을 명심하라. 목표를 작은 하위 목표들로 나누면 그 방향으로 꾸준히 나아갈 수 있다.

『인간 본성의 법칙』: 13. 인생의 소명을 발견하고 지침으로 삼는다 ─ 목표 상실의 법칙

1월 24일 관심사들을 결합하라

당신이 젊고 이제 막 사회에 첫발을 내디뎠다면 자신이 끌리는 것과 연관된 폭넓은 분야를 탐색하고 싶을 것이다(가령 말하기와 글쓰기를 좋아한다면, 여러 유형의 글쓰기를 시도해보면서 자신에게 맞는 것을 찾아보라). 만일 나이가 들어 경험이 쌓였다면 이미 갈고닦은 기술을 자신의 진정한 소명에 맞게 활용할 방법을 찾고 싶을 것이다. 일례로 스티브 잡스는 자신이 푹 빠진 두 가지 관심사인 기술과 디자인을 접목했다.

✦ **오늘의 법칙** ✦　**자신에게 매력적인 여러 분야들을 결합하는 것에서 소명을 찾을 수도 있음을 명심하라. 이것은 열린 과정이 되어야 한다. 경험을 길잡이로 삼아라.**

『인간 본성의 법칙』: 13. 인생의 소명을 발견하고 지침으로 삼는다 — 목표 상실의 법칙

1월 25일 내면에서 조금씩 스스로를 변화시켜라

우리 인간은 눈에 보이는 것에 집착하는 경향이 있다. 이것은 우리의 본성 중에서 가장 동물적인 부분이다. 삶이 달라진 누군가를 보고서 우리는 그 사람이 운 좋게도 인맥과 자금을 가진 사람을 만났다거나 그의 프로젝트가 돈과 이목을 끌었기 때문이라고 생각한다. 말하자면 우리는 자신의 삶에서 기회와 성공의 가시적인 징표를 보지만, 그것은 실제로는 환영幻影을 붙잡으려는 짓이다. 극적인 변화를 가져다줄 요소들은 사람의 내면에서 생겨난다. 지식과 기술의 꾸준한 축적, 업무 습관의 점진적 향상, 비판을 견디는 능력 같은 것들 말이다. 사람들의 운이 달라지는 것은 저렇게 내면 깊숙한 곳에 준비해놓은 것들이 시간이 흐르면서 가시적으로 드러나는 것에 불과하다. 보이지 않는 이런 내면적 요소들을 무시하면 우리 안에 있는 근본적인 것을 변화시킬 수 없다. 그러면 몇 년 지나지 않아 한계에 부딪히게 된다. 당신은 또다시 좌절하고, 변화를 갈망하고, 즉각적이고 피상적인 것을 움켜쥐면서 자신의 삶에서 반복되는 패턴의 노예로 영영 살아간다. 해법은 관점을 뒤집는 것이다. 더는 남들의 말과 행동에 일희일비하지 말라. 돈, 인맥, 겉모습에 연연하지 말라. 내면을 들여다보고 내면의 작은 변화에 집중하라. 이런 작은 변화들이 운을 훨씬 크게 바꿔줄 주춧돌을 놓는다. 이것이야말로 환영을 움켜쥐는 것과 현실에 몰입하는 것의 차이이다. 현실이 당신을 해방시키고 탈바꿈시킬 것이다.

✦ **오늘의 법칙** ✦　　**아무도 보고 있지 않을 때 무엇을 하겠는가? 돈은 결코 목적이 아니라면?**
"자신을 변화시키기 위한 열쇠", 「테드 강연」, 2013년 10월 23일

1월 26일 　숙달을 방해하는 힘을 피하라

　　　　우리 안에 있는 힘을 약화시키는 것, 그 힘을 느끼지 못하게 하거나 심지어 힘의 존재 자체를 의심하게 하는 요인은 당신이 삶에 존재하는 또다른 힘, 즉 순응을 강요하는 사회적 압력에 얼마나 굴복하는가이다. 이 방해의 힘은 무지막지할 수도 있다. 당신은 집단에 섞여들고 싶어한다. 남과 다르다는 것을 무의식적으로 난처해하거나 고통스러워하기도 한다. 당신의 부모도 곧잘 방해의 힘으로 작용한다. 부모는 당신에게 벌이가 괜찮고 수월한 진로를 권할지도 모른다. 이 힘이 너무 커지면 당신의 유일무이함과 실제 모습을 온전히 발휘하지 못할 수도 있다. 당신의 성향과 욕구는 타인을 본보기로 삼게 되는데, 그러다가 위험천만한 길에 들어설 수도 있다. 자신에게 맞지 않는 진로를 선택하고 마는 것이다. 그러면 욕구와 흥미가 서서히 가라앉고 일도 힘겨워진다. 일 이외의 것에서 쾌감과 성취감을 찾게 된다. 경력에 대한 관심이 시들해지면서 자신의 분야에서 벌어지는 변화에 주목하지 못하고 시대에 뒤처져 결국 대가를 치르게 된다. 당신을 인도하는 내적 방향 감각이나 레이더가 없기 때문에, 중요한 결정을 내려야 할 때에 허둥대거나 남들 하는 대로 따라 한다. 태어날 때에 만들어진 운명과의 연결도 끊어지고 만다. 이런 운명은 무슨 수를 써서라도 피해야 한다.

✦ 오늘의 법칙 ✦ 　**인생의 과업을 따라 숙달에 이르는 과정은 삶의 어느 시기에든 시작할 수 있다. 당신의 내면에 숨겨진 힘은 늘 그 자리에 있으며 언제든 동원될 수 있지만, 그러려면 남들에게서 들려오는 잡음을 차단할 수 있어야 한다.**

『마스터리의 법칙』: 제1장 인생의 과업을 발견하라

1월 27일 진짜 비밀

마법 같은 지름길과 손쉬운 성공 공식에 대한 갈망은 역사를 통틀어 변함이 없었다. 그러나 결국 이 모든 탐색은 존재하지 않는 것 주위를 맴돌 뿐이다. 당신은 이 끝없는 환상 속에서 자신을 잃어버린 채 자신이 실제로 소유한 유일한 진짜 힘을 무시한다. 마법 같거나 손쉬운 공식과 달리, 우리는 이 힘이 실제로 효과를 발휘한 증거들을 역사에서 찾아볼 수 있다. 위대한 발견과 발명, 웅장한 건축물과 예술 작품, 현대의 기술적 업적은 모두 숙달의 정신이 낳은 결과물이다. 이 힘을 소유한 사람은 현실과 연결을 맺으며, 과거의 신비주의자와 마법사가 꿈꾸었으나 결코 이루지 못한 능력—세상을 변화시키는 능력—을 손에 넣는다. 수 세기에 걸쳐서 사람들은 숙달 주위에 벽을 쌓았다. 그들은 숙달을 천재성이라고 불렀으며 범접하지 못할 능력으로 치부했다. 신의 은혜, 타고난 재능, 상서로운 별자리 덕분이라고 생각했다. 마치 마법인 양 손에 잡히지 않는 것처럼 보이도록 했다. 하지만 그 벽은 허깨비이다. 진짜 비밀은 이것이다. 우리가 가진 뇌는 600만 년에 걸친 발달의 산물이며, 무엇보다 이 뇌의 진화는 우리 모두의 내면에 잠재된 힘인 숙달로 우리를 이끌기 위해서 설계되었다는 것이다.

✦ **오늘의 법칙** ✦ 당신이 바라는 종류의 정신을 만들기 위해서 노력하라. 숙달을 추구하는 내면의 정신을 발휘한다면, 당신은 인간 의지력의 확장된 한계를 탐색하는 사람들의 최전선에 서게 될 것이다.

『마스터리의 법칙』: 서장

1월 28일　길은 일직선이 아니다

　　당신은 처음에는 자신의 성향에 얼추 들어맞는 분야나 위치를 선택한다. 이 최초의 위치에서 행동반경을 확보하고 자신이 배워야 할 중요한 기술을 파악한다. 너무 거창하고 야심찬 것에서 시작할 필요는 없다. 생계를 꾸리고 자신감을 가지는 것이 급선무이다. 일단 이 길에 들어서면 당신은 자신이 특정한 곁길에 마음이 끌리고 다른 길에는 심드렁하다는 것을 알게된다. 당신은 끌리는 분야에 스스로를 적응시키고 (아마도) 그쪽으로 방향을 틀며, 계속해서 스스로에 대해서 배우면서 자신의 기술적 기반을 늘 확장시킨다. 남들을 위해서 하던 일을 자신의 것으로 만들고, 마침내 자신에게 꼭 들어맞는 분야나 틈새, 기회를 찾아낸다. 이 분야를 맞닥뜨리자마자 어린아이 같은 경이감과 흥분이 피어오르기 때문에 당신은 이것을 알아볼 수 있다. 이 길이야말로 자신의 길이라고 느껴지는 것이다. 일단 자신의 분야를 발견하면 모든 것이 제자리를 찾을 것이다. 당신은 더 빨리, 더 깊이 배울 것이다. 기술의 수준이 높아져서 자신이 속한 집단으로부터 독립을 선언하고 독자적으로 일할 수 있게 될 것이다. 자신의 힘으로 어쩔 수 없는 것이 많은 세상에서 이것은 궁극적인 형태의 힘을 가져다줄 것이다. 당신은 상황을 스스로 결정하게 될 것이다. 자신의 주인이 되면 더는 강압적인 상사나 교활한 동료에게 휘둘리지 않을 것이다.

✦ 오늘의 법칙 ✦　　**자신의 경력이나 소명의 길을 일직선보다는 구불구불한 여로라고 생각하라.**
『마스터리의 법칙』: 제1장 인생의 과업을 발견하라

1월 29일   진짜 자신이 되어라

약 2,600년 전 고대 그리스의 시인 핀다로스Pindaros는 이렇게 썼다. "자신이 어떤 사람인지를 배워 그런 사람이 되어라." 그의 말은 다음과 같은 뜻이다. 당신은 운명의 한 조각인 특정한 기질과 성향을 타고났다. 그것이 당신의 본질이다. 영영 진짜 자신이 되지 못하는 사람들도 있다. 그들은 스스로에 대한 신뢰를 포기하고 타인의 취향에 순응하며 자신의 참된 본성을 가리는 가면을 쓰고 만다.

✦ **오늘의 법칙** ✦   내면의 목소리와 힘에 주목하여 자신의 진짜 모습을 알게 된다면, 자신에게 주어진 운명의 존재 ─ 개인이자 주인 ─ 가 될 수 있다.

『마스터리의 법칙』: 제1장 인생의 과업을 발견하라

1월 30일 과정을 신뢰하라

피아노를 배운다고 해보자. 우리는 문외한에서 출발한다. 처음 피아노를 배울 때에는 건반에 겁을 먹는다. 건반, 화음, 페달 등 음악을 이루는 모든 요소들의 관계를 이해하지 못하기 때문이다. 무엇을 배우게 될지 기대감으로 부풀더라도 앞으로 얼마나 힘들여 노력해야 할지를 금세 절감한다. 따분함, 조바심, 두려움, 혼란에 굴복할 위험도 크다. 우리는 관찰하고 배우기를 그만둔다. 과정은 중단된다. 반면에 이 감정들을 다스리고 조급함을 버리면 놀라운 무엇인가가 형체를 갖추기 시작한다. 타인의 본보기를 꾸준히 관찰하고 따르면서 시야가 뚜렷해지고 규칙을 배우며 각 요소들이 어떻게 작용하고 어우러지는지를 이해하게 된다. 계속 연습하면 능숙해진다. 기본 기술에 능숙해져서 더 새롭고 흥미로운 과제에 도전할 수 있게 된다. 전에는 보이지 않던 연결 고리가 보이기 시작한다. 불굴의 끈기로 문제를 해결하고 약점을 극복할 수 있다는 자신감이 서서히 생겨난다. 그러다 어느 순간 학생에서 연주자로 탈바꿈한다. 남들이 어떻게 하는지를 배우는 것이 아니라 자신의 스타일과 개성을 연주에 담아낸다. 이 과정에 충실한 세월이 흐르면 우리는 다시 한번 도약하여 숙달에 이른다. 건반은 이제 우리 바깥에 있는 무엇인가가 아니다. 내재화되며 신경계와 손끝의 일부가 된다. 규칙을 속속들이 배웠기 때문에 이제는 규칙을 초월하거나 새로 쓰는 사람이 될 수 있다.

✦ **오늘의 법칙** ✦   **과정을 신뢰하라. 시간은 숙달의 필수 성분이다. 시간을 잘 활용하라.**
『마스터리의 법칙』: 서장

1월 31일　모든 힘의 근원

　　인생의 과업을 발견하는 일을 건너뛰거나 인생의 과업이 저절로 찾아오리라는 상상은 하지 말라. 몇몇 사람들에게는 어릴 적에나 전광석화 같은 찰나에 과업이 찾아올지도 모르겠지만, 대부분의 사람들에게는 꾸준한 성찰과 노력이 필요하다. 자신의 성격과 성향에 맞는 기술과 방법을 실험하는 것은 목적의식을 고취하고 숙달을 달성하는 데에 가장 필수적인 단 하나의 단계일 뿐만 아니라 어쩌면 인생을 통틀어 가장 중요한 단계일 것이다.

✦ 오늘의 법칙 ✦　　자신의 참모습과 유일무이함을 깊이 자각하면 인생의 모든 함정을 훨씬 수월하게 피할 수 있다.

『인간 본성의 법칙』: 13. 인생의 소명을 발견하고 지침으로 삼는다 — 목표 상실의 법칙

2월

이상적인 도제 수업

― 자신을 변화시켜라 ―

February _____

과거와 현재를 통틀어 가장 위대한 거장들의 이야기에서는 그들이 가진 미래의 모든 힘이 나비의 번데기처럼 발달하는 단계를 필연적으로 포착할 수 있다. 이 국면—5-10년간 지속되는 자발적인 도제 기간—은 거의 주목을 받지 못하는데, 그 이유는 대단한 성취나 발견의 이야기가 들어 있지 않기 때문이다. 이 도제 기간에는 거장이라고 해도 일반인과 별반 다르지 않을 때가 많다. 그러나 표면 아래에서 그들의 정신은 (우리 눈에는 보이지 않더라도) 미래의 성공을 위한 모든 씨앗을 간직한 채 탈바꿈하고 있다. 그들의 삶을 면밀히 들여다보면 분야들을 초월한 패턴이 나타난다. 이것은 숙달을 위한 이상적인 도제 수업을 이해하는 실마리를 던진다. 당신은 그들의 발자국을 뒤따라야 한다. 당신은 자신의 미래를 빚어낼 항해를 하는 중이다. 지금은 젊음과 모험의 시기이다. 열린 마음과 정신으로 세상을 탐험할 때이다. 훗날 새로운 기술을 배우거나 진로를 바꿀 때마다 당신은 젊고 모험심 충만한 자기 자신과 새로 연결된다. 당신은 끊임없이 도전을 찾아다니며 스스로를 안전지대 너머로 밀어붙인다. 어려움을 발전의 잣대로 삼는다. 이것이야말로 당신이 받아들여야 할 정신이다. 도제 수업을 직업의 세계 속으로 발을 디디기 위해서 마지못해 밟아야 하는 단계가 아니라, 스스로를 탈바꿈시킬 일종의 여정으로 생각하라. 2월은 이상적인 도제 수업을 통해서 스스로를 변화시키는 달이다.

스물두 살에 겪은 경험은 나에게 평생토록 되새길 교훈을 주었다. 대학을 갓 졸업한 나는 유럽을 돌아다니면서 학교에서 배운 언어들을 연습해보기로 마음먹었다. 프랑스어, 독일어, 스페인어, 이탈리아어 실력을 과시하고 싶어서 좀이 쑤셨다. 유럽 대륙을 누비다가 마지막에 정착한 곳은 파리였다. 나는 파리와 사랑에 빠졌다. 그래서 한동안 머물기로 결심했다. 그러나 문제가 하나 있었다. 대학에서 몇 년간 배운 프랑스어가 엉망진창이었던 것이다. 파리 사람들의 말이 하도 빨라서 나는 한마디도 알아듣기 힘들었다. 내가 뭐라도 프랑스어로 말해보려다가 실수하면 그들은 매몰차게 돌변했다.

프랑스어를 배우던 그 오랜 기간 동안 나는 식당에서 음식을 주문하는 것 같은 기본적인 여행용 표현조차 익히지 못했다. 이 모든 문제들 때문에 소심해져서 호텔 방에 머물거나 혼자 있고만 싶었다. 그러다가 중대 결단을 내렸다. 외로웠고 파리에서 꼭 지내고 싶었기 때문에, 프랑스어를 유창하게 구사하는 것 말고는 방법이 없었다. 그래서 억지로 호텔 방 밖으로 나왔다. 매일 몇 시간씩 파리 사람들과 대화를 나누었다. 될 수 있는 한 영어를 쓰지 않았으며 미국인들과 어울리지도 않았다. 파리 사람들과 교류할 때마다 귀를 쫑긋 세운 채 알아듣지 못하는 낱말이나 표현을 귀담아들었다. 질문을 던지고 메모를 했다. 그들의 어구와 억양, 몸짓을 하나하나 깊숙이 흡수했다. 사귀고 싶은 프랑스 여성을 만난 뒤에는 프랑스어에 능통하려고 더더욱 노력했다.

프랑스어를 열심히 공부한 효과는 금세 나타났다. 나는 호텔 접수계에서 일자리를 얻었으며 프랑스어는 날이 갈수록 유창해졌다. 이제는 사람들과 일상적인 대화를 나눌 수 있었다. 파리 사람들과 교제했으며 지인들도 점차 많아졌다. 이 과정에서 파리 사람들이 전혀 무뚝뚝하지 않다는 사실도 알게 되었다. 그들의 집에 초대받았으며 이 마법 같은 도시에서 자란다는 것이 어떤 것인지 느낄 수 있었다.

이따금 실수를 저지르면 사람들은 나를 놀리거나 웃음을 터뜨렸지만, 이런 반응을 개인적인 모욕으로 받아들이지 않겠노라 마음먹었다. 실수를 저지르더라도 스스로를 놀림감으로 삼았다. 파리 사람들은 나의 자학적 유머와 노력과 프랑스어 사랑을 좋게 봐주었다. 파리에서 1년 반을 보내자 나는 프랑스어를 유창하게 구사하게 되었으며—지금도 마찬가지이다—그곳에서 얻은 귀중한 모험들을 기념으로 간직하고 있다.

무척이나 만족스러운 경험이었다. 몇 가지 교훈도 얻었다. 첫째 교훈은 무엇인가를 배우고 싶을 때에는 동기가 결정적인 관건이라는 것이다. 대학교에서 프랑스어를 배우는 2-3년 동안에는 언어 습득이 그다지 절실하지 않았다. 유일한 목표는 학점을 잘 받는 것이었으며, 나의 삶이나 행복, 일은 프랑스어와 무관했다. 그러다 파리에서 살게 되자 프랑스어는 죽느냐 사느냐의 문제가 되었다. 반드시 배워야 했다. 일자리를 얻고 사람들을 만나야 했기 때문이다. 이런 강력한 동기 부여 덕분에 나의 뇌는 정보를 훨씬 빠른 속도로 흡수했다. 한 달 만에 대학교에서 2-3년 동안 배운 것보다 더 많은 것을 배울 수 있었던 비결은 열정이었다.

집중력과 몰입의 중요성도 배웠다. 프랑스어가 귀에서 쟁쟁거리고 프랑스어로 꿈을 꿀 정도로 주의를 집중하여 매일 몇 시간이고 연습했다. 그 덕분에 프랑스어를 빠르게 배울 수 있었다.

그러나 가장 중요한 교훈은 이 세상에서의 진정한 배움이 이렇게 함으로써, 즉 연습을 통해서 이루어진다는 것이었다. 책을 읽거나 수업을 듣는 것으로는 안 된다. 거리로 나가서 사람들과 교류하고 직접 시도하고 실수도 하고 또 그 실수로부터 배워야 한다. 실수를 저지르거나 조롱을 당할까봐 두려워하면 안 된다.

이 교훈은 내가 무엇을 시도하든 톡톡히 효과를 발휘했다. 나는 이 기본 패턴으로 무엇이든 숙달할 수 있다는 자신감을 얻었다. 첫 책을 써야 했을 때에는 성공해야 한다는 스트레스가 극심했지만 파리에서의 경험이 내게 길잡이가 되어주었다. 나는 매일 실천하고 훈련과 열정을 겸비하는 것이 중요하다는 사실을 깨우쳤다. 고도의 집중력이 가진 가치를 배웠고, 글을 쓰면 쓸수록 쓰기가 쉬워진다는 것을 깨달았다. 같은 교훈을 인터뷰에도 적용했다. 당신은 끊임없는 연습을 통해서 배움을 얻을 수 있다. 그리고 그 과정에서 서서히 즐거움을 얻는다. 그것은 과정 자체에서 오는 기쁨과 무엇인가를 숙달하는 것에서 오는 보람이다. 그 기쁨과 즐거움은 뇌리에 새겨져 평생 당신과 함께할 것이다.

책을 쓰고 싶으면 책을 쓰고, 음악가가 되고 싶으면 음악을 하라. 사업을 벌이고 싶으면 창업하라. 실수나 실패를 두려워하지 말라. 실패에서 가장 많은 것을 배울 수 있다. 음악이나 사업의 대가를 찾아 졸졸 따라다녀라. 그들의 발치에서 배우고 그들이 시키는 일은 무엇이든 하라. 당신이 숙달하고자 하는 세계나 업계에 푹 빠져들어라. 당신이 세상에서 읽을 수 있는 어떤 책보다, 들을 수 있는 어떤 강좌보다 실천을 통한 배움이 더 낫다.

2월 1일 현실에 복종하라

> 우리는 세 가지 교육을 받는다. 하나는 부모로부터, 하나는 교사로부터, 하나는 세상으로부터 받는다. 세 번째 교육은 앞의 두 가지가 우리에게 가르치는 모든 것과 모순된다. **몽테스키외**

당신은 학교 교육을 받은 후, 인생에서 가장 중요한 국면에 접어든다. 바로 '도제 수업Apprenticeship'이라는 실무교육이다. 진로를 바꾸거나 새로운 기술을 습득할 때마다 당신은 이 국면에 재진입하는 셈이다. 도제 수업의 목표는 돈, 명성, 주목, 혹은 근사한 직함의 안락한 자리가 아니라 말 그대로 자신을 탈바꿈시키는 것이다. 당신은 기본적으로 초심자의 입장에서 도제가 된다. 누구나 마찬가지이다. 필요한 기술을 아직 습득하지 못했고, 어쩌면 조금 조바심이 날지도 모르겠다. 결국 당신은 숙련되고 현실적이고 사람들의 정치적인 본성을 이해하고 자신의 분야를 지배하는 규칙을 익힌 사람으로 탈바꿈한다. 인내심과 굳건한 직업윤리를 기른다. 나는 이것을 현실이라고 부른다. 이때 현실이란 당신이 속한 분야에서 수백 년간 사람들이 창안한 규칙과 절차, 훈련이 전통으로 전해져왔다는 뜻이다. 쉬운 예로 의학이 있지만, 어느 분야나 동일하다. 이 규칙과 절차들은 현실을 반영하며, 처음 그 분야에 들어선 당신은 이것들과 어떤 연결도 없다. 당신의 목표는 복종하는 것이다. 철저하게 이 현실에 복종해야 한다. 당신은 자신이 이 일을 시작하고 그것에 몰입하여 결국은 (모든 대가들이 그렇듯이) 규칙을 사실상 새로 쓰는 사람이 될 것임을 깨닫는다.

✦ **오늘의 법칙** ✦ 배우는 법을 배우는 것은 당신이 습득해야 할 가장 중요한 기술이다.
로버트 그린, 숙달을 주제로 한 옥스퍼드 대학교 학생회 강연, 2012년 12월 12일

2월 2일 멘토에게 필요한 것

나는 2006년에 라이언 홀리데이Ryan Holliday라는 열아홉의 청년을 만났다. 그는 나의 팬이라며, 조수를 자청했다. 나는 이전에는 조수 채용에 운이 없었다. 문제는 그들이 나의 생각을 이해하지 못한다는 것이었다. 라이언을 보자마자 그가 나의 사고방식, 내가 좋아하는 책, 내가 찾는 이야기를 이해한다는 것을 알 수 있었다. 그는 나를 만나기 오래 전부터 공을 들였다. 나의 작업 과정을 알고 싶다는 이유만으로 내가 참고 문헌에 인용한 책들을 읽으며 내가 참고한 기초적인 자료들을 찾았다. 나의 책이 만들어진 과정을 역공학逆工學으로 분석했다. 그는 내가 무엇을 추구하는지 이해했다. 라이언은 무엇이 내게 실제로 도움이 되는지 알아내려고 노력했고, 내가 시간을 아낄 수 있도록 해주었다. 당시에 나는 인터넷 문제로 애를 먹고 있었다. 라이언은 자청하여 나의 웹사이트 개설을 도왔다. 그의 컴퓨터 실력은 대단했다. 당시 40대 후반이던 나는 인터넷을 잘 몰랐다. 그는 내가 이 문제로 골머리를 썩이지 않게 해주었다. 한편 라이언은 작가가 되고 싶어했기 때문에 나는 그가 자료 조사와 집필 솜씨를 갈고닦도록 도와줄 수 있었다. 나는 책이 어떻게 만들어지는지를 하나부터 열까지 가르쳤다. 내가 창안하고 숙달한 카드 메모 기법을 알려주었으며, 그는 이것을 활용하여 결국 작가로서 매우 큰 성공을 거두었다.

멘토와 도제의 관계는 서로에게 매우 유익하다. 당신이 낮은 위치이고 힘있는 사람에게 호의를 바란다면, 자신의 입장에서 벗어나 그들에게 필요한 것이 무엇인지를 생각해야 한다. 멘토가 당신에게 줄 것이 많은 것은 분명하다. 하지만 더 중요한 사실은 당신도 그들에게 줄 것이 있어야 한다는 것이다.

✦ 오늘의 법칙 ✦　당신을 도제로 받아줄 스승을 찾되 그들이 당신에게 얼마나 줄 수 있을지를 생각하지 말고 당신이 그들의 일을 얼마나 도와줄 수 있을지 생각하라.

팟캐스트 인터뷰, 「큐리어스 위드 조시 펙」, 2018년 12월 4일

2월 3일 목표는 하나이다

> 지혜는 학교 교육의 산물이 아니라 지혜를 얻으려고 평생 노력한 결과이다.
>
> **알베르트 아인슈타인**

이 원칙은 단순하다. 그러니 마음속 깊이 새겨야 한다. 도제 수업을 받는 수련기의 목표는 돈이나 좋은 자리, 직함, 학위가 아니라 자신의 정신과 성격을 탈바꿈하는 것이다. 이것은 숙달에 이르는 길의 첫 탈바꿈이다. 배움의 기회가 가장 많은 업무와 자리를 선택해야 한다. 실제적인 지식은 궁극적 자산이며 오랫동안 당신에게 결실을 안겨줄 것이다. 벌이가 괜찮아 보이지만 배움의 기회가 적은 자리에서 받을 수 있는 보잘것없는 임금 상승보다는 이것이 훨씬 유익하다. 즉, 당신은 자신을 단단하게 만들어주고 능력을 향상시켜줄 도전을 향해 나아갈 수 있다. 그곳에서 당신은 자신의 성과와 발전에 대해서 가장 객관적인 피드백을 받게 될 것이다. 수월하고 편해 보이는 업무를 선택하지 말라.

✦ **오늘의 법칙** ✦ 실제적인 지식은 궁극적 자산이다. 배움의 가능성이 가장 큰 것, 이 한 가지를 기준으로 기회를 평가하라.

『마스터리의 법칙』: 제2장 마스터리를 끌어내는 이상적 수련 방식

2월 4일   배움의 가치를 최우선으로 하라

당신은 삶의 길을 따라서 점점 나아갈수록 두툼한 급여에 중독될 것이며 이것이 당신의 방향과 생각, 행동을 좌우할 것이다. 그러다 결국 기술을 배우는 시간을 가지지 않은 것이 당신의 발목을 잡을 것이며 몰락은 쓰라릴 것이다. 이런 결과를 피하려면 배움의 가치를 무엇보다 우위에 두어야 한다. 이렇게 하면 언제나 올바른 선택에 이를 수 있다. 가장 많은 배움의 기회를, 특히 실전을 통해서 배움을 얻을 수 있는 상황을 선택할 수 있다. 자신에게 영감과 가르침을 주는 사람과 멘토가 있는 곳을 선택할 수 있다. 적은 급여는 검소하게 살아가는 훈련도 겸할 수 있다는 이점이 있다. 이것은 귀중한 삶의 기술이다. 보수 없는 도제 수업을 결코 얕보아서는 안 된다. 사실 완벽한 멘토를 찾아 대가 없이 조수 노릇을 하는 것은 아주 현명한 선택일 때가 많다. 그런 멘토들은 당신의 값싸고 열정적인 정신을 기꺼이 활용하는 과정에서 종종 평범한 업계의 비밀을 뛰어넘는 지식을 누설할 것이다. 결국 배움을 최우선으로 하는 것은 창의적인 성장을 위한 발판을 마련하는 셈이며 돈은 금세 따라올 것이다.

✦ **오늘의 법칙** ✦   오늘 자신의 직업이나 인생의 스승으로부터 좋은 충고나 조언을 얻어라.

『마스터리의 법칙』: 제2장 마스터리를 끌어내는 이상적 수련 방식

2월 5일 　기술을 축적하라

> 알아야 할 것은 많고 인생은 짧으며 앎이 없는 인생은 인생이 아니다.
> **발타자르 그라시안**

　수련기에 당신이 가져야 할 주목표는 실질적인 기술을 최대한 많이 배우고 비축하는 것이다. 특히 자신을 개인적으로 흥분시키고 자극하는 분야에 주력하라. 훗날 진로가 바뀌거나 자신의 기술이 한물간 것이 되더라도 당신은 적응하는 법을, 자신이 가진 기술을 조정하고 더 많이 배우는 법을 알게 될 것이다. 한때 숙달이 고생스러운 과정이었던 것은 기술을 얻는 데에 필요한 정보가 공유되지 않았기 때문이다. 관심사가 과학이라면 유일한 희망은 과학자를 훈련시키는 유일한 대학들에 입학할 수 있는 계층으로 태어나는 것이었다. 하지만 인터넷이 보급되면서 정보를 둘러싼 장벽들이 무너져내렸다. 인터넷은 다양한 온라인 자원을 통해서 기술 축적의 기회를 제공하고 있으며, 당신은 이 기회를 최대한 활용해야 한다.

✦ 오늘의 법칙 ✦ 　**격동의 직업 세계를 헤쳐가려면 기술을 습득하는 것이 관건이다. 이 기술들을 조합하는 능력은 이후 숙달에 이르는 왕도이다.**

로버트 그린, "새로운 도제 모형의 다섯 가지 핵심 요소", 「뉴욕 타임스」, 2013년 2월 26일

2월 6일　자신을 건축가라고 생각하라

당신이 어느 분야에 있든 스스로를 실제 재료와 아이디어를 이용하는 건축가라고 생각해야 한다. 당신이 자신의 일을 통해서 손에 잡히는 것, 사람들에게 직접적이고 구체적으로 영향을 미치는 것을 만들고 있다고 말이다. 집이든 정치 조직이든 기업이든 영화든 간에 무엇인가를 잘 만들려면 건축 과정을 이해하고 그에 필요한 기술을 습득해야 한다. 이 모든 것을 위해서는 주도면밀한 수련을 거쳐야 한다. 먼저 자신을 갈고닦고 탈바꿈시키지 않고서는 이 세상에서 그 어떤 가치 있는 것도 만들어낼 수 없다.

✦ **오늘의 법칙** ✦　　**건축가처럼 최고의 기준을 추구하고 단계별 과정에 필요한 인내심을 길러라.**

『마스터리의 법칙』: 제2장 마스터리를 끌어내는 이상적 수련 방식

2월 7일 숙달에 이르는 유일한 지름길

> 자유는 무엇인가가 자신보다 위에 있다는 것을 인정하기를 거부하는 데에 있는 것
> 이 아니라, 자신보다 위에 있는 것을 존경하는 데에 있다. 이를 존경함으로써 우리
> 는 자신을 그곳까지 끌어올리며, 바로 그 인정으로 인해서 자신이 내면에 더 높은
> 것을 간직하고 있으며 자신이 그것과 대등하게 인정받을 가치가 있음을 입증하기
> 때문이다. **요한 볼프강 폰 괴테**

　　인생은 짧고 배움과 창의성을 위한 시간은 제한되어 있다. 길
잡이가 없다면 여기저기 기웃거리며 지식을 쌓고 훈련을 하느라 귀중한 시간
을 허비할 우려가 있다. 시간을 아끼려면 모든 시대의 거장들이 세운 본보기
를 따르고 적절한 멘토를 찾아야 한다. 멘토와 제자의 관계는 가장 효율적이
고 생산적인 배움의 형태이다. 훌륭한 멘토들은 당신이 집중해야 할 방향과
당신에게 내주어야 할 과제를 알고 있다. 그들의 지식과 경험은 당신의 것이
된다. 그들은 당신의 결과물에 대해서 즉각적이고 현실적인 피드백을 주어 당
신이 더 빨리 발전하도록 이끈다. 집중적인 일대일 교류를 통해서 당신은, 자
신의 정신에 맞게 조정될 수 있고, 크나큰 힘을 가지고 있는 사고방식을 흡수
한다. 당신의 필요에 가장 적합하고 인생의 과업과 연관성이 있는 멘토를 선
택하라. 그들의 지식을 받아들여 당신의 것으로 만든 뒤에는 그들의 그늘에
머무르지 말고 계속 나아가라. 당신은 언제나 숙달과 탁월함 면에서 멘토를
능가하는 것을 목표로 삼아야 한다.

✦ **오늘의 법칙** ✦　　**훌륭한 멘토를 선택하는 것은 부모를 선택하는 것이나 마찬가지이다. 잘못된
선택은 치명적이다.**

　　『마스터리의 법칙』: 제3장 거인의 어깨를 딛고 올라서라 — 스승이라는 사다리

2월 8일 완벽한 멘토

1960년대 후반 마드라스에 있는 한 대학의 의대생이던 V. S. 라마찬드란은 저명한 신경심리학 교수 리처드 그레고리Richard Gregory가 쓴 『눈과 뇌Eye and Brain』라는 책을 접했다. 문체, 소개된 사례, 저자가 언급한 도발적인 실험에 이르기까지 이 책의 모든 것이 그를 매료시켰다. 책에 깊은 감명을 받은 라마찬드란은 직접 광학 실험에 도전했으며 이 분야가 의학보다 자신과 더 잘 맞는다는 사실을 금세 깨달았다. 그는 1974년에 케임브리지 대학교 시지각視知覺 박사 과정에 합격했다. 하지만 낯선 나라에서 우울과 외로움이 그를 찾아오기 시작했다. 그러던 어느 날 브리스틀 대학교 교수인 리처드 그레고리가 강연을 위해서 케임브리지를 찾았다. 라마찬드란은 넋을 잃었다. 그레고리는 무대에서 자신의 아이디어를 능수능란하게 펼쳐 보였다. 그는 극작가의 재능과 대단한 유머 감각의 소유자였다. 라마찬드란은 생각했다. '그래, 과학이란 이래야 해.' 그는 강연이 끝나자 그레고리에게 다가가 자기소개를 했다. 두 사람은 단번에 서로에게 호감을 느꼈다. 라마찬드란이 그레고리에게 자신이 구상하던 실험을 언급하자 그레고리는 호기심을 보였다. 그는 라마찬드란에게 자신의 집에 머물면서 그의 아이디어를 함께 시도해보자며 그를 브리스틀로 초대했다. 라마찬드란은 제안을 수락했으며, 그레고리의 집을 본 순간 자신이 멘토를 찾았음을 깨달았다. 그곳은 마치 셜록 홈스 시리즈에서 튀어나온 것 같은 빅토리아 시대의 실험 기구, 화석, 뼈들로 가득했다. 라마찬드란에게 그레고리는 영락없이 동질감을 느낄 수 있는 괴짜였다. 라마찬드란은 이내 실험을 위해서 정기적으로 브리스틀을 찾았다. 그는 자신에게 영감을 주고 길잡이가 되어줄 인생의 멘토를 찾았으며, 세월이 흐른 뒤에는 그레고리의 추론과 실험방식을 적잖이 바로잡기에 이르렀다.

✦ 오늘의 법칙 ✦ **완벽한 멘토를 찾으려면 다음 질문에 답하라. 누구의 성과가 당신에게 영감을 주는가? 누구의 방식이 당신을 흥분시키는가? 10년 뒤에 누구처럼 되고 싶은가?**

『마스터리의 법칙』: 제3장 거인의 어깨를 딛고 올라서라 — 스승이라는 사다리

2월 9일 쾌감을 재정의하라

누구든 자신을 숙달하는 것보다 더 작게 숙달하거나 더 크게 숙달할 수는 없다.
레오나르도 다빈치

어떤 기술이든 연습하고 발전시키면 당신은 그 과정에서 스스로 탈바꿈하게 된다. 잠재해 있던 새로운 능력이 계시되며, 이 능력은 당신이 발전함에 따라서 모습을 드러낸다. 당신은 정서적으로 발달하며 쾌감을 재정의한다. 즉각적인 쾌감을 주는 것들은 이제 단지 주의를 산만하게 하고, 시간을 때우기 위한 공허한 오락으로 느껴진다. 진짜 쾌감은 난관을 극복하고 자신의 능력에 자신감을 느끼고 기술에 통달하고 이로 인한 힘을 경험하는 데에서 온다. 당신은 인내심이 발달한다. 지루함은 이제 기분 전환의 필요성이 아니라 정복해야 할 새로운 과제의 필요성을 나타내는 신호가 된다.

✦ **오늘의 법칙** ✦   훈련과 기술의 결실을 무엇보다 풍요로운 쾌감의 원천으로 여겨라.
『마스터리의 법칙』 : 제2장 마스터리를 끌어내는 이상적 수련 방식

2월 10일 모든 것으로부터 배워라

예리한 관찰력과 건전한 판단력의 소유자는 사물을 지배하지, 사물에 지배당하지 않는다. ……그가 발견하고 알아차리고 파악하고 이해하지 못할 것은 하나도 없다.

발타자르 그라시안

당신에게 주어진 모든 과제는 아무리 사소할지언정 세상의 진면목을 관찰할 기회이다. 그 속에 있는 사람들의 모습에서 하찮게 치부해도 괜찮은 것은 하나도 없다. 당신이 보고 듣는 모든 것은 해독해야 하는 신호이다. 시간이 지나면서 당신은 처음에는 보이지 않았던 현실을 더 확실하게 보고 이해하기 시작할 것이다. 이를테면 처음에는 대단한 힘을 가졌다고 생각되던 사람이 알고 보면 속 빈 강정일 수도 있다. 당신은 서서히 겉모습의 이면을 보기 시작한다. 새로운 환경의 규칙과 권력 관계에 대한 정보가 쌓이면 당신은 그것들이 왜 존재하는지, 어떻게 그 분야의 전반적인 경향과 연관되는지를 분석할 수 있다. 당신은 관찰에서 분석으로 나아가 추론 기술을 다듬게 되지만, 그러기까지는 여러 달 동안 면밀히 주의를 기울여야 한다.

✦ **오늘의 법칙** ✦ **아무리 사소하더라도 모든 과제를 똑같이 대하고 자신의 환경에 대한 정보를 관찰하고 축적할 기회로 삼아라.**

『마스터리의 법칙』: 제2장 마스터리를 끌어내는 이상적 수련 방식

2월 11일   보상 가속화의 주기에 돌입하라

꾸준히 하는 일이 쉬워지는 것은 일의 성격이 달라졌기 때문이 아니라 우리의 능력
이 커졌기 때문이다. **랠프 월도 에머슨**

자전거를 배울 때, 타는 방법에 대해서 듣거나 읽는 것보다
누군가가 타는 것을 보고 따라 하는 것이 수월하다는 사실은 누구나 안다. 많
이 해볼수록 쉬워지는 법이다. 컴퓨터 프로그래밍이나 외국어 회화처럼 주로
정신적인 기술조차도 연습과 반복이라는 학습 과정을 통해서 배우는 것이 최
선이다. 외국어를 배우려면 책을 읽고 이론을 흡수하는 것이 아니라 최대한
많이 실제로 말해보아야 한다. 많이 말하고 연습할수록 유창해진다. 일단 경
지에 이르면 보상 가속화의 주기에 들어서게 되는데, 그러면 연습이 더 쉽고
재미있어지며 더 오래 연습할 수 있게 되어 실력이 늘고 덕분에 연습이 더더
욱 재미있어진다. 이 주기에 돌입하는 것을 목표로 삼아라.

✦ **오늘의 법칙** ✦   **가치가 있는 모든 행동에는 학습 곡선이 있다. 힘들어질 때면 보상 가속화의
주기에 도달한다는 목표를 떠올려라.**
『마스터리의 법칙』: 제2장 마스터리를 끌어내는 이상적 수련 방식

2월 12일 실천을 통해서 배워라

공교육의 문제는 수동적인 학습 태도를 심어준다는 것이다. 우리가 하는 일은 책을 읽거나 시험을 치르거나 기껏해야 리포트를 쓰는 것이다. 이것은 대부분 정보를 흡수하는 과정이다. 하지만 현실에서는 실천을 통해서, 과제 해결을 위한 능동적 시도를 통해서 배운다. 초밥 달인 이치무라 에이지市村栄二의 요리 경력은 약 42년 전 레스토랑에서 설거지를 하면서부터 시작되었다. 그의 바람은 초밥 요리사가 되는 것이었지만 아무도 방법을 알려주거나 하나하나 가르쳐주지 않았다. 초밥을 만드는 비법은 꽁꽁 감춰져 있었다. 그는 꼼꼼히 관찰한 다음 똑같은 기법을 연습하고 또 연습하여 솜씨를 갈고닦는 수밖에 없었다. 근무가 끝난 뒤에도 회칼을 섬세하게 다루는 법을 연습했다. 끝없는 노력 끝에 그는 마침내 최고의 요리사가 되었다.

✦ **오늘의 법칙** ✦ 뇌는 끊임없는 반복과 능동적이고 직접적인 참여를 통해서 학습하도록 설계되었다. 그렇게 연습하고 끈기를 발휘하면 숙달하지 못할 기술이 없다. 습득할 기술을 골라 연습을 시작하라.
로버트 그린, "새로운 도제 모형의 다섯 가지 핵심 요소", 「뉴욕 타임스」, 2013년 2월 26일

2월 13일 신속하고 심오하게 배우는 법

망상에 사로잡힌 사람들은 배울 가치가 있는 것을 배우는 일을 힘들어하거나 아예 불가능하게 여긴다. 반면에 스스로 창조해야 하는 사람들은 모든 것을 눈여겨보고 나무 뿌리가 물을 빨아올리듯 지식을 빨아올린다. **제임스 볼드윈**

　새로운 환경에 직면했을 때, 당신의 과제는 최대한 많은 것을 배우고 흡수하는 것이다. 그 목표를 이루려면 어린 시절의 겸손함으로 돌아가려고 노력해야 한다. 그것은 다른 사람들이 당신보다 많은 지식을 가졌으며, 당신이 무엇인가를 배우고 수련 과정을 무사히 넘기려면 그들에게 의지해야 한다는 느낌이다. 환경이나 분야에 대한 선입견, 조금이라도 남아 있는 자만심도 모조리 내려놓아라. 두려움을 모두 버려라. 사람들과 최대한 깊이 교류하고 문화에 참여하라. 호기심으로 충만해라. 이런 겸손함을 가진다면 당신은 마음을 열고 배움의 갈망을 느낄 것이다. 물론 이 위치는 일시적이다. 의지하는 단계로 돌아갔다가 5-10년이 지나 배움이 충분해지면, 마침내 독립을 선언하고 온전히 성숙한 인간이 될 수 있다.

✦ 오늘의 법칙 ✦　어린 시절의 겸손함으로 돌아가라. 오늘, 당신과 교류하는 사람들이 당신보다 훨씬 많은 지식을 가졌다고 여기며 행동하라.
『마스터리의 법칙』: 제2장 마스터리를 끌어내는 이상적 수련 방식

2월 14일 저항 연습

고통스럽거나 너무 어려워 보이는 것 앞에서 움츠러드는 것이 인간의 본성이다. 어떤 기술을 연마하든 이 타고난 본성이 작동한다. 배우는 기술의 한 측면에 ― 일반적으로는 더 쉽게 느껴지는 것에 ― 능숙해지면 우리는 그 요소만 반복해서 연습하고 싶어진다. 그러나 이렇듯 힘든 부분을 외면하는 탓에 우리의 기술은 절름발이가 된다. 이것은 아마추어의 방식이다. 숙달에 도달하려면 저항 연습이라는 방법을 택해야 한다. 방법은 간단하다. 연습할 때 자신의 본성과 무조건 반대 방향으로 가는 것이다. 첫째, 자신에게 관대해지려는 유혹에 저항하라. 스스로에게 가장 혹독한 비판자가 되어라. 타인의 눈으로 보듯이 자신의 결과물을 보라. 자신의 약점, 즉 자신이 서투른 바로 그 부분을 파악하라. 약점이야말로 우선적으로 연습해야 할 부분이다. 이에 동반되는 고통에서 일종의 변태적인 쾌감을 느껴보라. 둘째, 집중력을 분산시키는 유혹에 저항하라. 마치 연습이 실제의 두 배인 것처럼, 연습할 때 두 배로 열심히 집중하도록 스스로를 훈련하라. 나름의 순서를 고안할 때에는 창의성을 최대한 발휘하라. 이런 식으로 탁월함의 기준을 발전시키되 남들보다 높게 정하라. 머지않아 연습의 결실이 나타날 것이며, 다른 사람들은 당신이 수월하게 일을 해내는 모습에 경탄할 것이다.

✦ **오늘의 법칙** ✦ **약점을 공략하는 연습법을 개발하라. 일정한 기준을 달성할 임의의 마감일을 정하고 한계를 넘어서기 위해서 스스로를 끊임없이 밀어붙여라.**

『마스터리의 법칙』: 제2장 마스터리를 끌어내는 이상적 수련 방식

2월 15일 집중하여 연습하면 실패란 있을 수 없다

> 우리는 실행할 수 있기 전에 배워야 하는 것들을 행함으로써 배운다. ……건축함으로써 건축가가 되고, 수금을 연주함으로써 수금 연주자가 된다. **아리스토텔레스**

필요한 기술을 숙달하고 일정 수준의 전문성을 달성하는 데에 필요한 시간은 분야와 재능에 좌우되는 것처럼 보일지도 모르지만, 이 주제를 연구한 전문가들은 1만 시간이라는 수치를 거듭거듭 언급한다. 이것은 높은 기술 수준에 도달하는 데에 필요한 본격적인 연습 시간의 양으로 생각되며, 작곡가, 체스 선수, 작가, 운동선수 등이 여기에 해당한다. 이 숫자에는 거의 마법 같은 신비로운 울림이 있다. 개인이나 분야를 막론하고 그만큼의 연습 시간을 들이면 인간의 뇌에서 질적인 변화가 일어난다는 뜻이니 말이다. 이때 정신은 대량의 정보를 조직화하고 구조화하는 법을 배우게 된다. 이 모든 암묵적인 지식을 습득했다면 이제 창의성을 발휘하고 진정으로 즐길 수 있다. 1만 시간이 길게 느껴질 수도 있겠지만, 대개는 꾸준하고 충실하게 7-10년간 연습하는 것과 맞먹으며 전통적인 도제 기간과도 대략 맞아떨어진다. 말하자면 오랜 시간 집중적으로 연습하면 실패란 있을 수 없으며 반드시 결실을 맺을 수 있다.

✦ **오늘의 법칙** ✦ 　한 시간의 집중적인 연습을 오늘, 내일, 모레, 글피까지 계속하라.
『마스터리의 법칙』: 제2장 마스터리를 끌어내는 이상적 수련 방식

2월 16일 자잘한 일을 사랑하라

미식축구 팀, 그린베이 패커스의 쿼터백 에런 로저스Aaron Rodgers
는 입단 이후 3년간 최고의 선수 브렛 파브Brett Favre의 후보 선수였다. 실전에서
자신의 진면목을 과시할 기회가 거의 없었다는 뜻이다. 그 시절에 그가 한 일
은 관찰하고 연습하는 것뿐이었다. 그는 훗날 이렇게 말했다. "그 첫 3년이 성
공의 결정적 요인이었습니다." 그 시절은 그에게 끈기와 겸손을 가르쳤다. 그
는 손과 눈의 협응, 손가락의 민첩성, 풋워크, 공 던지기의 역학 등 쿼터백에게
필요한 모든 기술을 갈고닦으며 시간을 보냈다. 흥미진진한 시간은 아니었다.
그는 사이드라인 바깥에서 온 신경을 집중한 채 경기를 바라보며 최대한 많은
교훈을 흡수하는 법을 스스로 깨우쳤다. 이 모든 노력은 그의 기술을 향상시
켰을 뿐만 아니라 코치들의 이목을 끌었다. 그들은 로저스의 직업윤리와 훈련
에 임하는 자세에 큰 감명을 받았다. 그 시절을 거치면서 그는 조바심을 다스
리고 성장할 수 있었다. 본질적으로 로저스는 자잘한 일 자체를 사랑하는 법
을 깨우쳤으며, 일단 그 경지에 이르면 그 무엇도 당신을 멈춰 세우지 못한다.

✦ **오늘의 법칙** ✦ **자잘한 것에 숙달하면 나머지는 저절로 자리를 잡을 것이다.**
로버트 그린, "새로운 도제 모형의 다섯 가지 핵심 요소", 「뉴욕 타임스」, 2013년 2월 26일

2월 17일　고통스러운 진실

> 그것은 둘레가 어마어마한 거목을 쓰러뜨리는 것과 같다. 도끼질 한 번으로 나무를 벨 수는 없다. 하지만 계속 도끼질을 하고 포기하지 않으면 결국 나무는 원하든 원하지 않든 불현듯 쓰러질 것이다. **하쿠인 에카쿠(선승)**

　아인슈타인은 열여섯 살에 본격적인 사고실험을 시작했다. 10년 뒤에 그는 자신의 첫 번째 혁신적인 이론인 상대성 이론을 내놓았다. 그 10년 중에 그가 이론을 다듬으며 보낸 시간을 정량화하기는 불가능하지만, 이 특정한 주제를 매일 3시간씩 고민하는 모습을 상상하기란 힘든 일이 아니다. 그렇게 10년 뒤에는 1만 시간을 넘게 된다. 지름길이나 수련 기간을 건너뛰는 방법은 없다. 한 분야에 그렇게 오래 몸담아야 하는 것은 인간 두뇌의 본성이다. 그래야 복잡한 기술을 깊이 체득하여 진정으로 창조적인 활동을 위해서 정신을 해방시킬 수 있다. 지름길을 찾으려는 욕구를 품은 사람은 어떤 종류의 숙달에도 이르지 못한다. 이런 과정을 거쳐 얻은 숙달은 결코 사라지지 않는다.

✦ 오늘의 법칙 ✦　　**수련기를 건너뛰는 것은 불가능하다. 지름길을 찾으려는 욕구를 버려라.**

『마스터리의 법칙』: 제2장 마스터리를 끌어내는 이상적 수련 방식

2월 18일 실패의 두 가지 종류

사상가는 자기 행동을 실험과 질문으로, 그리고 무엇인가를 발견하려는 시도로 여긴다. 그에게는 성공과 실패가 무엇보다도 해답이다. **프리드리히 니체, 『즐거운 학문』**

실패에는 두 종류가 있다. 첫 번째 실패는 두려워하거나 완벽한 때를 기다리느라 자신의 아이디어를 끝내 시도하지 못하는 것이다. 이런 종류의 실패에서는 아무것도 배울 수 없으며, 이런 소심함은 당신을 망칠 것이다. 두 번째 실패는 대담하고 모험적인 정신의 산물이다. 당신이 이런 이유로 실패한다면 평판이 깎이는 손해보다는 배움으로 얻는 이득이 훨씬 더 크다. 거듭된 실패는 당신의 정신을 단단하게 만들고 일을 완성시키는 방법을 명쾌하게 보여줄 것이다. 사실 첫술에 배부른 것은 저주이다. 운이라는 요소를 감안하지 못한 채 자신이 미다스의 손을 가졌다고 생각하게 되기 때문이다. 그러다 필연적인 실패를 겪으면 당신은 어리둥절하고 의기소침해져서 무엇인가를 배운다는 것은 엄두도 내지 못할 것이다. 어떤 경우에든 사업가가 되기 위해서 도제 수업을 받는다면, 최대한 일찍 아이디어를 실행에 옮겨서 대중에게 선보여야 하며 그 아이디어가 실패하기를 바라야 한다. 밑져야 본전이니까.

✦ 오늘의 법칙 ✦ 오늘 당신의 아이디어를 대담하게 실행하라.
『마스터리의 법칙』: 제2장 마스터리를 끌어내는 이상적 수련 방식

2월 19일 시간을 선택하라

1900년 취리히 공과대학을 졸업한 스물한 살, 아인슈타인의 취직 전망은 극히 어두웠다. 그는 꼴찌에 가까운 성적으로 졸업했으며 교직을 얻을 가망은 0에 가까웠다. 대학을 벗어나 홀가분하게 몇 년간 자신이 몰두해온 물리학 문제들을 탐구할 작정이었다. 이론화와 사고실험의 도제 수업을 스스로 실시하는 셈이었다. 그러면서도 생계는 꾸려야 했다. 그는 밀라노에 있는 아버지의 전기회사에 취직하라는 제안을 받았으나, 그러면 자유시간을 완전히 포기해야 했다. 친구가 소개한 임금이 두둑한 보험회사는 그의 머리를 굳게 하고 생각할 에너지를 고갈시킬 것 같았다. 그러다 1년 뒤에 또다른 친구가 베른의 스위스 특허국에 자리가 났다고 알려왔다. 급여는 변변치 않았고 직책은 말단이었으며 근무 시간은 길었다. 특허 출원서를 검토하는 단순 업무였지만 아인슈타인은 덥석 기회를 잡았다. 그가 바라던 모든 것이었다. 특허 출원서의 타당성을 분석하는 업무는 대부분 그의 관심사인 과학과 관계가 있었다. 출원서는 간단한 수수께끼나 사고실험 같았다. 그는 발상이 실제 발명으로 바뀌는 과정을 시각적으로 그려볼 수 있을 터였다. 이 일을 하면 자신의 추론 능력을 벼릴 수 있을 것 같았다. 일을 시작한 지 몇 달 지나자 그는 이 두뇌 게임에 능숙해져서 두세 시간이면 업무를 마치고 나머지 시간을 자신의 사고실험에 할애할 수 있었다. 1905년에 그는 첫 번째 상대성 이론을 발표했는데, 연구의 대부분은 특허국 사무실의 책상에서 이루어졌다.

✦ **오늘의 법칙** ✦ **시간은 중대 변수이다. 오늘 한 가지 일을 덜어내어 인생의 과업에 시간을 더 할애하라.**
『마스터리의 법칙』: 제2장 마스터리를 끌어내는 이상적 수련 방식

2월 20일   두뇌의 작동방식을 이해하라

　　단계를 건너뛰거나 과정을 회피하거나 정치적 연줄이나 손쉬운 수법으로 마법처럼 권력을 얻거나 타고난 재능에 의존할 수 있다고 믿을수록 그만큼 우리는 자신의 본성을 거스르며 타고난 능력을 약화시키게 된다. 우리는 시간의 노예가 된다. 시간이 지날수록 나약해지고 무능해지고 진로의 막다른 골목에 갇힌다. 타인의 의견과 두려움에 전전긍긍하게 된다. 정신을 통해서 현실과 연결되는 것이 아니라 현실과 단절된 채 비좁은 생각의 방에 갇힌다. 생존을 위해서 주의를 집중해야 했던 인류는 이제 산만하게 두리번거리고 깊이 사고하지 못하고 본능에 의존할 줄도 모르는 동물이 된다. 짧은 인생 동안에, 의식을 지닌 채 살아가는 수십 년 안에 기술과 희망적인 사고를 통해서 뇌의 구조를 바꾸고 600만 년에 걸친 진화의 결과를 넘어설 수 있다고 믿는 것은 어리석음의 극치이다. 본성에 반해서 행동하면 일시적으로 기분 전환이 될 수는 있겠지만, 시간은 당신의 약점과 조바심을 가차 없이 폭로할 것이다.

✦ **오늘의 법칙** ✦　**기술이 아니라 배움을 신뢰하라.**
　　『마스터리의 법칙』: 서장

2월 21일 자신을 필수적인 존재로 만들어라

사람들이 당신에게 의존하게 하라. 공손함보다 그런 의존성에서 더 많은 것을 얻을 수 있다. 갈증을 해결한 사람은 더는 우물이 필요하지 않아 냉큼 등을 돌린다.
발타자르 그라시안

르네상스 시대 이탈리아의 위대한 콘도티에레(Condottiere, 한 도시나 영주의 군대에서 활동한 용병 대장/옮긴이) 중 상당수는 고용인을 위해서 무수한 전투에서 승리를 거뒀음에도 결국 추방을 당하거나 투옥되거나 처형 당했다. 문제는 배은망덕이 아니었다. 그들 못지않게 유능하고 용맹한 콘도티에레들이 얼마든지 있다는 사실이었다. 그들은 대체 가능한 존재였다. 그들이 죽어도 아쉬울 것은 전혀 없었다. 나이 든 콘도티에레는 권력이 커졌으며 점점 더 많은 돈을 요구했다. 그렇다면 그들을 제거한 뒤에 젊고 값싼 용병을 고용하는 것이 훨씬 이득이다. 타인이 자신에게 의존하도록 만들지 못하는 사람들의 운명도 이와 같다(그보다는 덜 비참하겠지만). 조만간 그들만큼 일을 잘하면서도 젊고 참신하고 덜 비싸고 덜 위협적인 누군가가 나타난다. 불가피성이 세상을 지배한다. 사람들은 꼭 해야 하는 일이 아니면 하지 않으려고 든다. 자신이 필수적인 존재가 되면 첫 번째 기회를 얻고자 매달리지 않아도 된다.

✦ **오늘의 법칙** ✦ 당신이 하는 일을 할 수 있는 유일한 사람이 되도록 노력하라. 당신을 고용한 사람의 운명이 당신과 긴밀히 얽히도록 하여 그들이 당신을 내팽개치지 못하게 하라.

『권력의 법칙』: 22. 사람들이 당신에게 의존하게 만들어라 — 네트워크 만들기

2월 22일 　목적 지향적 에너지를 흡수하라

코코 샤넬Coco Chanel은 크나큰 약점을 안고 인생의 출발점에 섰다. 그녀는 고아인데다가 기댈 곳도 거의 없었다. 그러다 20대 초반에 의류 디자인과 의류 회사 창업이 자신의 소명임을 깨달았지만 길잡이가 간절하게 필요했다. 사업적인 부문에서는 더더욱 절실했다. 그녀는 자신이 길을 찾도록 도와줄 사람들을 물색했다. 스물다섯 살에 완벽한 목표 대상을 만났다. 아서 '보이' 카펠Arthur 'Boy' Capel이라는 부유하고 나이 많은 영국 사업가였다. 그녀는 그에게 적극적으로 매달렸다. 그는 그녀에게 유명 디자이너가 될 수 있다는 자신감을 심어주었고, 사업 전반에 대해서도 가르쳐주었다. 혹독한 비판도 서슴지 않았는데, 그녀가 비판을 달게 받아들인 것은 그를 깊이 존경했기 때문이었다. 그는 그녀가 처음으로 중요한 창업 결정을 내릴 때에 길잡이가 되어주었다. 그가 있었기에 그녀는 평생토록 간직한 목적의식을 섬세하게 발전시킬 수 있었다. 그의 영향력이 없었다면 그녀의 행로는 너무 혼란스럽고 힘겨웠을 것이다. 이후에도 그녀는 끊임없이 이 전략으로 돌아갔다. 부족하거나 강화가 필요한 기술—사회적 품위, 마케팅, 문화적 트렌드를 감지하는 능력—을 가진 사람들을 찾아 관계를 맺고 그들에게서 배웠다. 당신이 이런 상황이라면 카리스마나 선견지명이 있는 사람이 아니라 실용주의적인 사람을 찾고 싶을 것이다. 그들의 실용적인 조언을 듣고 목표 달성의 의지를 흡수하고 싶을 것이다. 가능하다면 비슷한 에너지를 가진 다양한 분야의 사람들을 친구로든 조력자로든 주변에 모아라. 그러면 서로의 목적의식을 고취하는 데에도 이로울 것이다. 허울뿐인 조력자나 멘토에 안주하지 말라.

✦ 오늘의 법칙 ✦ 당신의 삶 속에서 목적을 품고 살아가는 사람들의 명단을 만들어라. 그들과 더 많은 시간을 보내는 것을 우선순위로 삼아라.

『인간 본성의 법칙』: 13. 인생의 소명을 발견하고 지침으로 삼는다 — 목표 상실의 법칙

2월 23일　아무리 많이 알아도 충분하지 않다

　　　　어린 시절 나폴레옹 보나파르트Napoleon Bonaparte의 관심사는 전략 게임을 하고, 지도력의 사례가 실린 책을 읽는 것이었다. 그는 군사 학교에 들어갔지만 군 경력을 쌓고 체제에 순응하는 것에 초점을 두지 않았다. 그보다는 용병술의 모든 측면을 최대한 많이 배우는 일에 몰두했다. 그는 게걸스럽게 자료를 섭렵했다. 그의 방대한 지식은 상급자들에게도 인상적이었다. 그는 매우 젊은 나이에 이례적으로 높은 직책에 임명되었다. 그는 냉정을 유지하고 경험에서 옳은 교훈을 얻고 실수로부터 회복하는 법을 금세 배웠다. 전장에서 더 높은 직책에 올랐을 즈음에는 이미 동료들보다 두세 배 강도 높은 수련 기간을 거친 뒤였다. 무척이나 젊고 야심만만하고 권위를 경멸한 그는 지도자의 위치에 오르자, 병력의 규모와 편제를 바꾸고 기동을 독자적으로 전투에 도입하는 등 군 역사상 가장 위대한 혁신을 단행했다. 발전이 완료되었을 때, 그는 전투와 전반적인 작전 형태에 대한 탁월한 감각의 소유자가 되어 있었다. 이 감각은 그에게 악명 높은 '혜안coup d'oeil'을 선사했다. 이것은 흘끗 보는 것만으로도 상황을 파악하는 능력을 일컫는다. 그의 부관과 적수들은 그가 신비로운 힘을 가졌다고 상상할 정도였다.

✦ 오늘의 법칙 ✦　지식과 정보를 흡수하는 데에서 가장 깊은 즐거움을 찾아라. 아무리 가져도 충분하지 않다고 느껴라.

powerseductionandwar.com, 2012년 10월 1일

2월 24일 스승을 뛰어넘어라

스승을 능가하지 못하는 도제는 가련하다. **레오나르도 다빈치**

너무 명석하고 유능한 사람 밑에서 배우는 것은 저주일 때가 많다. 그들의 위대한 아이디어를 따라가려고 안간힘을 쓰다 보면 자신감이 무너지기 마련이다. 많은 도제들이 저명한 멘토의 그림자에서 길을 잃고 무엇 하나 이루지 못한다. 피아노 연주자 글렌 굴드Glenn Gould가 이 딜레마를 해결할 유일한 실질적 해법을 찾은 것은 자신의 야심 덕분이었다. 그는 멘토 알베르토 게레로Alberto Guerrero의 모든 음악적 아이디어에 귀를 기울이고 직접 시도해보았다. 또한 연주 과정에서 이 아이디어들을 자신의 성향에 맞게 미묘하게 변주했다. 이렇게 해서 그는 자신에게도 자신만의 소리가 있음을 느낄 수 있었다. 세월이 흐르면서 그는 스승과의 차이를 더 뚜렷이 부각시켰다. 감수성이 무척 예민했기 때문에 수련 과정에서 멘토의 중요한 아이디어를 모조리 무의식적으로 내면화했지만, 적극적인 노력을 통해서 그 아이디어들을 자신의 개성에 맞게 변모시켰다. 이런 식으로 그는 배움을 얻으면서도 창조적인 정신을 배양하여, 게레로를 떠난 뒤에도 어느 누구와도 다른 존재로 자리매김할 수 있었다.

✦ **오늘의 법칙** ✦ 저명한 멘토의 그늘을 조심하라. 그들의 아이디어를 시도하되 늘 변형하고 스스로를 차별화하라. 당신의 목표는 스승을 뛰어넘는 것이다.
『마스터리의 법칙』: 제3장 거인의 어깨를 딛고 올라서라 ― 스승이라는 사다리

2월 25일　지평을 계속해서 확장하라

　　　　현실적으로 수련 기간에는 아무도 당신을 도와주거나 방향을 제시해주지 않는다. 사실 상황은 당신에게 불리하다. 수련을 받고 싶다면, 배우고 숙달을 준비하고 싶다면, 스스로 노력하고 막대한 에너지를 쏟아부어야 한다. 이 시기에 발을 들이면 대개는 가장 낮은 위치에서 출발한다. 자신의 위치 때문에 지식과 사람들에 대한 접근의 기회도 제한된다. 정신 차리지 않으면 당신은 이 위치에 안주하고 그에 따라 스스로를 규정할 것이다. 당신이 불리한 조건에서 출발했다면 더더욱 그렇다. 이런 상황을 피하려면 어떤 제약에도 맞서 싸워야 하며 자신의 지평을 확장하기 위해서 끊임없이 노력해야 한다(어떤 배움의 상황에서든 현실에 순응해야 하지만, 그 현실 때문에 한곳에 머물러 있어야 할 이유는 없다). 요구되는 것 이상의 책과 자료를 읽는 것은 언제나 좋은 출발점이다. 넓은 세상의 생각들을 접하면 점점 더 많은 지식에 대한 갈망이 생길 것이다. 좁은 구석 자리에 만족하기가 점점 힘들어질 것이다. 이것이 요점이다. 당신의 분야에서 당신 가까이에 있는 사람들은 각자가 하나의 세계와 같다. 그들의 이야기와 관점은 당신의 지평을 자연스럽게 확장하고 당신의 사교적 기술을 향상시켜줄 것이다. 최대한 다양한 유형의 사람들과 어울려라. 인간관계의 범위가 천천히 넓어질 것이다. 종류를 막론하고 외부 교육에 참여하는 것도 관계의 폭을 넓히는 데에 유익하다.

✦ **오늘의 법칙** ✦　**거침없이 확장을 추구하라. 자신이 집단에 안주하고 있는 것처럼 느껴진다면 억지로라도 떨치고 나와 새로운 도전을 찾아라.**
　　　　　　　『마스터리의 법칙』: 제2장 마스터리를 끌어내는 이상적 수련 방식

2월 26일 안전지대 밖을 탐험하라

우리의 허영심, 열정, 모방심, 추상적인 지성, 습관은 오래 전부터 작용했으며, 예술의 과제는 이 작용을 되돌려서 우리가 반대 방향으로 여행하게 하는 것, 실제로 존재하는 것이 우리도 모르게 우리 내면에 놓인 깊숙한 곳으로 돌아가게 하는 것이다.
마르셀 프루스트

레오나르도 다빈치Leonardo da Vinci는 베로키오 공방에서 실력을 닦으면서 자신만의 화풍을 실험하고 적용하기 시작했다. 그는 스승이 자신의 독창성에 감명을 받자 놀랐다. 레오나르도에게 이 사건은 도제 수업의 끝이 가까워졌다는 신호였다. 대부분의 사람들은 이 단계를 밟기까지 하염없이 기다리는데, 대개는 두려움 때문이다. 규칙을 배우고 안전지대에 머무르는 것이 언제나 더 수월하다. 하지만 자신이 준비되었다는 생각이 들기 전이더라도 그런 행동이나 실험을 시작해야만 한다. 그때 당신은 자신의 성격을 판단하고, 두려움을 이겨내고, 자신의 일에 대한 객관적인 시각을 길러 제3자의 눈으로 바라보아야 한다. 자신의 결과물이 끊임없는 평가의 대상이 될 다음 단계를 미리 맛보는 것이다.

✦ **오늘의 법칙** ✦　　**아직 준비가 되지 않았다고 생각되는 일을 시도하라.**
　　　『마스터리의 법칙』: 제2장 마스터리를 끌어내는 이상적 수련 방식

2월 27일 자신의 스타일을 확립하라

전임자와 거리를 두려면 그것을 대외적으로 공표하는 상징이 필요할 때가 종종 있다. 이를테면 루이 14세가 만든 상징은 프랑스 국왕들의 전통적인 궁전을 거부하고 베르사유 궁전을 지은 것이다. 스페인의 펠리페 2세도 무주공산에 엘에스코리알을 건설하여 권력의 중심지로 삼았다. 루이 14세는 한발 더 나아갔다. 그는 아버지나 선왕들 같은 국왕이 되고 싶지 않았다. 왕관을 쓰거나 왕홀을 들거나 보좌에 앉지 않았으며 자신만의 상징물과 의식들로 새로운 방식의 권위 표현방식을 확립했다. 루이 14세는 선왕들의 의식을 과거의 유물이자 조롱거리로 전락시켰다. 루이 14세의 본보기를 따르라. 결코 전임자의 길을 따르는 것처럼 보이지 않도록 하라. 그러지 않으면 전임자를 절대 뛰어넘을 수 없다. 당신만의 스타일과 상징을 확립하여 차이를 가시적으로 보여주어야 한다.

✦ 오늘의 법칙 ✦ 스승의 본보기를 따르되 그의 길은 따르지 말라. 자신만의 차별점을 내세워라. 자신만의 스타일을 확립하라.

『권력의 법칙』: 31. 후광에 의존하지 마라 ─ 정체성 구축

2월 28일　칼끝을 스승에게

제자로만 머물러 있는 것은 스승의 은혜를 제대로 갚지 않는 것이다. **프리드리히 니체**

스페인어에 '알 마에스트로 쿠치야다al maestro cuchillada("스승에게 칼이 간다")'라는 말이 있다. 펜싱에서 쓰는 표현으로, 젊고 날쌘 제자가 스승에게 상처를 입힐 만큼 실력이 향상되는 순간을 일컫는다. 그러나 이것은 칼에 베이는 것과 같은 제자의 반란을 필연적으로 겪는 대다수 멘토들의 운명을 가리키는 말이기도 하다. 우리 사회에서는 반항하거나 적어도 그런 태도를 취하는 사람을 우러러보는 경향이 있다. 하지만 탄탄하고 실질적인 대상이 없는 반항은 무의미하거나 무력하다. 자신의 정체성을 확립하려면 멘토, 즉 아버지 같은 존재가 부여하는 기준으로부터 일탈해야 한다. 당신은 그들의 지식 중에서 중요하고 유의미한 부분을 내면화하고 당신의 삶과 무관한 것에는 칼을 들이대야 한다. 이것은 세대 변화의 과정이며, 때때로 아버지 같은 존재는 아들과 딸이 자기 자신을 발견할 기회를 주기 위해 죽음을 맞아야 한다. 숙달에 이르는 길에 놓인 징검다리처럼 당신은 인생에서 여러 멘토들을 만날 것이다. 인생의 각 국면에서 적절한 스승을 찾아 그들에게서 자신이 원하는 것을 얻고 나아가야 하며, 이것에 대해 결코 부끄러움을 느낄 필요가 없다. 당신의 멘토 또한 걸었을 길이며 세상의 방식이기 때문이다.

✦ 오늘의 법칙 ✦　**스승의 지식 중에서 중요하고 유의미한 부분을 내면화하라. 나머지 모든 것에 칼을 들이대라.**

『마스터리의 법칙』: 제3장 거인의 어깨를 딛고 올라서라 — 스승이라는 사다리

2월 29일   해커식 접근법을 취하라

시대마다 지배적인 생산 체계에 맞는 도제 모형이 만들어진다. 우리는 컴퓨터 시대를 살아가고 있으며, 이 새로운 시대에 가장 유망한 모형은 해커식 프로그래밍 접근법일 것이다. 해커식 모형은 최대한 많은 기술을 배우고 상황이 인도하는 방향을 따르되, 자신이 가장 강한 호기심을 느낄 때에만 그렇게 하는 것이다. 해커와 마찬가지로 당신은 자신의 길을 스스로 발견해야 한다. 정해진 진로를 따르는 함정을 피한다. 자신이 선택한 길이 어디로 이어지는지 확신하지는 못하지만, 정보의 개방성─우리가 구사할 수 있는 기술에 대한 모든 지식─을 최대한 활용한다. 자신에게 어울리는 일이 무엇이고 무슨 수를 써서라도 피하고 싶은 일이 무엇인지를 파악한다. 시행착오를 거치며 나아간다. 당신이 헤매지 않는 것은 일에 전념하기를 두려워해서가 아니라 자신의 기술적 기반과 가능성을 확장하기 때문이다. 어느 시점에 당신이 무엇인가에 안착할 준비가 되면 필연적으로 아이디어와 기회들이 절로 모습을 드러낼 것이다. 그렇게 되면 당신이 쌓아온 모든 기술의 가치가 입증될 것이다. 당신은 그 기술들을 독특하고도 자신의 개성에 맞도록 조합하는 일의 대가가 될 것이다.

✦ **오늘의 법칙** ✦   **이 새 시대에 젊은 시절의 경직된 길만을 고수하는 사람은 40대에 경력에서 막다른 골목을 맞닥뜨리거나 권태에 사로잡힐 것이다. 하지만 폭넓은 수련을 거치는 사람은 반대로 가능성을 확장하는 결과를 얻을 것이다.**
『마스터리의 법칙』: 제2장 마스터리를 끌어내는 이상적 수련 방식

3월

업무의 주인

― 기술을 구사하고 숙달에 도달하라 ―

March _____

숙달을 향해 나아가면서 당신의 정신은 현실과 인생 자체에 더욱 가까워질 것이다. 살아 있는 모든 것은 끊임없이 변화하고 움직인다. 자신이 바라는 수준에 도달했다고 생각하여 휴식을 취하는 순간 정신의 일부는 쇠퇴의 국면에 접어든다. 힘겹게 얻은 창의력을 잃게 되면서 남들도 낌새를 채기 시작한다. 이 힘과 지능은 끊임없이 재생되어야 하며 그러지 않으면 사멸한다. 따라서 당신의 일생은 배움의 기술을 꾸준히 적용하는 일종의 수련으로 간주되어야 한다. 3월은 기술을 구사하고 숙달의 삶에 필요한 지식을 내면화하는 달이다.

몇 년 전에 나의 다섯 번째 책『마스터리의 법칙』을 쓰기 시작했을 때, 매우 이상하고 흥미로운 현상이 벌어졌다. 그 책을 쓰는 일은 유난히 힘들고 복잡했다. 우선 나는 여느 때처럼 조사를 진행했다. 수백 권의 책을 읽고 수천 장의 카드를 작성하여 장별로 정리했다. 그와 더불어『마스터리의 법칙』을 더욱 탄탄한 과학적 토대 위에 놓기 위해서 과학책들—인간 두뇌의 성격을 탐구한 책—도 많이 읽었는데, 전에는 한 번도 하지 않은 일이었다. 이 때문에 집필의 어려움이 한층 커졌다. 게다가 책이 시대에 뒤처지지 않도록 현대의 대가 예닐곱 명을 인터뷰했다.『마스터리의 법칙』에 과학적 지식과 인터뷰를 접목하는 것은 만만한 일이 아니었다. 그래서 실제 집필을 시작했을 때에는 첫 두어 장에서 영 속도가 나지 않는 바람에 흐름을 타기까지 평소보다 오랜 시간이 걸렸다.

그러고 나서 한 장 두 장, 한 주일 두 주일, 한 달 두 달이 지나면서 조금씩 탄력이 붙기 시작했다. 그러다 제5장을 쓸 때 예상치 못한 일이 일어났다. 제5장의 주제는 다름 아닌 창의적 과정이었다. 요점은 과제에 대한 충분한 노력과 준비를 하고 그 기간 내내 주제를 파고들었다면, 아이디어가 저절로 떠오르는 창의적인 상태에 도달한다는 것이었다. 그런데 그 일이 내게도 일어나고 있었던 것이다. 조사와 준비를 철저히 했더니 제5장을 쓰기 시작했을 즈음에는 샤워를 할 때나 산책을 할 때에도 글감이 떠올랐다. 심지어 잠을 잘 때에도 책에 대한 꿈을 꾸었고 잠결에 아이디어들이 떠올랐다. 모두 내 글을 뒷받침하는 증거였다.

나는 매우 놀랐고 깊은 영감을 얻었다. 마지막으로 숙달 자체를 서술하는 제6장을 쓸 차례가 되었다. 제6장의 요점은 과정 속으로 더 파고들면 자신이 다루는 주제가 매우 직관적으로 느껴지기 시작한다는 것이다. 마치 책이나 과제가 당신 안에 살아 있는 것처럼 느껴진다. 이것은 체스 명인에 비유할 수 있다. 그는 체스판이 자신의 머릿속과 몸속에 있는 것처럼 느끼며 다음번에 두어야 할 수를 느낄 수 있다. 나도 책이 내 안에 살아 있으며 무엇을 써야 할지 손끝으로 감지할 수 있을 듯한 느낌이 들었다. 상상도 하지 못한 아이디어가 직관적으로 술술 떠올랐다. 이것은 경이로운 경험이자 경이로운 느낌이었다. 마치 나 자신이 대단한 힘을 소유한 것 같았다.

내가 특별하거나 천재이거나 특별한 재능을 가졌다고 주장하려는 것이 아니다. 사실 그 책의 취지는 천재성과 창의성에 대한 통념을 깨뜨리는 것이다. 우리는 타고난 것, DNA에 들어 있는 것, 자신에게 새겨진 특별한 것이 있다고 생각하는 경향이 있다. 나는 그것이 실은 노력과 근면의 결과물이며 당신도 오랜 시간 연습하면 이렇게 높은 수준의 창의성과 숙달에 도달할 수 있음을 입증하고 싶었다. 그리고 책을 쓰는 과정 자체가 나의 생각을 말 그대로 입증하는 것이었다. 관건은 집요하게 전념하고 그것을 파고드는가의 여부이기 때문에, 누구든 내가 제시한 패턴을 따른다면 나와 같은 희열을 경험할 수 있다.

그렇다고 해서 몇 년간 무엇인가를 연구한다고 해서 반드시 창의력이 샘솟는다는 뜻은 아니다. 그 기간 내내 일정한 집중력을 발휘해야 하며 최종 결과물을 이끌어내는 그 일 자체에 애정을 품어야 한다. 앞선 네 권의 책에서 언급했듯이, 수련 기간에 미리 쏟은 노력도 중요한 요인이다.

창의적 과정에 이르는 지름길은 없다. 약물과 알코올은 오히려 걸림돌이다. 조바심을 품고 지름길을 노리면 숙달에서 더 멀어질 뿐이다. 그러나 연습 과정을 신뢰하고 할 수 있는 최신의 노력을 기울이면 놀라운 결실을 거두게 될 것이다.

3월 1일 다차원적 정신을 깨워라

배움은 정신을 지치게 하는 법이 없다. **레오나르도 다빈치**

기술을 쌓고 자기 분야의 규칙을 체득함에 따라서 당신의 정신은 더 활동적으로 움직이고 싶어질 것이며, 당신의 성향에 더 알맞도록 이 지식을 활용하고 싶어질 것이다. 이 자연스러운 창의적 과정이 만개하지 못하도록 가로막는 것은 재능의 부족이 아니라 당신의 태도이다. 불안감과 위태로움을 느끼면, 당신은 지식에 대해 보수적인 태도로 돌아서서 집단에 순응하고 자신이 배운 절차에 매달리는 쪽을 선호할 것이다. 하지만 스스로를 억지로라도 반대 방향으로 이끌어야 한다. 수련 기간이 끝나면 점점 대담해져야 한다. 자신이 아는 것에 만족하지 말고 관련 분야에 대한 지식을 넓히고 정신이 다양한 아이디어들을 새롭게 연결지을 수 있도록 연료를 공급해야 한다. 시도하고 가능한 모든 각도에서 문제를 들여다보아야 한다. 사고가 점차 유연해지면 정신도 점차 다차원적으로 바뀌어 현실의 더 많은 측면들을 볼 수 있게 될 것이다. 결국 지금껏 체득한 바로 그 규칙에 저항하여 그것을 자신의 정신에 맞게 개조하고 개편하게 될 것이다. 이렇게 독창성을 발휘하면 권력의 정점에 오를 수 있다.

✦ **오늘의 법칙** ✦ **관련 분야로까지 지식을 확장하라. 보조적 기술을 선택하여 연습을 시작하라.**
『마스터리의 법칙』: 제5장 다차원적 정신을 깨워라 — 창의적 근육의 단련

3월 2일 안으로 들어가라

나는 숙달의 정의와, 삶에서나 집필 과정에서 나를 인도하는 문구가 무엇이냐는 질문을 받으면, "안으로 들어가는 것"이라고 답한다. 나는 늘 사물의 안으로 들어가려고 노력한다. 겉으로 보이는 모습은 죽어 있는 것과 같다. 당신이 보는 것은 겉모습에 불과하다. 하지만 안으로 들어가면 심장이 뛰는 것이 보인다. 당신은 대상을 이해하고 현실을 파악하게 된다. 이를테면 체스나 피아노를 처음 배울 때, 당신은 외부에 있게 된다. 당신에게는 가시적인 표면만 보인다. 당신은 규칙이나 기본을 배운다. 그 과정은 매우 느리고 지루하다. 당신은 진짜를 이해하지 못하며 모든 것이 혼란스럽고 막연하다. 하지만 끈기 있게 노력하면 마침내 안으로 파고들게 된다. 그러면 대상이 살아 있음을 느낄 수 있다. 체스판이나 피아노는 이제 물리적인 대상이 아니며 당신 안에 들어 있다. 내면화된 것이다. 더는 건반을 생각할 필요가 없다. 건반은 당신의 머릿속에 있다. 이것이 숙달이다. 운동이 좋은 예이다. 우리는 축구의 달인들을 일컬어 이렇게 말한다. "마치 뒤통수에 눈이 달린 것 같아." 아니, 그들은 경기 자체 안에 들어가 있는 것이다. 뛰어난 쿼터백들은 해마다의 경험에 대해 이렇게 말한다. "마치 경기가 느려지는 것 같습니다." 아니, 그들은 점점 안으로 들어가고 있는 것이다. 과학자, 작가, 배우에 대해서도 똑같이 말할 수 있다. 대가들은 밖에 나와 들여다보는 것이 아니라 안으로 들어가 내다본다.

✦ **오늘의 법칙** ✦ 열심히 노력하면 지식의 이너 서클에 들어가는 길을 찾을 것이다. 안에 들어가 내다보는 지식이야말로 숙달의 최종 목표이다.

"로버트 그린 : 숙달과 연구", 「숙달을 찾아서 : 마이클 저베이스」 대담, 2017년 1월 25일

3월 3일　장인 윤리를 함양하라

　　위대한 대가들은 과거와 현재를 막론하고 모두 장인 정신을 간직하고 있다. 그들의 동기는 돈이나 명예, 높은 지위가 아니라 완벽한 작품을 만드는 것, 최고의 건물을 설계하는 것, 새로운 과학 법칙을 발견하는 것, 기술을 숙달하는 것이다. 덕분에 그들은 경력에서 부침을 겪더라도 일희일비하지 않는다. 중요한 것은 일 자체이다. 대가들은 이 정신을 함양함으로써 결국 더 많은 돈을 벌고 더 유명해진다. 스티브 잡스는 이 장인 윤리의 화신이다. 그는 손으로 물건을 만드는 것을 좋아하던 아버지에게서 이 정신을 물려받았으며 완벽에 대한 사랑, 무엇인가를 제대로 만들고자 하는 마음가짐을 애플 제품의 디자인에 담았다. 대가의 목표는 결과물을 제대로 만들고 자부심을 느끼는 것이다.

✦ **오늘의 법칙** ✦　**장인 정신을 되찾아라. 중요한 것은 오직 일 자체임을 명심하라.**
로버트 그린, "새로운 도제 모형의 다섯 가지 핵심 요소", 「뉴욕 타임스」, 2013년 2월 26일

3월 4일　창의적 과정

　　창의적 과정은 막연한 주제이고 이것을 훈련하는 경우도 전혀 없기 때문에 착각하기 쉽다. 시대를 막론하고 대가들에게서는 널리 적용되는 기본적인 패턴과 원칙을 발견할 수 있다. 첫째, 가능성이 열려 있는 입문 시기는 창의적 과정의 발전에 필수적이다. 이때 당신은 꿈꾸고 방황할 시간을 가지면서 느슨하고 자유분방하게 시작한다. 이 시기에는 아이디어에 집중할 때, 저절로 생겨나는 강력한 감정들에 프로젝트가 스스로 연결되도록 내버려두라. 아이디어를 가다듬고 프로젝트를 점차 현실적이고 합리적으로 발전시키는 일은 나중에도 얼마든지 할 수 있다. 둘째, 자신의 분야와 여타 분야들에 대한 폭넓은 지식을 쌓아 두뇌가 더 많은 연상과 연결을 할 수 있도록 하라. 셋째, 이 과정이 중단되지 않게 하려면 결코 처음 목표를 종착점으로 삼고 안주해서는 안 된다. 자신의 결과물에 만족하지 말고 자신의 아이디어를 끊임없이 개선하고 불확실성을 간직해야 한다. 다음에 어디로 갈지 확신하지 못할 때, 오히려 창의적 충동이 일어나고 새로움을 간직할 수 있다. 마지막으로, 느림 자체를 미덕으로 받아들여야 한다. 창의적 시도를 할 때에 시간은 언제나 상대적이다. 과제를 끝내기까지 몇 달이 걸리든 몇 년이 걸리든 당신은 늘 조바심과 어서 끝내고 싶은 욕구를 느낄 것이다. 창의력을 얻기 위해서 취할 수 있는 단연 최고의 행동은 이 자연스러운 조바심을 다스리는 것이다.

✦ 오늘의 법칙 ✦　자신이 해낸 일을 돌아보는 미래의 당신을 상상하라. 작업을 끝내기까지 몇 달이나 몇 년이 더 소요되었더라도 미래의 시점에서는 전혀 고통스럽거나 괴롭지 않을 것이다. 시간은 최고의 우군이다.

『마스터리의 법칙』: 제5장 다차원적 정신을 깨워라 — 창의적 근육의 단련

3월 5일   더 넓게 보고 더 크게 생각하라

승자와 패자가 가려지는 모든 경쟁에서는 더 포괄적인 관점을 가진 사람이 반드시 승리한다. 이유는 간단하다. 그런 사람은 순간을 초월하여 사고하며, 주도면밀한 전략으로 전체 과정을 통제할 수 있기 때문이다. 대부분의 사람들은 늘 현재에 갇혀 있다. 그들의 결정은 직전에 일어난 사건에 좌우된다. 그들은 쉽사리 감정에 사로잡히며, 어떤 문제에 대해서 실제보다 더 큰 의미를 부여한다. 숙달을 향해 나아가면 자연스럽게 더 폭넓은 관점을 가지게 되지만, 끊임없이 관점을 확장하는 훈련을 일찌감치 시작하여 그 과정을 앞당기는 것이 현명하다. 이를 위해서는 당신이 지금 하고 있는 일의 전반적인 목적이 무엇인지, 이 일이 당신의 장기적인 목표와 어떻게 맞물리는지 늘 상기하라. 어떤 문제를 맞닥뜨리든 그것이 더 큰 그림과 어떻게 필연적으로 연결되는지 꿰뚫어보도록 스스로를 훈련해야 한다. 바라는 결과가 나오지 않으면 문제의 근원을 찾을 때까지 모든 각도에서 들여다보아야 한다. 자신의 분야에 있는 경쟁자들을 단순히 관찰하는 것이 아니라 그들의 약점을 해부하고 파헤쳐야 한다. '더 넓게 보고 더 크게 생각하라'를 당신의 좌우명으로 삼아야 한다. 이렇게 정신적인 훈련을 하면 경쟁으로부터 벗어나서 숙달에 이르는 길을 평탄하게 다질 수 있을 것이다.

✦ **오늘의 법칙** ✦   **더 폭넓은 관점을 가진 사람이 승리한다. 시야를 넓혀라.**
『마스터리의 법칙』: 제6장 직관과 이성의 행복한 결합, 마스터리

3월 6일   근원적 정신의 선물

우리는 모두 왕성하게 활동하고 싶어하는 창의력을 타고났다. 이것은 그런 잠재력을 드러내는 근원적 정신이 주는 선물이다. 인간의 정신은 원래 창의적이어서, 사물과 아이디어 사이에서 연상과 연결을 맺으려고 끊임없이 모색한다. 세상의 새로운 측면들을 탐구하고 발견하고 새로운 것을 만들고 싶어한다. 이 창의력을 표출하는 것은 우리의 가장 큰 욕구이며 이 창의력이 억눌리는 것은 고통의 원인이다. 창의력을 압살하는 것은 나이나 재능의 부족이 아니라 우리 자신의 정신, 우리 자신의 태도이다. 우리는 이미 얻은 지식에 지나치게 안주한다. 새로운 아이디어와 이것에 필요한 노력을 점점 기피한다. 사고의 유연성을 키우는 데에는 위험이 따른다. 실패할 수도 있고 조롱당할 수도 있다. 우리는 친숙한 생각과 사고 습관을 간직한 채 살고 싶어하지만, 그러다가는 호된 대가를 치르게 된다. 우리의 정신은 도전과 참신함이 없으면 사멸한다. 대체 가능한 존재가 되어 자신의 분야에서 한계에 부딪히며 자신의 운명에 대한 통제권을 잃는다.

✦ 오늘의 법칙 ✦   정신이 원하는 것을 하라. 새로운 생각을 탐구하고 향유하고 받아들여라.
『마스터리의 법칙』: 제5장 다차원적 정신을 깨워라 — 창의적 근육의 단련

3월 7일 정신을 계속 움직이게 하라

어린 시절 우리의 정신은 한시도 가만있지 않았다. 새로운 경험에 마음을 열고 최대한 빨아들였다. 배우는 것도 빨랐다. 주변 세상이 우리를 흥분시켰기 때문이다. 짜증이나 화가 나면 자신이 원하는 것을 얻을 창의적 방법을 찾았으며, 새로운 것을 발견하면 문제를 금세 잊어버렸다. 우리의 정신은 언제나 움직였으며 언제나 들떠 있고 호기심으로 가득했다. 그리스의 철학자 아리스토텔레스Aristoteles는 운동이 생명을 정의한다고 생각했다. 움직이지 않는 것은 죽은 것이다. 속도와 움직임을 가진 것은 더 많은 가능성을, 더 많은 생명력을 가지고 있다. 우리는 모두 처음에는 정신이 약동했지만, 나이를 먹으면서 점점 굼떠진다. 당신이 젊은 시절로 돌이키고 싶은 것은 외모, 건강, 소박한 즐거움일지도 모르지만, 당신에게 정말로 필요한 것은 자신이 한때 가졌던 정신의 유동성이다. 자신의 생각이 어느 한 주제나 생각—강박, 원한—에 얽매여 있거든 억지로라도 벗어나라. 다른 것에 눈을 돌려라. 어린아이처럼 자신이 흡수할 수 있는 새로운 것, 집중력을 발휘할 만한 무엇인가를 찾아라. 자신이 바꾸거나 영향을 미칠 수 없는 것에 시간을 허비하지 말라. 그저 계속 움직여라.

✦ **오늘의 법칙** ✦ **순간에 반응하라. 생각에서 생각으로, 과제에서 과제로, 주제에서 주제로 정신이 유동적으로 넘나들도록 하라.**
『전쟁의 기술』: 2. 과거의 방식으로 싸우지 마라 — 혁신자들의 전쟁법

3월 8일 경이감을 간직하라

젊음이 행복한 것은 아름다움을 보는 능력이 있기 때문이다. 아름다움을 보는 능력을 간직하는 사람은 결코 늙지 않는다. **프란츠 카프카**

엄격한 도제 수업을 마치고 창의성 근육을 단련하기 시작한 뒤에는 자신이 무엇을 배웠고 얼마나 발전했는지에 대해 만족감을 느끼기 마련이다. 우리는 자신이 배우고 발전시킨 생각들을 당연시하기 시작한다. 이것은 자연스러운 현상이다. 서서히 우리는 일찍이 자신을 괴롭히던 의문들에 대한 질문을 중단한다. 이미 답을 알기 때문이다. 지금의 자신이 그때보다 훨씬 뛰어나다고 생각한다. 자신도 모르는 사이에, 자만심이 우리의 영혼 속으로 기어들면 정신이 서서히 좁아지고 굳어지며, 설령 과거의 업적으로 대외적인 인정을 받았을지는 몰라도 이제는 자신의 창의성을 짓눌러 다시는 되찾지 못한다. 이 내리막의 추세와 최대한 맞서 싸우라. 그러려면 적극적으로 경이로움을 추구해야 한다. 자신이 진정으로 아는 것이 얼마나 적고 세상이 여전히 얼마나 신비로운지 끊임없이 상기하라.

✦ **오늘의 법칙** ✦ **현실은 무한히 신비롭다. 현실에 대한 경외감이 끊임없이 당신을 채우도록 하라. 아직도 배울 수 있는 것이 얼마나 많은지 상기하라.**

『마스터리의 법칙』: 제5장 다차원적 정신을 깨워라 — 창의적 근육의 단련

3월 9일　조바심은 당신의 적이다

인내는 쓰지만 그 열매는 달다. **아리스토텔레스**

창의성을 가로막는 가장 큰 걸림돌은 조바심이다. 이것은 과정을 서두르고 무엇인가를 표현하고 파란을 일으키려는 필연적인 욕망이다. 이런 경우에 당신은 기본기를 체득하지 못하며 어떤 실질적인 표현방식도 배우지 못한다. 당신이 창의적이고 독창적이라고 착각하고 있는 것은, 실은 다른 사람의 방식을 모방한 것이거나 실제로는 아무것도 표현하지 않는 혼자만의 절규일 가능성이 크다. 하지만 청중은 속아넘어가지 않는다. 그들은 엄밀성의 결여, 모방에 불과한 성격, 주목받으려는 충동을 감지하고는 등을 돌리거나 미적지근한 찬사를 보낸다. 최선의 길은 배움 자체를 사랑하는 것이다. 자기 분야의 기법과 관례를 흡수하고 시도하고 숙달하고 탐구, 체득하는 데에 기꺼이 10년을 보내는 사람은 그 진정한 목소리를 발견하여 유일무이하고 풍성한 결과물을 배출하고 말 것이다.

✦ **오늘의 법칙** ✦　길게 보라. 끈기를 가지고 과정을 밟으면 독자적인 표현이 당신에게서 저절로 흘러나올 것이다.

『마스터리의 법칙』 : 제5장 다차원적 정신을 깨워라 — 창의적 근육의 단련

3월 10일 지식은 당신보다 우월하다

빼어나게 창의적인 사람과 덜 창의적인 사람을 가르는 기준은 특별한 능력이 아니라, 전문성이 발휘되는 형태로서의 지식의 크기와 그것을 얻고 활용하려는 의욕이다. 이 의욕은 오래 지속되며 평생 영향을 미치고 영감을 선사한다. **마거릿 A. 보튼**

아집에서 벗어나려면 지식에 대해 겸손한 태도를 가져야 한다. 위대한 과학자 마이클 패러데이Michael Faraday는 이 태도를 일컬어 "과학적 지식은 끊임없이 진보한다"라고 표현했다. 당대의 가장 위대한 이론들은 미래의 어느 시점이 되면 결국 반증되거나 수정된다. 인간의 정신은 너무 나약하여 현실을 뚜렷하게 있는 그대로 보지 못한다. 당신이 지금 정립하고 있는 사상이나 이론이 아무리 참신하고 생생하고 진실해 보이더라도 몇십 년, 몇백년이 지나면 박살나거나 조롱당할 것이 뻔하다. (우리는 진화를 믿지 않고 지구의 역사가 6,000년밖에 되지 않았다고 생각한 20세기 이전 사람들을 비웃지만, 21세기의 어수룩한 믿음을 후대 사람들이 얼마나 비웃을지 상상해보라!) 그러니 이것을 유념하여 자신의 아이디어를 너무 애지중지하거나 그것이 진리라고 과신하지 않는 것이 상책이다.

✦ **오늘의 법칙** ✦ **지식은 언제나 진보한다. 아집에 속아넘어가지 말라. 당신은 언제나 지식보다 열등하다.**

『마스터리의 법칙』: 제5장 다차원적 정신을 깨워라 — 창의적 근육의 단련

3월 11일 집중의 세기

마르셀 프루스트Marcel Proust의 젊은 시절을 아는 많은 사람들은 그가 숙달을 달성할 가능성이 희박하다고 생각했다. 귀중한 시간을 허비하는 것처럼 보였기 때문이다. 그가 하는 일이라고는 책을 읽고 산책하고 이따금 편지를 쓰고 파티에 참석하고 낮잠을 자고 천박한 사교계 소식을 끄적이는 것뿐인 듯했다. 하지만 그런 겉모습의 이면에서는 강렬한 집중력이 발휘되고 있었다. 그는 책을 허투루 읽지 않았다. 해체하고 꼼꼼히 분석하고 자신의 삶에 적용할 귀중한 교훈을 끌어냈다. 이 모든 독서는 훗날 그만의 문체를 풍성하게 해줄 다양한 기법들을 그의 두뇌에 심어주었다. 그는 사람들과도 허투루 어울리지 않았다. 사람들을 꿰뚫어보고 그들의 은밀한 동기를 알아내려고 애썼다. 자신의 심리를 분석하고 스스로의 내면에서 발견한 여러 층위의 의식으로 깊이 파고들었다. 그는 이를 통해 기억의 역할에 대한 통찰을 얻었는데, 이는 신경과학 분야의 여러 발견들을 예고했다. 심지어 어머니의 죽음마저도 자신의 발전을 강화하는 계기로 삼았다. 어머니를 여의자 그는 글쓰기를 통해 우울증에서 벗어나야 했으며, 자신이 쓰려는 책 속에서 두 사람 사이의 감정을 재창조할 방법을 찾아야 했다. 훗날 그가 언급했듯이 이 모든 경험은 씨앗이 되었으며, 걸작 『잃어버린 시간을 찾아서À la recherche du temps perdu』를 쓰기 시작했을 때, 그는 이미 오래 전에 뿌리 내린 식물을 가꾸고 돌보는 정원사가 되어 있었다.

✦ 오늘의 법칙 ✦ 열매를 맺는 것은 당신이 무엇을 공부하느냐가 아니라 얼마나 집중력을 발휘하느냐에 달려 있다.

『마스터리의 법칙』: 제6장 직관과 이성의 행복한 결합, 마스터리

3월 12일　실패를 통해서 스스로를 완벽하게 하라

헨리 포드Henry Ford는 타고난 기계 기술자였다. 그에게는 위대한 발명가들에게 필수적인 능력이 있었다. 바로 부품들이 어떻게 맞물려 작동하는지를 시각적으로 떠올리는 능력이었다. 포드는 작동원리를 묘사해야 할 때면 말보다는 냅킨을 뽑아 그림을 그렸다. 이런 지능 덕분에 그의 도제 수업은 수월하고 신속했다. 하지만 자신의 발명품을 대량 생산해야 하는 문제와 맞닥뜨리자 자신에게는 여기에 필요한 지식이 없다는 사실을 절감해야 했다. 그에게는 경영인 겸 창업가가 되기 위한 또다른 도제 수업이 필요했다. 다행히도 그는 기계를 만지면서 무엇에든 적용할 수 있는 실용적인 지능, 인내심, 문제 해결 방식을 습득했다. 기계가 오작동한다고 해서 자기 잘못으로 여기거나 낙담하지 말라. 사실 이는 전화위복이다. 그런 오작동을 통해서 기계에 내재한 결함과 개선방법을 찾아낼 수 있기 때문이다. 문제가 해결될 때까지 계속 손보기만 하면 된다. 창업도 마찬가지이다. 실수와 실패야말로 당신의 부족한 부분을 알려주는 성장을 위한 기회이다. 사람들은 칭찬과 비판을 할 때 종종 자기의 이익을 고려하기 때문에 이런 점들을 솔직히 알려주지 않는다. 하지만 실패하면 자신의 아이디어에 어떤 결함이 있는지를 직시할 수 있다. 이런 것들은 실행해봐야 드러나는 법이다. 당신은 대중이 실제로 무엇을 바라는지, 당신의 아이디어와 그것이 대중에 미치는 영향 사이에 어떤 불일치가 있는지 배울 수 있다.

✦ 오늘의 법칙 ✦　오작동은 교육의 수단이다. 그것들은 당신에게 뭔가를 알려주려고 한다. 귀를 기울여라.

『마스터리의 법칙』: 제2장 마스터리를 끌어내는 이상적 수련 방식

3월 13일 창의적 지구력

나는 『마스터리의 법칙』을 구상하다가 이번 집필이 꽤나 힘들 것임을 알아차렸다. 전작들을 쓰면서 알게 된 사실은 집필이 막바지에 다다르면 진이 빠져서 글쓰기에 차질을 빚을 정도라는 것이다. 내 생각에 많은 작가들이 용두사미가 되는 이유는 주제의 복잡성에 압도되고 글감을 체계화하지 못한 탓인 듯하다. 나는 글쓰기를 마라톤이라고 생각하여 지구력을 기를 방법을 찾기로 마음먹었다. 그래서 운동의 강도를 올리기로 했다. 나는 평상시에 매일 운동을 하면서 시간과 거리를 아주 조금씩 늘렸다. 그러다 어느 시점이 되자 운동량은 늘었는데 피로감은 느끼지 않는 안정기에 이르렀다. 내 목표는 집필 기간 내내 이 안정기에 머무르는 것이었다. 장거리 자전거 경기 같은 스포츠에서는 이런 훈련법으로 지구력을 기른다. 운동량을 계속 늘리기보다는 한동안 안정기에 머무르는 것이 더 낫다. 나는 이런 식으로 집필의 활력을 더 꾸준히 유지할 수 있을지 알아보고 싶었다.

임박한 마감 때문에 집필이 힘겨웠던 마지막 몇 달간, 나는 예전보다 훨씬 차분했고 스트레스를 더 잘 다스릴 수 있었으며 장시간 버틸 에너지를 비축하고 있었다. 나는 몸과 마음이 너무 밀접하게 얽혀 있어서 두 가지가 우리에게 미치는 영향을 분리하는 것은 불가능하다는 결론에 도달했다. 활력은 기분에 영향을 미치며, 기분은 다시 직접적으로 일에 영향을 미친다. 일에서 혼란이나 지루함을 느끼면 신체적으로도 극심한 영향이 미칠 수 있다.

✦ **오늘의 법칙** ✦ **가치 있는 것을 창조하는 것은 마라톤과 같아서 훈련을 해야 한다.**
「허프포스트」, 2012년 11월 15일

3월 14일 세부적인 것에 천착하라

완전히 새로운 화풍을 창조하여 실물에 더 가깝게 묘사하고 더 생생한 감정을 표현하기 위해서, 레오나르도 다빈치는 세부적인 것에 강박적으로 매달렸다. 그는 무수한 시간 동안 다양한 기하학적 물체에 부딪히는 빛의 형태를 실험하면서 빛이 물체의 겉모습을 어떻게 바꿀 수 있는지 알아보았다. 수백 페이지의 노트를 할애해가며 다양한 색조를 온갖 가능한 조합으로 탐구했다. 가운의 주름, 머릿결의 모양, 표정의 온갖 미세한 변화에도 똑같이 주의를 기울였다. 우리는 그의 작품을 보면서 그가 기울인 노력을 의식하지는 못하지만 그의 그림이 (마치 그가 현실을 포착한 듯이) 얼마나 생생하고 사실적인지를 느낄 수 있다.

일반적으로 문제나 아이디어를 대할 때에는 훨씬 더 열린 마음으로 접근하라. 세부 사항을 탐구하여 생각의 길잡이와 이론의 토대로 삼아라. 자연이나 세상의 모든 것에 대해서 일종의 홀로그램처럼 가장 작은 부분에 전체의 본질이 반영되어 있다고 생각하라. 세부 사항에 몰입하면 뇌의 일반화 성향에 맞서서 현실에 더 가까이 다가갈 수 있다.

✦ **오늘의 법칙** ✦ **어떤 현실에 대해서든 세부 사항에 천착함으로써 그 비밀을 발견하라.**

『마스터리의 법칙』: 제5장 다차원적 정신을 깨워라 — 창의적 근육의 단련

3월 15일   자신의 결과물이 생명을 가지도록 하라

레오나르도 다빈치는 세부 사항을 탐구함으로써 생명의 정수에 도달하기를 갈망했으며, 이를 위해서 인간과 동물의 해부학적 구조를 정밀하게 조사했다. 그는 사람이나 고양이의 몸속까지도 그릴 수 있기를 바랐다. 직접 사체를 해부하여 뼈와 두개골을 톱질했으며 근육과 신경의 구조를 최대한 면밀히 살펴보려고 부검을 열심히 참관했다. 그가 그린 해부도는 사실성과 정확성 면에서 당대 최고 수준마저도 훌쩍 뛰어넘었다. 당신도 자신의 일에서 레오나르도의 길을 따라야 한다. 세부적인 요소들은 일의 본질적인 부분이지만 대부분의 사람들은 이런 것들에 몰두할 만한 인내심이 없다. 그들은 결실을 거두고 유명세를 얻으려고 서두른다. 붓을 크게 휘두를 생각만 한다. 그러다 보면 세부 사항에 주목하지 못한 티가 결과물에 드러날 수밖에 없다. 그런 작품은 대중의 마음속 깊이 파고들지 못하며 조잡한 느낌을 풍긴다. 자신이 무엇을 만들든 그것이 생명과 나름의 존재감을 가졌다고 여겨야 한다. 자신의 작품을 살아 있는 것으로 간주하고, 그 세부 사항을 다방면으로 연구하고 흡수하여 숙달에 이르러라. 생명력을 느끼고 그 생명력을 자신의 작품에서 수월하게 표현할 수 있을 때까지 노력하라.

✦ **오늘의 법칙** ✦   **자신의 작품을 살아 있는 것으로 여겨라. 당신의 과제는 작품에 생명을 불어넣고 남들도 이 생명력을 느끼도록 하는 것이다.**

『마스터리의 법칙』: 제6장 직관과 이성의 행복한 결합, 마스터리

3월 16일   관점을 바꿔라

       교훈은 간단하다. 진정한 창의성을 이루는 요소는 열린 마음과 유연한 사고이다. 우리는 무엇인가를 보거나 경험할 때, 여러 각도에서 살피고 명백한 가능성 이외의 다른 가능성들을 볼 수 있어야 한다. 우리는 주변의 물건들이 여러 목적으로 이용되고 전용될 수 있다고 상상한다. 순전한 고집 때문에, 또는 체면을 구기지 않으려고 원래의 아이디어를 고수하지 않는다. 우리는 그 순간에 우리에게 나타나는 것과 나란히 움직이며 다른 방향들과 우연성들을 탐색하고 활용한다. 그리하여 깃털을 비행의 도구로 탈바꿈시킨다. 그렇다면 차이점은 두뇌가 원래 가진 창의력이 아니라 우리가 세상을 어떻게 보는가, 자신에게 보이는 것을 얼마나 유연하게 재구성할 수 있는가이다.

✦ **오늘의 법칙** ✦　**창의력과 적응력은 떼려야 뗄 수 없다. 오늘 가능한 모든 각도에서 사안을 바라보라.**

      『마스터리의 법칙』: 제5장 다차원적 정신을 깨워라 — 창의적 근육의 단련

3월 17일   이 힘들은 헐값에 살 수 없다

의미 있는 예술 작품을 창작하거나 뛰어난 발견이나 발명을 하려면 엄격한 단련, 절제, 정서적 안정이 필요하다. 자기 분야의 형식들에 숙달해야 한다. 약물과 광기는 그런 힘을 무력화할 뿐이다. 창조성에 대한 낭만적 신화와 클리셰가 우리 사회에 팽배하지만 거기에 현혹되지 말라. 그런 힘을 헐값에 살 수 있다고 하지만, 실제로는 변명거리나 만병통치약을 파는 것에 불과하니까. 대가들의 남다른 창조적 업적을 평가할 때에는 이들이 견뎌낸 오랜 연습, 끝없는 반복, 의심의 세월, 끈질긴 노력으로 극복한 장애물들을 무시하면 안 된다.

✦ **오늘의 법칙** ✦   **창조적 에너지는 오로지 대가들이 노력한 결실일 뿐이다. 낭만적 신화에 현혹되지 말라.**

『마스터리의 법칙』: 제5장 다차원적 정신을 깨워라 — 창의적 근육의 단련

3월 18일 욕구와 결단력의 힘

나는 젊어서 뉴욕의 한 출판사에서 일했다. 우리가 책을 출간한 작가들 중에는 토니 모리슨Toni Morrison이 있었다. 그 책은 그녀의 첫 소설이었다. 나는 그때 일을 결코 잊지 못할 것이다. 토니 모리슨은 우리 출판사에서 편집자로 일했다. 저녁 6-7시까지 일한 뒤에 기차를 타고 코네티컷에 있는 집으로 퇴근했다. 그녀는 두 아이를 키우고 있었다. 집에 가서 아이들에게 먹일 저녁을 요리하고 아이들을 재우고 나면 밤 11시가 되었는데, 그녀는 그제야 자리에 앉아 글을 썼다. 그렇게 첫 소설을 냈다. 그런 에너지와 결단력을 당신도 가져야 한다. 나는 그녀가 초인적인 능력을 발휘했다고 늘 생각했다. 나는 결코 그렇게 하지 못할 테지만, 현재 그녀가 어떻게 되었는지 보라. 그것은 그녀가 간절히 바랐기 때문이다.

✦ 오늘의 법칙 ✦ 숙달의 수준에 올라서려면 치열하게 전념해야 한다. 정말로 원해야 한다. 당신이 그런 집념을 가지고 최선을 다하려면 무엇이 필요한가?
「라이브 토크스 로스앤젤레스」 대담, 2019년 2월 11일

3월 19일 사멸의 과정

어떤 분야나 직종이든 간에 인간의 창의성을 가로막는 가장 큰 걸림돌은 시간의 흐름에 따라서 찾아오는 자연스러운 쇠퇴일 것이다. 과학이나 비즈니스에서 어떤 사고방식이나 행동이 성공을 거두면 그것은 금세 패러다임, 즉 확립된 절차가 된다. 세월이 흐르면서 사람들은 이 패러다임이 생긴 애초의 이유를 잊어버린 채 맥없는 기법들을 무작정 따른다. 예술에서는 누군가가 나타나서 시대의 독특한 정신에 호소하는 새롭고 강렬한 양식을 창조한다. 이 양식이 호소력을 가지는 이유는 이것이 독특하기 때문이다. 하지만 금세 사방에서 모방자들이 나타나면서 참신했던 양식은 순응해야 하는 유행이 된다. 그 순응이라는 것이 반항적이고 세련되어 보일 수는 있겠지만 말이다. 이 과정이 10년, 20년 지속되다 보면 양식은 결국 클리셰가 된다. 어떤 실질적인 감정이나 욕구도 없는 순수한 양식으로 전락하는 것이다. 어떤 문화적 요소도 이 쇠퇴의 과정을 피할 수는 없다. 하지만 이 문제는 창의적인 사람들에게는 커다란 기회이다. 그 과정은 다음과 같다. 당신은 먼저 내면을 들여다본다. 당신에게는 표현하고 싶은 것이 있다. 그것은 당신의 유일무이한 것, 당신의 성향과 관계된 것이다. 당신은 그것이 어떤 트렌드나 유행에 의해서 촉발되는 것이 아니라 자신에게서 비롯되며 진실하다고 확신할 것이다. 그것은 이제껏 들어보지 못한 유형의 음악적 소리일 수도 있고, 아무도 말하지 않은 유형의 이야기일 수도 있고, 일반적인 범주에 딱 들어맞지 않는 유형의 책일 수도 있다. 그 아이디어, 소리, 이미지가 당신 안에 뿌리를 두도록 하라. 새로운 언어나 새로운 행동방식의 가능성을 감지했다면, 당신은 사멸했다고 판단되거나 제거하고 싶은 바로 그 관습에 맞서겠노라는 결단을 의식적으로 내려야 한다.

✦ **오늘의 법칙** ✦ **사람들은 새로운 것, 시대정신을 독창적으로 표현하는 것이라면 사족을 못 쓴다. 새로운 것을 창조하면 당신은 독자적인 청중을 창출하여 문화 권력의 궁극적 지위를 차지할 것이다.**

『마스터리의 법칙』 : 제5장 다차원적 정신을 깨워라 ― 창의적 근육의 단련

3월 20일 대가의 두뇌

뇌는 외부 세계와 동적 평형 상태에 있는, 이례적으로 유연한 생물학적 계라고 자신 있게 말할 수 있다. 그 기본적인 연결마저도 변화하는 감각 요구에 반응하여 끊임없이 갱신되고 있다. V. S. 라마찬드란

뇌의 신경학적 현상들 중에서 당신이 반드시 알아야 할 것이 있다. 당신이 새로운 것을 시작하면, 전두엽(뇌에서 고차원적이고 의식적인 명령을 관장하는 부위)에서 많은 뉴런들이 동원되고 활성화되어 당신의 학습 과정을 지원한다. 뇌는 대량의 새로운 정보를 처리해야 하는데, 뇌의 제한된 일부만 쓰인다면 이것은 버거운 작업이 될 것이다. 우리가 과제에 고도로 집중하면 초기 단계에서 심지어 전두엽의 크기가 커지기도 한다. 하지만 반복이 충분히 일어나면 이 과정이 고정되고 자동화되며 이 기술을 담당하는 신경 경로가 피질의 아래쪽으로 내려가 뇌의 다른 부위에 위임된다. 초기 단계에서 필요했던 전두엽의 뉴런들은 이제 다른 학습을 돕기 위해서 풀려나며 크기도 원래대로 줄어든다. 결국 이 하나의 기술을 기억하기 위해서 뉴런의 전체 연결망이 발달하는 셈인데, 우리가 자전거를 배운 지 몇 년이 지나도 여전히 자전거를 탈 줄 아는 것도 이 사실로 설명할 수 있다. 반복을 통해서 숙달한 사람들의 전두엽을 들여다보면 그들이 기술을 구사할 때, 전두엽이 무척 정적이고 비활동적임을 알 수 있다. 그들의 모든 뇌 활동이 아래쪽 영역에서 벌어지기 때문에 의식적 통제의 필요성이 훨씬 줄어든다.

✦ 오늘의 법칙 ✦ 기술을 많이 배울수록 뇌의 구조가 풍성해진다. 당신에게 달렸다.

『마스터리의 법칙』: 제2장 마스터리를 끌어내는 이상적 수련 방식

3월 21일 만능의 대가

요한 볼프강 폰 괴테Johann Wolfgang von Goethe의 숙달은 어느 한 주제에 대한 것이 아니라 주제들의 관계에 대한 것이었으며, 그 바탕은 수십 년에 걸친 심오한 관찰과 사유였다. 괴테는 르네상스 시대에 만능인Universal Man이라는 이상의 화신이었다. 만능인이란 모든 형태의 지식에 통달함으로써 정신이 자연의 현실에 더 근접하여 대다수 사람들이 보지 못하는 비밀을 보는 사람을 일컫는다. 오늘날 어떤 사람들은 괴테 같은 사람을 18세기의 유물로 간주하고 지식을 통합한다는 그의 이상을 낭만주의적 꿈으로 치부할지도 모르겠지만, 사실은 정반대이며 그 이유는 간단하다. 인간 두뇌의 설계—연결과 연상을 하려는 내재적 필요성—자체로 인해서 뇌가 의지를 부여받기 때문이다. 연결하려는 욕구의 진화는 역사적으로 여러 우여곡절을 겪을지언정 결국에는 승리를 거둘 것이다. 우리의 본성과 성향에서 무척이나 강력한 부분이기 때문이다. 이제 기술이 발전하면서 여러 분야들과 생각들을 연결하는 수단도 유례없이 발전했다. 가능한 모든 방법을 동원하여 이 통합 과정에 동참해야 하며 다른 분야로 지식을 확장하고 더욱 뻗어나가야 한다. 당신은 그런 탐구를 통해서 풍성한 아이디어라는 결실을 거둘 수 있을 것이다.

✦ **오늘의 법칙** ✦ **지식을 더욱더 확장하여 폭넓은 연결을 맺어라.**

『마스터리의 법칙』: 제6장 직관과 이성의 행복한 결합, 마스터리

3월 22일 　명상에 대하여

인간의 모든 문제는 방 안에 홀로 조용히 앉아 있지 못한다는 것에서 비롯된다.
블레즈 파스칼

작가들은 흥미진진한 아이디어를 가지고 집필을 시작할 때가 많은데, 이 때문에 첫 몇 장章에서는 활기가 넘친다. 그러다 소재들에 파묻혀 갈피를 잃는다. 책의 구성이 지리멸렬해지고 같은 아이디어가 반복되기 시작한다. 마지막 몇 장에서는 처음의 활력을 찾아볼 수 없다. 집필에 걸리는 몇 달, 몇 년에 걸쳐 열정, 활력, 참신함을 유지하기란 쉬운 일이 아니다. 그런 운명을 피하려고 나는 매일 아침 40분씩 선 명상(좌선)을 한다. 내가 하는 명상 방식인 묵조선默照禪의 주목표는 마음을 비우고 예리한 집중력(정력定力)을 기르고 더 무의식적이고 직관적인 형태의 사고에 접근하는 것이다. 명상 덕분에 책을 읽거나 메모할 때에 집중력이 부쩍 좋아졌다. 몇 해 전에 나를 괴롭혔던 고민들은 이제 대부분 잊히거나 더는 문제가 되지 않았다. 나는 연습의 따분함을 견딜 인내심을 길렀으며 옹졸한 비판에 대처하는 솜씨도 좋아졌다. 나는 이 방법이 내게 여러모로 효과가 있음을 일찌감치 실감했으며 그 뒤로 매일 아침 명상을 한다. 당신이 숙달에 이르는 길을 차분히 걷지 못하거나 사소한 것들에 분노가 치밀고 인생의 과업에서 멀어지고 있다면 명상을 시도해보기를 권한다.

✦ **오늘의 법칙** ✦ 　**대가의 정신은 오랫동안 한 가지에 집중할 수 있어야 한다. 그런 습관을 길러라.**

powerseductionandwar.com, 2014년 9월 4일

3월 23일　자신의 좌절감에 귀를 기울여라

　　작곡가 리하르트 바그너Richard Wagner는 오페라 「라인의 황금」에
너무 몰두한 나머지 도무지 악상이 떠오르지 않았다. 좌절감에서 빠져나와 숲
속을 오랫동안 산책하다가 누워서 잠이 든 그는 비몽사몽간에 자신이 빠르게
흐르는 물속에 빠지는 듯한 느낌이 들었다. 세찬 물소리는 화음을 이루었다.
그는 빠져 죽을까봐 겁에 질린 채 잠에서 깼다. 그러고는 서둘러 집으로 돌아
가 꿈에서 들은 화음을 악보에 옮겼다. 물소리를 연상시키는 듯한 이 화음들은
오페라의 서곡이 되었고, 곡 전체에서 반복되는 라이트모티프Leitmotiv가 되었
으며, 그의 가장 경이로운 작품이 되었다. 이와 비슷한 사연들은 굉장히 흔하
며, 우리는 여기에서 뇌의 핵심적인 특징과 뇌가 창의성의 절정에 도달하는 방
식을 이해할 실마리를 찾을 수 있다. 이 패턴을 이렇게 설명할 수도 있다. 우리
가 과제를 시작했을 때의 흥분에 계속 사로잡히고 그 흥분을 촉발한 직관적 느
낌에서 벗어나지 못한다면, 자신의 결과물을 객관적으로 바라보고 개선하는
데에 필요한 거리를 결코 두지 못할 것이다. 초반의 흥분이 진정되어야 우리는
아이디어를 다듬고 고치게 되며 안이한 해결책에 너무 일찍 안주하지 않을 수
있다. 한 가지 문제나 발상에만 몰두하다가 좌절감과 긴장감이 쌓이면 당연히
한계점에 이르게 된다. 우리는 한 걸음도 내디디지 못하고 있음을 알아차린다.
그런 순간은 아무리 오랜 기간이 걸리더라도 뇌를 쉬게 하라는 신호이다. 창조
적인 사람들은 대부분 의식적으로든 무의식적으로든 이 신호를 받아들인다.

✦ 오늘의 법칙 ✦ 　막히면 돌아가라. 다른 일을 하라. 결국 뇌가 당신을 올바른 길로 이끌 것이다.
『마스터리의 법칙』: 제5장 다차원적 정신을 깨워라 — 창의적 근육의 단련

3월 24일　근육으로서의 정신

　　정신이 근육이라고 생각해보라. 정신도 근육처럼 의식적으로 쓰지 않으면 시간이 지날수록 경직될 수밖에 없다. 경직의 원인은 두 가지이다. 첫째, 일반적으로 우리는 같은 생각과 사고방식을 고수하고 싶어한다. 그러면 일관성과 친숙함을 느낄 수 있기 때문이다. 같은 방법을 반복하면 수고를 많이 덜 수도 있다. 우리는 습관의 노예이다. 둘째, 어떤 문제나 아이디어와 씨름하면 그에 따르는 긴장과 노력 때문에 정신은 자연스럽게 초점을 좁힌다. 이 때문에 창조적인 과제를 진척시킬수록 자신이 고려할 수 있는 대안의 가능성이나 관점이 작아진다. 이런 경직의 과정은 모든 사람의 골칫거리이며, 당신도 이런 결함을 겪을 것이다. 유일한 치료제는 정신을 이완시키고 대안적 사고방식을 고려하는 것이다. 이것은 창의적인 과정에 꼭 필요할 뿐 아니라 정신 건강에도 무척 이롭다. 뇌와 감각을 전방위로 자극하면, 타고난 창조성의 물꼬가 트이고 근원적 정신이 되살아날 수 있다.

✦ **오늘의 법칙** ✦　　**안주하지 말라. 위험을 감수하라. 변화하라. 전혀 알지 못하는 분야를 배워보라. 한 번도 고려한 적 없는 관점을 채택해보라.**
　　　　『마스터리의 법칙』: 제5장 다차원적 정신을 깨워라 — 창의적 근육의 단련

3월 25일 소극적 수용력을 계발하라

의문과 불확실성을 감내하고 심지어 끌어안는 능력을 시인 존 키츠John Keats는 '소극적 수용력negative capability'이라고 불렀다. 모든 대가들은 소극적 수용력을 가지고 있으며, 이는 그들의 창조력의 원천이다. 소극적 수용력이 있으면 폭넓은 아이디어를 향유하고 실험할 수 있고, 이를 통해서 더 풍성하고 창의적인 결과물을 내놓을 수 있다. 모차르트는 평생 단 한 번도 음악에 대한 특별한 견해를 내세우지 않았다. 오히려 주변에서 들리는 양식들을 흡수하여 자신의 목소리에 녹여냈다. 그는 만년에 바흐의 음악을 처음으로 접했는데, 바흐의 음악은 그와는 매우 달랐고 어떤 측면에서는 더 복잡했다. 그럴 때 대부분의 예술가들은 자신의 원칙에 반하는 것에 대해 방어적이고 경멸적인 태도를 취한다. 하지만 모차르트는 새로운 가능성에 마음을 열고 바흐의 대위법을 1년 가까이 연구하여 자신의 작곡 기법으로 흡수했다. 덕분에 그의 음악은 새롭고 놀라운 특징을 띠게 되었다. 이것은 일종의 시적 짜깁기처럼 보일지도 모르지만, 소극적 수용력을 계발하는 것이야말로 창의적인 사상가가 되기 위한 가장 중요한 단 하나의 요인이다. 확실성에 대한 욕구는 정신이 물리쳐야 할 최악의 질병이다.

✦ **오늘의 법칙** ✦　당신의 길에 놓여 있는 모든 것을 판단하려는 욕구를 내려놓는 습관을 들여라. 자신과 반대되는 관점을 고려하고 심지어 일시적으로 음미하라. 그 관점들을 느껴보라. 평범한 생각의 틀을 깨뜨리고 자신이 이미 진실을 안다는 생각을 버리기 위해 무슨 짓이든 하라.

『마스터리의 법칙』: 제5장 다차원적 정신을 깨워라 ― 창의적 근육의 단련

3월 26일 부재 단서에 주목하라

아서 코넌 도일Arthur Conan Doyle의 단편 소설 「실버 블레이즈」에서 셜록 홈스는 일어나지 않은 일—경비견이 짖지 않았다는 사실—에 주목하여 사건을 해결한다. 개가 짖지 않았다는 것은 살인자가 개에게 낯익은 사람이었다는 뜻이다. 이와 달리 보통 사람들은 이른바 '부재 단서'—일어났어야 하지만 일어나지 않은 일—에 주의를 기울이지 않는다. 우리는 존재 정보에 치중하고 보이고 들리는 것에만 주목하는 성향을 타고났다. 더 폭넓고 엄밀하게 생각하여 사건에서 누락된 정보를 숙고하고, 우리가 어떤 존재를 보듯이 이 부재를 수월하게 시각화할 수 있는 사람은 홈스 같은 창의적 유형에 속한다. 수백 년간 의사들은 질병이 '몸 바깥에서 생겨난 무엇인가—전염성 병균, 찬 공기, 독기 등—가 인체를 공격하는 현상'이라고 생각했다. 그러므로 치료는 이 환경적 병인의 악영향을 제거하는 약을 찾는 것일 수밖에 없었다. 그러다가 20세기 초에 생화학자 프레더릭 가울랜드 홉킨스Frederick Gowland Hopkins가 괴혈병 증상을 연구하다가 이 관점을 뒤집을 발상을 내놓았다. 그는 괴혈병의 원인이 체외로부터의 공격이 아니라 체내에 부족한 것 때문이라고 추측했다(그것은 나중에 비타민 C라고 불리게 된다). 존재하는 것이 아니라 부재하는 것에 주목하여 문제를 해결하려고 한 것은 창의적인 생각 덕분이었다. 이것은 비타민에 대한 혁신적 연구로 이어졌으며 우리의 건강관을 완전히 바꿔놓았다.

✦ 오늘의 법칙 ✦ 정신을 이완시키고 관점을 바꾸는 능력은 상상력의 산물이다. 당신이 일반적으로 고려하는 것보다 더 많은 가능성을 상상하려고 노력하라. 존재하는 것에만 집착하지 말라. 부재하는 것을 숙고하라.

「마스터리의 법칙」: 제5장 다차원적 정신을 깨워라 — 창의적 근육의 단련

3월 27일   지고 체험의 위력

지고 체험 중인 사람은 자신이 책임감 있고 능동적이고 활동과 인식의 중심을 창조하고 있음을 어느 때보다 강하게 느낀다. (영향받고 좌우되고 무력하고 의존하고 수동적이고 나약하고 휘둘리기보다는) 결단력을 품고서 주체적으로 행동하고 싶어한다. 스스로의 우두머리가 되어 온전한 책임과 온전한 결의를 품은 채 어느 때보다 큰 자유의지를 발휘하고 싶어한다. 운명의 주인, 행위 주체가 되고 싶어하는 것이다.

에이브러햄 매슬로

목적의식을 높고 일관되게 유지하려고 할 때에 가장 힘든 점은 시간이 지남에 따라 더 많은 헌신이 ─ 그에 따라 더 많은 희생이 ─ 요구된다는 것이다. 우리는 좌절, 권태, 실패의 여러 순간에, 즉각적 쾌락을 부추기는 우리 사회의 끝없는 유혹에 맞서야 한다. 그 유익은 당장 나타나지 않을 때가 많다. 세월이 흐르다 보면 번아웃을 맞을 수도 있다. 이 지루함을 이겨내려면 정신이 일에 깊이 몰입하여 자아를 초월하는 몰입의 순간이 필요하다. 이때 당신은 심오한 고요함과 기쁨을 느낀다. 심리학자 에이브러햄 매슬로는 이것을 '지고 체험peak experience'이라고 불렀다. 이것을 한번 경험하면 당신은 영원히 달라진다. 당신은 이 체험을 반복하려는 강박을 느낄 것이다. 세상이 선사하는 즉각적 쾌락은 지고 체험 앞에서 빛이 바랠 것이다. 자신이 헌신과 희생에 대한 보답을 받는다고 느끼면 목적의식도 배가될 것이다.

✦ **오늘의 법칙** ✦   오늘 몰입 상태에 돌입하라. 주의를 산만하게 하는 요소와 싸구려 쾌락을 멀리하라. 스스로를 잊고 일에 빠져들어라.

『인간 본성의 법칙』: 8. 태도를 바꾸면 주변이 변한다 ─ 자기 훼방의 법칙

3월 28일 직관적 감각을 얻어라

　　대가들은 한 분야에 오랫동안 몰두함으로써 자신이 탐구하는 것과 관련된 모든 분야들을 이해하게 된다. 그들은 이 모든 것을 내면화하여 더는 부분으로 보는 것이 아니라 전체에 대한 직관적인 감각을 얻는 경지에 이른다. 말 그대로 원리를 보거나 감지하는 것이다. 생명과학에서는 제인 구달Jane Goodall의 사례를 들 수 있다. 그녀는 동아프리카의 야생에서 침팬지들과 몇 년간 함께 살면서 그들을 연구했다. 침팬지들과 끊임없이 소통을 하다 보니 그녀는 침팬지처럼 생각하기 시작했으며 어떤 과학자도 상상조차 하지 못한 침팬지들의 사회생활의 성격들을 이해할 수 있었다. 침팬지가 개체로서뿐 아니라 집단으로서 어떻게 행동하는지에 대해서 직관적인 감각을 얻었는데, 이것은 침팬지의 삶에서 떼려야 뗄 수 없는 부분이다. 그녀가 발견한 사실들은 침팬지에 대한 우리의 통념을 영원히 바꿔놓았다. 깊은 수준의 직관에 의존하는 것은 어엿한 과학적 방법이었다.

✦ **오늘의 법칙** ✦　대가들은 시간이 흐르면서 자기 분야의 전체에 대한 직관적인 감각을 얻는다. 당신도 끈기를 발휘한다면 이 흥분과 기쁨을 누릴 수 있다.

『마스터리의 법칙』: 제6장 직관과 이성의 행복한 결합, 마스터리

3월 29일 　직관과 이성을 접목하라 A

알베르트 아인슈타인은 직관적이거나 은유적인 정신을 거룩한 선물이라고 불렀다. 그리고 합리적인 정신은 충직한 하인이라고 덧붙였다. 현대에 들어 우리가 하인을 섬기고 거룩한 존재를 불경하게 대하기 시작했다는 것은 역설적 현상이다.
밥 샘플스, 『은유적 정신』

　　모든 사람은 고등한 형태의 지능을 동원하여 세상을 더 폭넓게 바라보고 추세를 예측하고 어떤 상황에도 신속하고 정확하게 대응할 수 있다. 이런 지능을 계발하는 방법은 자신의 접근법이 다른 사람들의 눈에 아무리 특이해 보이더라도 자신의 분야에 깊이 몰입하고 자신의 성향을 충실히 따르는 것이다. 오랫동안 이렇게 열심히 몰입하면 우리는 자기 분야의 복잡한 요소들을 내면화하고 직관적인 감각을 얻게 된다. 이 직관적인 감각을 합리적 과정에 접목하면 정신을 잠재력의 한계 너머로 확장하고 생명 자체의 비밀스러운 핵심을 꿰뚫어볼 수 있다. 그러면 우리는 동물이 지닌 본능적 힘과 속도에 근접하는 능력과 더불어, 인간의 의식이 선사하는 지평의 확장을 누리게 된다.

✦ **오늘의 법칙** ✦　**우리의 두뇌는 이 힘을 얻도록 설계되었으며, 우리가 자신의 성향을 따른다면 우리는 이런 유형의 지능에 자연적으로 이끌려 궁극적 목표에 도달할 것이다.**
『마스터리의 법칙』: 제6장 직관과 이성의 행복한 결합, 마스터리

3월 30일 직관과 이성을 접목하라 B

위대한 체스 달인 보비 피셔Bobby Fischer는 자신이 체스판에서 말들의 단순한 움직임을 뛰어넘어 생각할 수 있다고 말했다. 시간이 조금 지나면 '역장力場'이 눈에 들어와 시합의 전반적인 방향을 예측할 수 있다는 것이다. 피아노 연주자 글렌 굴드는 더는 자신이 연주하는 곡의 음표나 소절에 집중할 필요가 없었으며 곡의 전체 구조를 보고 그것을 표현할 수 있었다. 알베르트 아인슈타인은 문득 문제의 해답뿐 아니라 (자신이 직관적으로 상상한 시각적 이미지 속에서) 우주를 바라보는 완전히 새로운 방법을 깨달을 수 있었다. 분야는 다를지라도, 이 모든 사례에서 대가들은 더 많은 것을 보는 감각에 대해서 이야기했다. 누구나 고등한 형태의 지능을 동원하여 세상을 더 폭넓게 바라보고 추세를 예측하고 어떤 상황에도 신속하고 정확하게 대응할 수 있다. 에너지를 집중하여 이 다양한 단계를 밟아가면서 이 직관적인 힘이 언젠가 당신에게 찾아오리라는 믿음을 가져야 한다. 어떤 상황에서든 전체 원리를 감지하고 문제와 해결책을 누구보다 먼저 예측하는 능력은 당신을 권력의 정점에 올려줄 것이다.

✦ **오늘의 법칙** ✦ **길을 고수하면 숙달의 힘이 당신에게 찾아올 것이다.**
『마스터리의 법칙』: 제6장 직관과 이성의 행복한 결합, 마스터리

3월 31일 운명과 연결되어라

> 천재성에 대해서, 타고난 재능에 대해서 말하지 말라! 온갖 유형의 위대한 사람들 중에서도 재능이 별로 없는 사람을 얼마든지 거명할 수 있기 때문이다. 그들은 위대함을 획득했으며 '천재'가 되었다. ……그들은 그러기 위한 시간을 스스로에게 허락했다. **프리드리히 니체**

이제는 당신도 알고 있겠지만, 숙달은 유전이나 행운의 문제가 아니라 자신의 타고난 성향과 내면에서 자신을 흔드는 깊숙한 욕구를 따르는가의 문제이다. 그런 성향은 누구에게나 있다. 이 내면의 욕구를 불러일으키는 것은 자기중심주의나 순전한 권력욕이 아니다(둘은 오히려 숙달을 방해한다). 그것은 자연스러운 무엇인가, 당신을 태어날 때부터 유일무이한 존재로 점찍은 무엇인가에 대한 심오한 표현이다. 자신의 성향을 따라 숙달을 향해 나아가면서 당신은 사회에 크나큰 기여를 하고 발견과 통찰로 사회를 풍요롭게 하며 자연과 인간 사회에서 다양성의 꽃을 피운다. 남들이 만드는 것을 소비하기만 하면서 하찮은 목표와 당장의 쾌락에 틀어박히는 것은 사실 지독히 이기적인 행동이다. 자신의 성향을 외면하면 결국 고통과 실망을 겪고 자신이 유일무이한 무엇인가를 허비했음을 절감하게 된다. 이 고통은 비통함과 시기심으로 표출되기 때문에 당신은 우울의 진짜 원인을 알아차리지 못할 것이다. 당신의 참된 자아는 언어나 진부한 문구로 이야기하지 않는다. 그 목소리는 내면 깊숙한 곳에서, 정신의 기층基層으로부터, 당신의 내면에 새겨진 무엇인가로부터 나온다. 당신의 유일무이함으로부터 발산하여 당신을 초월하는 듯한 감각과 강력한 욕구를 통해서 소통한다. 당신은 자신이 어떤 활동이나 특정 지식에 왜 이끌리는지를 궁극적으로는 이해하지 못한다. 이것은 언어로 표현되거나 설명될 수 없다. 그저 자연의 섭리일 뿐이다.

✦ 오늘의 법칙 ✦ 이 목소리를 따르면서 당신은 자신의 잠재력을 실현하고 자신의 유일무이함을 창조하고 표현하려는 가장 깊숙한 갈망을 충족한다. 이 목소리는 목적을 위해서 존재하며, 그 결실을 맺는 것이야말로 인생의 과업이다.

『마스터리의 법칙』: 제6장 직관과 이성의 행복한 결합, 마스터리

4월

완벽한 궁정 신하

— 권력 게임을 벌여라 —

April _____

권력 게임은 끊임없이 이중적 태도를 취하는 게임으로, 옛 궁정에서 볼 수 있는 암투를 닮았다. 역사를 통틀어 궁정은 언제나 권력자—국왕, 여왕, 황제, 통치자—를 중심으로 형성되었다. 궁정에 가득한 신하들은 특히 미묘한 처지였다. 그들은 주군을 섬겨야 했으나, 아첨하는 것처럼 보이거나 너무 티나게 환심을 사려고 들었다가는 주변의 다른 신하들에게 들켜 반격당할 우려가 있었다. 한편 궁정은 문명과 교양의 정점을 대표하는 곳으로 칭송받았다. 이것이 신하의 딜레마였다. 고결함의 귀감으로 비치면서도 가장 절묘한 방법으로 적수의 허를 찔러 격퇴해야 했으니 말이다. 궁정에서의 삶은 경계심과 전술적 사고를 요하는 끝없는 게임이었다. 문명의 탈을 쓴 전쟁이었다. 오늘날 우리도 궁정 신하와 비슷한 역설과 직면해 있다. 모든 것은 문명화되고 점잖고 민주적이고 공정해 보여야 한다. 하지만 이 규칙들을 엄격하게, 곧이곧대로 지켰다가는 우리만큼 어리석지 않은 자들에게 허를 찔린다. 르네상스 시대의 위대한 외교관이자 궁정 신하인 니콜로 마키아벨리는 이렇게 썼다. "모든 상황에서 선하게 행동하려고 노력하는 사람은 선하지 않은 수많은 사람들 속에서 몰락할 수밖에 없다." 궁정은 세련미의 정점을 자처했으나 반짝이는 겉모습 뒤에서는 탐욕, 시기, 정욕, 증오 같은 음울한 감정의 가마솥이 부글부글 끓고 있었다. 오늘날 우리의 세상도 공정의 정점을 자처하지만 똑같은 추한 감정들이 (언제나 그랬듯이) 우리 내면에서 들끓고 있다. 게임은 달라지지 않았다. 4월은 완벽한 궁정 신하로서 권력 게임을 벌이는 법을 배우는 달이다.

당신이 현실에 발을 디디면, 엄연히 존재하는 이 영역이 당신을 불시에 공격한다. 이것은 우리의 은밀하고 추한 비밀과 같다. 사람들은 자신의 성생활에 대해서는 떠벌릴지 몰라도 세상에서 끊임없이 벌어지고 있는 온갖 권력 게임에 대해서는 일언반구도 하지 않는다. 그래서 내가 대학을 졸업하고 이 현실과 불쑥 맞닥뜨렸던 경험담을 소개하고자 한다.

나는 대학에서 고전과 고대 그리스어, 라틴어를 전공했다. 철학, 문학, 언어 공부에 푹 빠져 있었다. 그래서 사회에 첫발을 내디뎠을 때, 특히 첫 직장인 「에스콰이어」를 비롯한 잡지사에서 일하게 되었을 때, 현실이 어떻게 돌아가는지 전혀 알지 못했다. 나는 그 모든 아집, 불안정, 게임, 정치에 크나큰 충격을 받았다. 정말이지 심란하고 거북했다. 그중에서도 스물여섯인가 스물일곱 살 무렵의 나에게 유난히 큰 영향을 미친 직업이 떠오른다.

이 직업이 무엇이었는지는 밝히지 않겠다. 당신이 인터넷에서 내가 언급하는 사람이 누구인지 찾아내기를 바라지 않기 때문이다. 하지만 기본적으로는 다큐멘터리 시리즈에 삽입될 사연을 찾는 일이었고 좋은 사연을 얼마나 찾아내느냐가 평가의 기준이었다. 나는 승부욕이 매우 강한 성격이며, 다른 누구보다 그 일을 잘해냈다. 내가 찾은 사연들 중에는 제작으로 이어진 것이 누구보다 많았다. 이런 생각이 들었다. '이게 중요한 거 아니겠어?' 우리가 하려는 일은 다큐멘터리를 제작하는 것이었으니까. 우리의 목표는 과제를 해내는 것이었으며 나는 할당된 몫 이상을 해냈다.

그러다 상급자가 내게 불만을 품고 있다는 사실을 문득 알게 되었다. 내가 무엇인가 잘못을 해서 그녀의 심기를 건드린 것이 분명했지만 무엇 때문인지는 알 수 없었다.

나는 그녀의 입장에서 생각해보려고 애썼다. 이렇게 생각했다. '내가 하는 일들 중에서 그녀를 불편하게 만들 만한 것이 뭐가 있을까? 업무에서는 분명히 성과를 내고 있는데.' 그러다가 내가 하는 일, 나의 아이디어를 그녀와 공유하지 않아서인지도 모르겠다는 생각이 들었다. 아이디어들을 그녀에게 먼저 보여주어야 할 것 같았다. 그녀의 참여를 이끌어내서 나의 조사에 동참한다는 느낌을 받도록 해야겠다는 생각이 들었다.

그래서 그녀의 사무실로 가서 내 아이디어의 출처에 대해서 이야기했다. 그것이 문제의 원인이라고 판단했기 때문에 그녀를 참여시키려고 했다. 하지만 효과가 없었다. 그녀는 여전히 내게 불만스러운 기색이 역력했다. 어쩌면 그냥 내가 싫은 것 같기도 했다. 그래서 한발 더 나아가 이렇게 생각했다. '내가 그녀와 친분을 충분히 쌓지 않아서인지도 모르겠군. 그녀에게 먼저 다가가야 할 것 같아. 그녀를 찾아가 일 얘기를 하는 게 아니라 그저 담소를 나누고 다정하게 굴어야겠어.'

바로 이거야. 그렇게 해서 두 번째 전략이 세워졌다. 나는 행동에 돌입했다. 그런데도 그녀는 여전히 냉랭했다. 이런 생각이 들었다. 그래 알겠어, 그녀는 나를 미워해. 그게 인생이지. 모두가 날 좋아할 수는 없어. 내가 어쩔 수 있는 문제가 아니야. 내 할 일이나 계속하는 수밖에 없겠군. 그러던 어느 날 회의에서 아이디어를 논의하던 중에 내가 딴생각을 하고 있을 때, 그녀가 불쑥 말을 끊더니 이렇게 말했다. "로버트, 당신은 태도에 문제가 있어요."

"뭐라고요?"

"지금 사람들이 하는 얘길 듣지 않잖아요."

"듣고 있는데요." 나는 조금 방어적인 자세를 취했다. 성과를 올리며 열심히 일하고 있다고 말했다. 눈을 동그랗게 뜨고, 다른 사람들에게 귀를 기울이는지 여부로 사람을 평가하느냐고 물었다. 그러자 그녀가 말했다. "아니요. 하지만 이 자리에선 문제가 되죠."

"죄송합니다만, 저는 그렇게 생각하지 않아요."

어쨌든 그 뒤로 몇 주일에 걸쳐 그녀는 그 태도 문제로 나를 들볶기 시작했다. 내게 (지금껏 없던) 태도 문제가 생긴 것은 물론이다. 나는 그녀를 증오하기 시작했다. 두어 주일 뒤에 직장을 그만두었는데, 이유는 그냥 싫어서였다. 내가 그만두지 않았어도 일주일 뒤에 해고당했을 것이 뻔했다. 나는 집에서 몇 주일 동안 이 문제를 곱씹었다. 무슨 일이 일어난 거지? 내가 무슨 잘못을 했을까? 그녀는 그냥 내가 싫었던 것 아닌가? 나는 스스로를 호감을 주는 사람이라고 생각했는데.

마침내 분석에 분석을 거듭한 끝에 내가 권력의 법칙을 어겼다는 결론에 도달했다(그때는 아직 권력의 법칙에 대한 책을 쓰기 10년 전이었다). 제20법칙 주인보다 더 빛나지 마라. 내가 이 법칙을 어긴 것은 뛰어난 성과를 거두고 내가 얼마나 유능한지를 보여주는 것이 중요하다고 생각했기 때문이었다. 하지만 그 과정에서 상급자에게 내가 자기 자리를 탐내거나 자기보다 더 유능할지도 모른다는 불안감을 심어주었다. 근사한 아이디어들이 그녀가 아니라 나에게서 나온다는 사실은 그녀를 초라해 보이게 했다. 그것은 사실 그녀의 잘못이 아니었다. 내가 제20법칙을 어긴 것이었다. 제20법칙을 어기면 대가를 치르게 된다. 상대방의 자아와 불안감을 자극하는 셈이기 때문이다. 이것은 당신이 저지를 수 있는 최악의 잘못이며 내가 저지른 잘못이기도 하다.

이 문제를 곰곰이 생각하면서 나는 인생의 전환점을 맞았다. 이런 생각이

들었다. '다시는 이런 일이 생기지 않도록 하겠어. 결코 상대방의 행동을 개인적인 모욕으로 받아들여 감정적으로 대응하지 않을 거야.' 문제의 원인은 내가 그녀의 냉랭함과 적대감에 감정적으로 대응하여 태도 문제를 키운 것이었다. 다시는 그러지 말아야 했다. 나는 작가이다. 나는 직업을 얻게 된다면 거리를 두고서 바라볼 것이다. 권력 게임을 관찰하는 일에 숙달할 것이다. 이 사람들이 실험실의 생쥐이고 내가 과학자인 것처럼 관찰할 것이다.

그러자 수많은 직업에서 벌어지는 권력 게임을 관찰할 수 있게 되었을 뿐만 아니라 이렇게 거리를 유지하고 세상을 바라보면서 어느새 권력을 가지게 되었다. 나는 감정에 얽매이지 않았으며 매사에 훨씬 수월하게 대처할 수 있었다. 나는 이런 관점에서 『권력의 법칙』을 썼다. 내가 『권력의 법칙』에서 단언한 사실은 이것이야말로 우리 모두가 받아들여야 하는 현실이라는 것이다. 우리는 사회적 동물이며 복잡하게 얽힌 관계망 속에서 살아간다. 이 환경을, 이 현실을 어떻게 다루는가가 어떻게 보면 우리를 규정한다.

4월 1일　주인보다 빛나지 말라

주인보다 빛나는 일을 피하라. 우월함은 무엇이든 반감을 사지만, 신하가 군주보다 우월한 것은 어리석을 뿐 아니라 치명적이다. **발타자르 그라시안**

타인에게 즐거움과 감명을 주려다가 자신의 재능을 지나치게 과시하지 말라. 오히려 두려움과 불안감을 초래할지도 모른다. 사람은 누구나 불안을 느끼기 마련이다. 혼자 돋보이고 재능을 과시하다 보면, 분노와 시샘처럼 불안감에서 비롯되는 온갖 감정들을 자극할 수밖에 없다. 이것은 예상되는 결과이다. 타인의 옹졸한 감정에 근심하면서 인생을 보낼 수는 없다. 하지만 자신보다 윗사람들에게는 다른 접근법을 취해야 한다. 권력만 놓고 보면 윗사람보다 빛나는 것은 실수 중에서도 최악의 실수이다. 권력자가 실제보다 더 똑똑해 보이도록 하면 당신은 권력의 정점에 오를 것이다. 자신의 아이디어가 권력자의 것보다 더 창의적이라면 최대한 공적인 자리에서 그에게 공을 돌려라. 당신의 조언은 권력자의 조언을 반복하는 메아리에 지나지 않는다고 똑똑히 말하라. 당신의 재치가 주인보다 뛰어나다면, 궁정 어릿광대의 역할을 하는 것까지는 좋지만, 그에 비교되어 주인이 냉담하고 무뚝뚝해 보이도록 해서는 안 된다. 당신이 주인보다 천성적으로 사교적이고 너그럽다면, 그가 타인에게 발하는 빛을 당신이 구름처럼 가로막지 않도록 주의하라. 그가 만인의 중심에 있는 태양처럼 권력과 명석함을 발하는 관심의 초점이 되게 해야 한다.

✦ **오늘의 법칙** ✦　**자신보다 위에 있는 사람들이 편안하게 우월감을 느끼도록 하라.**

『권력의 법칙』: 20. 주인보다 더 빛나지 마라 — 신중한 아부

4월 2일 주인이 자부심과 우월감을 느끼도록 하라

르네상스 시대의 여느 과학자들과 마찬가지로 갈릴레오는 연구를 계속하기 위해서 통치자들의 후원에 기대야 했다. 하지만 아무리 위대한 발견을 하더라도 후원자들이 그에게 내민 것은 현금이 아니라 선물이었다. 이 때문에 갈릴레오는 끊임없이 불안과 궁핍에 시달렸다. 1610년에 그는 목성의 위성들을 발견하고서 새로운 전략을 생각해냈다. 자신의 발견을 메디치 가문의 위대함을 드높이는 우주적 사건으로 둔갑시킨 것이다. 그러자 메디치 가문은 갈릴레오를 공식 궁정 철학자이자 수학자로 임명하고 급료도 제대로 지급했다. 과학자라고 해서 궁정 생활과 후원의 변덕으로부터 자유로울 수는 없다. 그들도 돈줄을 쥔 주인을 섬겨야 한다. 그들의 뛰어난 지적 능력은 주인에게 불안감을 일으킬 수 있다. 주인이 자신의 임무가 과학자에게 자금을 대는 못나고 꼴사나운 일에 불과하다고 생각할 수 있다는 것이다. 걸작의 후원자는 단지 돈줄이 아니라 더 중요한 존재라고 느끼고 싶어한다. 창조적이고 강력하고 자신의 이름으로 제작된 작품보다 더 중요한 인물로 보이고 싶어한다. 당신은 그에게 불안감이 아니라 영광을 선사해야 한다. 갈릴레오는 자신의 발견으로 메디치 가문의 지적 권위에 도전하거나 어떤 식으로든 그들의 열등감을 자극하지 않았다. 그들을 말 그대로 별들과 나란히 놓음으로써 그들이 이탈리아 궁정들 가운데에서 찬란하게 빛나도록 했다. 그는 주인보다 빛나지 않았으며, 주인이 나머지 모든 사람보다 더욱 빛나도록 했다.

✦ **오늘의 법칙** ✦ 주인보다 빛나지 말아야 할 뿐 아니라 주인이 찬란히 빛나도록 해야 한다.
『권력의 법칙』: 20. 주인보다 더 빛나지 마라 — 신중한 아부

4월 3일 누가 실권자인지 파악하라

권력은 언제나 집중된 형태로 존재한다. 어느 조직에서든 소규모 집단이 실권을 쥐는 것은 필연적이다. 직함을 가진 자가 실권자가 아닐 때도 많다. 권력 게임에서 목표물을 정하지 않고 날뛰는 것은 바보짓이다. 누가 키를 쥐고 있고 누가 막후의 실세인지를 알아내야 한다. 17세기 초 리슐리외Richelieu가 프랑스 정치 무대의 꼭대기를 향해 올라가기 시작했을 때, 그가 발견한 것은 매사를 결정하는 인물이 국왕 루이 13세가 아니라 국왕의 모후라는 사실이었다. 그래서 그는 그녀에게 달라붙었으며 궁정의 모든 신하들을 제치고 꼭대기까지 거침없이 올라갔다. 노다지는 한 번만 발견하면 충분하다. 그러고 나면 평생 부와 권력이 보장된다.

✦ **오늘의 법칙** ✦ 당신을 끌어올려줄 권력의 원천을 물색할 때에는 실권을 쥔 사람을 찾아라. 그는 당신이 처음 생각한 사람이 아닐 수도 있다. 실권자를 찾았으면 그에게 달라붙어라.

『권력의 법칙』: 14. 힘을 집중하라 — 집중과 분산

4월 4일 공을 주장해야 할 때와 넘겨야 할 때를 알라

타인과 공을 나누는 것이 자신에게 유리한 때가 언제인지를 알아야 한다. 특히 당신 위에 주인이 있을 때에는 탐욕을 부리지 않는 것이 중요하다. 리처드 닉슨Richard Nixon 대통령의 중화인민공화국 방문은 그의 발상이었으나, 헨리 키신저Henry Kissinger의 능란한 외교술이 아니었다면 결코 성사되지 못했을지도 모른다. 키신저의 수완 없이는 성공을 거두지도 못했을 것이다. 그럼에도 공적을 따질 때가 되었을 때, 키신저는 노련하게 닉슨을 추켜세웠다. 언젠가는 진실이 밝혀지리라는 것을 알았기 때문에, 세상의 이목을 단기간에 독차지하려다 궁지에 몰리지 않도록 몸을 사렸다. 키신저는 권력 게임에 도가 텄다. 아랫사람의 노고에 대해서는 자신이 생색을 냈고, 자신의 노고에 대해서는 윗사람에게 아낌없이 공을 돌렸다. 권력 게임은 이렇게 해야 한다.

✦ **오늘의 법칙** ✦ 아랫사람에게서 공을 빼앗고 윗사람에게 공을 돌려라.
  『권력의 법칙』:38. 일은 남에게 시키고 명예는 당신이 차지하라 — 성과 가로채기

4월 5일 　권력자의 배역으로 탈바꿈하라

　　　　　1832년에 한 출판사가 오로르 뒤팽 뒤드방Aurore Dupin Dudevant의 첫 단독 소설 『앵디아나Indiana』를 출간했다. 그녀는 '조르주 상드George Sand'라는 필명을 사용했으며, 파리의 모든 사람들은 이 걸출한 신예 작가가 남성인 줄 알았다. 뒤드방은 '조르주 상드'를 창조하기 전에도 이따금 남성복을 입었는데, 유명인이 되자 그 이미지를 더욱 강화했다. 그녀는 남성용 롱코트, 회색 모자, 튼튼한 부츠, 말쑥한 넥타이로 옷장을 채웠다. 시가를 피웠으며 대화를 나눌 때에는 남성처럼 행동했다. 대화를 주도하거나 외설적 어휘도 거리낌이 없이 구사했다. 이 신기한 '남성이자 여성' 작가는 대중을 매혹했다. 하지만 상드를 잘 아는 사람들은 그녀의 남성 페르소나가 대중의 관음증적 시선으로부터 자신을 보호하기 위한 것임을 알고 있었다. 그녀는 세상에 나가서는 자신의 배역을 철저하게 연기했지만 사적인 자리에서는 본모습을 간직했다. 또한 '조르주 상드'라는 배역이 고리타분하거나 식상해질 수 있다는 것을 깨닫고서 이따금 자신이 창조한 배역을 극적으로 변모시키기도 했다. 정치판에 기웃거리고 시위를 주도하고 학생 봉기를 선동하기 시작했다. 누구도 그녀가 창조한 배역에 한계를 정할 수 없었다. 그녀가 죽고 오랜 시간이 흘러 그녀의 소설을 읽는 사람이 거의 없어진 뒤에도 그 배역의 과장된 연극적 성격은 여전히 대중을 사로잡았다. 명심하라. 반드시 타고난 배역대로 살아야 하는 것은 아니다. 당신이 물려받은 배역 이외에 부모, 친구, 동료도 당신의 성격 형성에 한몫을 했다. 권력자의 프로메테우스적 과제는 그 과정을 손에 넣고 타인이 그 능력을 한정 짓거나 주무르지 못하도록 하는 것이다.

✦ 오늘의 법칙 ✦ 권력자의 배역으로 탈바꿈하라. 자신을 찰흙처럼 빚는 것은 가장 위대하고 즐거운 인생의 과업 중의 하나이다. 당신은 본질적으로 예술가가 된다. 그 예술가가 창조하는 작품은 당신 자신이다.

『권력의 법칙』: 1. 자신을 재창조하라 ── 자기 혁신

4월 6일 실제보다 멍청하게 보여라

어리석음을 활용하는 법을 알라. 가장 현명한 사람은 이따금 이 카드를 쓰는 사람이다. 모르는 것처럼 보이는 것이 가장 지혜로운 행동일 때가 있다. 무지해서는 안되지만 무지한 척할 수는 있어야 한다. **발타자르 그라시안**

당신이 야심가이지만 지위가 낮다면 이 방법이 요긴할 것이다. 실제보다 덜 똑똑한 체하는 것, 심지어 약간 바보처럼 보이는 것은 완벽한 위장술이다. 무해한 돼지처럼 보이면 아무도 당신이 위험한 야심을 품고 있다고 의심하지 않을 것이다. 심지어 당신이 사근사근하고 고분고분하다고 생각하고 승진을 시켜줄지도 모른다. 감춰서 유리한 것은 지능만이 아니다. 취향과 세련미도 허영심의 척도로 따지면 지능과 맞먹는다. 사람들로 하여금 자신이 당신보다 더 세련되었다고 느끼게 하라. 그러면 경계심을 풀 것이다. 완전히 숙맥처럼 보이면 놀라운 효과를 거둘 수도 있다.

✦ **오늘의 법칙** ✦　일반적으로 언제나 사람들이 당신보다 자신이 더 똑똑하고 교양이 있다고 생각하게 하라. 그러면 그들은 으스대고 싶어서 당신을 곁에 두려고 할 것이다. 그들 곁에 오래 머물수록 그들을 속일 기회도 많아진다.

『권력의 법칙』: 13. 상대보다 멍청하게 보여라 — 의심 회피 전략

4월 7일　궁정을 냉소하지 말라

밀랍은 본디 딱딱하고 잘 부서지지만, 약간의 온기를 가하면 말랑말랑해져서 원하는 어떤 형태로도 바뀔 수 있다. 마찬가지로 성품이 심술궂고 악의적인 사람이라도 우리가 예의와 친절을 베풀면 나긋나긋하고 고분고분하게 만들 수 있다. 그러므로 예의가 인간 본성에 미치는 영향은 온기가 밀랍에 미치는 영향과 같다.

아르투어 쇼펜하우어

　　타인의 성과에 존경을 표하라. 동료나 아랫사람들에게 비판을 일삼으면 그 비판의 일부가 당신에게 옮겨와 당신이 어디를 가든 잿빛 구름처럼 드리울 것이다. 당신이 냉소적인 언급을 내뱉을 때마다 사람들은 혀를 차고 분노할 것이다. 타인의 성취에 적당한 존경심을 표하면 역설적으로 당신에게 관심이 쏠리게 된다.

✦ **오늘의 법칙** ✦　놀람과 경탄을 표현하고 그것이 진심인 것처럼 보이게 하는 능력은 희귀하고도 점차 사라져가는 재능이지만, 여전히 대단한 가치가 있다.

『권력의 법칙』: 28. 완벽한 궁정 신하가 되어라 ― 우회 조종술

4월 8일 감정적 반응을 숙달하라

> 군주는 결코 노여움으로 군사를 일으켜서는 안 되며 장수는 결코 격분하여 전쟁을 벌여서는 안 된다. **손자**

분노한 사람은 결국 우스워 보이기 십상이다. 분노의 원인에 비해서 반응이 터무니없어 보이기 때문이다. 그들은 상황을 너무 심각하게 받아들이고 자신이 받은 상처나 모욕을 과장한다. 모욕에 너무 민감하여 개인적으로 받아들이다가는 꼴이 우스워진다. 더 우스운 것은 분통을 터뜨리는 것이 힘의 징표라는 믿음이다. 사실은 정반대이다. 성마름은 힘이 아니라 무력함의 징표이다. 사람들이 당신의 성마름에 일시적으로 주눅이 들지는 모르지만 결국은 당신에 대한 존경심을 잃을 것이다. 또한 그들은 당신처럼 자제력이 부족한 사람을 해코지하는 것이 식은 죽 먹기임을 간파할 것이다.

✦ **오늘의 법칙** ✦　분노와 감정을 드러내는 것은 나약함의 징표이다. 자신도 다스리지 못하면서 어떻게 다른 것을 다스릴 수 있겠는가?

『권력의 법칙』: 3. 냉철한 이성을 유지하라 — 감정 통제

4월 9일   많은 것이 평판에 달렸다

사회생활에서는 겉모습이 거의 모든 판단의 바로미터이다. 그렇지 않다고 착각하는 것은 금물이다. 단 한 번의 꼴사나운 실수를 저지르거나 어색하게 행동하거나 겉모습을 갑작스럽게 바꾸다가는 참사를 맞을 수도 있다. 평판을 구축하고 유지하는 것이 무엇보다 중요한 것은 이 때문이다. 평판은 당신 자신의 피조물이다. 평판은 아슬아슬한 겉모습 게임에서 당신을 보호하고, 타인의 매서운 시선을 교란하여 당신의 본모습을 알지 못하게 하며, 당신에 대한 세상의 판단을 어느 정도 좌우할 수 있게 해준다. 힘을 발휘할 수 있는 위치에 서게 해주는 것이다. 평판에는 마법 같은 능력이 있어서, 평판의 마법 지팡이를 한 번 휘둘러 당신의 힘을 두 배로 만들 수도 있다. 사람들이 당신 앞에서 허둥지둥 달아나게 할 수도 있다. 똑같은 행동이 현명해 보이는지, 한심해 보이는지를 좌우하는 것은 순전히 행위자의 평판이다. 따라서 평판은 신중하게 수집하고 간직해야 할 보물이다. 특히 평판을 처음 다질 때에는 모든 공격을 예상하여 단단히 방어해야 한다. 평판이 탄탄해진 뒤에는 적들의 중상모략에 분노하거나 방어적인 태도를 취하지 말라. 그런 태도는 자신의 평판에 대한 자신감이 아니라 불안감을 드러내는 꼴이다. 오히려 대범한 태도를 취하고 결코 자기방어에 전전긍긍하는 것처럼 보여서는 안 된다.

✦ 오늘의 법칙 ✦   평판은 권력의 주춧돌이다. 평판만으로도 상대방에게 위압감을 주어 승리를 거둘 수 있다. 하지만 자칫하면 평판이 취약해져 사방에서 공격받을 것이다. 결코 타인이 당신의 평판을 좌우하지 못하도록 하라.

『권력의 법칙』: 5. 목숨을 걸고 평판을 지켜라 — 대중의 지지

4월 10일 언제나 필요 이하로 말하라

신하의 불충한 언사는 악행의 기억보다 깊이 뿌리내리기 쉽다. **월터 롤리 경**

말로 사람들에게 감명을 주려고 할 때에는 말이 많을수록 평범하고 보잘것없어 보인다. 뻔한 말을 하더라도, 모호하고 다의적이고 수수께끼처럼 표현하면 독창적인 듯이 보일 것이다. 권력자들은 말을 아낌으로써 상대방에게 깊은 인상을 남기고 위압감을 준다. 말을 많이 할수록 어리석은 소리를 내뱉을 가능성이 커진다.

✦ **오늘의 법칙** ✦ 필요한 것보다 더 적게 말하면 말에 의미가 있고 당신에게 힘이 있는 것처럼 보이게 할 수 있다. 게다가 말을 아낄수록 어리석거나 심지어 위험한 소리를 내뱉을 위험이 줄어든다.

『권력의 법칙』: 37. 최소한의 말만 하라 — 침묵의 효과

4월 11일 　사람들의 이기심에 호소하라

> 가장 빠르고 효과적인 출세 방법은 당신의 이익을 증진하는 것이 자신들에게 이익임을 사람들에게 똑똑히 보여주는 것이다. **장 드 라브뤼예르**

당신이 권력을 추구한다면, 자신보다 큰 권력을 가진 자들에게 도움을 청해야 하는 상황이 끊임없이 발생할 것이다. 도움을 청하는 기술이 하나 있는데, 그 기술은 자신이 상대하는 사람을 이해하고 자신에게 필요한 것이 그들에게도 필요할 것이라고 착각하지 않는 능력에 달려 있다. 이런 능력을 가진 사람은 거의 없다. 자신의 필요와 욕구에 완전히 사로잡혀 있기 때문이다. 그들은 자신이 상대하는 사람들이 사심 없이 자신을 도와주리라는 가정에서 출발한다. 그래서 마치 자신의 욕구가 상대방에게도 중요한 것처럼 말하지만, 아마도 상대방은 전혀 관심이 없을 것이다. 이따금 그들은 대의나, 사랑과 감사 같은 거창한 감정을 운운하기도 한다. 단순하고 일상적인 현실의 호소력이 훨씬 큰 상황에서 오히려 큰 그림을 내세우기도 한다. 막강한 사람들도 자신의 욕구에 촉각을 곤두세우고 있으며, 그의 이기심에 호소하지 못한다면 그는 당신이 절박하다고 생각하거나 당신과의 만남을 기껏해야 시간 낭비로 여길 것이다. 당신은 이 사실을 깨달아야 한다.

✦ 오늘의 법칙 ✦ 　부탁을 할 때에는 상대방에게 유익한 무엇인가를 제시하여 턱없이 과장하라. 당신에게서 얻을 것이 있다고 생각하면, 그들은 열렬히 화답할 것이다.

『권력의 법칙』: 10. 자비나 의리가 아니라 이익에 호소하라 ─ 협상의 기술

4월 12일 적을 이용하라

사람은 은혜보다 원수를 갚는 데 더 열심이다. 감사는 부담이지만 복수는 쾌감이기 때문이다. **타키투스**

베트남 전쟁 중이던 1971년, 헨리 키신저는 납치의 표적이 되었다가 위기를 넘긴 적이 있다. 음모 가담자들 중에는 유명한 반전 운동가이자 신부인 베리건 형제, 가톨릭 사제 네 명, 수녀 네 명이 포함되어 있었다. 키신저는 비밀 경호국이나 법무부에 알리지 않은 채 개인적으로 납치범 세 명과 토요일 오전 면담을 계획했다. 그는 1972년 중엽까지 미군 병사들 대부분을 베트남에서 철수시킬 것이라고 설명하여 납치범들의 환심을 샀다. 그들은 그에게 '키신저를 납치하라'라는 문구가 적힌 배지를 건넸으며 한 명은 오랫동안 그와 친분을 유지하면서 여러 차례 그를 방문하기도 했다. 이것은 단발성 술책이 아니었다. 키신저는 자신과 의견이 다른 사람들과도 협력한다는 방침을 세웠다. 동료들은 그가 친구보다 적과 더 화기애애하게 지내는 것 같다고 볼멘소리를 하기도 했다. 당신도 할 수만 있다면 적과 화해하고 그를 당신 편으로 만들기 위해서 노력하라.

✦ 오늘의 법칙 ✦ 링컨이 말했듯이, 적을 없애는 방법은 친구가 되는 것이다.
『권력의 법칙』: 35. 친구를 멀리하고 적을 이용하라 — 용인술

4월 13일 무시보다 비난이 낫다

주위 사람들보다 환히 빛나는 것은 타고나는 기술이 아니다. "자석이 철을 끌어당기듯이" 눈길을 끄는 법을 배워야 한다. 경력의 출발점에서는 남들과 구분되는 특징과 이미지에 자신의 이름과 평판을 결부시켜야 한다. 이 이미지는 독특한 옷차림일 수도 있고 좌중을 유쾌하게 하고 사람들 사이에서 이야깃거리가 되는 독특한 버릇일 수도 있다. 일단 이미지가 확립되면 당신은 존재감을 가지게 된다. 하늘에 당신의 별을 위한 자리가 생기는 것이다. 당신은 이 독특한 존재감이 논란거리가 되어서는 안 되며 비난받는 것은 나쁜 일이라고 생각할지도 모르지만 그것은 흔한 착각이다. 이보다 더 진실과 거리가 먼 것은 없다. 실속을 챙기지 못하고 자신의 평판이 다른 사람에게 가려지는 일을 피하려면 관심의 종류를 가리지 말아야 한다. 결국 어떤 관심이든 당신에게 유익할 것이기 때문이다. 사회는 특출한 인물, 전설을 갈망한다. 당신을 다른 이들과 차별화하고 관심을 끌어당기는 특징을 두려워하지 말라. 논란을, 심지어 스캔들까지도 환영하라. 무시보다는 비난이, 심지어 모략이 더 낫다. 이 법칙은 모든 분야에 적용되며, 모든 전문가는 약간의 쇼맨십을 발휘해야 한다.

✦ 오늘의 법칙 ✦ **관심의 종류를 가리지 말라. 어떤 악명이라도 당신에게 권력을 가져다줄 수 있다. 무시보다는 모략과 비난을 받는 것이 낫다.**
『권력의 법칙』: 6. 무슨 수를 쓰든 관심을 끌어라 ─ 루머와 신비화 전략

4월 14일 세상을 넓고 얽히고설킨 궁전이라고 생각하라

세상은 위험하고 적은 어디에나 있다. 모두가 스스로를 보호해야 한다. 철통같은 요새는 가장 안전한 곳처럼 보이지만, 고립은 당신을 위험으로부터 보호하기보다 오히려 더 큰 위험에 노출시킨다. 당신은 귀중한 정보를 얻지 못하고 눈에 띄는 손쉬운 표적이 된다. 권력은 인간이 만드는 것이므로 타인과의 접촉을 통해서 키우는 수밖에 없다. 요새식 사고방식에 빠지지 말고 세상을 이렇게 생각해보라. 모든 방이 서로 연결된 드넓은 베르사유 궁전이라고 상상하는 것이다. 당신에게는 침투력이 필요하다. 온갖 집단들에 흘러들었다가 흘러나오고 온갖 부류와 어울릴 수 있어야 한다. 그런 기동성과 인맥은 당신을 음모가들로부터 보호할 것이다. 그들은 음모를 당신에게 비밀로 하지 못할 것이다. 당신을 적들로부터도 보호할 것이다. 그들은 당신을 우군으로부터 고립시키지 못할 것이다. 언제나 움직이고, 궁전의 방들을 돌아다니며 사람들과 어울리고, 결코 한곳에 머물거나 눌러앉지 말라. 어떤 사냥꾼도 재빨리 움직이는 동물은 표적으로 삼지 못한다.

✦ **오늘의 법칙** ✦ 　**인간은 본성적으로 사회적 동물이기 때문에, 권력을 좌우하는 것은 사회적 교류와 소통이다. 권력자가 되려면 자신을 모든 것의 중심에 놓고, 문호를 열고, 옛 동지를 찾고 새로운 동지를 만들고, 점점 더 많은 집단에 억지로라도 참여하라.**

『권력의 법칙』: 26. 자신만의 요새를 짓지 마라 ─ 고립의 위험성

4월 15일 사교 집단 같은 추종세력을 만들라

대규모 추종세력을 거느리면 기만의 가능성이 활짝 열린다. 추종자들은 당신을 숭배할 뿐 아니라 적들로부터 당신을 지키고 당신의 햇병아리 사교 집단으로 자진해서 사람들을 끌어들일 것이다. 이런 권력은 당신을 새로운 경지로 올려줄 것이다. 당신은 이제 의지를 관철하기 위해서 투쟁하거나 속임수를 부릴 필요가 없다. 당신은 연모의 대상이며, 무슨 잘못을 저질러도 무사하다. 이런 추종세력을 거느리는 것이 어마어마한 일이라고 생각할지도 모르겠지만, 실은 매우 간단하다. 우리 인간은 무엇인가—그것이 무엇이든—를 절박하게 믿고 싶어한다. 이 때문에 허튼소리에도 쉽게 속아넘어간다. 우리는 의심하는 상태—믿을 것이 없어서 생기는 공허함—를 오래 견디지 못한다. 새로운 대의나 치료법, 일확천금의 기회, 최신의 기술 트렌드나 예술 운동이 눈앞에서 달랑거리면 우리는 물고기가 미끼를 물려고 물 밖으로 뛰어오르듯이 그것을 향해 달려든다.

✦ **오늘의 법칙** ✦ **사람들은 무엇인가를 믿으려는 압도적인 욕구를 느낀다. 그들에게 대의를 제공하고 새로운 믿을 것을 제시하여 그런 욕구의 초점이 되어라. 조직화된 종교와 원대한 이상이 없는 세상에서 당신의 새로운 믿음 체계는 전대미문의 권력을 가져다줄 것이다.**
『권력의 법칙』: 15. 신앙심을 이용해 추종자를 창출하라 — 메시아 전략

4월 16일   누구에게도 헌신하지 말라

결혼한 여왕이 되느니 독신인 거지가 되겠다. 엘리자베스 1세

편을 들려고 늘 안달하는 사람은 바보이다. 자신 말고는 어느 편이나 대의에도 헌신하지 말라. 독자성을 유지함으로써 타인의 주인이 되어라. 사람들로 하여금 자기네들끼리 아웅다웅하고 당신을 추종하도록 만들어라. 사람들이 당신을 조금이라도 자기 편이라고 느끼게 내버려두면 당신은 그들에 대한 권력을 모조리 잃는다. 당신이 애정을 베풀지 않으면 그들은 당신의 애정을 얻으려고 더 안간힘을 쓸 것이다. 고고하게 거리를 두면 그들의 관심과 좌절된 욕구에서 비롯되는 권력을 얻을 것이다.

✦ **오늘의 법칙** ✦   엘리자베스 1세의 전술을 쓰라. 희망을 주되 결코 만족시키지는 말라.
『권력의 법칙』: 27. 어느 누구에게도 헌신하지 마라 — 관계의 기술

4월 17일 싸움판에 끼어들지 말라

싸움에서 이기는 것보다 싸움에 끼어들지 않는 것을 더 용감한 행위로 여겨라. 끼어드는 바보가 이미 하나 있다면 둘이 되지 않도록 주의하라. **발타자르 그라시안**

사람들이 옹졸한 싸움과 다툼에 당신을 끌어들이지 못하게 하라. 그렇다고 완전히 수수방관해서도 안 된다. 불필요한 공격을 유발할 수도 있기 때문이다. 게임을 적절하게 벌이려면 상대방의 문제에 관심이 있는 것처럼 보여야 한다. 심지어 그들 편을 드는 것처럼 보여야 할 때도 있다. 하지만 겉으로는 지지하는 듯한 태도를 취하더라도 감정을 개입시키지 말고 내면의 에너지와 분별력을 유지해야 한다. 사람들이 당신을 끌어들이려고 아무리 애쓰더라도, 결코 그들의 문제와 사소한 다툼에 대한 당신의 이해관계가 겉으로 드러나게 해서는 안 된다. 그들에게 선물을 주고 동정 어린 표정으로 귀를 기울이고 이따금 환심을 살지언정 내면에서는 자애로운 국왕과도, 교활한 폭군과도 어느 정도 거리를 두어라. 적극적인 참여를 거절하여 자율성을 견지하면 주도권을 지킬 수 있다. 당신의 행동은 주변 사람들의 밀고 당기기에 대한 방어적인 대응이 아니라 여전히 스스로가 선택하는 문제여야 한다.

✦ **오늘의 법칙** ✦ 언제나 내면적으로 독립성을 유지하고 자신이 선택하지 않은 일에 휘말리지 않도록 하라.

『권력의 법칙』: 27. 어느 누구에게도 헌신하지 마라 — 관계의 기술

4월 18일　뱀을 놀라게 하라

　　　　　당신은 멀찍이 앉아서 징조를 읽을 수도 있고 적들을 폭로하려고 적극적으로 나설 수도 있다. 성서에서 다윗은 장인 사울 왕이 남몰래 그가 죽기를 바란다고 의심했다. 어떻게 확인했을까? 그는 가까운 친구이자 사울의 아들인 요나단에게 자신의 의심을 털어놓았다. 요나단이 믿으려고 하지 않자, 다윗은 시험을 해보자고 제안했다. 다윗은 궁정에서 열리는 잔치에 참석하기로 되어 있었는데, 자신 대신에 요나단이 참석하여 핑계를 전달하도록 했다. 핑계는 그럴듯하지만 절박한 것은 아니었다. 사울은 당연히 그 핑계에 격분하여 고함쳤다. "그를 침대째 이리 들고 오너라. 내가 그를 죽이겠다!" 다윗의 시험이 성공한 것은 모호했기 때문이다. 잔치에 빠지는 핑계는 두 가지로 해석할 수 있었다. 사울이 다윗에게 우호적이었다면 사위의 불참을 기껏해야 이기적인 행동으로 여겼을 테지만, 그는 은밀히 다윗을 증오했기 때문에 이것을 무례한 짓으로 보고 분통을 터뜨린 것이다. 다윗을 본받아라. 두 가지로 해석될 수 있는 말이나 행동을 하라. 겉으로는 정중하지만 속으로는 당신이 다소 냉담한 것처럼 보이거나 묘하게 모욕적이도록 하라. 친구라면 고개를 갸우뚱하면서도 대수롭지 않게 여길 것이다. 그러나 친구를 가장한 적이라면 분노로 반응할 것이다. 격한 감정이 터져 나온다는 것은 수면 아래에서 무엇인가가 끓고 있다는 뜻이다.

✦ **오늘의 법칙** ✦　중국 속담처럼 풀을 쳐서 뱀을 놀라게 하라打草惊蛇.
　　　　『전쟁의 기술』: 1. 적이 누구인지를 명확히 하라 — 동지와 적

4월 19일   상대에 맞게 아첨하라

궁정 신하는 어떤 식으로든 통치자의 관심을 얻고 환심을 사야 한다. 가장 직접적인 방법은 아첨이다. 통치자는 필연적으로 자아가 비대하며 스스로에 대한 과대평가를 인정받고 싶어하기 때문이다. 아첨은 놀라운 효과를 낼 수 있지만, 위험도 따른다. 너무 노골적인 아첨은 절박해 보이며 속내를 들키기 쉽다. 최고의 궁정 신하는 통치자가 불안해하는 구석에 맞춰 은근슬쩍 아첨하는 법을 안다. 그들은 통치자의 특징 중에서 아무도 관심을 기울이지 않았지만 누군가는 인정해주어야 하는 것에 초점을 맞춘다. 모두가 리더의 업무 수완만 찬양하고 그의 세련된 문화 취향을 간과한다면, 당신은 후자를 노리는 것이 좋다. 리더의 이상과 가치를 당신 나름의 언어로 다시 표현하는 것은 간접적인 아첨 중에서 매우 효과적인 방법이다.

✦ **오늘의 법칙** ✦   **공공연한 아첨은 효과적일 수 있지만 한계도 있다. 너무 직접적이고 노골적이면 다른 신하들의 눈살을 찌푸리게 할 수 있다. 목표 대상의 불안감에 맞는 신중한 아첨이 훨씬 더 강력하다.**

『인간 본성의 법칙』: 14. 집단의 영향력에 저항하라 — 동조의 법칙

4월 20일 자기만의 방식으로 왕이 되어라

모든 위대한 사기꾼에게는 그들이 능력을 얻는 주목할 만한 계기가 있다. 실제의 기만행위에서 그들은 자신에 대한 믿음에 사로잡힌다. 그들이 주변 사람들에게 그토록 능수능란하고 설득력 있게 말하는 것은 이 덕분이다. **프리드리히 니체**

자신을 어떻게 드러내는가에 따라서 대접이 달라진다. 상스럽거나 평범하게 보이면 결국에는 사람들도 당신을 얕잡아볼 것이다. 왕은 자신을 존경하고 남들에게서도 같은 감정을 불러일으킨다. 당신의 값어치를 정하는 것은 당신 자신의 몫이다. 낮은 값을 부르면 그 값밖에 받지 못할 것이다. 하지만 높은 값을 부르면 당신이 그에 걸맞은 사람이라는 신호를 보내는 셈이다. 당신의 제안을 거절하는 사람조차도 당신의 자신감을 존경할 것이며, 그 존경심은 언젠가 당신이 상상조차 하지 못한 결실을 가져다줄 것이다.

✦ **오늘의 법칙** ✦ 왕처럼 행동하고 자신의 권력에 자신감을 품으면 스스로를 왕이 될 운명인 것처럼 보이게 할 수 있다.

『권력의 법칙』: 19. 왕 대접을 받으려면 왕처럼 행동하라 ― 왕관의 전략

4월 21일 적에게 자비를 베풀지 말라

적의 잔재는 질병이나 잔불처럼 되살아날 수 있다. 그러므로 완전히 섬멸해야 한다. 적이 약하다고 해서 결코 무시해서는 안 된다. 짚 더미 속의 불씨처럼 때가 되면 위험해질 것이다. **카우틸리아(기원전 3세기)**

'적을 섬멸하라破軍'는 기원전 4세기 『손자병법』의 저자 손자孫子가 내세운 핵심 전략 기조이다. 개념은 간단하다. 적은 당신의 불운을 기원한다. 당신의 파멸보다 그들이 더 바라는 것은 없다. 그들과 싸우다가 측은한 느낌이 들거나 화해하고 싶어서 중간이나 심지어 4분의 3 지점에서 멈춘다면, 그들은 더 결연해지고 더 격분하여 언젠가 당신에게 복수할 것이다. 잠깐은 우호적으로 행동할지도 모르지만, 이것은 단지 당신에게 패했기 때문이며, 시간을 버는 것 말고는 선택의 여지가 없기 때문이다.

해법은 자비를 베풀지 않는 것이다. 적이 당신을 섬멸하려고 하듯이 당신 역시 철저히 적을 섬멸하라. 결국 당신이 적에게서 평화와 안정을 바랄 수 있는 유일한 방법은 적을 없애는 것뿐이다. 물론 죽이라는 말이 아니라 추방하라는 말이다. 힘을 잃고 궁정에서 영영 추방되면 적은 더 이상 당신을 해코지하지 못한다. 그들을 추방할 수 없다면, 적어도 그들이 당신에 대해 음모를 꾸미고 있으리라고 가정하고 그들의 호의에 넘어가지 말라.

✦ **오늘의 법칙** ✦ 적의 과거를 유심히 살펴서 판단하라. 때로는 적을 아군으로 돌려세워 해롭지 않게 만드는 것이 최선일 수도 있다. 하지만 인정사정없이 철저히 짓밟아야만 할 때도 있다.

『권력의 법칙』: 23. 적은 완전히 박살내라 ─ 잠재적 위험 제거

4월 22일 의심의 씨앗을 뿌려라

나쁜 평판보다는 나쁜 양심을 가지고 살아가는 것이 더욱 쉽다. **프리드리히 니체**

의심은 강력한 무기이다. 교묘한 풍문으로 의심을 불러일으키면 적들은 지독한 딜레마에 빠진다. 한편으로 그들은 풍문을 부정하고 심지어 당신이 자신들을 모함했음을 입증할 수도 있다. 하지만 의심의 싹은 여전히 남는다. 저 사람들은 왜 저렇게 필사적으로 스스로를 변호할까? 풍문에 일말의 진실이 있는 것은 아닐까? 다른 한편으로 그들이 풍문에 개의치 않고 당신을 무시한다면 의심은 반박되지 않은 채 더욱 단단해질 것이다. 제대로만 한다면 풍문의 씨앗을 뿌리는 것은 경쟁자를 격분시키고 뒤흔들어 그들이 스스로를 변호하려다가 수많은 자충수를 두도록 할 것이다. 이것은 동원할 평판이 없는 사람들이 사용할 수 있는 완벽한 무기이다.

✦ **오늘의 법칙** ✦ 풍문으로 경쟁자를 파멸시켜라.
『권력의 법칙』: 5. 목숨을 걸고 평판을 지켜라 — 대중의 지지

4월 23일   전염의 힘을 두려워하라

　　자신이 좌우할 수 없는 상황 때문에 무너진 불운한 사람들에게는 최대한의 조력과 동정을 베풀어도 무방하다. 그러나 불운이나 불행을 타고나지 않았는데도 스스로 파괴적인 행동을 일삼고 남들을 불안하게 하여 불운을 자초하는 사람들도 있다. 그들을 일으켜 세우고 그들의 패턴을 변화시킬 수 있다면야 좋겠지만, 오히려 그들의 패턴이 우리에게 스며들어 우리를 변화시킬 가능성이 크다. 당신은 타인의 불행 때문에 죽을 수 있다. 감정 상태는 질병만큼이나 전염성이 강하다. 당신은 물에 빠진 사람을 구하고 있다고 느낄지도 모르겠지만, 실은 스스로를 재난에 빠뜨리고 있을 뿐이다. 불행을 전염시키는 자들의 특징으로는 스스로 끌어들이는 불운, 파란만장한 과거, 관계 단절의 오랜 내력, 불안정한 경력, 당신을 휩쓸어 이성을 잃게 하는 강렬한 성격 등이 있다. 이런 징후에 유의하라. 그들의 눈에 담긴 불만을 간파하라. 무엇보다 동정심을 품지 말라. 도우려다가 자신까지도 말려들지 말라. 상대방은 변하지 않고 당신만 위태로워질 것이다.

✦ **오늘의 법칙** ✦　　**불운을 끌어들이는 사람들이 있다. 그들은 당신에게도 불운을 가져다줄 것이다. 그들이 아니라 행복하고 운 좋은 사람들과 어울려라.**

『권력의 법칙』: 21. 불행하고 불운한 자들을 피하라 ─ 불행 바이러스 차단하기

4월 24일 가짜 친구를 피하라

　　자기편 없이 출세할 수 있는 사람은 아무도 없다. 하지만 가짜 친구와 진짜 친구를 구분하는 것은 쉬운 일이 아니다. 가짜 친구는 즉각적인 감정적 필요로부터 생겨난다. 가짜 친구는 당신에게 꼭 필요한 무엇인가를 포기하게 하며 당신 스스로 결정하는 것을 불가능하게 만든다. 진짜 친구는 서로에게 이익이 되는 관계를 맺으며 혼자서는 얻을 수 없는 것을 서로 얻게 해준다. 또한 당신이 자신의 정체성을 집단 정체성에 종속시키도록 하거나 타인의 감정적 요구에 전전긍긍하도록 만들지 않는다. 당신이 자율성을 발휘하도록 한다.

✦ **오늘의 법칙** ✦　　진짜 친구를 만들어라. 서로에게 이익이 되는 사람을 찾아 한편으로 삼아라.

『전쟁의 기술』: 27. 타인의 이익을 위해 노력하는 것처럼 보여라 — 동맹의 기술

4월 25일 대담하게 행동에 착수하라

경솔하게 행동하는 것이 아닌지 결코 염려하지 말라. **발타자르 그라시안**

우리 대부분은 소심하다. 우리는 긴장과 갈등을 피하고 싶어하며 누구에게나 사랑받고 싶어한다. 대담한 행동을 고려할지는 몰라도, 실행에 옮기는 일은 드물다. 이 소심함을 타인에 대한 배려, 타인을 해치거나 공격하지 않으려는 마음으로 치장할 수는 있겠지만, 사실은 그 반대이다. 우리는 자신에게 몰두하여 스스로에 대해서, 남들이 우리를 어떻게 생각하는지에 대해서 전전긍긍한다. 이에 반해 대담성은 외부를 지향하며 사람들을 편안하게 한다. 덜 자의식적이고 덜 억압적이기 때문이다. 그래서 우리는 대담한 사람들을 존경하며 그들 곁에 있고 싶어한다. 그들의 자신감이 우리에게 전염되어 우리를 내향성과 반성의 영역으로부터 끌어내주기 때문이다. 하지만 태어날 때부터 대담한 사람은 거의 없다. 연습하여 발달시켜야 한다. 대담성은 쓰임새가 많다. 대담성을 맨 먼저 발휘해보기에 가장 좋은 장소는 협상의 미묘한 세계, 특히 당신이 스스로의 몸값을 정해야 하는 논의의 석상이다. 우리는 몸값을 너무 낮게 불렀다가 스스로의 가치를 깎아내리는 일이 비일비재하다. 명심하라. 대담성이 천부적인 성품이 아니라면 소심함도 마찬가지이다. 소심함은 갈등을 피하려는 욕구에서 생겨난 후천적 습성이다. 소심함이 당신을 움켜쥐고 있다면 뽑아버려라. 대담한 행동의 결과에 대한 당신의 두려움은 비현실적이며, 실제로는 소심한 행동의 결과가 더욱 나쁘다. 자신의 가치를 낮추고 의심과 불행의 자기 충족적인 순환을 자초하는 꼴이기 때문이다.

✦ 오늘의 법칙 ✦　소심함은 위험하다. 대담하게 행동하는 편이 낫다. 대담하게 행동하다가 저지른 실수는 더 큰 대담함으로 쉽게 만회할 수 있다.

『권력의 법칙』: 41. 대담하게 행동하라 ─ 자신감의 힘

4월 26일   노력 없이 성취를 거둔 것처럼 보이게 하라

> 시행 한 줄을 쓰는 데에 몇 시간이 걸릴 수도 있다. 그러나 그것이 한순간의 생각처럼 보이지 않으면 우리가 깁고 풀고 한 것은 헛수고가 된다.
> **윌리엄 버틀러 예이츠, "아담의 저주"**

1528년에 출간된 『궁정인Cortegiano』에서 발다사레 카스틸리오네Baldassare Castiglione는 완벽한 궁정 신하가 갖춰야 할 고도로 세련되고 체계적인 예법을 묘사했다. 궁정 신하는 이 예법을 실천할 때, 이른바 '스프레차투라sprezzatura'를 발휘해야 한다고 카스틸리오네는 설명한다. 스프레차투라는 어려운 것을 쉬워 보이게 하는 능력이다. 그는 궁정 신하에게 "매사에 모든 기교를 숨기고, 자신의 말이나 행동이 자연스럽고 수월해 보이도록 대수롭지 않은 태도를 연습하라"고 권고한다. 사람들은 남다른 위업을 존경하지만, 그것이 자연스럽고 수월하게 성취되었다면 존경심은 열 배가 된다. 반면에 "자신이 하는 일에 공을 들이고 애를 쓰면 품위가 전혀 없어 보이며 가치 있는 모든 것을 얕잡아 보이게 만든다." 스프레차투라라는 개념은 주로 미술 분야에서 비롯되었다. 르네상스의 위대한 미술가들은 누구나 자신의 창작 과정을 신중하게 비밀에 부쳤다. 대중이 볼 수 있는 것은 완성된 걸작뿐이었다. 미켈란젤로Michelangelo는 자신의 작업 과정을 교황에게도 보여주지 않았다. 한 르네상스 미술가는 화실을 후원자와 대중에게 결코 공개하지 않았는데, 이는 모방을 우려해서가 아니라 작품 제작의 광경이 마법적 효과를 반감시키고 자신이 공들여 꾸민 수월함의 분위기와 자연스러운 아름다움을 훼손할까봐서였다.

✦ 오늘의 법칙 ✦ 당신의 행동은 자연스럽고 수월해 보여야 한다. 행동할 때는 훨씬 많은 것을 할 수 있는 것처럼 행동하라. 자신이 얼마나 열심히 노력하는지 보여주려는 유혹을 멀리하라. 의문을 살 뿐이니까.

『권력의 법칙』: 17. 별다른 노력 없이 성과를 달성한 척하라 ─ 능력 포장하기

4월 27일 공짜 점심을 경멸하라

권력자는 공짜로 건네지는 것에는 반드시 꿍꿍이가 있음을 결코 간과하지 않는다. 대가를 요구하지 않고 호의를 베푸는 친구들은 당신이 지불해야 했을 금액보다 훨씬 귀중한 것을 훗날 바랄 것이다. 공짜 거래에는 물질적인 동시에 심리적인 문제가 숨겨져 있다. 가치가 있는 것에는 대가가 따른다. 대가를 지불하면 감사, 죄책감, 속셈으로부터 자유로울 수 있다. 또한 제값을 치르는 것이 현명하다. 탁월함을 놓고 흥정하지 말라.

✦ **오늘의 법칙** ✦ **대가를 제대로 치르는 법을 배워라.**
『권력의 법칙』: 11. 돈의 노예가 되지 마라 — 공짜 점심의 함정

4월 28일 최고의 복수는 망각이다

최고의 복수는 망각이다. 무가치한 자들을 스스로의 무無라는 흙 속에 묻어버리는 셈이니 말이다. **발타자르 그라시안**

실수를 바로잡고 싶은 것이 사람의 속성이지만 그냥 버려두는 것이 더 현명할 때도 있다. 1971년 「뉴욕 타임스」가 미국의 인도차이나 개입에 대한 국방부 기밀문서Pentagon Papers를 폭로했을 때, 헨리 키신저는 불같이 화를 냈다. 닉슨 행정부가 이런 심각한 유출에 속수무책이라는 사실에 격분한 그는 정부에 건의하여 기밀 유출을 막기 위한 조직인 '배관공 팀'을 결성했다. 배관공 팀은 훗날 워터게이트 호텔의 민주당 사무실에 침입했는데, 뒤이은 사건들은 결국 닉슨의 사임으로 이어졌다. 실상을 들여다보면 국방부 기밀문서의 폭로는 행정부에 심각한 위협이 아니었으나, 키신저의 대응이 문제를 중대사건으로 키웠다. 그는 문제를 바로잡으려다가 또다른 문제를 만들었다. 결국 정부에 훨씬 큰 타격을 가한 것은 보안에 대한 편집증이었다. 그가 국방부 사건을 무시했다면 추문은 언젠가는 잠잠해졌을 것이다. 본의 아니게 문제를 부각시키고 그것이 얼마나 근심거리인지를 드러냄으로써 사태를 악화시키지 말라. 문제의 존재를 마지못해 인정하는 것이 아니라 심드렁한 귀족처럼 행세하는 것이 훨씬 더 현명할 때가 많다.

✦ **오늘의 법칙** ✦ 종종 실수를 바로잡으려고 애쓸수록 사태는 더 악화된다.
『권력의 법칙』 : 44. 가질 수 없는 것들은 경멸하라 — 무시 전략

4월 29일 예측 불가능한 분위기를 연마하라

사람들은 언제나 당신의 행동 이면에 있는 동기를 읽어서 행동의 확률을 예측하고 그것으로 당신을 상대하려고 든다. 전혀 예측할 수 없는 행보를 취하여 그들을 수세에 몰아라. 그들은 당신을 이해할 수 없어서 불안할 것이며 그런 상태에서는 그들에게 쉽게 위압감을 줄 수 있다. 파블로 피카소Pablo Picasso는 이런 말을 남겼다. "최고의 계산은 계산하지 않는 것이다. 어느 정도 인지도를 얻었으면, 사람들은 당신이 무엇인가를 할 때 합리적인 이유가 있으리라고 짐작한다. 그러므로 자신의 행동을 사전에 너무 꼼꼼히 계획하는 것은 사실 바보짓이다. 변덕스럽게 행동하는 것이 더 낫다." 인간은 습관의 동물이며 타인의 행동에서 낯익음을 발견하려는 끝없는 욕구를 느낀다. 당신이 예측 가능해지면 상대방은 자신에게 주도권이 있다고 느낀다. 판을 엎어라. 일부러 예측 불가능하게 행동하라. 일관성이나 목적이 없는 것처럼 행동하면 그들은 갈피를 잡지 못할 것이다. 패턴을 매일매일 뒤섞으면 당신 주변에 파문을 일으키고 흥미를 불러일으킬 수 있다. 사람들은 당신에 대해서 이야기하고 진실과 무관한 동기와 설명을 만들어낼 테지만, 당신은 줄곧 그들의 뇌리에 머물 것이다.

✦ **오늘의 법칙** ✦ **결국 당신이 변덕스러워 보일수록 더 많은 존경을 얻을 것이다. 가장 말단에 있는 사람만이 예측 가능하게 행동한다. 자신의 인간적인 면모를 전략적으로 드러내라.**

『권력의 법칙』: 25. 예측 불가능한 인물이라는 평판을 쌓아라 — 심리 교란

4월 30일 결코 너무 완벽해 보이지 말라

> 자신의 재능과 실력을 숨기려면 대단한 재능과 실력이 필요하다.
> **프랑수아 드 라로슈푸코**

월터 롤리Walter Raleigh 경은 엘리자베스 여왕의 궁정에서 가장 명석한 사람 중 한 명이었다. 그는 유능한 과학자였고, 당대에 가장 아름다운 문장으로 손꼽히는 시를 썼으며, 검증된 지도자이자 진취적 모험가이자 위대한 선장이었다. 무엇보다 잘생기고 세련된 궁정 신하로서 자신의 매력을 발휘하여 여왕의 총애를 받았다. 하지만 어디를 가든 사람들이 그의 길을 가로막았다. 결국 그는 몰락했고 투옥되었다가 마침내 사형 집행인의 도끼에 생을 마감했다. 롤리는 다른 궁정 신하들이 왜 그렇게 자신에게 적대적인지 이해하지 못했다. 그는 자신의 빼어난 재능과 미덕을 감추려고 하지 않았을 뿐 아니라 그것으로 사람들에게 깊은 인상을 주고 친구를 얻을 수 있으리라고 생각하여 모두에게 자신의 다재다능함을 과시했음을 깨닫지 못했다. 그의 행동은 오히려 은밀한 적들을 만들고 말았다. 사람들은 그에게 열등감을 느꼈으며 그가 발을 헛디디거나 아무리 사소한 실수를 하더라도 그 순간 그를 파멸시키려고 온갖 수단을 동원했다. 최후에 그는 반역 혐의로 처형되었지만, 질투심은 어떤 가면을 써서든 자신의 악의를 숨길 것이다.

✦ 오늘의 법칙 ✦ 남보다 나아 보이는 것은 언제나 위험하지만, 그중에서 가장 위험한 것은 결점이나 약점이 없는 것처럼 보이는 것이다. 질투심은 은밀한 적을 만든다. 이따금 자신의 미덕을 깎아내려 질투심을 누그러뜨려라.

『권력의 법칙』: 33. 너무 완벽한 사람으로 보이지 마라 — 질투심 원천봉쇄

5월

권력 게임의 위장 불참자

— 해로운 부류와 위장한 권력 전략을 간파하라 —

May ─────────────────────────

권력은 사회적인 게임이다. 이 게임을 배우고 익히려면 사람들을 연구하고 이해하는 능력을 길러야 한다. 17세기의 위대한 사상가이자 궁정 신하 발타자르 그라시안은 이렇게 썼다. "많은 사람들이 동물이나 식물의 특징을 연구하느라 시간을 보내지만, 그보다 훨씬 중요한 일은 사람의 특징을 연구하는 것이다. 죽든 살든 사람들과 함께해야 하기 때문이다." 권력 게임의 대가가 되려면 심리학의 대가가 되어야 한다. 사람들이 자신의 행동을 둘러싸는 먼지 구름을 꿰뚫어 보고 그들의 동기를 간파해야 한다. 이를테면 어떤 사람들은 권력에 초연하게 행동하면 권력 게임에 말려들지 않을 수 있다고 생각한다. 그런 사람들을 조심하라. 그들은 그런 의견을 공공연히 드러내지만 그들이야말로 가장 능수능란한 권력 게임의 명수이니까. 나는 그들을 '위장 불참자supposed nonplayer'라고 부른다. 그들은 자신이 벌이는 조종을 교묘하게 위장하는 전략을 구사한다. 5월은 거리를 두어야 할 위장 불참자와 그밖의 해로운 부류를 간파하는 법을 배우는 달이다.

나는 『권력의 법칙』을 쓰기 전에 몇 가지 직업을 전전했는지 세어본 적이 있었는데, 대략 60개였다.

나는 수많은 직업들을 경험하면서 당신이 상상할 수 있는 온갖 부류의 '권력에 굶주린 사람들'을 보았다. 상대방을 조종하려고 드는 모든 종류의 사람들을 보았다. 그들의 수법과 그들의 사고방식을 보았다.

할리우드에서 여러 감독들의 조수로 일하기도 했는데, 그곳에서 나는 배우와 제작자들이 남달리 무자비한 마키아벨리적 전술을 구사하는 것을 보면서 이런 생각을 했다. '우와, 르네상스 시대 체사레 보르자가 떠오르는군. 나폴레옹이 한 일도 생각나. 그라시안의 글은 또 어떻고.'

나는 그 경험들을 적어나갔다. 그것들이 무엇이 될지 알지 못하면서.

그러다 서른여섯 살에는 이탈리아에서 또다른 일자리를 얻었다. 어느 날 동료 직원—주스트 엘퍼스라는 출판 기획자 겸 디자이너—이 내게 뜬금없이 책에 대한 아이디어가 없느냐고 물었다. 나는 흥미를 느껴 즉석에서 몇 가지 아이디어를 내놓았는데, 그중 하나가 『권력의 법칙』이 되었다.

나는 주스트에게 내가 경험해보니 권력은 달라지지 않았다고 말했다. 우리는 정치적으로 무척 공정한 세상에서 살아간다. 영화감독과 제작자들은 지구상에서 가장 근사하고 자유주의적이고 진보적인 사람들이라는 이미지를 가지고 있지만, 문이 닫히면 그들은 자신이 원하는 것을 얻기 위해서 무슨 짓이든 마다하지 않는 광폭한 조종자로 돌변한다.

권력은 시간을 초월한다. 사람들은 이제 실수를 저질렀다고 해서 참수되지는 않을지 몰라도, 대신 그 자리에서 해고당한다. 이를테면『권력의 법칙』의 제20법칙은 "주인보다 더 빛나지 마라"이다. 오래 전에 니콜라 푸케Nicolas Fouquet는 루이 14세보다 빛났다가 여생을 감옥에서 보내야 했다. 지금 우리는 영문도 모른 채 해고를 당한다. 처벌의 형식이 달라졌을 뿐, 게임은 달라지지 않았다.

권력 게임에 어떻게 대처하는가에 따라서 이 세상에는 세 부류의 사람이 존재한다. 내가 부인자라고 부르는 사람들은 버젓이 존재하는 현실을 부인한다. 우리가 영장류의 후손이 아니라 천사의 후손인 척하고 싶어할 정도이다. 그들은 내가 하는 말이 냉소적인 것에 불과하다고 치부한다. 이 법칙들이 실제로는 존재하지 않는다는 것이다. 이런 극단적인 전술이 실제로 쓰이는지는 모르겠지만, 이것을 구사하는 자들은 가장 고약하고 부도덕한 사람들뿐이라고 본다.

부인자에는 두 가지 유형이 있다. 한 유형은 인간 본성의 정치적 측면을 진심으로 언짢아한다. 그들은 정치 게임을 벌여야 하는 어떤 일자리도 원하지 않는다. 이 게임을 이해하는 것조차 거부하기 때문에, 그들은 점차 주변부로 밀려난다. 그들은 그런 운명을 달게 받아들인다. 막중한 책임을 맡는 자리에 오르려면 온갖 게임을 벌여야 하기 때문에 그들은 결코 그 자리에 오르지 못한다. 그래도 개의치 않는다.

다른 유형은 수동 공격성을 가진 자들이다. 그들은 자신이 조종에 가담한다는 사실을 의식적으로 인정하고 싶어하지 않으면서도 온갖 종류의 게임을 무의식적으로 벌인다. 나는 여러 저서들에서 이 수동 공격적 전사의 다양한 종류들을 묘사했다. 이 유형, 즉 위장 불참자들은 종종 가장 약삭빠르고 위험한 존재이다.

부인자에 이은 두 번째 부류는 우리 본성의 마키아벨리적 요소를 좋아하며 여기에 탐닉한다. 그들은 조종의 대가, 사기꾼, 노골적인 공격자이다. 권력 게임의 특징은 그들에게 아무 문제도 되지 않는다. 사실 그들은 이런 특징을 사랑한다. 어느 부서나 집단에든 한두 명은 있게 마련인 이런 부류의 사람은 상당한 성공을 거둘 수 있지만, 너무 마키아벨리적으로 행동하다가 결국에는 인생에서 넘어진다. 그들은 이 게임에 공감, 협력, 설득이 필요한 전혀 다른 측면이 존재한다는 점을 이해하지 못한다. 자신의 자아에 너무 얽매인 탓에 게임의 한계를 보지 못하여 결국 무리수를 두다가 권력에서 밀려난다. 그들에게는 결코 넘지 못하는 벽이 존재한다.

세 번째 부류는 급진적 현실주의자이다. 나의 책에서는 이 부류를 옹호한다. 그들의 특징은 아래와 같다.

권력욕은 우리 본성의 일부이며 수백만 년에 걸친 진화의 산물이다. 본성을 부인해봐야 소용없다. 이것이 우리의 실상이다. 우리는 이 사실을 부인하지 않을 뿐 아니라 이것이 우리 인간의 본모습이고 진화의 산물임을 받아들일 것이다.

이 세상에서 사람들이 정치 게임을 벌인다는 사실에는 잘못된 것이 전혀 없다. 유혹자와 사기꾼이 존재한다는 사실에는 잘못된 것이 전혀 없다. 이것은 역사가 시작된 이후로 줄곧 펼쳐진 인간 희극이다. 이것이 현실이요, 있는 그대로의 세상이다. 헛된 싸움은 그만두라.

이것을 받아들인다고 해서 우리가 권력 게임을 좋아하고 세상에 나아가 이 모든 추악한 게임을 벌이고 싶어한다는 말은 아니다. 권력 게임이 존재한다는 사실을 이해한다는 뜻일 뿐이다. 이따금 권력의 법칙을 사용해서 공격이나 방어를 해야 한다면, 납득할 만한 범위 안에서 실행한다. 그러나 현실에서는 상대방이 우리에게 권력 게임을 걸어오는 경우가 대부분이다. 그러므로 성선설性善說의 꿈속 세상에서 살아가기보다는 그들에게 무슨 꿍꿍이가 있는지 간파하는 것이 상책이다.

우리가 권력의 법칙을 이해해야 하는 것은 이 때문이다. 상대방의 속셈을 알아야 그들이 우리를 쉽게 해치지 못한다. 정말로 해로운 나르시시스트, 공격자, 수동 공격자, 불참자들의 드라마에 감정적으로 말려들기 전에 그들의 정체를 간파하는 법을 배워야 한다. 이런 태도와 지식으로 무장했다면 인생이라는 게임에서 싸울 준비가 끝난 것이다. 그러면 조종하는 자들에게 휘둘리지 않고 권력의 법칙이 선사하는 차분함, 권력, 자유를 누릴 수 있다.

5월 1일 　모두가 게임 참가자이다

궁정은 의문의 여지없이 예의와 좋은 혈통의 자리이다. 그렇지 않다면 살육과 비통의 자리일 것이다. 범절이 개입하지 않으면, 지금은 미소 짓고 끌어안는 사람들이 나중에는 서로를 모욕하고 칼로 찌를 것이다. **체스터필드 경**

당신은 도덕성과 신앙심, 예리한 정의감을 과시하는 위장 불참자의 특징을 알아볼 수 있다. 하지만 모든 사람은 권력을 갈망하고 우리의 거의 모든 행동은 권력 획득을 목적으로 하기 때문에, 불참자는 우리 눈에 흙을 뿌리고 자신의 권력 게임을 보지 못하도록 우리의 주의를 분산시키고 있을 뿐이다. 그들을 면밀히 관찰하면 그들이 실은 간접적인 조종에 가장 능한 사람들임을 알게 될 것이다(무의식적으로 그러는 사람들도 있겠지만). 그들은 자신이 매일같이 구사하는 전술이 드러나는 것을 무척이나 싫어한다.

✦ **오늘의 법칙** ✦　세상은 거대한 음모가 벌어지는 궁정과 같으며 우리는 모두 그곳에 갇힌 신세이다. 게임에서 빠질 방법은 없다. 모두가 참가자이다.
　　　　　　　『권력의 법칙』: 서문

5월 2일   해로운 부류와 맞서라

호전적이고 샘바르고 의뭉스러운 사람들이 자신을 그렇다고 인정하는 경우는 거의 없다. 그들은 첫 대면에서 아첨 등의 수법으로 우리를 무장해제하여 매력적으로 보이는 법을 터득했다. 그들이 추잡한 행동으로 우리를 놀라게 하면 우리는 배신감과 분노, 무력감에 휩싸인다. 그들은 끊임없이 우리를 압박한다. 그렇게 자신의 존재로 우리의 정신을 짓누르면 우리가 논리적으로 생각하거나 전략적으로 사고하는 것이 두 배로 힘들어진다는 사실을 알기 때문이다. 당신이 취할 수 있는 최고의 방어책은 그들의 정체를 사전에 알아차리는 것이다. 그러면 그들과 맞닥뜨리는 일을 피할 수도 있고 그들의 조종 행위를 예측하여 기습을 차단함으로써 우리 자신의 정서적 균형을 유지할 수 있다. 당신은 그들을 정신적으로 토막 내어 그들의 온갖 허세 이면의 뚜렷한 약점과 불안감에 초점을 맞추는 법을 배울 것이다. 그들의 신화에 현혹되지 않을 것이며 이것은 그들이 휘두르는 협박을 무용지물로 만들 것이다. 이기적인 행동에 대한 그들의 교묘한 변명에 코웃음을 칠 것이다. 평정을 유지하는 능력으로 그들을 격분시켜서 종종 과잉 대응이나 실수를 유도할 것이다.

✦ **오늘의 법칙** ✦ 위장 불참자를 맞닥뜨리면 자제력을 연마할 기회를 얻었다고 생각하라. 이런 부류를 한 사람만 격퇴하더라도 최악의 인간 본성을 가진 자들을 상대할 커다란 자신감을 얻을 것이다.

『인간 본성의 법칙』: 서문

5월 3일　말이 아니라 행동으로 판단하라

성격은 운명이다. **헤라클레이토스**

　　사람들이 하는 말보다 행동에 더 주목하도록 스스로를 단련해야 한다. 사람들은 자신의 동기와 의도에 대해서 온갖 말들을 늘어놓는다. 그들은 말로 치장하는 일에는 이골이 났다. 하지만 그들의 행동이야말로 수면 아래에서 벌어지는 일에 대해 훨씬 더 많은 것을 알려준다. 겉으로는 순진해 보이지만 몇 차례 공격적으로 행동했다면, 그들이 내세우는 겉모습보다 그 공격적 행동에 훨씬 큰 무게를 두라. 같은 맥락에서, 사람들이 긴박한 상황에 어떻게 대처하는지를 유심히 살펴보라. 남들 앞에서 쓰고 있던 가면이 엉겁결에 벗겨질지도 모른다. 눈여겨볼 실마리를 찾으려면 극단적 행동에 유의하라. 이를테면 거들먹거리는 행동, 지나치게 싹싹한 태도, 시답잖은 농담에 주목하라. 그 가면 뒤에 숨어 있는 정반대의 성격을 종종 발견하게 될 것이다. 그들의 거들먹거림은 내적으로 무척 불안하기 때문이고 지나친 싹싹함은 은밀한 야심과 공격성 때문이며 농담을 일삼는 것은 옹졸하기 때문이다. 걸핏하면 지각하거나 일 처리를 꼼꼼하게 하지 않거나 호의에 보답하지 않는 등의 사소해 보이는 문제는 그들의 성격에 대해 더 깊숙한 진실을 알려주는 징표이다. 아무리 사소한 정보에도 주의를 기울여야 한다.

✦ **오늘의 법칙** ✦　**한 사람이 시간이 지나면서 어떻게 변하는지 파악해야 한다. 즉시 판단하려는 본능적인 성향을 억제하고 상대의 정체가 점차 드러나게 하라.**
『마스터리의 법칙』: 제4장 미련한 바보들의 방해와 계략을 헤쳐나가는 기술 — 사회 지능 함양을 위한 전략

5월 4일   어수룩한 겉모습

바보 시늉을 하는 사람은 바보가 아니다. **발타자르 그라시안**

불참자를 자처하는 사람들은 자신이 권력을 좇는다는 비난
으로부터 스스로를 보호하려고 어수룩한 시늉을 하고 있는지도 모른다. 하지
만 어수룩한 겉모습이 효과적인 기만 수단일 수 있음을 명심하라. 게다가 진
정한 어수룩함조차도 권력의 올가미로부터 자유롭지 않다. 아이들은 여러 면
에서 어수룩할지도 모르지만, 주변 사람들에 대한 주도권을 쥐려는 기본적인
욕구에 따라 행동할 때가 많다. 아이들은 어른들의 세계에서 크나큰 무력감에
시달리며 자신의 뜻을 관철하기 위해서 모든 수단을 동원한다. 진정으로 순진
한 사람들도 권력 게임을 벌이고 있을 수 있으며, 지독히 효과적으로 벌이는
경우도 비일비재하다. 그들은 성찰의 견제를 받지 않기 때문이다.

✦ **오늘의 법칙** ✦   순진무구한 겉모습을 내세우는 사람이 가장 노련한 경우도 많다.
『권력의 법칙』: 서문

5월 5일　함부로 모욕하지 말라

기원전 6세기 진나라의 공자_公子_인 중이_重耳_는 나라를 떠나 유랑하던 신세였다. 그는 고국으로 돌아가 왕족으로서의 삶을 다시 누릴 날을 기다리며 소박하게—심지어 때로는 가난하게—살았다. 그가 정나라를 지날 때, 왕은 그를 얕보아 푸대접했다. 세월이 흘러 중이는 마침내 진나라로 돌아갔으며 그의 처지도 몰라보게 달라졌다. 그는 유랑하던 시절에 자신을 환대한 사람과 박대한 사람을 잊지 않았다. 정나라 왕에게 받은 푸대접은 더더욱 잊을 수 없었다. 중이는 기회를 얻자 대군을 일으켜 정나라를 침공했으며 8개의 성을 차지하고 왕국을 무너뜨리고 정나라의 왕을 자신처럼 유랑길에 오르게 했다. 당신이 상대하는 사람이 자신보다 약하거나 하찮다고 결코 단정 짓지 말라. 오늘 지위도 낮고 쪼들리는 사람일지라도 내일은 권력자가 될 수 있다. 우리는 살면서 많은 것을 잊지만 모욕당한 일은 잊는 법이 없다.

✦ **오늘의 법칙** ✦　상대방이 약해 보이더라도 모욕하려는 충동을 삼켜라. 모욕의 만족감은 언젠가 그가 당신에게 해를 끼칠 위치에 오를 위험에 비하면 아무것도 아니다.

『권력의 법칙』: 2. 상대가 어떤 사람인지 정확히 알라—조력자와 먹잇감

5월 6일 궤도를 꿰뚫어보라

적과의 싸움에 능한 자는 허허실실의 전법으로 상대를 속이고 거짓 첩보로 혼란을 일으키고 자신의 힘을 숨겨 안심시키고 명령과 신호를 뒤섞어 귀먹게 하고 깃발과 휘장을 바꿔 눈멀게 하고 왜곡된 사실을 퍼뜨려 전투 계획을 수포로 돌아가게 한다.
『투필부담投筆膚談』

궤도詭道는 가장 오래된 군 기만 전술이다. 원래는 적군에게 아군의 군세가 실제보다 약하다고 믿게 만드는 수법이다. 이를테면 지휘관은 후퇴하는 척하거나 적이 함정에 뛰어들도록 미끼를 던지거나 매복처로 유인한다. 이것은 손자가 즐겨 언급한 전술이다. 약한 모습을 보이면 사람들의 공격성을 끌어내어 그들로 하여금 전략과 신중함을 내팽개친 채 감정적이고 맹렬한 공격을 벌이도록 할 수 있다. 나폴레옹은 아우스터리츠 전투를 앞두고 수적으로나 전략적으로 열세에 놓였을 때, 일부러 허둥지둥하고 겁에 질린 척했다. 그러자 적군은 그를 공격하려고 유리한 위치를 버리고 함정에 뛰어들었다. 그 결과 나폴레옹은 사상 최대의 승리를 거두게 되었다. 일반적으로 고대 중국에서 이 전술이 등장한 이래로 불참자들은 실제 계획과 정반대의 얼굴을 세상에 내보이는 수법을 쓰고 있다.

✦ 오늘의 법칙 ✦ **결코 겉모습을 실제라고 착각하지 말라.**
『전쟁의 기술』: 23. 사실과 거짓을 섞은 정보를 유포하라 —정보의 왜곡

5월 7일　미묘한 우위의 전략

　　걸핏하면 지각하는 친구나 동료, 직원은 언제나 그럴듯한 핑계를 대며 그의 사과는 진심으로 들린다. 마찬가지로 회의, 주요 일정, 마감을 잊는 사람들에게는 언제나 흠잡을 데 없는 변명거리가 있다. 이 행동이 되풀이되면 당신의 짜증도 점차 불어나지만, 당신이 문제를 제기하려고 하면 그들은 오히려 당신을 고집불통에 몰인정한 사람으로 몰아붙여 상황을 역전시키려고 할 것이다. 그들은 자신의 잘못이 아니라고, 자신은 생각이 너무 많고 사람들에게 시달리며, 자신에게는 예술가 기질이 있어서 온갖 사소한 근심거리를 일일이 신경 쓰지 못하고 일에 치여 지낸다고 말한다. 심지어 당신이 스트레스를 가중한다고 비난할지도 모른다. 이것을 깨달아야 한다. 문제의 근원은 그들이 어떤 면에서 자신이 우위에 있음을 스스로와 당신에게 분명히 하고 싶어한다는 것이다. 그들이 자신의 우월감을 구구절절 말로 표현한다면 그들은 조롱과 창피를 당할 것이다. 그래서 그들은 본심을 부인하면서도 당신이 이 우위를 미묘하게 느끼도록 하려는 것이다. 당신을 열등한 위치에 놓는 것은 주도권을 쥐는 하나의 방법이며, 그들은 이런 식으로 관계를 규정한다. 사과보다는 패턴에 주목하라. 그들은 실제로는 미안해하지 않는다.

✦ **오늘의 법칙** ✦　**이것이 만성적인 행동이라면 화를 내거나 지나친 짜증을 드러내서는 안 된다. 당신의 화는 수동 공격자들을 기고만장하게 하는 꼴이다. 그보다는 침착하게 그들의 행동을 미묘하게 따라 하여 그들이 자신의 행동을 돌아보게 하고 가능하다면 약간의 수치심을 느끼도록 하라.**

『인간 본성의 법칙』: 16. 상냥한 얼굴 뒤의 적개심을 감지한다 ― 공격성의 법칙

5월 8일 그들의 과거를 살펴보라

사람의 성격을 알려주는 가장 중요한 지표는 시간에 따른 행동의 변화이다. 사람들이 자신이 무슨 교훈을 얻었다고 말하든, 세월이 흐르면서 어떻게 변했다고 말하든, 당신은 똑같은 행동과 결정이 일생 동안 되풀이되는 것을 반드시 보게 될 것이다. 이런 결정들에서 그들의 성격이 드러난다. 스트레스가 많으면 잠적한다거나, 중요한 업무를 완수하지 못한다거나, 이의가 제기되면 호전적으로 돌변한다거나, 이와 반대로 책임을 부여받았을 때 뜻밖에 실력을 제대로 발휘하는 등 행동에서 특징적인 행태가 보일 때마다 눈여겨보라. 이런 특징을 염두에 두고 그들의 과거를 들여다보라. 과거를 돌이켜보면서 그 패턴에 들어맞는 행동이 관찰된 사례를 살펴보라. 이제 그들이 지금 하고 있는 행동을 면밀히 주목하라. 그러면 그들의 행동이 별개의 사건들로서가 아니라 강박적 패턴의 일부로 보일 것이다. 그 패턴을 무시했을 때의 책임은 당신의 몫이다.

✦ **오늘의 법칙** ✦ **업무와 교류의 상대를 물색할 때에는 그들의 평판에 혹하거나 그들이 내세우는 표면적인 이미지에 넘어가지 말라. 그들을 깊숙이 꿰뚫어보고 그들의 과거 행적과 성격을 간파하도록 스스로를 훈련하라.**
『인간 본성의 법칙』: 4. 성격의 유형을 파악한다 — 강박적 행동의 법칙

5월 9일 감정 분출을 꿰뚫어보라

어떤 사람이 당신의 면전에서 분노를 터뜨린다면(그리고 그 분노가 당신의 행동에 비추어 뜬금없어 보인다면), 그것이 전적으로 당신을 향한 것이 아님을 스스로 깨달아야 한다. 자기 위주로만 생각하지 말라. 원인은 훨씬 포괄적이고 과거로 거슬러올라가며 과거의 수십 가지 상처와 관계가 있고 실제로는 굳이 이해할 필요가 없다. 감정 분출을 개인적인 악감정으로 받아들이지 말고, 위장된 권력 수법으로 보라. 상한 감정과 분노를 가장하여 당신을 통제하거나 응징하려는 시도라고 생각하라. 이렇게 관점을 전환하면 권력 게임을 더 힘차고 자신 있게 벌일 수 있다.

✦ **오늘의 법칙** ✦ 사람들의 감정에 과잉 반응하여 얽매이기보다는 그들의 주도권 상실을 당신에게 유리하도록 활용하라. 그들이 화를 참지 못하더라도 당신은 침착함을 유지하라.

『권력의 법칙』: 36. 의도를 드러내지 마라 — 유인책과 연막술

5월 10일   호언장담을 진담으로 착각하지 말라

우리 인간은 본성적으로 속아넘어가기 쉽다. 우리는 무엇인가를 공짜로 얻을 수 있다거나, 새로운 비법으로 쉽게 건강을 되찾고 회춘하고 심지어 저승사자를 속일 수 있다거나, 대부분의 사람들이 기본적으로 선하고 신뢰할 만하다고 믿고 싶어한다. 이런 성향은 남을 속이고 조종하는 자들의 좋은 먹잇감이다. 모든 사람이 지금보다 덜 어수룩하다면 인류의 미래에 훨씬 이로울 테지만, 인간의 본성은 바꿀 수 없다. 그 대신 우리가 할 수 있는 최선은 기만의 조짐을 간파하고 회의적인 시각을 견지한 채로 단서를 더 들여다보는 법을 배우는 것이다. 사람들이 과장된 태도를 보이는 것은 기만의 가장 뚜렷하고 흔한 조짐이다. 상대방이 환히 미소 짓고 친근하게 굴고 재미까지 있으면, 그들에게 걸려들어 (아무리 사소할지언정) 그들의 영향력에 대한 반발심이 누그러지지 않을 도리가 없다. 마찬가지로 사람들은 감추고 싶은 것이 있을 때에는 지나치게 열을 내고 입바른 소리를 하고 말이 많아진다. 확신 편향을 이용하는 것이다. 피해자인 척하면서 무엇인가를 한사코 부인하거나 주장하면 사람들은 내 말을 의심하기 힘들다. 우리는 호언장담을 진담으로 착각하기 쉽다.

✦ **오늘의 법칙** ✦   **사람들이 자신의 아이디어를 설명하면서 너무 열을 올리거나 자신을 변호하면서 너무 거세게 부인한다면 그때야말로 촉각을 곤두세워야 할 때이다.**
『인간 본성의 법칙』:3. 가면 뒤에 숨은 실체를 꿰뚫는다 ─ 역할 놀이의 법칙

5월 11일   패턴

하워드 휴스Howard Hughes와 함께 일하기로 결정한 유능한 인물들이 어김없이 알아차린 그의 문제는 신중하게 구축한 대외적 이미지의 이면에 성격의 두드러진 단점이 감춰져 있다는 점이었다. 그는 사소한 것까지 따지는 비합리적인 인물이 아니라 자립적 개인주의자이자 최고의 미국식 개척가를 자처했다. 그중에서도 가장 효과적인 것은 억만장자 제국을 일구는 성공한 사업가로 스스로를 포장하는 능력이었다. 사실 그는 아버지에게서 아주 짭짤한 공구 회사를 물려받았다. 세월이 흐르는 동안 그의 제국에서 이렇다 할 이익을 낸 분야는 공구 회사와 이 회사를 모태로 한 초기 휴스 항공사뿐이었다. 그가 직접 운영한 그밖의 여러 업체들―나중에 차린 항공 부문, 영화 사업, 라스베이거스의 호텔과 부동산―은 모두 막대한 손실을 입었다(다행히도 앞의 두 회사가 손실을 만회해주기는 했지만). 사실 휴스는 형편없는 사업가였으며 이 사실을 보여주는 실패의 패턴은 누구에게나 분명했다. 하지만 인간의 본성에는 맹점이 있어서, 우리는 상대방의 성격을 가늠하는 일에 서투르기 짝이 없다. 그들의 대외적인 이미지, 그들이 앞세우는 평판이 우리를 쉽게 현혹한다. 우리는 겉모습에 사로잡힌다. 휴스가 그랬듯이 그들이 매혹적인 신화로 스스로를 둘러싸면 우리는 그 신화를 믿고 싶어한다. 사람들의 성격―다른 사람들과 협력하고 약속을 지키고 불리한 상황에서도 굴하지 않는 능력―을 판단하는 것이 아니라 그럴싸한 이력서, 지능, 매력에 기대어 동업자를 선택하거나 직원을 고용한다. 하지만 지능 같은 실증적인 특질조차도 그 사람의 성격이 나약하거나 의뭉스럽다면 무의미하다. 이런 맹점 때문에 우리는 우유

부단한 리더, 쪼잔한 상사, 꿍꿍이가 있는 동업자를 만나 고생하는 것이다. 이 것은 역사에서 끝없이 나타나는 비극의 근원이자 인류의 패턴이다.

✦ **오늘의 법칙** ✦ 사람들이 내세우는 겉모습과 그들을 둘러싼 신화를 무시하고 그들의 성격을 알려주는 징후를 깊숙이 파헤쳐라. 이것은 그들의 과거에서 드러나는 패턴, 그들의 판단 수준, 권위를 위임하고 남들과 협력하는 방식, 그밖의 수많은 근 거들로부터 파악할 수 있다.

『인간 본성의 법칙』: 4. 성격의 유형을 파악한다 — 강박적 행동의 법칙

5월 12일 고귀한 행위를 경계하라

이곳은 천사의 세상이 아니라 잔꾀의 세상이다. 사람들은 도덕 원칙을 운운하지만 권력 원칙에 따라서 행동한다. 이 세상에서 우리는 언제나 도덕적이지만, 적들은 언제나 비도덕적이다. **솔 D. 앨린스키, 『급진주의자를 위한 규칙』**

고귀한 행위는 가장 효과적인 연막 중의 하나이며, 위장 불참자들이 즐겨 쓰는 수법이다. 미술품 중개상 조지프 듀빈Joseph Duveen은 골치 아픈 문제를 맞닥뜨린 적이 있다. 듀빈의 그림에 거액을 지불하던 백만장자들의 집에 그림을 걸 공간이 바닥나고 상속세가 인상되면서, 그들이 그림을 계속 구입할 전망이 어두워진 것이다. 해결책은 워싱턴 국립미술관이었다. 이 미술관은 듀빈이 앤드루 멜런Andrew Mellon을 설득하여 소장품을 기증하게 함으로써 1937년에 설립되었다. 국립미술관은 듀빈에게는 완벽한 연막이었다. 한 번의 묘수를 통해서 그의 고객들은 세금을 면했고, 새로 구입한 그림을 걸 공간을 확보했으며, 시장에 나오는 그림의 수를 줄여 가격을 높게 유지할 수 있었다. 그뿐 아니라 작품을 기증함으로써 공익 후원자로 행세할 수 있었다.

✦ **오늘의 법칙** ✦ 사람들은 겉보기에 고귀한 행위를 진실한 것이라고 믿고 싶어한다. 그렇게 믿으면 기분이 좋기 때문이다. 그들은 그 행위가 얼마나 기만적일 수 있는지 좀처럼 알아차리지 못한다.
『권력의 법칙』: 36. 의도를 드러내지 마라 — 유인책과 연막술

5월 13일 지독한 나르시시스트들이
당신을 쓰러뜨리기 전에 그들을 판별하라

지독한 나르시시스트는 다음과 같은 행동 패턴으로 알아볼 수 있다. 그들은 모욕당하거나 반박당하면 자신을 달래거나 자신의 가치를 입증할 것이 전혀 없어서 속수무책의 처지가 된다. 그러면 으레 격분하여 대응하며 정의감에 불타 복수를 다짐한다. 그들은 이것 말고는 불안감을 다스릴 방법을 알지 못한다. 이런 일이 벌어지면 그들은 자신을 상처받은 피해자 위치에 놓고서 타인을 혼란스럽게 하거나 심지어 연민을 자아낸다. 그들은 까탈스럽고 과민하다. 무엇이든 개인적인 공격으로 받아들인다. 피해망상이 지나쳐 사방이 적이라고 생각한다. 자신과 직접 연관되지 않은 이야기가 나올 때마다 성마르거나 무관심한 표정을 짓는다. 냉큼 대화를 자기 쪽으로 돌리며, 그 이면의 불안감으로부터 주의를 돌릴 만한 이야기나 일화를 끄집어낸다. 자신이 받아야 마땅한 주목을 남들이 받으면 사악한 질투심에 사로잡힌다. 극단적인 자기확신도 곧잘 표출한다. 이 수법은 언제나 이목을 끄는 데에 유리하며, 내면의 깊은 공허감과 조각난 자아상을 감쪽같이 덮어준다. 하지만 이 자신감이 본격적으로 시험대에 오르면 조심하라. 지독한 나르시시스트들은 타인과 교류할 때, 우리로서는 이해하기 힘든 기이한 관계를 맺는다. 그들은 타인을 자신의 확장, 이른바 자기대상self-object으로 생각한다. 그들에게 타인은 관심과 인정의 수단으로만 존재한다. 그들은 타인을 수족처럼 부리려는 욕망을 품고 있다. 일단 관계를 맺으면, 관심을 추구하는 경쟁자를 제거하기 위해서 상대방을 친구들로부터 서서히 단절시킨다.

지독한 나르시시스트들은 모든 것이 자신을 중심으로 돌아가야 직성이 풀린다. 최선의 대처법은 그들을 멀리하여 그들의 끝없는 드라마에 말려들지 않는 것이며, 그러려면 경고 신호를 알아차려야 한다.

『인간 본성의 법칙』: 2. 자기애를 타인에 대한 공감으로 바꾼다 ─ 자기도취의 법칙

5월 14일　과대망상적 지도자

　　과대망상적 지도자들은 자신의 실제 계급이 아니라 문화적 취향을 내세우는 수법을 쓴다. 일등석을 타고 최고급 양복을 입으면서도, 이를 눈가림하기 위해서 대중과 같은 음식을 먹고 같은 영화를 보고 문화적 엘리트주의의 기미를 한사코 멀리한다. 실은 일부러 엘리트를 조롱한다. 그런 전문가들을 길잡이로 삼고 있으면서도 말이다. 그들은 돈과 권력이 훨씬 많을 뿐 평범한 사람들과 다를 바 없어 보인다. 이런 명백한 모순에도 불구하고 대중은 이제 자신을 그들과 동일시할 수 있다. 하지만 이런 과대망상은 단순히 더 많은 이목을 끄는 것에 머물지 않는다. 이 지도자들은 대중과의 동일시를 통해서 존재감을 부풀린다. 단지 한 사람이 아니라 국가나 이익 집단 전체를 대변한다. 그들을 따르는 것은 곧 집단 자체에 충성하는 셈이며, 그들을 비판하는 것은 지도자를 십자가에 매달고 그의 대의를 배반하는 셈이다. 심지어 무미건조한 비즈니스의 세계에서도 이런 종교적 동일시를 찾아볼 수 있다. 그런 역설과 원초적인 형태의 대중 동일시를 목격하게 되면, 한발 물러서서 돌아가는 현실을 분석하라. 그 중심부에서 유사 신비주의적이고 무척 비합리적이며 아주 위험한 것을 보게 될 것이다. 과대망상적 지도자는 이제 대중의 이름을 내세워 자신이 원하는 것은 무엇이든 할 수 있다고 생각하기 때문이다.

✦ **오늘의 법칙** ✦　**과대망상적 지도자는 한마디로, 남들의 관심에 의존하는 자이다. 그들이 갈망하는 것을 주어 그들의 자아를 살찌우지 말라.**

『인간 본성의 법칙』: 11. 나의 한계를 현실적으로 평가한다 ― 과대망상의 법칙

5월 15일   마키아벨리적 선물

　　불참자가 부리는 기만의 본질은 주의를 분산시키는 것이다. 속이고 싶은 사람들의 시야를 교란하면 목표물이 눈치채지 못하는 일을 벌일 시간과 공간을 얻을 수 있다. 친절, 관용, 정직한 행동은 상대방의 의심을 녹이기 때문에 가장 효과적인 방법이다. 그러면 상대방은 애정 어린 몸짓에 환호하는 아이가 된다. 고대 중국에서는 이 수법을 '주는 게 있어야 받는 게 있다有捨才有得'라고 불렀다. 무엇인가를 주면 상대방은 내가 무엇인가를 가져간다는 사실을 알아차리기 힘들다. 불참자들은 이것이 현실적 쓰임새가 무한하다는 것을 안다. 그러나 최선은 관대함일 것이다. 아무리 냉담한 적이 준 것이라도 선물을 마다하는 사람은 거의 없다. 선물이 사람들을 무장해제시키는 완벽한 방법인 것은 이 때문이다. 선물은 우리 내면의 아이를 끄집어내어 즉각적으로 방패를 내리게 한다. 우리가 어릴 적, 부모에 대해 느꼈던 온갖 복잡한 감정들의 중심에는 선물이 있었다. 우리는 선물을 사랑과 칭찬의 징표로 여긴다. 그 정서적인 요소는 결코 사라지지 않는다. 금전적이든 아니든 선물을 받은 사람은 순식간에 아이처럼 무방비 상태가 된다. 권위 있는 사람의 선물이라면 더욱 그렇다. 마음을 열 수밖에 없으며 의지는 누그러진다. 뜻밖의 선물을 특히 경계하라. 이것은 당신이 받아본 적 없어서 눈에 띄는 선물을 말한다. 선물을 준 사람은 십중팔구 씨앗을 뿌리기 전에 땅을 갈고 있는 것이다.

✦ **오늘의 법칙** ✦　　**우리는 대체로 타인의 행동을 무척 냉소적인 관점에서 바라보지만 선물의 마키아벨리적 요소는 좀처럼 보지 못한다. 하지만 선물에는 꿍꿍이가 숨어 있을 가능성이 다분하다.**

『권력의 법칙』: 9. 정직하고 아량 있는 태도를 보여라 — 경계심 풀기

5월 16일   가짜 전통주의자

국가 정부의 개혁을 바라거나 시도하고 이것이 받아들여지기는 바라는 사람은 적
어도 겉모습이나마 옛 형태를 유지해야 한다. 그래야 실제로는 옛 제도가 완전히 달
라졌더라도 사람들에게는 제도 변화가 전혀 없었던 것처럼 보일 수 있기 때문이다.
니콜로 마키아벨리

명석한 불참자가 변화를 위장하려고 구사하는 한 가지 전략
은 과거의 가치에 대한 지지를 요란하고 공공연하게 표명하는 것이다. 르네상
스 시대의 피렌체는 100년 역사의 공화국이었으며 전통을 무시하는 자에게
의심의 눈초리를 돌렸다. 코시모 데 메디치Cosimo de Medici는 공화국에 대한 열성
적인 지지를 과시하면서도 실제로는 자신의 부유한 가문이 도시를 지배하도
록 했다. 메디치 가문은 형식적으로는 공화국의 외양을 유지했지만 실질적으
로는 공화국을 이빨 빠진 호랑이로 전락시켰다. 그들은 남몰래 급진적인 변화
를 시행하는 동안에도 전통의 수호자를 자처했다.

✦ 오늘의 법칙 ✦   **전통을 광적으로 지지하는 것처럼 보이는 자들에게 속지 말라. 그들이 실제
로는 얼마나 인습 타파적인지를 간파하라.**
『권력의 법칙』: 45. 모든 것을 한 번에 바꾸려 하지 마라 ─ 급진적인 개혁의 부작용

5월 17일 그림자를 해독하라

당신은 살아가면서 남다른 자신감, 이례적인 상냥함과 붙임성, 대단한 도덕적 고결함과 성자 같은 분위기, 강인함과 남자다움, 압도적 지성 같은 매우 단호한 특질로써 남들과 구별되고, 그 특질들이 힘의 근원인 듯한 사람들을 만나게 될 것이다. 하지만 면밀히 살펴보면 그들이 마치 연기를 하거나 조금 요란한 화장을 한 듯이, 이 특질들을 살짝 과장하고 있음이 눈에 띌 것이다. 당신은 인간 본성의 연구자로서 진상을 파악해야 한다. 단호한 특질은 일반적으로 정반대의 특질을 덮어 대중의 시야로부터 가리고 숨긴다. 여기에는 두 가지 형태가 있다. 어떤 사람들은 자신이 여리고, 나약하고, 불안정하다는 것을 일찌감치 감지하며 이 때문에 난처하거나 불편해질 수 있음을 안다. 그들은 무의식적으로 정반대의 특질인 회복력이나 강인함을 발달시켜 갑옷처럼 겉에 두른다. 다른 사람들은 자신에게서 반사회적 성향—이를테면 지나친 야심이나 이기적 성향—을 감지한다. 그들은 정반대로 매우 친사회적인 성격을 발달시킨다. 두 경우 모두, 시간이 지나면 그들은 이 대외적인 이미지를 갈고닦아 완성한다. 그 이면의 나약함이나 반사회적인 특질은 그들의 그림자—부정되고 억압되는 것—에서 핵심이 되는 요소이다. 하지만 인간 본성의 법칙에 따르면, 억압이 거셀수록 그림자의 폭발력도 커진다.

✦ **오늘의 법칙** ✦   **단호한 특질을 과시하는 사람들을 특히 경계하라. 외모와 첫인상에 현혹되기 쉽기 때문이다. 시간을 두고 정반대되는 특질의 징후와 표출을 눈여겨보라.**

『인간 본성의 법칙』: 9. 내 안의 어둠을 직시한다 — 억압의 법칙

5월 18일   가면의 뒤를 보라

대체로 사람들은 최대한 좋은 모습을 세상에 보여주려고 한다는 것을 명심하라. 이것은 자신에게 있을지도 모르는 적개심, 권력이나 우월함을 향한 욕망, 환심을 사려는 시도, 불안감 등을 감추고 있다는 뜻이다. 그들은 사람들이 언어에 현혹된다는 점을 이용하여 말로 자신의 감정을 감추고 당신이 현실을 보지 못하도록 할 것이다. 또는 꾸며내기 쉽고 사람들이 친근함의 표시라고 여기는 표정을 지을 것이다. 당신의 과제는 허수아비 뒤쪽을 넘겨다보고, 저절로 스며나와 가면에 가려져 있던 진짜 감정을 드러내는 징후를 포착하는 것이다.

✦ **오늘의 법칙** ✦   **사람들이 내세우는 겉치레에 눈길이 쏠리지 않도록 스스로 훈련하라.**
『인간 본성의 법칙』: 3. 가면 뒤에 숨은 실체를 꿰뚫는다 ― 역할 놀이의 법칙

5월 19일   평등 요구

위장 불참자의 또다른 전략은 삶의 모든 영역에서 평등을 요구하는 것이다. 물론 지위나 힘과 상관없이 모든 사람은 동등한 대우를 받아야 한다. 그러나 권력의 부패를 막기 위해서 모든 사람을 평등하고 공정하게 대하려고 한다면, 사람마다 실력이 다르다는 문제에 봉착하고 만다. 모든 사람을 평등하게 대우한다는 것은 차이를 무시하여 실력이 모자란 자를 올려주고 실력이 뛰어난 자를 억누른다는 뜻이다.

✦ **오늘의 법칙** ✦ **모든 면에서 평등을 요구하는 사람들 중 상당수는 실은 사람들의 보상을 자기가 결정하는 방법대로 재분배하려는 또다른 권력 전략을 구사하고 있는 것이다. 사람들을 판단하고 보상을 지급할 때에는 성과를 잣대로 삼아라.**

『권력의 법칙』: 서문

5월 20일   야심을 숨기는 가면

> 정신의 모든 장애 중에서 질투는 아무도 고백하지 않는 유일한 장애이다.
> **플루타르크**

이반 뇌제가 죽었을 때, 보리스 고두노프Boris Godunov는 자신이 러시아를 이끌 수 있는 유일한 인물임을 알았다. 하지만 그 자리를 탐하면 보야르(중세 러시아 사회의 상류층, 공직자/옮긴이)들의 시기와 의심을 살 수 있었기 때문에, 그는 왕관을 한 번도 아니고 여러 번 사양했다. 결국 그가 권좌에 앉아야 한다고 국민이 요구하도록 만들었다. 조지 워싱턴George Washington도 같은 전략으로 대단한 성과를 거두었다. 처음에는 아메리카 군 총사령관의 연임을 거부했고 두 번째로는 대통령직을 고사했다. 두 경우 모두 그의 인기를 어느 때보다 높여주었다. 사람들은 권력을 탐하지 않는 것처럼 보이는 사람에게 권력을 주었을 때에는 질투심을 품지 못한다.

✦ 오늘의 법칙 ✦   **야심이 없어 보이는 사람을 가장 의심하라.**
『권력의 법칙』: 33. 너무 완벽한 사람으로 보이지 마라 — 질투심 원천봉쇄

5월 21일 환심을 사려는 공격적 태도

> 그때는 무력과 화력이 지배했지만, 이제는 여우의 꾀가 사방에 횡행하고 있어서 충직하거나 고결한 사람을 찾기 힘들다. 엘리자베스 1세

첫 만남에서부터 놀랍도록 친근해서 금방이라도 자신의 삶에 맞아들이고 싶은 사람들이 있다. 그들은 환히 미소 짓고, 낙천적이며 언제나 기꺼이 도우려고 한다. 당신은 그들에게 일자리를 제안하거나 경력상의 도움을 주어 보답할지도 모른다. 그 과정에서 당신은 어떤 균열을 포착할 것이다. 그들이 뜬금없이 비판적 언사를 내뱉을 수도 있고, 당신 몰래 험담하더라는 말을 친구에게서 들을 수도 있다. 그러다가 당신이 처음에 보았던 상냥하고 매력적인 사람과는 딴판으로 격분, 태업이나 배신행위 같은 추잡한 사건이 벌어진다. 사실 이 부류는 자신에게 통제하기 힘든 공격적이고 샘바른 성향이 있음을 일찌감치 알아차린다. 그들은 권력을 원한다. 그런 성향 때문에 삶이 고달플 것임을 직감한다. 세월이 흐르면 그들은 정반대의 허울을 만든다. 그들의 친근함에는 공격적인 날이 서 있다. 그들은 이런 책략으로 사회적 권력을 차지할 수 있지만, 그런 역할을 하면서도 겸허해야 한다는 사실을 은밀히 증오한다. 언제까지나 허울을 쓰지는 못한다. 스트레스를 받거나 기진맥진하면 감정을 분출하여 당신에게 상처를 입힐 것이다. 이제는 당신의 약점을 알고 있으므로 효과적으로 상처를 입힐 수 있다. 물론 그들은 이어지는 사태를 당신 탓으로 돌릴 것이다.

✦ **오늘의 법칙** ✦ **최고의 방책**防柵**은 환심을 사거나 친분을 쌓으려고 너무 서두르거나 첫 만남에서부터 너무 친근하고 사근사근한 사람들을 경계하는 것이다. 그렇게 극단적인 다정함이 자연스러운 경우는 결코 없다.**

『인간 본성의 법칙』: 9. 내 안의 어둠을 직시한다 — 억압의 법칙

5월 22일 사람들이 가진 성격의 힘을 판단하라

명심하라. 나약한 성격은 상대방이 가지고 있을 나머지 모든 장점을 무효로 만들 것이다. 이를테면 지능이 높지만 성격이 나약한 사람들은 기발한 아이디어를 내놓거나 심지어 업무를 훌륭히 처리할지는 몰라도 압박에 무너지거나 비판을 달게 받아들이지 못하거나 자신의 관심사를 최우선시하거나 오만하고 거슬리는 성미로 주변 사람들을 떠나게 만들고 전반적 분위기를 해칠 것이다. 그들과 함께 일하거나 그들을 고용했다가는 숨겨진 대가를 치르게 된다. 덜 매력적이고 덜 지적이지만 강인한 성격의 소유자가 길게 보면 더 믿음직하고 생산적이다. 진정한 힘을 지닌 사람은 황금만큼 귀하며, 그런 사람을 찾거든 마치 보물을 발견한 것처럼 반겨라.

✦ **오늘의 법칙** ✦ 강점이나 약점을 가늠할 때에는 사람들이 힘겨운 순간이나 책임에 어떻게 대처하는지를 눈여겨보라. 그들의 패턴을 주시하라. 그들이 실제로 완수하거나 달성한 것은 무엇인가?

『인간 본성의 법칙』 : 4. 성격의 유형을 파악한다 ― 강박적 행동의 법칙

5월 23일 눈을 항상 믿지는 말라

CBS 뉴스 기자인 레슬리 스탈Lesley Stahl은 1984년 대통령 선거를 취재하고 있었는데, 선거일이 다가오자 심기가 불편했다. 로널드 레이건 Ronald Reagan이 현실적인 쟁점들보다 감정과 기분에 초점을 맞추기 때문만은 아니었다. 더 큰 문제는 미디어가 그에게 무임승차를 시켜준다는 것이었다. 레이건과 그의 선거운동 팀이 언론을 쥐락펴락한다는 느낌이 들었다. 그녀는 레이건이 어떻게 텔레비전을 활용하여 자신의 정책적 실책을 감추는지를 대중에게 폭로하는 뉴스를 제작하기로 마음먹었다. 방송이 나간 날 저녁에 백악관 고위 관료가 그녀에게 전화를 걸었다. "근사한 방송이었소." 스탈은 어안이 벙벙한 채 물었다. "뭐라고요?" 그가 다시 말했다. "근사한 방송이었다고 했소." 그녀가 물었다. "제가 전한 내용을 듣기는 하셨어요?" "레슬리, 당신이 로널드 레이건의 근사한 사진들을 내보는 4분 30초 동안 당신의 말에 귀 기울이는 사람은 아무도 없소. 사진과 당신의 메시지가 어긋나면 사진이 메시지를 덮어버린다는 사실을 모른단 말이오? 대중은 사진을 보면서 메시지에는 귀를 막아요. 당신이 하는 말은 들리지도 않았단 말이오. 그러니 우리 생각에 그 방송은 로널드 레이건의 재선 선거운동을 위한 4분 30초짜리 공짜 광고였소." 레이건의 홍보 팀은 대부분 마케팅 업계 출신이었다. 그들은 이야기를 귀에 쏙쏙 들어오게, 선명하게, 훌륭한 시각적 효과와 더불어 들려주는 것이 얼마나 중요한지를 알고 있었다. 그들은 아침마다 그날 헤드라인이 무엇인지, 어떻게 이것을 간결한 시각 자료로 만들어 대통령이 영상에 등장할 기회를 만들 수 있을지를 고심했다. 특히 대통령이 앉아 있는 집무실의 배경, 그가 외국 정상들을 만나는 장면의 카메라 구도, 그가 당당하게 걸으며 움직이는 광경을 영상으로 담는 것에 세세하게 주의를 기울였다. 시각적 효과는 어떤 말보다 효과적으로 메시지를 전달했다. 레이건의 한 관료는 이렇게 말했다. "사실과 자신의 눈 중에서 무엇을 믿겠습니까?"

✦ **오늘의 법칙** ✦　**불참자들은 시각적 효과를 구사함으로써 자신의 조종에 시선이 쏠리지 못하게 하는 데에 명수이다. 메시지의 형식보다는 내용과 사실에 더 주목하여 스스로를 방어하라.**

『유혹의 기술』: 대중을 사로잡는 법

5월 24일 쉬운 돈벌이

> 나를 비롯한 사기꾼들에게 당한 많은 사람들은 공짜를 바라는 욕구 때문에 호된 대가를 치렀다.……공짜는 없다는 사실을 그들이 깨우친다면—내가 보건대 그럴 리 만무하지만—범죄는 감소하고 우리 모두는 더 조화롭게 살아갈 것이다. **조지프 와일**

공짜 점심의 미끼를 흔드는 것은 사기꾼의 전형적인 수법이다. 이 수법을 가장 능숙하게 구사한 인물은 우리 시대 최고의 사기꾼 조지프 와일Joseph Weil, 일명 '옐로 키드The Yellow Kid'이다. 옐로 키드는 인간의 탐욕을 사기에 활용할 수 있음을 일찌감치 알아차렸다. 세월이 흐르면서 와일은 쉬운 돈벌이로 사람들을 꼬드기는 여러 방법을 고안했다. 그는 '공짜' 부동산을 미끼로 내걸어—누가 넘어가지 않을 수 있으랴?—등기료로 25달러만 납부하면 된다고 선전했다. 피해자들은 땅이 공짜니까 높은 수수료는 감수할 만하다고 생각했으며, 옐로 키드는 허위 등기를 통해서 수천 달러를 챙겼다. 피해자들에게는 날조한 등본을 건넸다. 승부가 정해진 경마가 있다거나 몇 주일 만에 두 배로 뛸 주식이 있다며 피해자들을 꼬드겼다. 그가 이야기를 지어내는 동안 피해자들은 공짜 점심을 떠올리며 눈을 동그랗게 떴다. 쉬운 돈벌이에 속지 말라. 옐로 키드의 말처럼 탐욕으로는 아무것도 얻지 못한다.

✦ **오늘의 법칙** ✦ 공짜 미끼를 흔드는 자들을 의심하라. 금방 부자로 만들어주겠다는 말은 사기이다. 복권은 실은 수학 무지렁이에게서 뜯어내는 세금이다. 권력에는 지름길이 없다.

『권력의 법칙』: 11. 돈의 노예가 되지 마라 — 공짜 점심의 함정

5월 25일 　드라마적 인간을 피하라

> 무슨 일이든 상대방이 어떤 조치나 행동을 한 번만 하고 더는 하지 못할 거라고 생각하는 것은 오판이다. **체사레 파베세**

그들은 흥미진진한 존재감으로 당신을 끌어당길 것이다. 그들에게는 비상한 활력과 솔깃한 이야깃거리가 있다. 그들은 생동감이 넘치며 무척 재기 발랄하다. 그들과 함께 있으면 즐겁다. 하지만 결국에는 추잡한 드라마가 되고 만다. 어릴 적에 그들은 오랫동안 사랑과 관심을 누리는 유일한 방법은 부모를 자신의 말썽과 문제에 끌어들이는 것임을 깨우쳤다. 시간이 지나도 부모를 감정적으로 옭아맬 만큼 큰 사건이어야 했다. 이것은 습관이 되어 그래야만 자신이 살아 있는 존재이고 남들이 자신을 원한다고 느끼게 된다. 대부분의 사람들은 다른 사람과 대립하면 위축되지만 그들은 오히려 대립을 위해서 사는 것처럼 보인다. 당신은 그들을 잘 알게 될수록 그들이 겪은 다툼과 분쟁에 대해서 더 많은 이야기를 듣게 된다. 하지만 그들은 언제나 자신을 피해자로 둔갑시킨다. 그들이 가장 원하는 것은 무슨 수를 써서라도 당신을 사로잡는 것임을 깨달아야 한다. 그들은 당신을 자신의 드라마에 끌어들여 급기야 그 드라마에서 벗어나는 것에 죄책감을 느끼도록 만들 것이다.

✦ 오늘의 법칙 ✦　휘말리기 전에 최대한 일찍 그들을 간파하는 것이 상책이다. 그들의 과거를 살펴보며 패턴의 증거를 찾고, 당신이 상대하는 사람이 그런 유형으로 의심된다면 냉큼 달아나라.

『인간 본성의 법칙』: 4. 성격의 유형을 파악한다 — 강박적 행동의 법칙

5월 26일 　허심탄회 수법

　　라로슈푸코La Rochefoucauld는 눈여겨볼 만한 수법 한 가지에 대해서 이렇게 썼다. "세상에 진정으로 솔직한 사람은 별로 없다. 우리가 세상에서 흔히 보는 솔직함은 다른 사람에게 신뢰를 얻고자 하는 교묘한 가면에 지나지 않는다."

✦ **오늘의 법칙** ✦　영리한 불참자들은 당신에게 허심탄회한 것처럼 위장하면 당신이 스스로의 비밀을 더 순순히 털어놓을 것임을 안다. 그들은 당신에게서 진짜 고백을 들으려고 거짓 고백을 한다.
『권력의 법칙』: 12. 친구처럼 행동하고 스파이처럼 움직여라 — 정보전

5월 27일　진짜 동기를 간파하라

상대방의 주된 동기를 아는 것은 그의 의지를 여는 열쇠를 가진 것이나 다름없다.
발타자르 그라시안

마키아벨리적 관점에서 보면, 사회생활에서 벌어지는 사건들 중에서 액면 그대로인 것은 거의 없다. 권력은 겉모습─대중의 눈에 보이는 것을 조종하는 일─에 달려 있다. 겉으로는 선량해 보이지만 실은 권력을 차지하고 유지하는 데에 필요한 일을 하는 것이다. 안개 속을 꿰뚫어보고 사람들의 동기나 의도를 간파하는 일이 수월할 때도 있지만 대개는 무척 까다롭다. 우리는 종종 '대체 무슨 일이 벌어지고 있는 거지?'라고 자문하지 않던가? 미디어 환경이 달라지면서 연막을 치고 혼란을 일으키기가 훨씬 쉬워졌다. 사실상 아무런 근거 없이도 이야기와 소문을 뿌릴 수 있으며 그 소문은 입에서 입으로 퍼져나간다. 사람들이 A 이야기의 진위를 문제 삼기 전에 B 이야기나 C 이야기가 등장하여 이목을 끈다. 그러는 동안 A 이야기는 사람들의 머릿속에 교묘히 뿌리를 내린다. 불확실성과 의심을 한 겹 덧붙이면, 온갖 종류의 유언비어 게임을 벌이기란 아주 쉽다. 읽어내기 힘든 사건을 해독해야 할 때, 내가 이따금 쓰는 전략은 라틴어로 '퀴 보노_cui bono_?'라고 하는데, 이 말을 이런 맥락에서 처음 쓴 사람은 키케로이며, 직역하면 '누구에게 유리한가?'라는 뜻이다. 모호한 행동의 이면 동기를 알아내려면 결국 누구에게 유리한지를 파악한 후에 뒤로 거슬러 나와라. 세상을 지배하는 것은 이기심이다.

✦ **오늘의 법칙** ✦　겉모습에, 사건에, 사람들의 말과 행동에 속지 말라. 언제나 '퀴 보노?'라고 물어라.

powerseductionandwar.com, 2007년 11월 23일

5월 28일   실질적 진실

> 인류의 절대다수는 겉모습에도 그것이 마치 현실인 것처럼 만족한다.
> **니콜로 마키아벨리**

마키아벨리는 '실질적 진실'이라는 표현을 사용했는데, 나는 이것이 그의 개념들 중에서도 가장 기발하다고 생각한다. 원리는 이렇다. 사람들은 자신의 행동을 정당화하고 도덕적, 신앙적 허울을 쓰기 위해서라면 못하는 말이 없다. 분명한 것은 단 한 가지이다. 사람들을 판단하고 이 모든 헛소리를 차단하는 유일한 방법은 그들의 행동을, 그 행동이 낳은 결과를 들여다보는 것이다. 그것이 그들의 실질적 진실이다. 교황을 예로 들어보자. 그는 언제나 가난한 사람들, 도덕, 평화에 대해서 설교를 늘어놓지만, 그러는 동안에도 (마키아벨리의 시대에) 세상에서 가장 막강한 조직을 통치한다. 그의 행동은 기본적으로 이 권력을 증대시키기 위한 것이다. 실질적 진실은 교황이 정치적 동물이요, 그의 결정은 이 세상에서 가톨릭 교회의 주도적인 위치를 유지하려는 것일 수밖에 없다는 것이다. 종교적 장광설은 대중의 주의를 돌리기 위한 정치적 술수에 지나지 않는다.

✦ **오늘의 법칙** ✦   **사람들을 판단할 때에는 그들의 이야기가 아니라 행동과 행보가 낳은 결과를 잣대로 삼아라.**

powerseductionandwar.com, 2006년 7월 28일

5월 29일 개인적인 것은 없다

많은 사람들이 살아가면서 정치적인 부분에서 심각한 문제를 겪는다. 자신의 감정을 업무 환경이나 권력 게임과 분리하지 못하는 것이다. 그들은 매사를 개인적으로 받아들인다. 나 또한 사무직으로 일할 때에, 할리우드와 언론계에서 일할 때에 심각한 문제를 겪었다. 나는 약간 어수룩하며 많은 사람들도 마찬가지이다. 기본적으로 이런 상황에 대처하는 훈련을 받아본 적이 없기 때문에 당신은 감정적으로 치우치게 된다. 사람들의 말을 개인적으로 받아들이고, 이렇게 감정에 사로잡히는 순간 낭패를 당한다. 삶을 마치 체스판에서 전개되는 행마인 것처럼 볼 수 있어야 한다. 마르쿠스 아우렐리우스Marcus Aurelius가 남긴 명언을 고쳐 써보겠다. 당신은 권투 경기를 하다가 상대 선수에게 얼굴을 맞았다고 해서 이것이 부당하다거나 잔인하다고 칭얼대지 않는다. 그것이 경기의 일부이기 때문이다. 삶도 이렇게 바라보기를 바란다. 누군가에게 추잡한 짓을 당하더라도 감정을 다스려라. 반발하지 말고, 욱하지 말라. 체스판의 말이라고 생각하라. 그들은 당신을 움직이고 있다. 그들의 말에 귀 기울이지 말라. 사람들은 아무 말이나 할 것이기 때문이다. 그들의 행마를 보라. 그들의 행보를 보라. 그들의 과거 행적을 보라. 그들이 어떤 사람인지를 알려주는 것은 말이 아니라 행동이다. 그런 자제력을 기르면 당신은 어마어마한 자유와 능력을 얻을 것이다.

✦ **오늘의 법칙** ✦ **사람들의 말을 개인적으로 받아들이지 않고 행동을 잣대로 그들을 판단하면 자유를 얻고 감정의 균형을 유지할 수 있다.**
"로버트 그린 : 숙달과 연구", 「숙달을 찾아서 : 마이클 저베이스」 대담, 2017년 1월 25일

5월 30일 누구나 더 많은 권력을 원한다

절대 권력은 절대적으로 부패한다는 액턴 경Lord Acton의 명언이 있다. 사람들은 이 명언을 즐겨 인용한다. 하지만 맬컴 엑스Malcolm X는 그 반대도 사실이라고 말했다. 권력을 가지면 부패할지도 모르지만, 절대로 권력이 없으면 절대적으로 부패한다는 것이다. 나는 『권력의 법칙』에서 사람과 사건에 어떤 권력도 전혀 행사하지 못하는 느낌을 우리가 견디지 못한다고 주장했다. 무력감을 느끼면 우리는 고통을 느낀다. 권력을 덜 원하는 사람은 아무도 없다. 누구나 더 많이 원한다.

✦ **오늘의 법칙** ✦　확신이 들지 않을 때는, 사람들이 권력을 덜 원하는 것이 아니라 더 원하기 때문에 저렇게 말하고 행동한다고 가정하라.

"로버트 그린과 『권력의 법칙』", 「배리 키브릭과 행간 읽기」, 2015년 5월 15일

5월 31일   자신이 누구를 상대하고 있는지 알라

아무리 하찮고 시시한 사람이라도 언젠가 당신을 이롭게 할 수 있는 능력을 손에 넣을지도 모른다고 생각하라. 당신이 그들에게 경멸을 보였다면 그들은 결코 그 능력을 쓰지 않을 것이다. **체스터필드 경**

사람들을 가늠하는 능력은 권력을 차지하고 유지하는 데에 가장 중요한 기술이다. 이런 능력이 없다면 당신은 눈먼 자나 다름없다. 당신은 엉뚱한 사람을 도발할 뿐 아니라 엉뚱한 일을 선택할 것이고, 사람들을 실제로는 모욕하면서도 추켜세운다고 착각할 것이다. 어떤 행보를 취하기 전에 당신의 표적이나 잠재적 적수를 가늠하라. 그러지 않으면 시간을 허비하고 실수를 저지를 것이다. 사람들의 약점, 갑옷의 균열, 그들이 자부심을 느끼는 구석과 불안해하는 구석을 살펴라. 그들을 상대할지 말지 판단하기 전에 그들을 속속들이 파악하라. 마지막으로 두 가지 주의 사항이 있다. 첫째, 적수를 판단하고 평가할 때에는 결코 본능에 의존하지 말라. 본능 같은 부정확한 지표에 의존했다가는 일생일대의 실수를 저지를 것이다. 구체적인 정보의 수집은 무엇으로도 대신할 수 없다. 시간이 아무리 오래 걸리더라도 적수를 조사하고 염탐하라. 언젠가 쓰일 날이 있을 것이다. 둘째, 결코 겉모습을 신뢰하지 말라. 뱀의 심장을 가졌어도 친절의 망토로 얼마든지 가릴 수 있다. 겉으로 엄포를 놓는 사람은 실은 겁쟁이인 경우가 많다. 사람들이 스스로 묘사하는 모습을 결코 믿지 말라. 조금도 신뢰할 수 없는 정보이다.

✦ **오늘의 법칙** ✦   **타인에 대한 무지로부터 어떤 좋은 것이 나올 수 있겠는가? 사자와 양을 구별하는 법을 배우지 못하면 대가를 치를 것이다.**

『권력의 법칙』: 2. 상대가 어떤 사람인지 정확히 알라 — 조력자와 먹잇감

6월

신성한 솜씨

— 기만과 조종의 기예를 숙달하라 —

June _____

그리스 신화, 인도의 『마하바라타』 서사시, 중동의 『길가메시』 서사시에서는 기만술을 쓰는 것이 신의 특권이었다. 이를테면 위대한 인간 오디세우스는 신의 솜씨와 맞먹는 능력으로 신 못지않은 재치와 기만을 발휘하여 그들의 신적 권능을 가로챘다는 이유로 심판을 받았다. 기만은 문명 이후에 발달한 기술이며, 권력 게임에서 가장 막강한 무기이다. 기만과 위장을 추악하거나 부도덕하다고 치부해서는 안 된다. 인간의 모든 상호 작용에는 여러 차원에서의 기만이 필요하며, 어떤 측면에서는 인간을 동물과 구별하는 것은 거짓말하고 속이는 능력이다. 당신은 겉으로는 고결함을 높이 사는 것처럼 보여야 하지만, 속으로는 바보가 아닌 이상 금방 이해타산을 배운다. 나폴레옹이 조언한 것처럼 철권에 벨벳 장갑을 끼는 것이다. 기만과 사기의 기예를 숙달하여 적수를 꼬드기고 매혹하고 속이고 미묘하게 조종하는 법을 배울 수 있다면, 당신은 권력의 정점에 오를 것이다. 6월은 사람들이 영문도 모른 채 당신의 뜻대로 움직이도록 하는 법을 배우는 달이다. 당신이 무슨 짓을 했는지 깨닫지 못한다면, 그들은 당신에게 격분하지도 저항하지도 않을 것이다.

몇 해 전에 『전쟁의 기술』을 집필하던 중에 스트레스를 다스리려고 당구대를 샀다. 나는 힘든 하루를 보낸 뒤에 당구대 앞에 서서 초록색 펠트 천과 당구채, 당구공에 온전히 몰두했다. 당구는 기분 전환을 위한 완벽한 취미였다. 알고 보니 당구는 각도가 생명이었다. 첫째, 단순한 각도가 있다. 목적구를 직접 맞힐 수 없을 때에 수구를 쿠션에 부딪치게 하는 방식인데, 보기보다 어려울 때가 많다. 다음으로, 목적구를 쿠션에 부딪치게 하는 각도가 있는데, 이것은 그 자체로 완전히 다른 게임이다. 더 나아가서 더블 뱅크 샷도 있다.

콤비네이션 샷의 각도도 있고, 솔리드 공으로 스트라이프 공을 빗겨 솔리드 공을 맞히는 훨씬 까다로운 콤비네이션도 있다. 그런가 하면 한발 앞서서 당구대의 빈 공간을 이용하여 수구를 솔리드 위치에 두려고 할 때의 온갖 각도 계산법도 있다.

마지막으로, 적수의 마음을 농락하기, 그가 첫 공은 성공하더라도 마지막 공을 넣지 못하도록 궁지에 몰기, 불가능한 위치로 몰기, 그때그때 당구대 전체를 보면서 어떻게 운용할지 생각하기 등 심리적 시공간의 추상적 각도가 있다. 말하자면 각도에는 수준이 있으며, 당신이 사다리 위로 올라가 게임에 능숙해질수록 기술은 더욱 섬세하고 예술적으로 발전한다. 나는 하수는 면했지만, 결코 고수는 아니다. 언젠가는 고수가 될 수도 있겠지만.

당구를 잘 치려면, 게임의 수준을 높여 전체에 초점을 맞춰야 한다.

당구나 인생이나 마찬가지이다. 하수와 초심자는 한 번에 공 하나밖에 보지 못하며, 묘수를 한 번 치면 (나머지 공들이 오도 가도 못하게 된 것도 모르고) 의기양양한다. 각도에 각도를 주고 거기에 또 각도를 주는 경지에는 영영 오르지 못한다.

그다음에는 수준이 약간 높아져서 속임수도 쓸 줄 아는 듯하고 실제로 한 번에 공 여러 개를 넣을 수 있는 사람들이 있다. 나는 할리우드에서 그런 사람들과 일했다. 그들은 일은 남들에게 시키고 공은 모조리 자신이 가로챘다. 내가 아는 한 감독은 다른 사람을 고용하여 자기가 쓴 야심작을 감독하게 하는 게임을 끊임없이 벌였다. 고용된 감독은 젊고 열성적이고 미숙한 사람이었다. 이 사람은 제작 초반에 실패할 수밖에 없었는데, 그러면 그가 끼어들어 상황을 구원했다. 이것은 전부 그의 계획이었다. 모든 작품을 자기가 감독해야 한다고 우겨서 지나치게 야심만만하고 탐욕스럽게 보이기보다는 이런 상황을 유도하는 것이 그에게는 더 유리했다. 팻 라일리Pat Riley가 감독으로 복귀한 것도 같은 수법이었다.

그러나 이 부류는 당구대 전체를 보거나 근사한 끝내기를 구상하지 못한다. 그들에게도 각도가 있기는 하지만 고급은 아니며, 결코 그 경지에는 도달하지 못한다. 그들은 거센 분노와 저항을 자아낸다. 당구로 치면 중수쯤 된다.

미디어 업체를 경영하는 지인 한 명이 몇 해 전에 어떤 고민거리를 들고 나를 찾아왔다. 고위급 직원이 자신을 비롯한 회사 직원들을 곤경에 빠뜨릴 수 있는 자료를 유출했다는 것이다. 자료를 유출한 직원의 각도는 사장의 관심을 끌고 자신이 다른 짓도 저지를 수 있다는 경고를 보내는 것이었다. 그는 사장이 자신을 해고할 작정이라고 생각했으며, 그의 행동은 단념하라는 경고였다.

내가 해준 조언은 유출자가 바라는 것이 무엇인지를 우선 파악한 뒤에 부정적 대응의 기미를 조금도 보이지 말라는 것이었다. 아무 일도 일어나지 않은 것처럼 처신하라고 했다. 이것은 궤도요, 눈속임이었다. 그 직원은 이것에 집중하여 의미를 파악해야 했다. 사장이 내숭을 떠는 건가? 개의치 않는 걸까? 나를 다시 붙잡으려는 걸까? 겁먹었나? 덕분에 그 경영자는 시간을 벌 수 있었다.

그런 다음 우리는 상황을 조사하여 전후 사정을 더 깊이 파악하고 그에 따라 해결책을 도출했다. 첫째, 유출자와 한편이 되어 말썽을 일삼던 직원 두 명을 해고했다. 또다른 한 명은 한직으로 좌천했다. 이 모든 인사 조치는 성과 미달을 명분으로 내걸었으며 유출자와는 아무 관련이 없어 보이도록 했다. 여기에는 이중의 목적이 있었다. 하나는 상대를 고립시켜 그가 음모를 꾸미고 분란을 조장하기 힘들게 하는 것이었고, 다른 하나는 사장이 쉽게 흔들리는 사람이 아니라는 간접적인 경고를 보내는 것이었다.

그 경영자의 조치는 한눈에 파악되지 않았으며, 유출자의 주목을 끌고 그의 손발을 묶었다. 우리는 유출자가 이 조치에 어떻게 반응할지, 자신이 위협받는다고 생각하면 어떻게 수위를 높일지 고려했기 때문에 그의 반응에 대해서 고차원적으로 각도를 계산했으며 그 덕에 최대한 많은 상황에 대비할 수 있었다. 그가 정보를 일반에 공개할 것에 대비하여 최후통첩의 방도까지 마련해두었다.

아이스버그 슬림Iceberg Slim은 내가 좋아하는 작가 중의 한 사람이다. 아이스버그가 보기에 세상은 사기꾼과 호구 둘로 나뉜다. 당신도 둘 중 하나이다. 호구는 삶에 대한 각도를 전혀 계산하지 않고 사기의 원리에 문외한이며 한 번에 하나의 악수밖에 둘 줄 모른다. 사기꾼은 언제나 각도를 계산하고 이것을 어떻게 구사해야 하는지를 배우며 게임의 고수가 된다.

6월 1일   적절한 가면을 써라

자기 자신에 대해 다소 거리를 두지 않고서는 기만을 성공시킬 수 없다. 그날그날 그때그때 필요한 가면을 쓰고서 다양한 사람이 될 수 있어야 한다. 자신의 본모습을 비롯하여 모든 겉모습에 대해서 유연한 접근법을 취하면 자신을 억누르는 내면의 부담을 훌쩍 벗어던질 수 있다. 자신의 얼굴을 배우의 얼굴처럼 변화무쌍하게 하고 자신의 의도를 숨기며 사람들을 덫으로 유혹하는 법을 연마하라.

✦ **오늘의 법칙** ✦   겉모습을 자유자재로 구사하고 기만의 기예를 숙달하는 것은 삶의 미학적 쾌락 중의 하나이다. 권력 획득의 핵심이기도 하다.

『권력의 법칙』: 서문

6월 2일　잠적하여 존경심을 배가시켜라

내가 극장에서 자주 눈에 띄면 사람들이 더는 주목하지 않을 것이다. **나폴레옹**

　　오늘날, 이미지들이 쏟아지고 존재감이 범람하는 세상에서 잠적 게임은 대단한 효과를 발휘한다. 그러나 우리는 잠적해야 할 때를 더 이상 알지 못한다. 사생활의 영역은 사라진 것처럼 보인다. 그래서 우리는 자의로 사라질 수 있는 사람을 보면 경외감을 느낀다. 이것은 경제학의 희소성 법칙으로 설명할 수 있다. 유통량이 너무 많으면 가격이 내려간다. 반면에 시장에서 무엇인가를 철수시키면 당장 가치를 창출할 수 있다. 17세기 네덜란드의 상류층은 튤립을 아름다운 꽃 이상으로 만들고 싶어했다. 일종의 지위의 상징으로 삼고 싶었던 것이다. 그들은 튤립을 희귀하게 만들어—실제로는 구입이 거의 불가능해졌다—훗날 튤립 광풍으로 불리게 된 현상을 촉발했다. 꽃 한 송이가 같은 무게의 금보다 비싸졌다. 희소성 법칙을 당신의 기술에 적용하라. 당신이 하는 일을 희소하고 찾기 힘들게 만들면 가치를 금세 끌어올릴 수 있다.

✦ **오늘의 법칙** ✦　**더 많이 눈에 띄고 회자될수록 평범해 보인다. 이미 집단에서 자리를 잡았다면 한동안 모습을 감춰 당신에 대한 언급과 (심지어) 존경심을 배가시킬 수 있다. 사라질 때를 알아야 한다. 희소성으로 가치를 창출하라.**
『권력의 법칙』: 24. 품격과 신비감을 높여라 — 부재와 존재의 법칙

6월 3일 　자신의 이미지를 관리하라

이 고대의 세계 수도인 로마에서 재산을 불리고자 하는 자는 주변 환경에 맞추어 색깔을 바꾸는 카멜레온이 되어야 한다. 어떤 형태, 어떤 모양이든지 취할 수 있는 프로테우스가 되어야 한다. **조반니 카사노바**

사람들은 대개 겉모습으로 당신을 판단한다. 신중을 기울이지 않고 그저 진솔한 것이 최선이라고 가정한다면, 그들은 당신의 본모습과 무관하게 자신들이 보고 싶은 것과 일치하는 온갖 특징들을 당신에게 부여할 것이다. 그러면 당신은 혼란에 빠지고 불안감을 느끼고 주의력을 빼앗길 수 있다. 그들의 판단이 내면화되면 업무에도 집중하기 힘들어진다. 자신을 보호하는 유일한 방법은 겉모습을 의식적으로 빚어내서 자신에게 어울리는 이미지를 창조하고 사람들의 판단을 좌우함으로써 이 판단 과정에 영향을 미치는 것이다. 이따금 뒤로 물러나 신비감을 조성하고 존재감을 강화하는 것이 적절할 때도 있다. 그런가 하면 더 직접적으로 나서서 더 구체적인 모습을 선보여야 할 때도 있다. 일반적으로는 결코 하나의 이미지에 안주하지 말고 사람들에게 당신을 판단할 전권을 부여하지 말라. 언제나 대중보다 한발 앞서라.

✦ 오늘의 법칙 ✦　결코 사람들이 당신을 완전히 파악했다고 생각하지 못하게 하라. 신비감을 조성하라.
『마스터리의 법칙』: 제4장 미련한 바보들의 방해와 계략을 헤쳐나가는 기술 — 사회 지능 함양을 위한 전략

6월 4일   겉모습을 신뢰하는 본능을 공략하라

겉모습과 의도를 교묘하게 이용하면 사람들에게 올가미를 씌울 수 있다. 사람들은 겉으로 드러난 모습 뒤에 저의가 있다는 것을 직감하면서도 꼼짝없이 당한다.
야규 무네노리

인간 본성에 대한 단순한 진리가 기만 능력의 기초가 된다. 바로, 언제나 겉모습을 신뢰하는 것이 우리의 첫 번째 본능이라는 사실이다. 우리는 보고 듣는 것이 진실인지 의심하면서는 살아갈 수 없다. 겉모습에 숨겨진 무엇인가가 있으리라고 끊임없이 상상하다가는 진이 빠지고 겁에 질릴 것이다. 이 때문에 사람들을 속이기가 비교적 수월해진다. 당신이 원하는 것처럼 보이는 대상, 당신이 추구하는 것처럼 보이는 목표를 사람들의 눈앞에서 흔들기만 해도 그들은 그 겉모습을 진실로 받아들일 것이다. 일단 미끼에 시선이 집중되면 그들은 당신의 진짜 의도를 눈치채지 못할 것이다.

✦ **오늘의 법칙** ✦   **신중하게 만들어낸 겉모습의 망토 뒤에 자신의 의도를 숨겨라.**
『권력의 법칙』: 36. 의도를 드러내지 마라 — 유인책과 연막술

6월 5일   극적 효과를 연출하라

프랭클린 델러노 루스벨트Franklin Delano Roosevelt가 1932년 대통령 선거를 치를 당시, 미국은 심각한 경제 위기를 겪고 있었다. 은행들은 무서운 속도로 문을 닫았다. 루스벨트는 당선 직후 일종의 은둔을 단행했다. 국정 계획이나 내각 인선에 대해서는 한마디도 하지 않았다. 심지어 인수인계 논의를 위해서 현직 대통령 허버트 후버Herbert Hoover를 만나는 것조차 거부했다. 루스벨트의 취임식 즈음 미국에서는 불안감이 팽배해 있었다. 루스벨트는 취임 연설에서 태도를 전환했다. 힘찬 연설로 자신이 전임자들의 한심한 조치들을 일소하고 이 나라를 완전히 새로운 방향으로 이끌 작정이라고 단언했다. 그때부터 그의 발표와 공적 결정—내각 인선, 대담한 입법—이 어마어마한 속도로 전개되었다. 루스벨트의 취임식 이후의 기간은 '첫 100일Hundred Days'로 알려졌으며, 그가 나라의 분위기 쇄신에 성공한 것은 영리한 속도 조절과 극적인 대조 효과 때문이었다. 그는 대중의 애간장을 태웠으며 그가 제시한 대담한 조치들은 극적으로 시행되었기 때문에 더더욱 대단해 보였다.

✦ **오늘의 법칙** ✦　극적인 타이밍을 활용하여 상대방을 놀라게 하고 시선을 전환하라. 루스벨트처럼 사건을 조율하되 모든 패를 한꺼번에 보여주지 말고 극적 효과를 높일 수 있도록 적절한 타이밍에 공개하라.
『권력의 법칙』: 1. 자신을 재창조하라 — 자기 혁신

6월 6일 　배역을 훌륭히 연기하라

　　메소드 연기를 하려면 적절한 감정을 지시대로 표현할 수 있도록 훈련해야 한다. 슬픈 연기를 해야 한다면 슬펐던 경험을 떠올리거나 (필요하다면) 단순히 상상해서 슬픔을 불러와야 한다. 관건은 당신이 주도권을 발휘하는 것이다. 실생활에서는 그 정도까지 훈련하기가 불가능하지만, 만일 당신에게 주도권이 전혀 없다면, 느껴지는 감정을 고스란히 표출한다면, 당신은 나약하고 자제력이 부족하다는 미묘한 신호를 보내게 된다. 상황이나 배역에 맞게 자신이 보여야 하는 감정을 어떻게, 왜 느껴야 하는지 상상함으로써 의식적으로 올바른 감정 상태에 들어가는 법을 배워라. 일시적으로 그 감정에 자신을 내맡겨 얼굴과 몸이 자연스럽게 반응하도록 하라. 실제로 미소를 짓거나 얼굴을 찌푸림으로써 표정과 결부된 감정을 경험할 수도 있다. 감정이 도를 넘지 않도록 주의하면서 자연스러운 순간에 중립적 감정으로 돌아가는 훈련을 하는 것도 중요하다. 이것을 명심하라. '성격'을 뜻하는 영어 퍼스낼리티personality는 '가면'을 뜻하는 라틴어 페르소나persona에서 왔다. 우리는 타인을 대할 때에 가면을 쓰며 여기에는 긍정적인 기능이 있다. 우리가 있는 그대로를 표현하고 속마음을 솔직하게 털어놓으면, 거의 모든 사람을 불쾌하게 할 것이고 숨기는 것이 바람직한 특징들을 드러내게 될 것이다. 페르소나를 쓰고 배역을 훌륭히 연기하면 사람들이 우리를 너무 샅샅이 뜯어보지 못하도록 스스로를 보호할 수 있다. 그러지 않으면 그들의 마음에 온갖 불안감이 피어오를 것이다.

✦ **오늘의 법칙** ✦　**우리 모두는 삶이라는 무대에 선 배우이며, 배역을 훌륭히 연기하고 적절한 가면을 쓸수록 더 많은 권력을 얻을 수 있다.**
　　　　　　　　『인간 본성의 법칙』: 3. 가면 뒤에 숨은 실체를 꿰뚫는다 — 역할 놀이의 법칙

6월 7일 결코 사람들의 지능에 의문을 제기하지 말라

모든 사람에게 환영받는 최선의 방법은 가장 어리석은 짐승의 가죽을 걸치는 것이다.
발타자르 그라시안

우리는 다른 사람이 우리보다 똑똑하다는 생각을 도무지 견디지 못하고, 대개는 여러 가지 방법들로 정당화를 시도한다. '그가 아는 건 책 속에 있는 지식뿐이고 내가 아는 게 진짜야.' '그녀의 학벌은 돈 많은 부모 덕분이야. 우리 부모님에게도 돈이 많았으면, 내가 그런 특혜를 누렸다면……', '그는 자기 생각만큼 똑똑하지 않아.' 마지막으로 이런 정당화도 있다. '그녀는 자신의 좁은 분야에서는 나보다 많이 알지도 모르지만, 그것 말고는 전혀 영리하지 않아. 아인슈타인도 물리학 이외에는 젬병이었다고.' 지능이라는 개념이 대다수 사람들의 허영심에 얼마나 중요한지를 감안하면, 결코 상대방의 지적 능력을 모욕하거나 의문을 제기해서는 안 된다. 그것은 용서받을 수 없는 죄이다. 하지만 이런 철칙을 자신에게 유리하게 활용할 수 있다면 온갖 종류의 기만을 구사할 수 있다. 상대방이 지적 우월감을 느끼게 하면, 그들의 의심 근육을 무력화시킬 수 있다.

✦ **오늘의 법칙** ✦ 사람들이 무의식중에 자신이 당신보다 똑똑하다거나 심지어 당신이 조금 멍청하다고 확신하게 하라. 그러면 그들을 앞지를 수 있다.
『권력의 법칙』: 13. 상대보다 멍청하게 보여라 — 의심 회피 전략

6월 8일 　 진짜 목표로부터 시선을 유인하라

　　1711년 스페인 왕위 계승 전쟁에서 영국군 총사령관 말버러 Marlborough 공작은 프랑스로 통하는 요충로를 지키는 핵심 요새를 무너뜨리고 싶었다. 하지만 자신이 요새를 무너뜨리면 프랑스가 자신의 계획—그 도로를 따라 진격하는 것—을 눈치채리라는 점도 알았다. 그래서 요새를 점령한 뒤, 자신의 병력 일부를 주둔시켜 나름의 목적이 있는 것처럼 꾸몄다. 프랑스 군이 공격해오자 공작은 순순히 요새를 내주었다. 하지만 프랑스 군은 탈환에 성공한 뒤에 공작이 어떤 중차대한 목적을 위해서 요새를 재탈환할까봐 요새를 아예 무너뜨렸다. 요새가 사라져 도로가 무방비 상태가 되자, 말버러 공작은 프랑스를 향해 파죽지세로 진격할 수 있었다. 이런 전술을 활용하는 방법은 다음과 같다. 자신의 의도를 숨길 때에는 입을 다무는 것이 아니라(그러면 꿍꿍이가 있는 것처럼 보여 의심을 살 수 있다) 속내는 드러내지 않되 자신의 가짜 욕구와 목표를 끝없이 떠벌려라. 이것은 일석삼조이다. 친근하고 허심탄회하고 상대방을 믿는 것처럼 보이고, 의도를 감추며, 경쟁자가 시간만 허비하고 헛물을 켜게 할 수 있다.

✦ **오늘의 법칙** ✦ 　 실제로는 전혀 관심 없는 것을 원하는 시늉을 하면 적들은 냄새에 이끌려 엉뚱한 곳으로 가서 제 꾀에 빠져 온갖 자충수를 둘 것이다.
　　『권력의 법칙』: 36. 의도를 드러내지 마라 — 유인책과 연막술

6월 9일   사람들에게 우월감을 느낄 기회를 주어라

어떤 사람들은 당신이 그들의 이기심에 호소하는 것을 추하고 야비하다고 생각한다. 그들은 사실 자선, 자비, 정의를 행사할 수 있기를 바란다. 그들에게는 이것이 당신에 대해서 우월감을 느끼는 방법이다. 그들에게 도움을 청할 때에는 그들의 권력과 지위를 강조하라. 그들은 우월감을 느낄 기회 말고는 당신에게서 원하는 것이 아무것도 없을 만큼 강하다. 이런 전략은 그들을 취하게 하는 술이다. 그들은 당신의 사업에 자금을 지원하고 당신을 권력자에게 소개하고 싶어서 안달한다. 물론 이 모든 일은 공개적으로, 선한 취지로 행해져야 한다(더 공개적일수록 좋다). 냉소적인 이기심을 활용하는 접근법이 누구에게나 통하지는 않는다. 어떤 사람들은 오히려 거부감을 느낀다. 이기심에 좌우되는 것처럼 보이고 싶지 않기 때문이다. 그들은 선한 마음을 과시할 기회를 바란다. 쑥스러워하지 말라. 그들에게 기회를 주어라. 도움을 청하는 것은 그들을 속이는 짓이 아니다. 베푸는 것, 베푸는 것을 남들에게 내보이는 것이 그들에게는 정말로 기쁜 일이니까.

✦ **오늘의 법칙** ✦   **무엇이 타인을 움직이게 하는지 파악하라. 그들이 탐욕을 내비치면 그들의 탐욕에 호소하라. 그들이 너그럽고 고귀해 보이고 싶어하면 그들의 자비심에 호소하라.**

『권력의 법칙』: 10. 자비나 의리가 아니라 이익에 호소하라 — 협상의 기술

6월 10일 집단을 생산적인 감정으로 전염시켜라

불굴의 의지를 발산하여 집단을 전염시켜라. 당신은 역경에 굴하지 않는다. 계속 나아가 문제를 해결한다. 당신은 끈질기다. 집단이 이것을 감지하면, 구성원들은 사소한 상황 변화에 호들갑 떤 것을 민망해할 것이다. 집단을 자신감으로 전염시키려고 할 때는 자신감이 지나쳐 자만심이 되지 않도록 주의하라. 당신의 자신감과 집단의 자신감은 대부분 성공의 기록으로부터 줄기를 뻗는다. 주기적으로 일과를 변경하고, 새롭거나 힘겨운 업무로 집단을 놀라게 하라. 어느 집단이든 성공을 달성하면 안주할 우려가 있는데, 이렇게 함으로써 그들을 깨워 자만심에서 벗어나게 할 수 있다. 가장 중요한 점은 두려움을 버리고 새로운 아이디어에 개방적인 태도를 보임으로써 모두에게 치료 효과를 선사할 수 있다는 것이다. 구성원들은 방어적인 태도를 거둘 것이며, 꼭두각시처럼 행동하지 않고 더 주체적으로 생각할 것이다.

✦ **오늘의 법칙** ✦ **사람들은 천성적으로 타인의 기분에 쉽게 영향을 받는다. 인간 본성을 활용하여 적절한 감정을 집단에 전염시킴으로써 긍정적인 효과를 이끌어내라. 사람들은 그 누구보다 리더의 기분과 태도에 물들기 쉽다.**
『인간 본성의 법칙』: 14. 집단의 영향력에 저항하라 ― 동조의 법칙

6월 11일 양치기를 공격하라

나무가 쓰러지면 원숭이도 흩어진다樹倒猢猻散. **중국 속담**

어느 집단에서든 문제의 원인은 대부분 하나로 귀착된다. 바로 불행하고 늘 불만이 가득한 사람이다. 그는 언제나 분란을 일으키며 자신의 불만을 집단에 전염시킨다. 당신이 원인을 알아내기도 전에 불만이 퍼져나간다. 말썽의 가닥 하나만을 떼어내거나 근본 원인을 파악하기가 불가능해지기 전에 조치를 취하라. 먼저, 고압적인 태도를 보이거나 불평불만을 달고 사는 말썽꾼을 찾아내라. 누구인지 알았으면 그들을 어르거나 달래려고 하지 말라. 오히려 상황만 악화될 것이다. 직접적으로든 간접적으로든 그들을 비난하지 말라. 그들은 본성이 악하기 때문에 물밑에서 당신을 파멸시키려고 할 것이다. 대신 이렇게 하라. 너무 늦기 전에 그들을 쫓아내라. 분란을 일으키기 전에 집단으로부터 격리하라. 불안을 조장하고 불만을 심을 시간을 주지 말라. 움직일 공간을 주지 말라. 한 명을 고달프게 하는 대신 나머지가 평화롭게 살 수 있도록 하라.

✦ 오늘의 법칙 ✦ **리더가 사라지면 무게 중심도 사라진다. 회전의 중심이 없어지면 모든 것이 흩어진다. 말썽의 근원을 공략하면 양 떼는 흩어질 것이다.**
『권력의 법칙』: 32. 중심인물을 공격하라 — 추방과 고립

6월 12일 항복 전술을 활용하라

약할 때에는 결코 명분을 위해서 싸우지 말라. 항복하라. 항복하면 회복할 시간을, 정복자를 괴롭히고 자극할 시간을, 그들의 힘이 약해질 때까지 기다릴 시간을 벌 수 있다. 당신과 싸워서 이겼다는 만족감을 그들에게 선사하지 말라. 싸우기 전에 항복하라. 반대편 뺨을 들이대면 그들을 도발하고 동요시킬 수 있다. 항복을 권력의 도구로 삼아라. 이것을 명심하라. 권위를 과시하고 싶어하는 사람들은 항복 전술에 쉽게 넘어간다. 겉으로 굴복의 신호를 보내면 그들은 자부심을 느낄 것이다. 그들은 당신의 존경에 만족하여, 훗날 역공을 벌일 때에 쉬운 표적이 된다.

✦ **오늘의 법칙** ✦ **일시적으로 세력이 약할 때에는 항복이야말로 재기를 위한 완벽한 전술이다. 항복은 당신의 야심을 감추고 게임의 핵심 기술인 끈기와 자제력을 당신에게 가르쳐준다.**
『권력의 법칙』: 39. 싸워서 질 바에야 항복을 선택하라 — 전략적 후퇴

6월 13일 선두에서 이끌어라

한니발이 고대의 가장 위대한 장군인 이유는 전투에서 사기를 북돋는 방법을 잘 알고 있었기 때문이다.……그의 부하들은 로마 병사들보다 뛰어나지 않았다. 무기도 열악했고 병력도 절반밖에 되지 않았다. 그런데도 그는 언제나 승리했다. 그는 사기의 중요성을 이해했다. 부하들에게 절대적 확신을 품었다. **샤를 아르당 뒤 피크 대령**

사기士氣는 전염되며, 분위기를 좌우하는 것은 리더인 당신이다. (모든 것을 부하에게 떠넘긴 채) 자신은 희생하지 않으면서 부하들에게 희생을 요구하면 그들은 의욕을 잃고 분노를 품을 것이다. 너무 다정하게 대하고 부하들의 안녕에 전전긍긍하면 그들은 긴장이 풀어져서 아무리 사소한 부담이나 지시에도 버릇없는 아이처럼 투덜거릴 것이다. 군기를 잡고 사기를 강화하려면 한 명에게 본때를 보이는 것이 상책이다. 당신의 결의를 목격한 부하들은 당신의 활력과 자기희생을 흡수할 것이다. 적재적소에 비판을 몇 번 제기하면 그들은 당신의 마음에 들고 당신의 높은 기준에 부합하려고 더 열심히 노력할 것이다. 군대를 밀고 당기고 할 필요도 없이 그들이 당신을 따라올 것이다.

✦ **오늘의 법칙** ✦　　**세상에서 영향력을 행사하고자 한다면 사람들(헌신적인 추종자들의 군대)이 돈보다 귀하다는 것을 명심하라. 그들은 돈으로 살 수 없는 일을 당신을 위해서 할 것이다.**

『전쟁의 기술』: 7. 대의명분을 항상 심어주어라 ― 동기 부여와 사기 진작

6월 14일 위협적 존재감으로 단념시켜라

적들이 당신과 싸우려고 들지 않는 것은 싸움이 자신의 이익에 반한다고 생각하기 때문이거나, 그렇게 생각하도록 당신이 그들을 오도했기 때문이다. **손자**

우리는 모두 자신이 속한 집단에 어우러지고 정치 게임을 하고 친절하고 사근사근해 보여야 한다. 대개는 이 방법이 통하지만, 위험하고 까다로운 순간에는 호인으로 보이는 것이 역효과를 가져올 수 있다. 당신을 밀치고 기죽이고 방해해도 괜찮다는 뜻이니 말이다. 당신이 반격을 꾀한 적이 한 번도 없다면 아무리 으름장을 놓아봐야 씨알도 먹히지 않을 것이다. 이것을 명심하라. 당신이 유사시에 다정함을 내려놓고서 철저히 까다롭고 고약해질 수 있음을 알게 하는 것은 무척 중요하다. 확실하고 지독한 사례 몇 번이면 충분할 것이다. 사람들이 당신을 투사로 여기면, 그 뒤로는 당신을 대할 때에 약간의 두려움을 품을 것이다. 마키아벨리의 말처럼 애정의 대상이 되기보다는 두려움의 대상이 되는 편이 더 유익하다. 이따금 불확실성이 노골적인 위협보다 나을 때가 있다. 당신을 건드렸다가 어떤 대가를 치르게 될지 알 수 없다면, 당신의 적수들은 군이 확인하고 싶어하지 않을 것이다.

✦ **오늘의 법칙** ✦ **자신에게 골통 기질이 있다는 평판을 쌓아라. 당신과 싸우면 손해라는 인식을 품게 하라. 이런 평판을 만들고, 몇 번의 인상적인 — 인상적일 만큼 지독한 — 행위로 본때를 보여라.**
『전쟁의 기술』: 10. 위협적인 존재임을 과시하라 — 전쟁 억지와 경고

6월 15일 등장과 퇴장의 기술

부재가 작은 열정을 가라앉히고 큰 열정에 불을 붙이는 것은 바람이 촛불을 끄고 큰불을 키우는 것과 같다. **프랑수아 드 라로슈푸코**

리더는 모습을 보일 때와 보이지 않을 때의 균형을 맞출 줄 알아야 한다. 일반적으로는 모습을 보이지 않는 쪽에 좀더 치우치는 것이 유익하다. 그러면 당신이 집단 앞에 모습을 드러냈을 때, 흥분과 드라마를 불러 일으킬 수 있기 때문이다. 제대로만 한다면, 당신이 곁에 없을 때에도 사람들은 당신을 생각할 것이다. 오늘날 사람들은 이 기술을 잃었다. 사람들은 뻔질나게 등장하고 지나치게 친숙하며, 자신의 일거수일투족을 소셜 미디어에 공개한다. 이렇게 하면 유대감은 커질지 몰라도, 나머지 모두와 똑같아 보이게 된다. 이런 평범한 존재감으로는 권위를 내세우는 것이 불가능하다. 말을 너무 많이 하는 것은 오만 군데에 얼굴을 들이미는 것과 같아서 사람들의 불쾌감을 자극하고 나약함을 드러낸다. 침묵은 관심을 끌어들이는 부재와 퇴장이라고 말할 수 있다. 침묵은 자제력과 권력을 가져다주며, 입을 열었을 때의 효과를 극대화한다. 비슷한 맥락에서, 실수를 저질렀을 때에는 구구절절 변명하거나 필요 이상으로 사과하지 말라. 책임을 인정하고 모든 피해를 해결할 것임을 분명히 밝힌 다음, 당신이 하던 일을 계속하라. 뉘우침은 말없이 표현되어야 한다. 뒤이은 행동으로 당신이 교훈을 얻었음을 보여주어라. 비난을 받았을 때에는 방어적으로 대응하거나 징징거리지 말라. 당신은 그렇게 나약한 사람이 아니다.

뻔질나게 등장하고 지나치게 친숙하고 언제나 곁에 있고 모습을 드러내면, 당신은 너무 식상해진다. 사람들이 당신을 이상화할 여지가 전혀 남지 않는다. 다만 너무 거리를 두면 사람들이 당신에게 동감하지 못할 수 있다.

『인간 본성의 법칙』: 15. 권위란 따르고 싶은 모습을 연출하는 기술이다 ─ 변덕의 법칙

6월 16일　당신이 돌린 카드로 게임을 하도록 하라

　　'자유', '선택지', '선택' 같은 말을 들으면 엄청난 가능성이 있을 것 같은 느낌이 들지만, 실제의 유익은 훨씬 적다. 면밀히 따져보면, 시장에서도, 선거에서도, 직장에서도 우리가 가진 선택권에는 뚜렷한 한계가 있다. 우리는 A와 B 중 고를 수 있을 뿐 나머지는 언감생심이다. 그러나 아무리 희미할지라도 선택이라는 신기루가 보이는 한 우리는 나머지 선택지들에 좀처럼 집중하지 못한다. 우리는 게임이 공정하고 우리에게 자유가 있다는 믿음을 '선택'한다. 선택의 자유가 어디까지 허용되는지는 따지지 않는다.

　　우리가 선택의 범위를 따지지 않는 것은 너무 많은 자유가 불안을 일으키기 때문이다. '무한한 선택지'라는 구절은 무한한 전망을 펼쳐줄 것처럼 들리지만, 실제로는 우리를 마비시키고 우리의 선택 능력을 제약한다. 우리는 선택지가 제한되어 있을 때에 편안함을 느낀다. 이것은 명석하고 교활한 사람에게는 엄청난 기만의 기회를 선사한다. 대안들 중의 하나를 저울질하는 사람은 여간해서는 자신이 조종당하거나 기만당하고 있다고 생각하지 못한다. 당신이 그들에게 약간의 자유의지를 허용하는 대가로 당신의 의지를 훨씬 강력하게 관철하고 있음을 꿰뚫어보지 못하는 것이다. 그러니 선택 범위를 좁게 제시하는 것은 언제나 당신이 구사하는 기만 전술의 일부가 되어야 한다.

✦ **오늘의 법칙** ✦　**이런 속담이 있다. 새를 자발적으로 새장에 들어가게 할 수 있다면 새는 훨씬 아름다운 노래를 지저귈 것이다. 사람들에게 선택권을 베풀라. 그중에서 무엇이든 선택할 수 있도록 하라. 그들이 당신의 목적에 부합하는 두 가지 악 중에서 차악을 선택할 수밖에 없도록 하라.**
『권력의 법칙』: 42. 당신이 돌린 카드로 게임하게 하라 ── 선택권 통제

6월 17일 솔깃한 겉모습

사람들은 언제나 피상적인 모습에 감명받는다. **니콜로 마키아벨리**

사기꾼 '옐로 키드' 와일은 허위 주식을 홍보하려고 창간한 소식지에 「붉은 글자 뉴스레터」라는 제호를 붙이고, 거액을 들여 붉은 잉크로 인쇄했다. 붉은색은 긴박감, 권력, 행운의 느낌을 풍겼다. 와일은 이런 세부 요소들이 기만의 핵심임을 간파했다. 현대의 광고업자와 마케팅 담당자들도 마찬가지이다. 이를테면 당신이 팔려는 것의 제목에 '황금'이라는 낱말이 들어 있다면 황금색으로 인쇄하라. 시각은 지배적인 감각이므로 사람들은 낱말보다 색깔에 더 반응할 것이다.

✦ **오늘의 법칙** ✦ **시각적 표현을 결코 경시하지 말라. 색깔 같은 요소들은 어마어마한 상징적인 효과를 발휘한다.**
『권력의 법칙』 : 4. 이미지와 상징을 앞세워라 — 권력의 아우라

6월 18일 결코 한 번에 너무 많이 개혁하지 말라

새 질서를 도입하는 것보다 더 실행하기 힘들고 성공이 더 의심스럽고 대처하기가 더 위험한 것은 없다고 보아야 한다. **니콜로 마키아벨리**

인간의 심리에는 많은 이중성이 있는데, 그중 하나는 사람들이 변화의 필요성을 이해하고 이따금의 개선이 기관과 개인에게 얼마나 중요한지를 알면서도 자신에게 개인적으로 영향을 미치는 변화에는 짜증과 역정을 낸다는 것이다. 그들은 변화가 필요하고 참신함이 지루함을 해소한다는 사실을 알면서도 내면 깊은 곳에서는 과거에 매달린다. 추상적이거나 피상적인 변화는 반기지만, 핵심적인 습관과 절차를 뒤흔드는 변화는 매우 심란해한다. 모든 혁명은 훗날 거센 반동을 겪었다. 장기적으로 보면 혁명이 초래하는 공백이 인간이라는 동물에게 불안감을 자아내기 때문이다. 인간은 그런 공백에서 무의식적으로 죽음과 혼란을 연상한다. 변화와 개선의 기회는 사람들을 혁명의 편으로 유혹하지만 열정이 잦아들면 — 열정은 잦아들게 마련이므로 — 그들에게 남는 것은 공허감이다. 그들은 과거를 그리워하며 과거가 끼어들 틈새를 벌린다. 그보다는 일종의 사기를 벌이는 것이 훨씬 수월하며 유혈 사태도 피할 수 있다. 당신 뜻대로 변화를 설파하고 심지어 개혁을 시행하되, 옛 관습과 전통의 익숙한 겉모습으로 포장하라.

✦ **오늘의 법칙** ✦ **당신이 권력의 위치에 갓 올랐거나 권력의 기반을 다지고 있다면 옛 방식을 존중하는 모습을 보여라. 설령 변화가 필요하더라도, 과거를 점진적으로 개선하는 것처럼 느껴지도록 하라.**
『권력의 법칙』: 45. 모든 것을 한 번에 바꾸려 하지 마라 — 급진적인 개혁의 부작용

6월 19일 남들이 당신을 찾아오도록 하라

르네상스 시대의 위대한 미술가이자 건축가 필리포 브루넬 레스키Filippo Brunelleschi는 남들이 자신을 찾아오게끔 만드는 책략의 대가였으며, 이를 권위의 상징으로 활용했다. 그는 피렌체에 있는 산타 마리아 델 피오레 대성당의 돔을 수리하는 작업을 맡았는데, 이는 중요하고 영예로운 임무였다. 하지만 피렌체 시 관료들이 로렌초 기베르티Lorenzo Ghiberti를 부건축가로 고용하자 그는 남몰래 고민에 빠졌다. 그는 기베르티가 연줄을 이용해서 부건축가 자리를 꿰찼으며 아무 일도 하지 않고서 공의 절반을 가로챌 것임을 알았다. 그래서 브루넬레스키는 결정적인 순간에 불쑥 몸이 아프다는 핑계를 댔다. 일을 그만두어야겠다며, 피렌체 시 관료들에게 당신들이 기베르티를 고용했으니 그가 뒷일을 이어받으면 되지 않겠느냐고 말했다. 기베르티는 금세 무용지물로 드러났으며 관료들은 브루넬레스키에게 찾아와 애걸했다. 그는 들은 척도 하지 않고서 기베르티가 작업을 마무리해야 한다고 우겼다. 마침내 관료들은 문제의 원인을 깨닫고서 기베르티를 해고했다. 그러자 브루넬레스키는 며칠 만에 '기적적으로' 나았다. 그는 울분을 토하거나 바보짓을 할 필요가 없었다. 남들이 자신을 찾아오도록 만드는 기술을 실행한 것이 전부였다.

✦ **오늘의 법칙** ✦ 남들이 당신에게 찾아오게 만들어서 권위를 세우고자 시도하여 성공한다면, 그들은 당신이 더는 수를 쓰지 않아도 계속해서 찾아올 것이다.

『권력의 법칙』: 7. 덫을 놓고 적을 불러들여라 ─ 주도권 장악

6월 20일 약점을 암시하라

자신의 취약점을 권력으로 탈바꿈시키는 법을 배워라. 이것은 미묘한 게임이다. 당신이 약점에 전전긍긍하여 무리수를 두면 동정심을 유발하려는 것처럼 보이거나 (더 나쁘게는) 한심해 보일 것이다. 그러지 말라. 최선의 방안은 사람들이 당신의 온화하고 연약한 측면을 이따금 엿보게 하되, 오랫동안 당신을 알고 지냈을 때에만 그렇게 하는 것이다. 그렇게 당신의 약점을 엿보게 하면 당신은 인간적인 면모를 드러내어 의심을 가라앉히고 더 깊은 애착의 발판을 마련할 수 있다. 평상시에는 강인하고 장악력을 발휘하더라도 이따금 긴장을 풀고 자신의 약점을 드러내어 사람들에게 보여주어라.

✦ **오늘의 법칙** ✦ **자신의 취약점과 싸우거나 억누르려 하지 말라. 취약점을 활용하라.**

『유혹의 기술』: 13. 약점을 끌어내어 연민을 끌어내라 ― 무장 해제

6월 21일　점진적인 권력 장악

야심은 솟구쳐오를 수도 있지만 기어갈 수도 있다. **에드먼드 버크**

　　앨프리드 히치콕Alfred Hitchcock은 영화를 제작할 때마다 똑같은 전쟁을 치러야 했다. 바로 제작자, 배우, 나머지 제작진으로부터 통제권을 조금씩 빼앗아오는 것이었다. 대본 작가들과의 투쟁은 더 큰 전쟁의 축소판이었다. 히치콕은 언제나 자신의 구상이 대본에 고스란히 반영되기를 바랐지만, 작가의 목을 너무 세게 틀어쥐면 분노와 시답잖은 결과물 말고는 아무것도 얻지 못할 터였다. 그래서 그는 서서히 움직여서, 처음에는 작가에게 간섭 없이 자유롭게 작업할 재량을 허락한 뒤에 수정을 요구하여 대본을 자신의 뜻대로 고쳐나갔다. 그는 결코 서두르지 않았으며, 그의 통제권이 명백해졌을 즈음 작가들은 작업에 감정적으로 얽매인 탓에 아무리 아니꼽더라도 그의 마음에 들려고 노력할 수밖에 없었다. 히치콕은 매우 끈기 있는 사람이었으며 자신의 권력이 시간을 두고 자리 잡도록 했다. 제작자, 작가, 배우들이 그의 지배력을 완전히 실감한 것은 영화가 완성된 뒤였다. 무슨 일에든 통제권을 쥐려면 동료들에게 기꺼이 시간을 허락해야 한다. 다짜고짜 전권을 휘두르면 사람들의 사기를 꺾고 시기와 분노를 자극할 뿐이다. 그러니 처음에는 당신이 한 팀원으로 참여하고 있다는 환각을 심어준 뒤에 서서히 권력을 가져오라. 그 과정에서 사람들을 화나게 하더라도 걱정하지 말라. 그런 반응은 그들이 이 일에 감정을 결부시키고 있어서 당신에게 조종당할 수 있다는 신호에 불과하다.

✦ 오늘의 법칙 ✦ 노골적인 조종과 권력 장악은 질투, 불신, 의심을 조장하는 위험한 방법이다.
대개는 천천히 움직이는 것이 상책이다.

『전쟁의 기술』 : 29. 야금야금 갉아먹어라 ─ 기정사실의 힘

6월 22일   당신이 내보이는 것을 통제하라

> 결코 신하보다 먼저 입술과 이를 움직이면 안 된다. 내가 오래 침묵을 지킬수록 남들이 더 일찍 자신의 입술과 이를 움직인다. 그들이 입술과 이를 움직이면 나는 그들의 진의를 파악할 수 있다. ……군주가 신비롭지 않으면 대신들이 기회를 포착하여 이용할 것이다. 『한비자』

권력은 여러 가지 면에서 겉모습의 게임이다. 필요한 것보다 말을 덜 하면 당신은 필연적으로 실제보다 더 대단하고 더 큰 힘을 가진 것처럼 보인다. 침묵은 다른 사람들을 불편하게 한다. 인간은 해석과 설명의 본능을 타고났기 때문에, 당신이 무슨 생각을 하는지 알고 싶어서 애가 탈 것이다. 자신이 드러내는 것을 주도면밀하게 통제하면 그들은 당신의 의도나 취지를 꿰뚫어보지 못한다. 짧은 대답은 그들에게 방어적인 태도를 취하게 한다. 그들은 덥석 달려들어 온갖 발언으로 초조하게 침묵을 메울 것이고, 그 과정에서 자신과 자신의 약점에 대한 귀중한 정보를 털어놓을 것이다. 그들은 당신과 헤어진 뒤에 자신이 탈탈 털린 듯한 느낌을 받을 것이며, 집으로 돌아가 당신의 말 한마디 한마디를 곱씹을 것이다. 그들이 이런 식으로 당신의 짧은 발언에 관심을 쏟을수록 당신의 권력은 커질 뿐이다.

✦ **오늘의 법칙** ✦   권력자는 말을 줄임으로써 상대방에게 깊은 인상을 남기고 위압감을 준다.
『권력의 법칙』: 37. 최소한의 말만 하라 — 침묵의 효과

6월 23일 사람들의 자긍심을 공략하라

대화의 참된 정신은 자신의 명석함을 과시하기보다는 상대방의 명석함을 이끌어 내는 데에 있다. **장 드 라브뤼에르**

사람들에게 호의를 얻고자 할 때에 당신이 과거에 그들에게 해준 일을 상기시키면서 감사의 마음을 일으키려고 하지 말라. 감사는 드문 감정이다. 자신의 무력함과 타인에 대한 의존을 떠오르게 하기 때문이다. 우리는 자신을 독립된 존재로 느끼고 싶어한다. 그러니 오히려 과거에 그들이 당신에게 해준 좋은 일들을 상기시켜라. 이렇게 하면 상대방의 자긍심('그래, 나는 너그러워')에 맞장구칠 수 있다. 이렇게 한 번만 상기시키면 그들은 이 이미지를 계속 지키고 싶어서 또 한번 호의를 베풀 것이다. 느닷없이 적을 용서하고 화해의 분위기를 조성하는 것도 비슷한 효과를 낼 수 있다. 이에 감동한 상대방은 당신이 보여준 호의에 답해야겠다는 의무감을 느낄 것이며, 그에 걸맞은 모습을 보여야겠다고 다시 한번 다짐할 것이다.

✦ **오늘의 법칙** ✦   **상대방의 자긍심을 자극하라.**
『인간 본성의 법칙』 : 7. 상대를 긍정해서 저항을 누그러뜨린다 — 방어적 태도의 법칙

6월 24일 악마적인 언어

대부분의 사람들은 상징적인 언어를 구사한다. 그들의 말은 진짜인 것, 감정, 생각, 자신이 실제로 품은 믿음을 가리킨다. 또는 현실의 구체적인 것을 가리키기도 한다('상징적'을 뜻하는 영어 symbolic은 '합치다'를 뜻하는 그리스어에서 유래했다. 이 경우는 낱말과 현실을 합치는 셈이다). 사기의 기술을 숙달하려면 그 반대인 악마적인 언어를 숙달해야 한다. 악마적인 언어는 실재하는 것을 가리키지 않는다. 중요한 것은 그 낱말의 소리, 그 낱말이 불러일으키는 감정이다('악마적'을 뜻하는 영어 diabolic은 '나누다'를 뜻하는 그리스어에서 나왔다. 이 경우는 낱말과 현실을 나누는 셈이다). 사람들이 당신의 감언이설에 주목하게 할수록, 그리고 그 감언이설이 불러일으키는 환각과 환상에 주목하게 할수록 그들은 현실과의 접점을 잃는다. 그들을 구름 속으로 인도해야 한다. 그곳에서는 진실과 거짓을, 실재와 허구를 구별하기가 힘들다.

✦ 오늘의 법칙 ✦　**언제나 모호하게 말하면 사람들은 당신의 진의를 결코 확신하지 못한다. 사악한 악마적인 언어를 구사하면 사람들은 당신의 술수에, 또는 당신의 조종이 일으킬 수 있는 결과에 초점을 맞추지 못할 것이다.**
『유혹의 기술』: 10. 모호함도 무기가 된다 — 언어

6월 25일 신비로운 분위기를 조성하라

모든 것에 약간의 신비를 첨가하면 그 신비가 존경심을 자아낸다. **발타자르 그라시안**

귀족 사기꾼 빅토르 뤼스티히Victor Lustig 백작은 권력 게임을 완벽하게 구사했다. 그는 언제나 특이하거나 터무니없어 보이는 일을 벌였다. 일본인 운전사가 모는 리무진을 타고 최고급 호텔에 모습을 드러냈는데, 당시까지만 해도 일본인 운전사를 본 사람이 없었기 때문에 이국적이고 신기해 보였다. 뤼스티히는 값비싼 옷을 입었지만, 언제나 메달이나 꽃이나 완장 같은 것을 뜬금없이—적어도 관례에 어긋나게—달았다. 이것은 몰취미가 아니라 기이하고 흥미로운 것으로 받아들여졌다. 호텔에서 그는 늘상 전보를 받는 장면을 연출했는데, 일본인 운전사에게 전보를 받아서는 대수롭지 않은 듯 찢어버렸다(사실 전보는 가짜였으며 아무 내용도 없었다). 그는 식당에 홀로 앉아 두껍고 대단해 보이는 책을 읽었으며 사람들에게 미소를 지으면서도 고고한 태도를 유지했다. 며칠 지나지 않아 이 신기한 남자에 대한 관심으로 호텔이 시끌벅적해진 것은 당연한 결과였다. 이 모든 관심 덕분에 뤼스티히는 먹잇감을 손쉽게 유혹할 수 있었다. 사람들은 그의 신뢰를 얻고 그와 친해지려고 애걸복걸했다. 모두가 이 신비로운 귀족 곁에 있고 싶어했다. 그들은 이 신비로움에 현혹된 탓에 자신들이 눈 뜨고 도둑을 맞는지조차 눈치채지 못했다.

✦ **오늘의 법칙** ✦　**사람들은 신비와 수수께끼를 사랑한다. 그들에게 원하는 것을 주어라.**
『권력의 법칙』: 6. 무슨 수를 쓰든 관심을 끌어라 — 루머와 신비화 전략

6월 26일 결코 관습적으로 행동하지 말라

아무리 용감한 사람이라도 뜻밖의 상황에는 당황할 수밖에 없다. **율리우스 카이사르**

관습에서 탈피하는 것은 대체로 청년의 몫이다. 그들은 관습에 안주하지 않으며 관습을 어기는 것에서 커다란 즐거움을 느낀다. 문제는 우리가 나이를 먹을수록 편안함과 예측 가능성을 추구하며 비전통적인 것에 대한 흥미를 잃는다는 것이다. 이것은 나폴레옹이 전략가로서 쇠락한 이유이다. 그는 기발한 전략과 유연한 기동보다는 병력의 규모와 무기의 우위에 점차 더 의존했다. 전략을 구사하려는 열정을 잃었으며 쌓여가는 경륜의 무게에 짓눌리고 말았다. 당신은 신체적 노화보다 정신적 노화에 더 열심히 맞서 싸워야 한다. 책략, 술수, 유연한 기동으로 정신을 가득 채우면 젊음을 유지할 수 있을 것이다. 바퀴를 계속 굴리고 흙을 계속 뒤적여서 그 무엇도 관습에 안주하지 못하도록 하라.

✦ **오늘의 법칙** ✦ **자신이 기른 습관을 깨고 과거와 상반되게 행동하라. 관습에서 벗어난 전투를 마음속으로 연습하라.**
『전쟁의 기술』: 24. 상대의 기대와 예상을 뒤엎어라 — 예측 불가능의 위협감

6월 27일　사람들의 환상을 공략하라

세상에서 가장 혐오스러운 사람은 늘 바른말을 하고 결코 이야기를 지어내지 않는 사람이다.……진실을 말하는 것보다는 지어낸 이야기가 내게는 훨씬 흥미롭고 유익했다. **조지프 와일, 일명 '옐로 키드'**

진실은 종종 추하고 불쾌하기 때문에 외면을 당한다. 환멸에 따르는 분노를 감당할 자신이 없다면, 결코 진실과 현실에 호소하지 말라. 권력을 얻으려면 주변 사람들에게 즐거움의 원천이 되어야 하며, 사람들에게 즐거움을 선사하려면 그들의 환상을 공략해야 한다. 열심히 노력하면 점점 좋아질 거라고 결코 약속하지 말라. 허황된 꿈, 거창하고 갑작스러운 변화, 노다지를 약속하라.

✦ 오늘의 법칙 ✦　삶은 혹독하고 고달프기 때문에, 공상을 지어내거나 환상을 불러일으킬 수 있는 사람은 사막의 오아시스와 같다. 모두가 그에게 몰려든다. 대중의 환상을 활용할 수 있다면 어마어마한 권력을 얻을 것이다.

『권력의 법칙』: 18. 사람들의 환상을 이용하라 — 대중의 기대심리

6월 28일 권위의 아우라를 새롭게 하라

당신이 신뢰와 존경을 불러일으키는 행동을 할 때마다 권위는 더욱 커질 것이다. 그러면 당신은 원대한 계획을 실현할 수 있을 만큼 권력을 오래 유지하는 호사를 누릴 수 있다. 하지만 나이를 먹으면서 당신이 쌓은 권위가 경직되고 고리타분해질 수 있다. 사람들이 과거에 당신을 얼마나 존경했든, 권력을 장기간 독점한 탓에 아버지 같은 압제자로 비치기 시작한다. 당신이 만들어낸 아우라와 매력에 매혹되지 않는 새로운 세대의 등장은 필연적이다. 그들은 당신을 구닥다리로 취급한다. 나이를 먹으면 관용을 잃고 독재적으로 바뀔 우려도 있다. 남들이 자신을 따르지 않는다는 것을 상상하지 못하기 때문이다. 당신은 무의식적으로 자신이 존경받을 자격이 있다고 느끼기 시작하며 사람들도 이것을 감지한다. 게다가 대중은 새로움과 참신한 얼굴을 원한다.

이런 위험을 피하는 첫 번째 단계는 예민함을 잃지 않는 것이다. 사람들의 말 이면에서 기분을 감지하고 당신이 신참자와 젊은이들에게 미치는 영향력을 가늠해야 한다. 공감 능력을 잃는 것을 무엇보다 두려워해야 한다. 드높은 평판이라는 고치에 스스로를 가두면 안 된다. 두 번째 단계는 당신이 공략할 새로운 시장과 청중을 찾는 것이다. 그러려면 그에 적응하는 수밖에 없다. 가능하다면 권위의 범위를 넓혀라. 젊은 세대를 이해하지도 못하면서 그들의 관심을 끌려는 바보짓을 하지 말고 세월의 변화에 맞춰 스타일을 변화시켜보라. 이것은 예술 분야에서 파블로 피카소나 앨프리드 히치콕, 코코 샤넬 같은 사람들이 성공을 거둔 비결이었다.

유연성과 적응 능력을 발휘하면 신적이고 불멸하는 듯한 인상을 풍길 수 있다. 당신의 정신은 여전히 생생하고 개방적이며 권위는 새로워질 것이다.

『인간 본성의 법칙』: 15. 권위란 따르고 싶은 모습을 연출하는 기술이다 ─ 변덕의 법칙

6월 29일　사람들의 가치를 반영하라

거룩한 것을 개에게 주지 말고 진주를 돼지에게 던지지 마라. 그것들이 발로 그것을 짓밟고 돌아서서 너희를 물어뜯을지도 모른다.
예수 그리스도, 「마태오의 복음서」, 제7장 6절

지혜롭고 명철한 사람들은 통념을 믿지 않으면서도 그런 말과 행동을 할 필요가 있음을 일찌감치 깨우친다. 이들은 대중에 영합함으로써 고립되거나 배척당하지 않고도, 자신이 생각하고 싶은 것을 생각하고 자신이 표현하고 싶은 사람들에게 그 생각을 표현할 권력을 얻는다. 이 방법을 논리적으로 확장하면 만인에게 만 가지 모습으로 보일 수 있는 귀중한 능력이 된다. 사회에 진입할 때에는 자신의 생각과 가치를 내려놓고 자신이 속한 집단에 가장 알맞은 가면을 써라. 사람들은 미끼를 삼킬 것이다. 당신이 자신들의 생각을 공유한다고 믿고 싶어하기 때문이다. 당신이 신중을 기한다면 그들은 당신을 위선자로 여기지 않을 것이다. 당신이 자신의 속내를 드러내지 않는데 어떻게 그들이 당신의 위선을 비난할 수 있겠는가? 그들은 당신이 가치를 공유하지 않는다는 것도 알아차리지 못할 것이다. 물론 당신이 그 가치를 공유하는 것은 그들과 함께 있을 때뿐이지만.

✦ **오늘의 법칙** ✦　**표현의 자유를 완벽하게 누리는 것은 사회적으로 불가능하다. 그러니 자신의 생각을 감춘 채, 과민하고 불안정한 사람들에게 그들이 듣고 싶어하는 말을 해주어라.**
「권력의 법칙」: 30. 본심은 감추고 남과 같이 행동하라 ─ 동화 전략

6월 30일 정직한 악당을 연기하라

　　당신이 기만에 능한 사람이라는 평판을 쌓았다면, 아무리 연막을 치고 딴청을 피우고 진실한 시늉을 하고 시선을 교란시켜도 자신의 의도를 숨길 수 없을 것이다. 또한 당신이 나이를 먹고 성공을 거둠에 따라 간계를 위장하기가 점차 힘들어진다. 당신이 기만을 부린다는 것은 누구나 안다. 계속해서 어수룩한 체하다가는 가장 뻔뻔한 위선자처럼 보일 우려가 있다. 그러면 당신의 행동반경이 심각하게 제한될 것이다. 그런 경우에는 전부 털어놓고 정직한 악당이나 (더 바람직하게는) 뉘우치는 악당 행세를 하라. 당신은 솔직함 덕분에 존경받을 뿐 아니라 놀랍고 신기하게도 자신의 책략을 계속 구사할 수 있을 것이다. 19세기의 흥행사이자 사기꾼인 P. T. 바넘Barnum은 나이를 먹으면서 대형 사기꾼이라는 자신의 평판을 받아들이는 법을 배웠다. 한번은 뉴저지에서 인디언들과 수입 들소 몇 마리만 가지고 들소 사냥 대회를 개최했다. 그는 사냥 대회를 진짜라고 홍보했지만, 어찌나 허무맹랑하던지 군중은 화를 내며 환불을 요구하는 것이 아니라 무척 즐거워했다. 그들은 바넘이 언제나 사기를 친다는 사실을 알았다. 그것이 그의 성공 비결이었으며 사람들이 그를 좋아한 이유이기도 했다. 이 일화에서 교훈을 얻어라. 바넘은 자신의 수법을 끝까지 숨기지는 않았으며, 자서전에서 기만술을 솔직하게 폭로하기까지 했다. 쇠렌 키르케고르Søren Kierkegaard는 이렇게 말했다. "세상은 속고 싶어한다."

✦ **오늘의 법칙** ✦　　자신의 간계를 더는 위장할 수 없을 때는 오히려 수법을 털어놓아라.
『권력의 법칙』:36. 의도를 드러내지 마라 — 유인책과 연막술

7월

유혹적 성격

― 가슴과 머리를 꿰뚫어라 ―

July _____

대부분의 사람들은 누군가가 우리를 사랑하게 하는 것이 얼마나 위력적인지 경험했을 것이다. 우리의 행동, 몸짓, 말, 이 모든 것들이 우리를 사랑하는 사람에게 긍정적인 영향을 미친다. 우리가 무엇을 잘한 것인지 완전히 이해하지는 못해도, 이 권력의 감정은 우리를 취하게 한다. 이 감정은 우리에게 자신감을 선사하여 우리를 더 유혹적인 존재로 만든다. 사회적 환경이나 업무 환경에서도 이 감정을 경험할 수 있다. 우리의 기분이 들떠 있고 사람들이 우리에게 더 호응하고 더 매혹되는 것처럼 보일 때가 있다. 이 권력의 순간들은 찰나이지만, 기억 속에서 강렬하게 울려퍼진다. 우리는 그 순간을 다시 경험하고 싶어한다. 사람들과 어색하거나 친분을 맺지 못하는 느낌을 좋아하는 사람은 아무도 없다. 우리가 세이렌의 유혹을 거부할 수 없는 이유는 권력을 거부할 수 없기 때문이며, 현대 사회에서 우리에게 가장 많은 권력을 가져다주는 것은 유혹하는 능력이다. 유혹하려는 욕구를 억누르는 것은 일종의 히스테리적 반응으로, 유혹에 대한 깊은 매혹을 역으로 드러낸다. 당신은 자신의 욕구를 더 강하게 만들고 있을 뿐이다. 언젠가 그 욕구가 수면 위로 드러날 것이다. 그런 힘을 가지기 위해서 성격을 완전히 뜯어고칠 필요는 없다. 외모를 바꿀 필요도 없다. 유혹은 아름다움이 아니라 심리적인 게임이며, 누구나 이 게임의 대가가 될 수 있다. 7월은 매혹이라는 무기로 무장하여 주변 사람들이 영문도 모른 채 서서히 저항 능력을 잃도록 하는 달이다. 유혹은 복잡한 시대에 걸맞은 전쟁 기술이다.

유혹을 남자가 여자에게, 여자가 남자에게 하는 것으로만 생각하지 말라. 유혹은 우리 사회에 스며 있다. 광고, 마케팅, 인터넷, 정치에도 있다.

유혹은 상황에 따라서 조금씩 달라진다. 물론 정치인이 국민을 유혹하거나 인플루언서가 구독자들을 유혹하는 것은 성적 유혹과 동일하지 않다. 하지만 원리, 주문을 거는 법, 황홀감, 과정은 흡사하다.

나는 사람들에게 유혹이란 당신이 영화를 볼 때, 영화가 자신에게 주문을 거는 것처럼 느껴지는 것과 비슷하다고 말한다. 영화의 유혹은 당신을 이야기 안으로 끌어당긴다. 당신의 감정에 영향을 미친다. 당신을 삶에서, 지루한 일상 업무에서 건져내어 황홀감을 느끼게 한다. 영화가 끝나면 당신은 감동의 눈물을 흘릴 때도 있고 배꼽을 잡을 때도 있다. 이것은 일종의 유혹이다. 당신의 심리는 감독, 작가, 배우에게 꿰뚫렸다.

사람들은 삶에서 이런 유혹을 받고 싶어서 사족을 못 쓴다. 그들은 황홀감을 바란다. 드라마를 바란다. 쾌감을 바란다. 마법의 양탄자에 올라타서 모험을 떠나고 싶어한다.

유혹은 유년기에 단단히 주입된 욕구이다. 유혹은 상대방 내면의 어린아이에게 다가가는 것과 같다. 당신이 어릴 적에 가장 즐거운 것은 무엇이었는가? 엄마, 아빠가 당신 손을 잡고 공중에서 빙빙 돌려주는 것 아니었는가? 누군가가 당신을 어디론가 데려가주는 느낌, 그들의 통제하에 놓이는 느낌—이 느낌은 당신을 웃게 했고 크나큰 즐거움을 선사했다. 영화를 볼 때에도 같은 일이 일어난다. 영화는 당신을 데리고 여행을 떠난다. 당신은 자신이 어디로 가는지, 무슨 일이 벌어지는지 정확히 알지 못한다.

사람들은 삶에서 이런 경험을 충분히 누리지 못한다. 유혹은 당신이 가졌을지도 모르는 놀라운 능력이다.

그 출발점은 유혹자가 되려는 욕망이다. 이렇게 생각하고 싶을지도 모르겠다. '유혹자가 되고 싶진 않아. 유혹에는 관심 없어.' 아니, 당신은 유혹자가 되고 싶다. 아니, 당신은 유혹에 관심이 있다. 사람들이 평상시에 세우는 벽을 생각해보라. 당신은 자녀의 마음속에 들어가지 못한다. 배우자, 직원, 동료의 마음속에 들어가지 못한다. 당신은 벽에 가로막혀 있으며 이 때문에 좌절한다. 이제 삶에서 당신이 타인에게 영향력을 미쳤을 때, 누군가가 당신의 주문에 걸렸을 때, 당신의 말이 그들에게 흥분과 관심을 불러일으켰을 때를 생각해보라. 당신이 말을 건네면 전기가 통한다. 그것은 놀랍고 강렬한 경험이다. 당신은 더 많이 경험하기를 원한다. 유혹할 수 있는 사람이 되고 싶어한다. 사람들이 가슴과 머리 주변에 세운 벽을 뚫고 안으로 들어가고 싶어한다.

이것이 첫 번째이다. 당신은 삶에서 유혹을 원한다.

두 번째는 당신이 유혹에 대해서 오해하고 있다는 것이다. 대부분의 사람들도 마찬가지이다. 유혹의 관건은 냉철하고 계산적인 전략이 아니다. 자연스러움을 담는 것이다. 계산을 너무 많이 하면―'A 단계를 한 다음 B 단계를 하고, 그 다음 C 단계를 해야겠어'―유혹에 실패한다. 사람들은 당신이 머리를 굴리고 있음을 감지할 수 있다. 우리는 상대방이 지나치게 안달한다는 것, 『유혹의 기술』을 읽고서 24가지 전략을 구사하고 있다는 것을 느낄 수 있다. 이래서는 효과가 없다.

자신의 타고난 특징들을 끄집어내야 한다. 누구에게나 자신을 진정으로 유혹적인 사람으로 만들어주는 타고난 특징이 있다. 당신에게도 있다. 그 특징은 아직 잠재해 있을 뿐이며, 밖으로 나오고 싶어한다. 그것은 당신을 흥미롭고 훌륭한 유혹자로 만들어줄 것이다.

그와 더불어 유혹자의 태도로 삶에 접근하라. 모든 것을 게임이요, 게임의 무대라고 생각하라. 유혹자는 고리타분하고 억압적인 도덕주의자들이 유혹자의 악덕을 성토하면서도 남몰래 자신들의 힘을 부러워한다는 것을 알기 때문에 타인의 의견에 일희일비하지 않는다. 유혹자는 도덕적 판단을 무시한다. 그보다 덜 유혹적인 것은 없으니까.

모든 것은 삶 자체가 그렇듯이 유연하고 유동적이다. 유혹은 일종의 기만이지만, 사람들은 홀리고 싶어한다. 유혹당하기를 갈망한다.

도덕주의적 성향을 떨쳐버리고 유혹자의 유쾌한 철학을 받아들여라. 그러면 유혹의 나머지 과정이 수월하고 자연스럽게 느껴질 것이다.

7월 1일 유혹자의 눈으로 세상을 바라보라

　　유혹의 힘을 가지기 위해서 성격을 완전히 뜯어고치고, 외모를 바꿀 필요는 없다. 유혹은 아름다움이 아니라 심리 게임이며, 누구나 이 게임의 대가가 될 수 있다. 세상을 다르게 보는 것, 유혹자의 눈으로 바라보는 것이면 충분하다. 유혹자는 삶을 극장으로, 모든 사람을 배우로 생각한다. 대부분의 사람들은 자신이 인생에서 보잘것없는 역할을 맡았다고 느끼며, 이 때문에 불행하다. 이에 반해서 유혹자는 누구든 될 수 있고 수많은 역할을 맡을 수 있다. 유혹자는 연기에서 즐거움을 느끼며 자신의 역할을 고정시키지 않는다. 참된 자신이 되거나 자연스러워야 한다는 압박에 시달리지도 않는다. 그들이 가진 이 자유, 육체와 정신의 유연성이야말로 그들을 매력적인 존재로 만든다. 사람들의 삶에 필요한 것은 더 많은 현실이 아니라 환각, 환상, 유희이다. 유혹자가 입는 옷, 유혹자가 당신을 데려가는 장소, 유혹자의 말과 행동은 현실에서 조금은 벗어나 있다. 노골적으로 극적이지는 않지만, 마치 두 사람이 소설 속에서 살고 있거나 영화 속 등장인물이 된 듯한 유쾌한 비현실성이 있다.

✦ **오늘의 법칙** ✦　　유혹은 현실의 세계에 존재하는 극장이요, 환상과 현실이 만나는 곳이다.

『유혹의 기술』: 머리말

7월 2일   만족을 미루라

만족을 미루는 능력은 궁극적인 유혹의 기술이다. 당신이 뜸을 들이는 동안 상대방은 노예로 잡혀 있다. 코케트Coquette, 즉 요부는 이 게임의 대가로, 희망과 좌절 사이를 능수능란하게 넘나든다. 그들은 보상—육체적 쾌락, 행복, 명성, 권력의 희망—의 약속을 미끼로 내걸지만, 무엇 하나 손에 쥐여주지 않는다. 그런데도 상대방은 더욱 안달한다. 요부는 무엇도 필요하지 않은 것처럼 보인다. 그들은 당신이 필요 없다고 말하는 듯하다. 그들의 나르시시즘은 지독히도 매력적이다. 당신은 그들을 정복하고 싶어하지만, 패를 쥔 것은 그들이다. 요부의 전략은 결코 완전한 만족을 제공하지 않는 것이다. 뜨거웠다가 차가워지는 요부의 행태를 본받으면 당신은 상대방을 마음대로 주무를 수 있을 것이다. 사랑과 욕망의 결정적 속성을 이해해야 한다. 당신이 누군가를 노골적으로 따라다닐수록 그는 당신을 멀리할 것이다. 지나친 관심은 잠깐 동안은 눈길을 끌 수 있겠지만, 금세 상대방을 질리게 하고 급기야 공포를 유발한다. 이것은 나약함과 절박함의 신호이다. 둘의 조합은 전혀 유혹적이지 않다. 우리는 열 번 찍어 안 넘어가는 나무가 없다고 생각하여 이 같은 실수를 번번이 저지른다. 하지만 요부는 이 심리를 본능적으로 간파한다. 그들은 작전상 후퇴의 대가로, 냉담함을 감지하면 이따금 모습을 감춰 상대방의 허를 찌르고 놀라게 하고 안달하게 한다. 그들이 모습을 감춰 신비감을 더하면 우리는 그들의 모습을 머릿속에 그린다(이에 반해 친숙함은 우리가 이미 구축한 이미지를 깎아내린다). 이따금 거리를 두면 감정을 더 북돋울 수 있다. 우리는 분노가 아니라 불안을 느낀다. 그들이 실은 우리를 좋아하지 않을까봐, 우리에게 흥미를 잃었을까봐 노심초사한다. 여기에 허영심이 더해지면 우리는 자신에게 여전히 매력이 있음을 입증하려고 요부에게 굴복한다.

✦ 오늘의 법칙 ✦ 요부의 본질은 성적 유혹에 있는 것이 아니라, 유혹 이후에 한발 물러서는 것, 애간장을 태우는 것에 있다. 이것이야말로 상대방을 노예로 만드는 욕망의 열쇠이다.

『유혹의 기술』: 6. 마음을 뒤흔드는 코케트

7월 3일 시선을 밖으로 돌려라

유혹자는 결코 자신에게 몰두하지 않는다. 그들의 시선은 안이 아니라 밖을 향한다. 여기에는 몇 가지 이유가 있다. 첫째, 자신에게 몰두하는 것은 불안의 신호이며 유혹에 역효과를 낸다. 누구에게나 불안한 구석이 있지만, 유혹자는 그것을 무시하고 세상에 몰두함으로써 자기 의심의 순간을 극복하는 방법을 찾는다. 그렇기 때문에 그는 낙천적이며, 그래서 우리는 그의 곁에 있고 싶어한다. 둘째, 유혹자는 상대방의 입장에 서서 상대방의 처지를 상상함으로써 귀중한 정보를 얻으며 무엇이 상대방의 마음을 사로잡는지, 무엇이 상대방의 판단력을 빼앗아 함정에 빠뜨리는지 알아낸다. 그런 정보로 무장한 유혹자는 상대방에게 집중적으로 또한 맞춤형으로 관심을 기울일 수 있다. 대부분의 사람들이 선입견의 장막을 통해서 우리를 바라보는 이 세상에서, 이것은 희귀한 자산이다.

✦ **오늘의 법칙** ✦　**누군가를 만났을 때, 당신이 처음 해야 할 일은 그의 입장에 서서 그의 눈으로 세상을 바라보는 것이다.**
『유혹의 기술』: 머리말

7월 4일   공감하는 태도

당신이 맞닥뜨리는 최대의 위험은 자신이 사람들을 진정으로 이해하며 그들을 한눈에 판단할 수 있다는 자신감이다. 그보다는 자신이 무지하며 편견을 타고나서 사람들을 부정확하게 판단한다는 가정에서 출발해야 한다. 당신이 만나는 한 사람 한 사람은 하나의 미지의 세계와 같으므로, 저마다의 특수한 심리적 특징을 조심스럽게 탐구해야 한다. 이 유연하고 개방적인 정신은 더 많은 가능성과 대안들을 기꺼이 고려하는 창의력을 닮았다. 사실 공감능력을 계발하면 창의력도 향상된다. 이러한 태도 변화를 처음 시도하기에 가장 좋은 곳은 무수한 일상 대화이다. 자신의 의견을 피력하려는 평상시의 충동을 억누르고 상대방의 관점에 귀를 기울여보라. 이런 방식으로 무궁무진한 호기심을 품고, 끊임없는 내적 독백은 최대한 자제하라. 상대방에게 온전히 주목하라. 이때 중요한 것은 경청의 수준이다. 대화 중에 상대방이 했던 말이나 그가 언급하지는 않았지만 당신이 감지한 것을 받아서 되풀이하라. 이렇게 하면 어마어마한 유혹적 효과를 거둘 수 있다.

✦ **오늘의 법칙** ✦   **섣불리 판단하려는 성향을 버려라. 마음을 열고 사람들을 새로운 관점에서 보라. 상대방이 당신과 비슷하다거나 당신과 가치를 공유할 거라고 넘겨짚지 말라.**

『인간 본성의 법칙』: 2. 자기애를 타인에 대한 공감으로 바꾼다 — 자기도취의 법칙

7월 5일 위반과 금기를 자극하라

오늘날 사람들은 개인적인 행동에 대한 제약을 벗어버리고 모든 일에서 더 자유로워지려고 안달하는지도 모르겠지만, 그래봐야 유혹은 더 힘들어지고 덜 흥미로워질 뿐이다. 심리적이거나 허구에 불과할지언정 위반과 범죄의 느낌을 다시 불러일으키도록 당신이 할 수 있는 일을 하라. 유혹을 완성하기 위해서는 넘어야 할 걸림돌, 어겨야 할 사회 규범과 깨뜨려야 할 법률이 있어야 한다. 오늘날의 관대한 사회에서는 제약이 거의 없는 것처럼 보일지도 모르지만, 그래도 찾아보라. 제약, 성스러운 존재, 행동 규범은 어디에나 있을 것이다. 위반과 금기를 자극할 수단은 끝없이 널려 있다. 일단 상대방의 위반 욕구를 자극하여 그가 당신에게 이끌리면, 중도에 빠져나가기란 쉬운 일이 아니다.

✦ **오늘의 법칙** ✦ 　**그들이 상상한 것보다 더 멀리까지 그들을 데려가라. 죄책감과 공범 의식을 공유하면 그들을 단단한 끈으로 묶을 수 있다.**

『유혹의 기술』: 18. 은밀한 일을 함께해 죄책감을 공유하라 ─ 유대감

7월 6일   은근한 설득

　　유명인으로서, 유행 선도자로서, 공직 후보자로서 자신을 홍보하는 것이 목표라고 해보자. 방법은 두 가지이다. 하나는 노골적인 설득(직접적 방법)이고, 다른 하나는 은근한 설득(간접적 방법)이다. 노골적인 설득은 자신의 주장을 단도직입적으로 내세우는 것이다. 당신은 성취를 홍보하고 통계를 인용하고 전문가의 의견을 언급하고 심지어 청중에게 당신의 메시지가 무시당할 때에는 약간의 공포를 자아내기까지 한다. 그러면 어떤 사람들은 설령 당신의 말이 진실이더라도 불쾌감을 느끼고 메시지를 거부할 것이다. 또 어떤 사람들은 당신에게 조종당한다고 느낄 것이다. 전문가와 통계를 믿는 사람이 어디 있어? 왜 저렇게 애를 쓰지? 이에 반해서 은근한 설득은 유쾌하고 귀를 즐겁게 하고 여러 번 반복해도 짜증을 일으키지 않기 때문에 큰 효과를 거둘 수 있다. 이 기법은 17세기 유럽의 돌팔이 의사들이 발명했다. 그들은 엉터리 만병통치약을 팔려고 처음에는 파는 것과 아무 상관도 없는 쇼—어릿광대, 음악, 보드빌풍의 공연—를 벌였다. 군중이 모여들어 웃으며 긴장을 풀면 행상꾼이 무대에 올라 만병통치약의 기적적 효능을 짧지만 극적으로 홍보했다. 그 뒤로 수백 년 동안 홍보업자, 광고업자, 정치 전략가 등이 이 방법을 새로운 차원으로 끌어올렸으나, 은근한 설득의 기본은 달라지지 않았다. 바로 당신의 이름이나 메시지를 긍정적인 분위기로 둘러싸 만족감을 선사하는 것이다.

✦ **오늘의 법칙** ✦　결코 무엇인가를 파는 것처럼 보이지 말라. 조종하는 것처럼 보여 의심을 살 것이다. 오락과 흥겨운 분위기를 내세우고 은근슬쩍 홍보하라.

『유혹의 기술』: 대중을 사로잡는 법

7월 7일   스스로를 욕망의 대상으로 보이게 하라

우리가 하나를 다른 하나보다 선호하는 것은 대체로 친구들이 이미 선호하기 때문이거나 그 대상이 사회적인 의미를 부여받았기 때문이다.……어떤 사람을 일컬어 매력적이라고 말할 때, 우리의 진의는 남들이 그를 갈망한다는 것이다.
세르게이 모스코비치

남들이 피하거나 무시하는 사람에게 이끌리는 사람은 거의 없다. 사람들은 이미 관심을 끌어당긴 사람 주위로 모여든다. 우리는 남들이 원하는 것을 원한다. 상대방을 더 가까이 끌어당기고 당신을 갈망하게 하려면, 많은 사람들이 당신을 원하고 당신에게 구애하는 것처럼 보이게 하여 매력의 아우라를 창조해야 한다. 그러면 그들은 당신의 관심을 우선적으로 받는 대상이 되고 싶어할 것이며, 추종자 무리를 따돌리고 당신을 차지하려고 들 것이다. 자신을 이성들—친구, 전 애인, 현 구혼자—로 둘러싸서 인기 있는 사람처럼 보이게 하라. 삼각관계를 유도하여 경쟁심을 자극하고 자신의 가치를 높여라.

✦ **오늘의 법칙** ✦   **유혹하기 전에 평판을 쌓아라. 많은 사람들이 당신의 매력에 굴복했다면 거기에는 틀림없이 이유가 있을 테니까.**
『유혹의 기술』: 4. 누구에게나 사랑받는 사람으로 보이도록 행동하라 — 경쟁 유발

7월 8일　반유혹자

　　반反유혹자는 형태와 유형이 다양하지만, 유혹을 거부하게 만드는 하나의 특질을 공유하는데, 바로 불안감이다. 우리는 모두 불안을 느끼며 이 때문에 고통받는다. 하지만 때로는 이런 감정을 극복할 수 있다. 유혹은 우리를 평상시의 자아도취에서 끄집어낼 수 있으며 우리는 유혹하고 유혹당하는 만큼의 열정과 자신감을 느낀다. 하지만 반유혹자는 너무 불안정한 탓에 유혹의 과정에 이끌리지 못한다. 그들의 욕구, 불안, 자의식이 그들을 가둔다. 그들은 당신의 말과 행동에 조금이라도 모호한 구석이 있으면 그것을 자아에 대한 모독으로 해석한다. 아무리 살짝 발을 빼더라도 배신으로 여겨 격한 불만을 쏟아낸다. 방법은 간단하다. 반유혹자가 거부하면 거부당하라. 그들을 피하라. 그러나 안타깝게도 많은 반유혹자들은 첫눈에 간파할 수 없다. 그들은 더 교묘하며, 신중을 기하지 않으면 지독히도 힘겨운 관계에 당신을 옭아맬 것이다. 그들의 자기중심주의와 불안을 드러내는 단서를 찾아야 한다. 그들은 옹졸할 수도 있고 이례적으로 집요하게 언쟁을 벌일 수도 있으며 남을 꼬치꼬치 판단할 수도 있다. 당신을 알기도 전에 애정을 선언하면서 과분한 칭찬을 퍼부을 수도 있다. 가장 중요한 단서는 그들이 세부적인 것에 전혀 눈길을 주지 않는다는 것이다. 그들은 당신을 남다른 존재로 만드는 점을 보지 못하기 때문에, 섬세한 관찰로 당신을 놀라게 할 수 없다. 그들에게는 섬세함이 없기 때문에, 유혹에 필요한 쾌감을 약속하지 못한다.

✦ 오늘의 법칙 ✦　　**자기 자신과 스스로의 불안 밖으로 나와 상대방의 정신 속으로 들어감으로써 반유혹적 성향을 떨쳐버려라.**

『유혹의 기술』: 10. 유혹할 줄 모르는 사람들

7월 9일 사람들이 응석을 받아주고 싶어하게 하라

사람들은 육체적 아름다움이나 우아함, 노골적인 관능미가 매력적이고 유혹적인 사람의 특징이라고 곧잘 착각한다. 하지만 코라 펄Cora Pearl은 기막힌 미인도 아니었고 몸매는 소년 같았으며 스타일은 현란하고 세련미도 없었다. 그럼에도 유럽에서 내로라하는 남자들이 그녀의 마음을 얻으려고 경쟁했으며, 그러다 파산하는 경우도 비일비재했다. 그들을 사로잡은 것은 코라의 생각과 태도였다. 그녀는 응석받이로 자랐기 때문에, 사람들이 자신의 응석을 받아주는 것이 당연하다고, 모든 남자들이 그렇게 해야 한다고 생각했다. 그런 탓에, 그녀는 마치 아이처럼 상대방을 즐겁게 해주어야 한다고 느낀 적이 한 번도 없었다. 남자들이 코라를 소유하고 싶어한 것은 그녀의 고고한 독립적인 분위기 때문이었다. 교훈은 단순하다. 부모에게 응석을 부리기에는 너무 늦었을지 몰라도 다른 사람들에게는 언제까지나 그럴 수 있다. 그것은 오로지 태도의 문제이다. 사람들은 삶에서 많은 것을 기대하는 이들에게 끌리는 반면에, 두려움이 많고 요구하는 것이 적은 이들에게는 경멸감을 느낀다.

✦ **오늘의 법칙** ✦ 강한 독립심은 우리에게 도발적인 영향을 미친다. 우리를 매혹하는 동시에 도전 의식을 자극한다. 우리는 고고한 상대방을 길들여 자신에게 의존하도록 만들고 싶어한다.
『유혹의 기술』: 5. 아이같이 순수한 내추럴

7월 10일   입소문을 퍼뜨려라

당신이 득표든 매출이든 간에 노리는 것이 있음을 알아채는 순간 사람들은 반감을 품는다. 하지만 홍보를 사건으로 위장하여 뉴스에 내보내면 상대방의 반감을 누그러뜨릴 수 있을 뿐 아니라 자신에게 유리한 사회적 분위기를 조성할 수도 있다. 이 방법이 효과를 발휘하려면 당신이 준비한 사건이, 언론이 보도하는 다른 모든 사건들보다 눈에 띄어야 하지만 너무 튀어서는 안 된다. 그랬다가는 억지스러워 보일 것이다. 뉴스에 보도되면 현실성을 인정받는다. 이 인위적인 사건에 긍정적 연상을 부여하는 것이 관건이다. 이를테면 애국적이거나 묘하게 성적이거나 영적인 연상—즐겁거나 유혹적인 모든 것—은 그 자체로 생명력을 발휘한다. 누가 저항할 수 있겠는가? 사람들은 자신이 홍보에 넘어갔음을 깨닫지도 못한 채 사실상 스스로를 설득하여 군중의 일원이 된다. 유혹에는 적극적인 참여의 느낌이 반드시 있어야 한다. 점점 확산되는 유행에 뒤처진다는 느낌을 받고 싶어하는 사람은 아무도 없다. 자신의 메시지를 유행으로 선언하면 정말 유행이 될 것이다. 일종의 입소문을 내어 당신이 판매하는 것을 가지려는 욕망에 점점 많은 사람들이 사로잡히도록 하는 것을 목표로 삼아라.

✦ **오늘의 법칙** ✦ 유행이나 생활양식의 첨단을 달리는 것처럼 보이면, 대중이 자기만 뒤처질까봐 당신을 덥석 받아들일 것이다.
『유혹의 기술』: 대중을 사로잡는 법

7월 11일   친구에서 연인으로

> 나는 그녀에게 다가가지 않는다. 주변을 맴돌 뿐이다. ······이것이 그녀를 옭아맬 첫 번째 거미줄이다. **쇠렌 키르케고르**

우정에서 사랑으로 발전하면 의도적이라는 인상을 풍기지 않고도 성공을 거둘 수 있다. 첫째, 상대와 친근하게 대화를 나누면서 그들의 성격, 취향, 약점, 어른이 된 후에도 지배력을 발하는 어린 시절의 갈망에 대한 귀중한 정보들을 얻을 수 있다. 둘째, 상대와 함께 시간을 보내면 그들이 당신에게 편안함을 느끼도록 할 수 있다. 그들은 당신의 관심사가 자신의 생각, 자신과의 교제뿐이라고 믿고서 저항의 문턱을 낮추고 이성 간에 있기 마련인 긴장을 내려놓을 것이다. 이제 그들은 무방비 상태가 된다. 우정이 육체로 통하는 황금 문—마음—을 열었기 때문이다. 이 단계가 되면 지나가는 말 한마디, 사소한 신체 접촉 하나로도 전과는 다른 생각을 자극하여 그들의 허를 찌를 수 있다. 당신과 그들 사이에 전과는 다른 무엇인가가 존재할 수 있는 것이다. 일단 그런 감정이 생기면 그들은 왜 당신이 가만히 있는지 궁금해할 것이며, 자신이 통제권을 쥐고 있다는 환각에 취해 먼저 나설 것이다. 유혹당하는 자가 자신이 유혹하고 있다고 착각하게 하는 것보다 더 효과적인 유혹 방법은 없다.

✦ **오늘의 법칙** ✦   비교적 중립적인 관계를 맺은 뒤에 점차 **친구에서 연인으로 발전하라.**
  『유혹의 기술』: 2. 안심할 수 있을 만큼만 접근하라 — 거리 두기

7월 12일 상대방의 기대를 무너뜨려라

너무 지속되는 평화는 치명적 권태를 낳는다. 단조로움은 사랑을 죽인다. 합리주의가 정신의 문제에 끼어들면, 열정은 사라지고 무기력이 득세하고 피로가 일기 시작하면서 혐오감이 관계에 종지부를 찍는다. **니농 드 랑클로**

친숙함은 유혹의 무덤이다. 상대가 당신의 모든 것을 알면 관계는 편안함의 단계에 오르는 대신에 환상과 불안의 요소를 잃는다. 불안과 일말의 두려움이 없다면, 에로틱한 긴장감도 사라진다. 명심하라. 현실은 유혹적이지 않다. 어느 정도의 신비감을 간직하지 못하면, 뻔한 사람이 되고 만다. 그 뒤에 벌어지는 일은 오로지 당신 탓이다.

✦ **오늘의 법칙** ✦ 자신의 성격에 어두운 구석을 남겨두고, 기대를 무너뜨리고, 거리를 두어 애착을 끊고 소유욕을 무산시켜 친숙함이 기어들지 못하도록 하라.
『유혹의 기술』: 24. 당연히 옆에 있는 존재로 여겨져서는 안 된다 — 정리

7월 13일   대비 효과를 활용하라

둔감하거나 매력 없는 사람들을 교묘하게 활용하면 상대적으로 자신의 매력을 돋보이게 할 수 있다. 이를테면 사교 모임에서 당신의 목표 대상이 그곳에서 가장 따분한 사람과 담소를 나누도록 하라. 당신이 구원자로 나서면 상대는 당신을 반가워할 것이다. 쇠렌 키르케고르가 쓴 『유혹자의 일기*Forførerens Dagbog*』에서 요하네스는 젊고 순진한 코델리아를 유혹할 계획을 세운다. 친구 에드바르트가 대책 없이 수줍고 둔한 것을 알고서 그는 친구에게 그녀를 유혹하라고 부추긴다. 몇 주간 에드바르트의 애정 공세에 시달리던 그녀가 다른 사람—다른 누구라도—을 찾으려고 할 때, 요하네스가 그녀의 시선을 끈다. 요하네스는 전략을 세우고 계획을 실행하는 방안을 선택했지만, 어떤 상황에서든 당신이 자연스럽게 활용할 수 있는 비교 대상이 있을 것이다.

✦ 오늘의 법칙 ✦   대비 효과를 활용하라. 사교 모임에서 가장 희소한 매력(유머나 쾌활함 등)을 길러 과시하거나 타고난 성격이 희귀하여 빛날 수 있는 모임을 선택하라.
『유혹의 기술』: 4. 누구에게나 사랑받는 사람으로 보이도록 행동하라— 경쟁 유발

7월 14일 계산된 놀람을 연출하라

아이는 대개 제멋대로에다가 고집불통이며 일부러 우리가 원하는 것과 정반대로 행동한다. 하지만 아이들이 평상시의 고집을 기꺼이 꺾는 경우가 있는데, 바로 놀람을 약속받았을 때이다. 그 놀람은 상자에 감춰진 선물일 수도, 결말을 예측할 수 없는 게임일 수도, 목적지를 모르는 여행일 수도, 반전이 있는 짜릿한 이야기일 수도 있다. 아이들은 놀람을 기다리는 순간에는 고집을 내려놓는다. 당신이 그들 앞에서 가능성을 흔드는 한 그들은 당신을 따를 것이다. 이 순진한 습관은 우리의 내면 깊숙이 파묻혀 있으며 인간의 근본적인 쾌감의 원천이다. 그것은 목적지를 알고서 우리를 여행에 데려가는 사람에 의해 인도되는 것과 같다. 유혹할 때에는 끊임없이 긴장과 초조를 유발해야 한다. 당신에 대해서 무엇 하나 예측할 수 없다고 느끼게 해야 한다. 사람들이 당신을 예측 가능하다고 느끼는 순간, 당신이 그들에게 걸어놓은 주문이 풀려버린다. 게다가 권력이 그들에게 넘어가게 된다. 유혹하고자 하는 사람을 쥐락펴락하고 관계에서 우위를 유지하는 유일한 방법은 초조함을 유발하고 계산된 놀람을 연출하는 것이다. 사람들은 수수께끼를 좋아하며, 이것은 그들을 당신의 거미줄에 더욱 깊이 끌어들이는 열쇠이다. 당신의 의도가 무엇인지 궁금증이 남도록 행동하라. 당신이 기대 밖의 행동을 하면 그들에게 유쾌한 즉흥성을 선사할 수 있다. 그들은 다음 일을 예측하지 못할 것이다. 당신은 언제나 한발 앞서며 주도권을 쥔다. 불쑥 방향을 바꿔서 그들을 짜릿하게 하라.

✦ **오늘의 법칙** ✦ 계산된 놀람을 상대에게 일으키는 방법은 얼마든지 있다. 느닷없이 메시지를 보내거나 예고 없이 등장하거나 그들을 한 번도 가본 적 없는 곳으로 데려가라. 하지만 가장 좋은 방법은 당신의 새로운 면모를 드러내어 놀라게 하는 것이다.

『유혹의 기술』: 9. 예측할 수 없는 행동이 호기심을 일으킨다 ─ 태도

7월 15일   경험을 고양하라

마르셀 프루스트의 소설 『잃어버린 시간을 찾아서』에서 스완은 자신의 이상형이 아닌 여인에게 점차 끌리게 된다. 그는 탐미주의자이며 삶의 섬세한 것들을 사랑한다. 반면에 그녀는 하층계급에 세련미가 부족하고 심지어 약간 상스럽다. 하지만 그들이 함께 경험한 풍요로운 순간들, 그 뒤로 그가 그녀를 연상하게 되는 순간들 때문에 그녀는 그의 마음속에 이상적으로 각인된다. 그런 순간들 중 하나는 두 사람이 참석한 작은 음악회인데, 그곳에서 그는 소나타의 곡조에 매료된다. 그후 그녀를 생각할 때마다 이 곡조가 떠오른다. 그녀에게 받은 작은 선물들, 그녀가 만지거나 사용한 물건들이 나름의 생명력을 가지기 시작한다. 사람들이 당신에게서 고양된 무엇인가를 연상할 수 있도록 음악회, 연극, 종교 행사 같은 순간들을 상대와 함께할 방법을 찾아라. 함께 나눈 환희의 순간에는 엄청난 유혹의 힘이 있다. 또한 어떤 사물이든 시적 울림과 정서적 연상으로 물들일 수 있다. 당신이 주는 선물과 그밖의 물건들을 당신의 존재로 채울 수 있다. 그것들이 즐거운 기억을 연상시킨다면 상대는 그것들을 보면서 당신을 떠올릴 것이며, 당신을 이상화하는 과정도 앞당겨질 것이다.

✦ **오늘의 법칙** ✦ **예술적이든 영적이든 모든 종류의 고양된 경험은 일상적 경험보다 훨씬 오랫동안 마음속에 남는다.**
『유혹의 기술』: 12. 유혹의 가장 큰 걸림돌은 평범함이다 ─ 이상화

7월 16일 그들의 마음속으로 들어가라

> 위대한 것, 가라앉힐 수 없는 사랑의 열정은 모두 타인의 눈이라는 커튼 뒤에서 자신을 엿보는, 가장 은밀한 자신을 바라본다고 상상한다는 사실과 관계가 있다.
> **로베르트 무질**

우리는 모두 나르시시스트이다. 어릴 적의 나르시시즘은 육체적이었다. 우리는 자신의 이미지와 자신의 몸이 마치 별개의 존재인 양 흥미를 느꼈다. 나이를 먹으면서 우리의 나르시시즘은 점점 심리적으로 바뀐다. 우리는 자신의 취향, 견해, 경험에 몰두한다. 딱딱한 껍데기가 우리 주위를 둘러싼다. 역설적이게도 사람들을 이 껍데기 밖으로 끌어내는 방법은 그들과 더 비슷해지는 것, 실은 그들에게 일종의 거울상이 되는 것이다. 그들의 마음을 연구하면서 시간을 보낼 필요는 없다. 단지 그들의 기분에 맞장구치고 그들의 취향에 적응하고 그들이 당신에게 건네는 모든 메시지에 동조하라. 그러면 그들이 자연스러운 방어적 태도를 내려놓게 할 수 있다. 그들은 자긍심에 사로잡혀 당신의 낯선 행동이나 자신과 다른 습관에 위협을 느끼지 않는다. 사람들은 자신을 진정으로 사랑하지만, 자신의 생각과 취향이 타인에게 반영된 것을 보는 것을 그 무엇보다 사랑한다. 그러면 인정을 받는다고 느끼면서 습관적 불안감이 해소된다. 자신의 거울상에 도취하여 긴장을 푼다. 그들 내면의 벽이 무너졌으니 당신은 그들을 서서히 끌어내어 결국 관계를 역전시킬 수 있다. 그들이 일단 당신에게 마음을 열면 당신의 기분과 열정을 그들에게 전염시키기가 수월해진다. 상대방의 마음속으로 들어가는 것은 일종의 최면술이며, 인간에게 알려진 가장 은밀하고 효과적인 설득의 수단이다.

✦ 오늘의 법칙 ✦ 사람들의 마음속으로 들어가 타고난 고집과 자아도취로부터 그들을 꾀어내라. 그러면 금세 관계를 역전시킬 수 있다. 당신이 그들의 마음속으로 들어가면, 그들이 당신의 마음속으로 들어오게 할 수 있으며, 그러고 나면 그들은 돌아가기에는 이미 늦었다.

『유혹의 기술』: 7. 상대방의 행동을 그대로 따라하라 — 거울

7월 17일 　유혹을 만들어내라

유혹에서 벗어나는 유일한 방법은 굴복하는 것이다. **오스카 와일드**

유혹은 매일 벌어지지만 사람들이 원하는 것은 유혹이 아니다. 그들이 원하는 것은 유혹에 굴복하는 것, 포기하는 것이다. 이것이 삶에서 긴장을 없애는 유일한 방법이다. 유혹에 저항하면 굴복하는 것보다 훨씬 큰 대가를 치르게 된다. 그러므로 당신의 과제는 일상적인 것보다 더 강력한 유혹을 만드는 것이다. 그들에게 초점을 맞추고 개인으로서의 그들을―그들의 약점을―겨냥해야 한다. 명심하라. 누구에게나 나머지 약점들의 뿌리가 되는 주된 약점이 있다. 어릴 적의 불안감, 삶에서의 결핍을 찾아내면 그들을 유혹하는 열쇠를 손에 쥘 수 있다. 그들의 약점은 탐욕일 수도, 허영심일 수도, 권태일 수도, 깊숙이 억압된 욕망일 수도, 금지된 열매에 대한 갈망일 수도 있다. 옷 입는 스타일, 지나가는 말 한마디처럼 그들의 의식적인 통제를 벗어난 사소한 것에서 약점의 징후를 포착할 수 있다. 그들의 과거, 특히 과거의 연애사에는 실마리가 잔뜩 들어 있을 것이다. 약점을 겨냥하여 효과적으로 유혹하면, 당신이 그들에게 앞으로 보여줄 쾌감이 그에 따르는 의심과 불안보다 더 두드러져 보이도록 할 수 있다.

✦ 오늘의 법칙 ✦ **그들의 약점, 아직 실현되지 않은 환상을 찾아 당신이 그곳으로 데려다줄 수 있을 것처럼 암시하라. 그것은 재력일 수도, 모험일 수도, 금지된 은밀한 쾌락일 수도 있다. 관건은 모호함을 유지하는 것이다.**
『유혹의 기술』: 8. 상대의 가장 깊은 욕망에 집중하라 ― 집중

7월 18일 자신을 입증하라

행동을 최대한 근사하고 당당하게 연출하면 유혹을 새로운 차원으로 끌어올려서 상대의 깊숙한 감정을 자극하고, 당신이 어떤 흑심을 품었든 그것을 감출 수 있다. 당신이 감수하는 희생을 상대도 볼 수 있어야 한다. 단, 희생에 대해서 거론하거나 당신이 치른 대가를 설명하면 잘난 체하는 것처럼 보일 것이다. 잠 못 이루고, 병에 걸리고, 귀한 시간을 허비하고, 자신의 경력을 위험에 빠뜨리고, 감당할 수 있는 것보다 많은 돈을 쓰는 것, 이 모든 것을 과장하면 효과를 노릴 수 있지만, 우쭐거리거나 자기 연민에 빠지지는 말라. 스스로에게 고통을 유발하고 그들이 보게 하라. 나머지 세상 사람들은 거의 모두가 이기적으로 보이기 때문에, 당신의 고귀하고 이타적인 행동은 거부할 수 없는 매력을 발산할 것이다.

✦ **오늘의 법칙** ✦　**당신이 고통스러운 시간과 노력을 기울였음을 보여주는 극적이고 힘겨운 행위를 선택하라.**

『유혹의 기술』: 16. 상대방에 대한 나의 진심을 입증하라 —— 기사도

7월 19일 상대를 당신의 환상 세계로 유혹하라

조세핀 베이커 Josephine Baker는 아주 어려서부터 자신이 세상을 장악하지 못하는 느낌을 견딜 수 없었다. 그녀의 해결책은 아이들이 으레 이용하는 방법이었다. 그녀는 자신이 만든 세상에 스스로를 가둔 채 주변의 추악한 것들에는 눈을 감았다. 그녀의 세상은 춤, 어릿광대, 근사한 꿈으로 가득했다. 비탄과 불평은 다른 이의 몫으로 내버려둔 채, 조세핀은 미소 짓고 자신감과 자립심을 간직했다. 일찍부터 말년까지 그녀를 만난 거의 모든 사람들은 이 특징이 무척 유혹적이었다고 회상했다. 그녀는 타협을 거부하고 남들의 기대에 부응하기를 거부했기 때문에, 그녀가 하는 일은 무엇이든 진정으로 자연스러워 보였다. 아이는 놀이를 사랑하며 자기만의 작은 세상을 만들고 싶어한다. 환상의 세계에 빠져 있는 아이들은 저항할 수 없는 매력을 발산한다. 그들은 자신의 상상에 진지하게 몰입하여 열정을 불어넣는다. 자연스러움을 내뿜는 어른도 비슷한 행동을 한다. 예술가라면 더더욱 그렇다. 그들은 자기만의 환상 세계를 창조하고 그 세계가 마치 현실인 것처럼 그 속에서 살아간다. 환상은 현실보다 훨씬 즐거우며, 대부분의 사람들은 그런 세계를 창조할 힘이나 용기가 없으므로 그런 사람들 곁에 있고 싶어한다.

✦ **오늘의 법칙** ✦ 자신의 이미지를 가지고 유희하되 너무 진지하게 접근하지는 말라. 관건은 아이 같은 확신과 감정을 유희에 주입하여 자연스러워 보이는 것이다. 즐거움으로 가득한 자신의 세계에 몰입할수록 당신은 더 유혹적인 사람이 된다.
『유혹의 기술』: 5. 아이같이 순수한 내추럴

7월 20일 즐거움의 원천이 되어라

당신의 문제와 고충에 대해서 듣고 싶어하는 사람은 아무도 없다. 상대의 불만에 귀를 기울이되, 더 중요한 것은 그들에게 즐거움을 선사하여 그 문제를 잊도록 하는 것이다(이 방법을 충분히 자주 하다 보면 그들은 당신의 주문에 걸릴 것이다). 활기찬 존재감은 무기력보다 매력적이다. 무기력은 지독한 사회적 금기인 지루함을 암시하기 때문이다. 또한 우아함과 품위는 언제나 저속함을 이긴다. 대부분의 사람들은 자신이 생각하기에 고상하고 세련된 사람과 관계를 맺고 싶어하기 때문이다.

✦ **오늘의 법칙** ✦ **유쾌하고 즐거운 것은 심각하고 비판적인 것보다 언제나 더 매력적이다.**
『유혹의 기술』: 7. 즐겁고 편안한 차머

7월 21일 선망의 법칙

코코 샤넬은 처음부터 자신의 옷이 사방에서 눈에 띄도록 했다. 여자들은 남들이 입은 옷을 보면 자기도 같은 옷을 사서 뒤처지지 않겠다는 경쟁심이 일었다. 사실 그녀가 원래 디자인한 보터 해트boater hat는 백화점에서 누구나 살 수 있는 평범한 모자였고, 처음 디자인한 옷도 가장 값싼 소재로 만든 것이었다. 향수는 흔한 꽃향기를 섞은 것이었다. 그것들을 강렬한 소유욕을 자극하는 물건으로 탈바꿈시킨 것은 순수한 심리적 마법이었다. 샤넬과 마찬가지로 당신도 관점을 뒤집어야 한다. 자신이 세상에서 바라고 탐내는 것에 초점을 맞추지 말고 타인에게, 그들의 억압된 욕망과 실현되지 못한 환상에 초점을 맞추는 법을 훈련해야 한다. 당신이 만든 물건을 그들이 어떻게 인식하는지 바라볼 때, 마치 자신의 모습과 결과물을 바깥에서 쳐다보듯이 바라볼 수 있도록 훈련하라. 이렇게 하면 이 물건들에 대한 사람들의 인식을 주물러 그들을 흥분시키는 무한한 힘을 얻게 될 것이다. 사람들이 진실과 정직을 원한다는 헛소리가 끝도 없이 이어지고 있지만, 결코 그렇지 않다. 사람들은 자신의 상상력을 자극해서 따분한 상황에서 벗어나기를 원한다. 당신과 당신의 결과물 주위에 신비한 분위기를 조성하라. 새롭고 낯설고 이국적이고 진보적이고 금기시되는 것과 연관시켜라. 메시지를 정의하지 말고 모호하게 내버려두라.

✦ **오늘의 법칙** ✦ **당신의 물건이 어디에나 있다는 환각을 만들어내라. 사방에서 눈에 띄어 사람들의 욕망의 대상이 되도록 하라. 그런 다음 모든 사람에게 잠재하는 선망을 발동시켜 욕망의 연쇄반응을 일으켜라.**

『인간 본성의 법칙』: 5. 잡힐 듯 잡히지 않는 욕망의 대상이 되라 ─ 선망의 법칙

7월 22일 상처를 입혀라

플라톤의 대화편 중 『향연*Symposion*』―사랑을 주제로 한 서구 최고最古의 논문이자 욕망에 대한 우리의 생각에 결정적인 영향을 미친 저작―에서 현녀 디오티마는 소크라테스에게 사랑의 신 에로스의 부모가 누구인지 설명한다. 에로스의 아버지는 모략이며 어머니는 빈궁이었다. 에로스는 부모를 닮아서 언제나 결핍을 느끼며 끊임없이 그 결핍을 메울 궁리를 한다. 사랑의 신 에로스는 상대에게 사랑을 불어넣으려면 상대 또한 결핍을 느끼게 해야 한다는 것을 알고 있다. 그 일을 하는 것이 바로 그의 화살이다. 화살에 맞은 사람들은 결핍, 아픔, 갈망을 느낀다. 이것이 유혹자로서 당신이 해야 할 과제의 본질이다. 에로스처럼 상대에게 상처를 입혀라. 그들의 허점을, 그들의 자존감에 난 틈을 겨냥하라. 그들이 틀에 박혀 살아가고 있다면, '순진무구하게' 그 사실을 끄집어내어 이야기함으로써 상대가 그 사실을 더 뼈저리게 느끼도록 하라. 당신에게 필요한 것은 상처이다. 상처란 당신이 좀더 부추길 수 있는 불안정, 당신 같은 타인에게 기댐으로써 가장 말끔히 해소할 수 있는 불안감이다.

✦ **오늘의 법칙** ✦ **외부자, 일종의 이방인을 자처하라. 당신은 변화, 다름, 관습에서의 탈피를 대변한다. 상대가 자신의 생각보다 자신의 삶이 더 지루하고 친구들이 덜 재미있다고 느끼도록 하라.**
『유혹의 기술』: 5. 가장 큰 불안이 가장 큰 약점이다 ― 자극

7월 23일 세부 사항에 주의를 기울여라

어릴 적에는 우리의 감각이 훨씬 더 풍부했다. 우리는 새로운 장난감의 색깔이나 서커스 같은 볼거리에 사로잡혔으며 냄새나 소리에 매혹되었다. 스스로 만든 놀이―상당수는 어른들의 세계에 있는 것을 작은 규모로 재현한 것이었다―에서 작은 것 하나까지 조율하면서 얼마나 큰 쾌감을 느꼈던가. 우리는 모든 것을 눈여겨보았다. 그러나 나이를 먹으면서 감각이 둔해진다. 우리는 그때만큼 많은 것을 눈여겨보지 않는다. 업무를 완수하려고, 새로운 과제로 넘어가려고 끊임없이 서두르기 때문이다. 유혹을 할 때에는 상대를 어린 시절의 황금기로 데려가려고 늘 노력해야 한다. 아이는 덜 합리적이며 더 쉽게 속아넘어간다. 또한 감각적 쾌락에 더 예민하다. 따라서 상대와 함께 있을 때에는 결코 그들이 현실에서―모든 사람이 서두르고 무자비하고 자신만 생각하는 곳에서―일상적으로 느끼는 감정을 불러일으켜서는 안 된다. 일부러 시간이 천천히 흐르는 듯한 느낌을 주어 그들을 어릴 적의 더 천진했던 시절로 데려가야 한다. 세부 사항―색깔, 선물, 작은 이벤트―을 그들의 감각을 겨냥해서 조율하고, 우리가 자연의 즉각적인 매력에서 얻는 아이 같은 기쁨을 노려야 한다. 자신의 감각이 즐거움으로 가득 차면 그들은 이성과 합리의 능력을 점차 잃어버린다. 세부 사항에 주의를 기울이면 여유가 생길 것이다. 당신이 무척 자상하고 사려 깊은 것처럼 보이기 때문에, 상대는 당신의 속셈에 집중하지 못할 것이다. 그들을 어릴 적 감각의 세계로 둘러싸면 그들은 당신이 현실과 다른 무엇인가를 자신에게 경험시켜주고 있다는 뚜렷한 느낌―유혹의 필수 성분―을 받는다.

✦ **오늘의 법칙** ✦   거창한 말과 행동은 상대에게서 왜 자신을 위해서 그토록 애를 쓰느냐는 의심을 살 수 있다. 유혹의 세부 사항 — 섬세한 몸짓, 별 의미 없어 보이는 행동 — 이 더 매혹적이고 의미심장할 때가 많다.

『유혹의 기술』: 11. 사소한 표현이 가장 자극적이다 — 표현

7월 24일 상대가 당신을 우러러보게 하라

마를레네 디트리히Marlene Dietrich가 방에 들어서거나 파티장에 도착하면 좌중의 시선이 그녀에게 쏠렸다. 첫 번째 이유는 사람들의 이목을 사로잡으려고 그녀가 선택한 특이한 의상이었다. 두 번째는 대수롭지 않은 듯 태연한 분위기였다. 남녀 할 것 없이 그녀에게 빠져들었으며, 사람들은 그날 저녁의 다른 기억들이 바랜 지 한참 뒤에도 그녀를 기억했다. 그녀는 자신과 거리를 두었다. 자신의 얼굴, 다리, 몸을 마치 타인의 것처럼 관찰할 수 있었다. 이를 통해서 그녀는 자신의 외모를 다듬고 겉모습을 효과적으로 변화시킬 수 있었다. 그녀는 아름다운 사물과 같았다. 우리가 예술 작품을 우러러보듯이, 맹목적으로 숭배하고 우러러보는 대상이 되었다. 당신이 자신을 대상으로 바라보면 남들도 그렇게 볼 것이다. 신비롭고 꿈결 같은 분위기는 효과를 배가할 것이다. 자신을 텅 빈 화면으로 생각하라. 무심하게 삶을 떠다니면 사람들은 당신을 붙잡고 당신을 사로잡고 싶어할 것이다. 이런 숭배의 욕망을 끄는 신체 부위 중에서 가장 강력한 것은 얼굴이다. 그러니 자신의 얼굴을 악기처럼 조율하는 법을 익혀 매혹적인 모호함을 발산하라. 당신은 하늘의 수많은 별들보다 돋보여야 하므로 주목을 끄는 스타일을 발전시켜야 할 것이다. 디트리히는 이 솜씨의 대가였다. 그녀의 스타일은 눈길을 끌 만큼 근사했고 마음을 사로잡을 만큼 괴상했다.

✦ **오늘의 법칙** ✦ **자신의 이미지와 존재감은 당신이 주무를 수 있는 재료이다. 사람들은 당신이 이런 놀이를 하고 있다고 생각하면, 당신을 우월한 존재이자 모방할 만한 가치가 있는 존재로 여길 것이다.**

『유혹의 기술』: 9. 우러러볼 수밖에 없는 스타

7월 25일　모호함을 활용하라

　　관심을 사로잡고 유지하려면 자신의 겉모습과 상반된 특징을 보여주어 심오함과 신비감을 풍겨야 한다. 당신이 상냥한 얼굴과 순진한 분위기의 소유자라면 자신의 성격에서 어두운 무엇인가, 심지어 막연히 잔혹한 어떤 기미를 내비쳐라. 그러나 말로 떠벌리지 말고 태도로 암시하라. 이런 이면의 특징이 위험, 잔혹, 부도덕 같은 부정적인 것이더라도 걱정하지 말라. 그래도 사람들은 수수께끼 같은 특징에 끌릴 것이다. 순수한 선함은 유혹적이지 않다.

✦ **오늘의 법칙** ✦　**신비감을 타고난 사람은 아무도 없다. 적어도 그 신비감을 오래 간직하지는 못한다. 신비감은 계발해야 하고, 계략을 세워야 하며, 유혹의 초기 단계에 구사해야 한다.**
『유혹의 기술』: 3. 익숙함은 유혹의 적이다 ─ 분위기 연출

7월 26일 물러설 때를 알라

사랑은 결코 굶주려 죽는 일은 없지만 종종 소화 불량으로 죽는 일은 있다.
니농 드 랑클로

러시아의 유혹자 루 안드레아스 살로메Lou Andreas-Salomé는 강렬한 존재감의 소유자였다. 남자들은 그녀와 함께 있을 때면 그녀의 시선이 자신을 꿰뚫는 것을 느꼈으며, 그녀의 요염한 몸가짐과 마음에 종종 넋을 잃었다. 하지만 그후에는 거의 어김없이 무슨 일인가가 일어나서 그녀는 한동안 도시를 떠나야 하거나 너무 바빠져서 만날 수 없었다. 그녀가 곁에 없는 동안 남자들은 대책 없이 그녀와 사랑에 빠졌으며, 다음번에 그녀를 만난다면 더 적극적으로 구애하겠노라고 다짐했다. 유혹의 후반부에 뒤로 물러나는 것은 (적어도 어느 정도는) 정당한 수법이다. 단, 상대방이 노골적으로 무시당하는 느낌을 받게 하면 안 된다. 당신이 돌아가야 할 이유가 생겼다거나 흥미를 잃었다거나 다른 사람이 생겼다거나 하는 식으로 약간의 궁금증을 자아내야 한다.

✦ **오늘의 법칙** ✦ 　**당신이 없는 동안 당신을 향한 그들의 애정은 더욱 커질 것이다. 그들은 당신의 결점을 잊고 죄를 용서할 것이다. 당신이 돌아오는 순간 그들은 당신이 바라는 대로 당신을 쫓아다닐 것이다. 마치 당신이 죽은 자들 가운데에서 돌아온 것처럼.**

『유혹의 기술』: 21. 상대가 자신이 유혹하고 있다고 믿게 만들라 — 역전

7월 27일 대담해야 할 때를 알라

연인이 소심함을 보일수록 우리의 자존심을 건드려 그를 도발하게 된다. 그가 우리의 저항을 존중할수록 우리는 그에게 더 많은 존중을 요구하게 된다. 그대 남자들에게 단호히 말하노니, 오, 부디 우리를 그토록 도덕적인 존재로 여기지 말라. 우리를 질리게 할 뿐이니까. **니농 드 랑클로**

소심함을 타고나는 사람은 아무도 없다. 소심함은 스스로 발달시킨 방어 기제이다. 결코 목숨을 걸지 않는다면, 결코 도전하지 않는다면, 실패나 성공의 결과를 겪을 일도 결코 없을 것이다. 우리가 친절하고 자중하면 아무도 불쾌해하지 않을 것이다. 사실 성자처럼 보여서 호감을 살 것이다. 진실을 말하자면, 소심한 사람들은 곧잘 자신에게 몰두하여 사람들이 자신을 어떻게 생각하는지에 전전긍긍하며, 결코 성자가 아니다. 겸손은 사회적으로는 쓰임새가 있을지도 모르지만 유혹에서는 치명적이다. 물론 이따금 겸손한 성자를 연기할 수는 있어야 한다. 그것은 당신이 쓰는 가면이다. 하지만 유혹할 때에는 성자의 가면을 벗어라. 대담함은 자극적이고 에로틱하며 유혹의 완성에 반드시 필요하다. 제대로 구사한다면 상대는 자신 때문에 당신이 평상시의 자제심을 잃었다고 생각하여 자신 또한 그래도 괜찮다고 생각할 것이다. 사람들은 억눌린 자신의 성격을 꺼내 보일 기회를 갈망한다.

✦ **오늘의 법칙** ✦   유혹의 마지막 단계에서 대담함은 모든 의구심을 날려버린다.
『유혹의 기술』: 23. 과감한 행동이 상대를 무장 해제한다 — 기습

7월 28일 사람들의 감각과 소통하라

　　평상시처럼 직접적인 방법으로 소통해야 한다는 생각에서 벗어나면, 자신을 드러내면서 은근하게 설득할 기회는 더 많아질 것이다. 당신의 말이 겸허하고 모호하고 매력적으로 들리게 하라. 말투, 시각적 요소, 그 속에 담긴 이야기에 훨씬 더 주의를 기울여라. 움직이는 모습을 보여줌으로써 변화와 진전의 느낌을 전달하라. 사실과 수치가 아니라 색깔과 긍정적인 이미지를 통해서 자신감을 표현하여 모든 사람들의 내면에 있는 아이에게 호소하라. 매체가 당신을 제멋대로 묘사하게 내버려두면 그들에게 휘둘릴 수밖에 없다. 그러니 관계를 역전시켜라. 언론은 드라마와 볼거리를 필요로 하지 않던가? 그것들을 던져주어라. 말썽이나 '진실'은 당신이 그것을 흥미롭게 포장하는 한 얼마든지 들먹여도 무방하다. 명심하라. 말이 잊힌 지 한참 뒤에도 이미지는 마음속에 남는다. 대중에게 설교하지 말라. 그것은 아무짝에도 쓸모없는 일이다. 긍정적 감정과 행복한 기분을 은연중에 자아내는 시각적 요소를 활용해서 메시지를 표현하라. 청중은 당신이 설교하는 내용이나 윤리에 피상적으로 집중할지는 몰라도, 그들이 실제로 흡수하는 것, 그들의 마음속에 파고들어 어떤 말이나 설교보다 오래 머무르는 것은 시각적 요소들이다.

✦ **오늘의 법칙** ✦　**메시지의 내용보다 형식에 더 주의를 기울여라. 이미지는 말보다 더 유혹적이며, 시각적 요소야말로 당신의 진짜 메시지가 되어야 한다.**

　　『유혹의 기술』: 대중을 사로잡는 법

7월 29일 유혹당하듯 유혹하라

나는 뒤로 물러나 그녀에게 나를 좇으며 승리를 거두는 법을 가르친다. 나는 끊임
없이 퇴각하며, 이 후퇴 속에서 그녀가 나를 통해 애욕적 사랑의 모든 힘, 그 격정적
생각, 그 열정, 그리움이 무엇인지를 깨우치고 희망과 조바심하는 기대감을 깨닫도
록 가르친다. **쇠렌 키르케고르**

    남녀에게는 나름의 유혹법이 있으며, 그들은 그것을 자연스
럽게 터득한다. 당신이 누군가에게 관심을 보이면서도 성적으로 반응하지 않
으면, 상대는 애간장이 타서 당신을 유혹할 방법을 찾을 것이다. 이 효과를 거
두려면 우선 편지나 미묘한 암시로 상대에게 관심을 표하라. 하지만 함께 있
을 때는 무심하고 중립적인 태도를 취하라. 친근하고 심지어 다정하게 대하되
거기에서 멈춰라. 당신은 상대가 자신의 성별에 걸맞은 유혹적 매력으로 무장
하도록 유도하는 셈이다. 이것이야말로 당신이 바라던 바이다.

✦ **오늘의 법칙** ✦　　**유혹하는 사람이 유혹당하고 있는 듯한 착각을 일으켜라.**
『유혹의 기술』: 21. 상대가 자신이 유혹하고 있다고 믿게 만들라 — 역전

7월 30일   환상의 희열

      극장은 마법적 별세계의 느낌을 준다. 배우의 분장, 가짜이지만 매혹적인 무대 세트, 약간 비현실적인 의상 등 과장된 시각적 효과는 희곡의 줄거리와 더불어 환상을 자아낸다. 이 효과를 현실에서 거두려면 자신의 옷, 화장, 태도에서 극적이고 인위적인 분위기가 풍기도록 해야 한다. 당신이 상대를 즐겁게 해주려고 차려입었다고 상대가 느끼게 해야 한다. 이것이 마를레네 디트리히가 여신 같은 효과를 자아낸 비결이다. 상대를 만날 때에도 당신이 선택한 상황과 당신의 행동을 통해서 극적 요소를 연출해야 한다. 상대는 다음에 어떤 일이 벌어질지 몰라야 한다. 변화와 반전으로 긴장감을 조성한 뒤에 해피엔드로 끝맺어라. 연기자는 당신이다.

✦ **오늘의 법칙** ✦   **목표 대상을 만날 때마다 이것이 연극인 듯한 막연한 느낌을 선사하라. 가면을 쓰고 인생에서 부여받은 것과 다른 배역을 연기하는 듯한 희열을 느끼게 하라.**

『유혹의 기술』 : 유혹하기 좋은 상황

7월 31일 자신의 존재를 이상화하라

여인에게 이상적인 존재가 됨으로써 그녀의 모든 것이 자신이 바라는 대로 되도록
하는 법을 모르는 사람은 숙맥이며 언제까지나 숙맥일 것이다. ······자신을 이상화
하는 것은 기예이다. **쇠렌 키르케고르**

실망으로 가득한 가혹한 세상에서 자신과 관계된 사람에 대
한 환상을 품을 수 있다는 것은 무척 기쁜 일이다. 사람들이 당신에 대한 환상
을 품을 기회를 갈망한다는 사실은 유혹자의 과제를 수월하게 해준다. 자신을
과도하게 보여주거나 너무 익숙하고 식상해져서 상대에게 당신의 본모습을
드러냄으로써 이 천금 같은 기회를 망치지 말라. 천사가 되거나 미덕의 화신
이 될 필요는 없다. 그렇게 된다면 꽤나 따분할 것이다. 당신은 상대의 취향에
따라서 위험한 사람이 될 수도 있고, 짓궂은 사람이 될 수도 있고, 심지어 다소
저속한 사람이 될 수도 있어야 한다.

✦ **오늘의 법칙** ✦ **결코 평범하거나 한계가 있는 것처럼 굴지 말라. 시에서는 (현실과 반대로) 모
든 것이 가능하다.**
『유혹의 기술』: 12. 유혹의 가장 큰 걸림돌은 평범함이다 — 이상화

8월

설득의 대가

— 사람들의 저항을 가라앉혀라 —

August _____

우리 인간은 타인에게 영향을 미치기 위해서 노력해야 한다. 다른 사람들은 우리의 모든 말과 행동을 분석하고 해석하면서, 우리의 의도를 알려주는 단서를 찾는다. 우리는 사회적 동물이기 때문에 의식적으로든 무의식적으로든 끊임없이 이 게임을 벌일 수밖에 없다. 대부분의 사람들은 타인을 생각하면서 그들의 방어막을 뚫을 전략적 거점을 알아내기 위해서 노력하고 싶어하지 않는다. 사람들은 게으르다. 사람들은 단순히 자신의 모습대로 사는 것, 솔직히 말하는 것, 아무것도 하지 않는 것을 원하며, 이것이 마치 대단한 도덕적 선택인 양 스스로 정당화한다. 그러나 누구도 이 게임을 피할 수 없으므로, 이것을 부정하거나 단순히 임기응변에 능숙한 것보다는 이 게임 자체에 능숙한 것이 낫다. 고상한 도덕적 입장을 취하는 것이 아니라 영향을 미치는 데에 능숙해지는 것이 결국 사회적으로 더 유익하다. 설득에 숙달하려면 타인의 입장에서 공감능력을 발휘해야 한다. 8월은 주문을 걸고 사람들의 저항을 무너뜨리고 자신의 설득에 활기와 힘을 불어넣어 상대를 굴복시키는 데에 필요한 기술과 전략을 배우는 달이다.

나는 종종 왜 독자에게 이야기의 형태로 말을 건네느냐는 질문을 받는다.

나는 온전히 독자에게 집중한다. 글을 쓸 때에는 언제나 독자들이 이 정보를 어떻게 받아들일지 생각해본다.

심리학자들이 발견한 문제가 하나 있는데, 그것은 교사가 학생들이 자신과 같은 수준의 지식을 가졌으리라고 가정한다는 것이다. 이렇게 생각하면 좋은 교사가 될 수 없다. 나는 독자들이 내가 무슨 말을 하는지 반드시 이해하는 것은 아님을 안다. 이를테면 내가 카를 융Carl Jung에 대해서 이야기하면서 전문 용어를 무작정 주워섬기면 독자는 나의 말을 이해하지 못할 것이다. 그렇기 때문에 누구나 이해할 수 있도록 풀어서 써야 한다.

『유혹의 기술』에서 나는 어떻게 이야기가 사람들의 저항을 무력화하는지 설명했다. 이야기는 마음을 열어준다.

다음에 무슨 일이 일어날지 모르는 것에 대한 감각은 우리의 어린 시절부터―부모에게 이끌려 다니거나 까꿍 놀이를 하면서―인간 심리에 깊이 각인되어 있다.

그래서 내가 공격성을 설명하면서 록펠러 이야기를 꺼내면 독자들은 이야기에 빨려든다. 그들은 내가 어느 방향으로 가는지, 이 이야기에서 공격자가 누구인지, 내가 끌어내려는 교훈이 무엇인지 알지 못한다. 그래서 계속 읽고 싶어한다. 그들은 계속해서 읽어나가고 싶어한다. 나는 그들을 꾀어 8쪽까지 데려간다. 이 시점에서 내가 느닷없이 융과 이런저런 연구와 사회학 용어를 꺼내면, 그들은 마음을 닫고 금세 잠에 빠진다.

이것은 책을 쓰는 사람의 98퍼센트가 저지르는 실수이다. 그들은 독자에 대해서 생각하지 않는다. 독자가 그 주제에 자기만큼 흥미가 있을 것이라고 넘겨짚는다. 당신은 독자들을 유혹해야 한다. 그들을 설득하여 당신이 하려는 말이 그들의 시간만큼 가치가 있다고 믿게 해야 한다. 이것이 내가 이야기로 말하는 이유이다.

사람들은 사회생활에서 타인을 설득하거나 영향력을 미치려고 할 때, 같은 실수를 저지른다. 누군가가 당신의 부탁을 들어주거나 당신을 돕거나 당신의 영화나 사업에 자금을 지원해주기를 바란다면—그럴 때 자신이 무엇을 원하거나 받을 자격이 있는지만 생각하면서 상대방에게 접근한다면 아무런 성과도 거둘 수 없다. 하지만 그들이 어떻게 생각하는지, 그들이 무슨 이야기를 듣고 싶어하는지, 무엇이 그들을 기쁘게 할지, 그들이 무엇에 관심을 가질지 생각한다면, 게임의 판도가 달라진다. 그들에게 영향력을 행사할 권력을 가지게 되는 것이다.

독자가 원하는 것이 무엇인지를 고민할 때에 비로소 내가 독자에게 영향을 미칠 권력을 가지게 되듯이, 당신도 사람들이 원하는 것이 무엇인지를 고민할 때에 그들에게 영향을 미칠 권력을 가지게 된다.

8월 1일   최면술

　　설득의 목표는 일종의 최면 상태를 만들어내는 것이다. 당신은 사람들의 주의를 흩뜨리고 그들의 방어 기제를 무력화하고 그들이 암시에 더욱 감응하도록 한다. 반복과 긍정이라는 최면술사의 가르침을 배워라. 이것은 상대를 잠들게 하는 핵심 요소이다. 반복이란 같은 낱말을 되풀이하는 것이다. '세금', '진보주의자', '꼰대'처럼 감정적 의미가 담긴 낱말이라면 금상첨화이다. 그 효과는 어마어마하다. 낱말을 충분히 많이 반복하기만 하면, 사람들의 무의식에 생각들을 영원히 주입할 수 있다. 긍정이란 최면술사의 명령과 같은 강력하고 긍정적인 단언을 하는 것이다. 유혹적인 언어에는 모종의 대담함이 있어야 한다. 이것이 수많은 죄악을 은폐할 것이다. 청중은 대담한 언어에 사로잡힌 탓에 그것이 참인지 아닌지를 곱씹을 시간이 없을 것이다. 결코 이렇게 말하지 말라. "상대편이 현명한 결정을 내렸다고 생각하지 않습니다." 이렇게 말하라. "우리는 더 큰 보답을 받을 자격이 있습니다." "그들이 망쳤습니다." 긍정적인 언어는 동사, 명령문, 단문으로 가득한 능동적 언어이다.

✦ 오늘의 법칙 ✦　　'제 생각에는', '아마도', '제 견해로는' 같은 표현을 쓰지 말라. 본론으로 직행하라.

『유혹의 기술』: 10. 모호함도 무기가 된다 ─ 언어

8월 2일 경쟁심을 자극하라

1948년에 영화감독 빌리 와일더Billy Wilder는 새 영화 「외교 문제」에 출연할 배우를 찾고 있었다. 영화의 배경은 제2차 세계대전 당시의 베를린이었다. 주인공 중 한 명은 에리카 폰 슐루에토프라는 여성으로, 독일의 카바레 가수였으며 전쟁 중에 여러 나치 대원들과 결탁했다는 의심을 받고 있었다. 와일더는 마를레네 디트리히가 그 배역에 맞는 배우임을 알았지만, 디트리히는 그동안 연합군의 대의를 위해 노력했으며 나치와 얽히는 것에 대해서 거센 반감을 공공연히 표명했다. 처음 배역을 제안하자, 그녀의 강한 거부로 대화는 바로 끝나버렸다. 와일더는 그녀에게 반론을 제기하거나 간청하지 않았다. 디트리히는 고집이 세기로 유명했기 때문에 어차피 헛수고일 것이 뻔했다. 대신 그 배역에 꼭 어울리는 미국인 배우 두 명을 찾았는데 어느 쪽이 더 나은지 그녀의 의견을 듣고 싶다며 오디션에 참관해줄 수 있겠느냐고 물었다. 옛 친구 와일더의 제안을 거절한 것이 마음에 걸렸던 그녀는 흔쾌히 수락했다. 하지만 와일더는 영리하게도 배역과 전혀 어울리지 않는 유명배우 두 명을 발탁하여 요염한 독일인 카바레 가수를 엉터리로 연기하게 했다. 계략은 마법처럼 효과를 발휘했다. 경쟁심이 남다른 디트리히는 그들의 연기에 질색하면서 그 자리에서 자신이 배역을 맡겠다고 자청했다.

✦ **오늘의 법칙** ✦ 영향을 미치려는 시도는 언제나 다음의 간단한 논리를 따라야 한다. 당신이 사람들에게 시키고 싶은 일을 그들이 마치 스스로 선택한 것처럼 느끼도록 하려면 어떻게 해야 하는가?

『인간 본성의 법칙』: 7. 상대를 긍정해서 저항을 누그러뜨린다 — 방어적 태도의 법칙

8월 3일   그들이 쇼의 스타가 되게 하라

대부분의 남자들은 가르침을 받거나 심지어 남이 자신을 즐겁게 해주는 것보다는 자신이 칭찬과 박수갈채를 받고 싶어한다. 장 드 라브뤼예르

사람들에게 미치는 영향력과 그에 따르는 권력을 얻는 방법은 당신이 상상하는 것과 반대이다. 평상시에 우리는 자신의 생각을 표현하고 자신을 부각함으로써 상대방을 사로잡으려고 한다. 과거의 성취를 떠벌리고 큰일을 할 것이라며 장담한다. 우리는 정직이 최선의 방책이라고 믿으며 호의를 구한다. 우리는 자신이 지금 모든 관심을 스스로에게 끌어당기고 있다는 사실을 깨닫지 못한다. 모두가 자기에게 몰두하는 세상에서 이 방법은 그들이 더욱 내면으로 돌아서서 당신의 이익이 아니라 그들의 이익을 고려하게 할 뿐이다. 영향력과 권력에 이르는 왕도는 반대 방향으로 가는 것이다. 타인에게 초점을 맞춰라. 그들에게 발언권을 주어라. 그들이 쇼의 스타가 되게 하라. 그들의 의견과 가치를 모방할 만한 것으로, 그들이 지지하는 대의를 가장 숭고한 것으로 대하라. 그런 관심은 이 세상에서 희귀하며 사람들은 그런 관심을 갈망하므로, 이렇게 그들을 인정하면 그들은 방어 기제를 내려놓고 당신이 어떤 생각을 주입하든 기꺼이 마음을 열 것이다.

✦ **오늘의 법칙** ✦   대화할 때, 상대방이 눈치채지 못하게 발언 시간의 70퍼센트를 그에게 할애하고서 어떤 효과가 생기는지 보라.

『인간 본성의 법칙』: 7. 상대를 긍정해서 저항을 누그러뜨린다 — 방어적 태도의 법칙

8월 4일 압도적 감정을 전하라

맬컴 엑스는 미국 전역을 돌아다니며 연설했다. 그는 한 번도 원고를 읽지 않았다. 청중과 눈을 마주치고, 손가락으로 청중을 가리켰다. 그의 분노는 어조보다는—그는 언제나 차분하고 논리 정연했다—맹렬한 에너지에서, 목의 튀어나온 핏줄에서 더 뚜렷이 드러났다. 이전의 여러 흑인 지도자들은 신중한 어휘를 구사하고 추종자들에게 그들의 사회적 운명이 아무리 부당하더라도 끈기 있고 점잖게 대처할 것을 촉구했다. 그러니 맬컴이 사람들에게 얼마나 많은 해방감을 주었겠는가. 그는 인종차별주의자, 진보주의자를 조롱하고 대통령을 조롱했다. 백인은 누구도 그의 조롱을 피하지 못했다. 맬컴은 폭력이라는 언어를 폭력만을 일삼아온 백인에게 돌려주어야 한다고 말했다. 그것이 백인들이 이해하는 유일한 언어라는 이유에서였다. 그는 이렇게 외쳤다. "적개심은 좋은 것입니다! 적개심은 지금껏 너무 오래 억눌려 있었습니다." 맬컴은 분노를 느꼈지만 두려워서 표현하지 못했던 많은 사람들의 용기를 북돋웠다. 그는 모세 같은 카리스마적 지도자였다. 그는 선지자였다. 이런 카리스마적 힘은 오랜 압제를 겪으며 쌓인 어두운 감정을 표출하는 데에서 나온다. 이것이 카리스마의 본질이다. 이것은 당신의 몸짓과 어조를 통해서 말로 표현되지 않기 때문에 더욱 강력한 미묘한 신호를 통해서 전달되는 압도적 감정이다. 당신에게는 남들보다 더욱 깊은 감수성이 필요하다. 그 어떤 감정보다 강력하고 더 효과적으로 카리스마적 반응을 일으키는 감정은 증오이다. 그 증오가 깊이 뿌리 내린 억압의 감정에서 생겨난 것이라면 더더욱 그렇다. 남들이 두려워서 표현하지 못하는 감정을 표현하면 그들은 당신에게서 크나큰 힘을 목격할 것이다. 그들이 말하고 싶지만 감히 말하지 못하는 것을 말하라.

✦ **오늘의 법칙** ✦ **감정을 전달하는 법을 익혀라. 누군가가 거센 감정에 단지 휩싸인 것이 아니라 그 감정을 품고서 투쟁하고 있다는 느낌보다 더 카리스마적인 것은 없다.**

『유혹의 기술』: 8. 신비로운 기풍을 뿜는 카리스마

8월 5일 행동으로 승리를 쟁취하라

잉글랜드에서 가장 저명한 건축가로서 기나긴 세월을 보내는 동안 크리스토퍼 렌Christopher Wren 경은 종종 의뢰인들에게 무리한 설계 변경을 요구받았다. 그러나 그는 한 번도 반박하거나 발끈하지 않았다. 그에게는 자신의 정당성을 입증할 다른 방법이 있었다. 1688년 렌은 웨스트민스터 시의 의뢰로 웅장한 시청사를 설계했다. 하지만 시장은 만족하지 않았다. 실은 불안해했다. 그는 렌에게 2층이 튼튼하지 않아서 걱정이라며 2층이 무너져 1층의 자기 집무실을 덮치면 어떡하느냐고 말했다. 그러니 구조를 보강하기 위해서 돌기둥 두 개를 추가로 설치하라고 요구했다. 정상급 공학자인 렌은 그 기둥이 아무짝에도 쓸모가 없으며 시장의 두려움이 기우라는 것을 알고 있었다. 그럼에도 기둥을 설치했고 시장은 만족했다. 고작 몇 년 뒤에 인부들이 높은 비계에서 작업을 하다가 기둥이 천장에 닿지 않는다는 것을 발견했다. 기둥은 가짜였다. 그러나 두 사람 다 자신이 원하는 것을 얻었다. 시장은 불안을 덜 수 있었으며, 렌은 자신의 원래 설계가 옳았고 기둥이 불필요했다는 사실을 후대가 알아줄 것임을 알았다.

✦ **오늘의 법칙** ✦   **설명하지 말고 입증하라.**
『권력의 법칙』: 8. 말이 아닌 행동으로 승리를 쟁취하라 — 논쟁의 부작용

8월 6일 　계속해서 궁금증을 유발하라

1926년 파리에 도착한 지 고작 몇 달 만에 조세핀 베이커는 현란한 춤으로 프랑스 대중을 완전히 매혹시켰다. 하지만 1년도 지나지 않아 그녀는 대중의 흥미가 시들해지는 것을 느낄 수 있었다. 그녀는 어릴 적부터 삶의 주도권을 잃고 싶지 않았다. 변덕스러운 대중에게 놀아날 이유가 어디에 있단 말인가? 그녀는 파리를 떠났다가 완전히 달라진 이미지로 1년 뒤에 돌아왔다. 이제 그녀는 솜씨 좋은 무용수이자 가수가 된 우아한 프랑스 여인이라는 배역을 연기했다. 프랑스인들은 다시 사랑에 빠졌으며 권력은 그녀에게 돌아왔다. 당신이 대중의 시선을 받고 있다면 이런 식으로 허를 찌르는 수법을 터득해야 한다. 사람들은 자신의 삶에서만 권태를 느끼는 것이 아니라, 권태를 느끼지 않도록 해주겠다는 사람에게도 권태를 느낀다. 다음 행보가 읽히는 순간 당신의 매력은 사라질 것이다. 앤디 워홀Andy Warhol은 화가, 영화 제작자, 사교계 인사 등 여러 이미지들을 끊임없이 전전했기 때문에 아무도 그의 다음 행보를 예측할 수 없었다. 사람들을 놀라게 할 비장의 카드를 항상 준비해두어라.

✦ **오늘의 법칙** ✦ **대중의 시선을 잡아두려면 계속해서 궁금증을 유발하라. 당신이 진실하지 못하고 알맹이나 핵심이 없다고 도덕주의자들이 떠들어도 개의치 말라. 그들은 사실 당신의 대외적 페르소나에서 드러나는 자유와 유쾌함을 시기하고 있는 것이다.**

『유혹의 기술』: 9. 예측할 수 없는 행동이 호기심을 일으킨다 ─ 태도

8월 7일 그들의 이기심을 감안하라

대부분의 사람들은 속속들이 자기중심적이어서 자신 말고는 무엇에도 관심이 없다.
아르투어 쇼펜하우어

사람들의 마음을 사로잡는 가장 빠른 방법은 당신의 행동이 그들에게 어떻게 이득이 되는지를 최대한 간단하게 보여주는 것이다. 이기심은 가장 강력한 동기이다. 원대한 대의가 마음을 사로잡을 수는 있겠지만, 최초의 흥분이 사그라들면 뭔가 얻을 것이 없는 한 흥미가 시들해진다. 이기심이 더 탄탄한 토대이다. 가장 효과적인 방법은 고귀한 표현을 구사하되 노골적으로 이기심에 호소하는 것이다. 유혹하는 것은 대의이지만, 계약을 성사하는 것은 이기심이다.

✦ **오늘의 법칙** ✦ **당신의 제안이 사람들에게 어떻게 유리한지 보여주어라.**
『권력의 법칙』: 46. 상대의 마음을 유혹하라 — 은밀한 설득

8월 8일 논쟁을 피하라

결코 논쟁하지 말라. 사회에서는 무엇도 논의해서는 안 된다. 결과만을 내놓아라.
벤저민 디즈레일리

논쟁하는 사람은 표현이 결코 중립적이지 않으며, 상급자와의 논쟁이 자신보다 더 큰 권력을 가진 사람의 지성에 의문을 제기하는 셈임을 이해하지 못한다. 자신이 어떤 사람을 상대하고 있는지 실감하지도 못한다. 누구나 자신이 옳다고 믿으며, 그런 믿음이 말로 논박되는 경우는 드물기 때문에 아무리 논리를 들이대봐야 소용이 없다. 궁지에 몰려 더 치열하게 논쟁하는 것은 자기 무덤을 파는 격이다. 상대에게 불안감과 열등감을 유발했다면, 소크라테스의 웅변술로도 상황을 타개할 수 없다. 이것은 단순히 당신보다 높은 자리에 있는 사람들과 논쟁을 피하는 문제가 아니다. 모든 사람은 의견과 논리의 영역에서 자신이 맞다고 생각하기 때문이다.

✦ 오늘의 법칙 ✦ 당신의 생각이 옳다는 것을 간접적으로 입증하려고 늘 노력하라.
『권력의 법칙』: 8. 말이 아닌 행동으로 승리를 쟁취하라 — 논쟁의 부작용

8월 9일   거울 효과

구두 논쟁의 힘은 극히 제한적이며 의도와 정반대의 결과를 낳는 경우가 허다하다. 그라시안의 말처럼 "진실은 대개 귀가 아니라 눈으로 알 수 있다." 거울 효과는 자신의 생각을 행동으로 드러내는 완벽한 방법이다. 간단히 말하자면 사람들이 그들 자신의 약을 맛보게 함으로써 교훈을 가르치는 것이다. 거울 효과란 상대방이 당신에게 한 일을 그대로 따라 해서, 그들이 당신에게 한 일을 당신이 그들에게 그대로 하고 있음을 깨닫게 하는 것이다. 그러면 그들은 자신의 행동이 불쾌했음을 실감하게 할 수 있다. 불평하고 푸념해봐야 상대방을 더 방어적으로 만들 뿐이다. 자신의 행동이 자신에게 돌아왔을 때의 결과를 체감함으로써 그들은 자신의 비사교적인 행동이 타인에게 얼마나 큰 상처나 고통을 입혔는지 뼈저리게 깨닫는다.

✦ **오늘의 법칙** ✦　상대방이 부끄러워했으면 하는 특징을 객관화하여 거울에 반사된 듯이 보여줌으로써 그들이 자신의 어리석음을 목격하고 교훈을 얻게 하라.

『권력의 법칙』: 47. 상대를 허상과 싸우게 하라 ― 거울 전략

8월 10일 사람들의 자아를 안정시켜라

사람들의 자아와 허영심을 일종의 전선戰線이라고 생각하라. 당신이 영문도 모르는 채로 공격을 받는다면, 그것은 대개 당신이 사람들의 자아와 자존감을 무심결에 위협했기 때문이다. 가능한 한 언제나 사람들이 스스로에 대해서 안심하도록 해야 한다. 섬세한 아첨, 선물, 뜻밖의 승진, 제휴 제안, 동등한 대우, 생각과 가치의 공유 등 어떤 방법이든 효과가 있다. 이런 방법들을 통해서 그들은 세상과 마주한 전방에서 안정감을 느끼게 되어 방어 기제를 내려놓고 당신을 좋아하게 될 것이다. 그들은 이제 안정되고 편안한 분위기에서 설득당할 준비가 된다. 이것은 자아가 약한 상대에게는 특히 효과적이다.

✦ **오늘의 법칙** ✦ 사람들이 스스로에게 안정감을 느끼면, 그들이 내세우는 자아를 당신이 안정시키면, 그들의 무장을 해제시키고 그들을 조종할 수 있다.

『전쟁의 기술』: 18. 우회하여 공격하라 — 측면 공격 전략

8월 11일　암시의 기법을 숙달하라

　　　　　암시의 언어와 기술을 숙달하지 못하면 결코 설득에 성공할 수 없다. 말실수, 본의 아닌 '나중에 후회할' 발언, 매혹적인 이야기, 금방 사과하여 무마하는 발언—이 모든 것들에는 엄청난 암시적인 힘이 있다. 이 말들은 독처럼 사람들에게 스며들어 독자적인 생명력을 얻는다. 암시에 성공하려면 상대가 긴장을 풀거나 한눈을 팔고 있어서 무슨 일이 벌어지는지 알아차리지 못하는 때를 노리는 것이 관건이다. 점잖은 농담은 이를 위한 완벽한 위장 전술이다. 그러면 상대는 받아칠 말을 생각하거나 자신의 생각에 골몰할 것이다. 당신의 암시는 상대의 뇌리에 거의 남지 않을 것이다. 이것이야말로 당신이 바라는 바이다. 세상에는 신비로운 것이 너무 적으며, 자신이 느끼거나 원하는 것을 직설적으로 말하는 사람은 너무 많다. 우리는 수수께끼 같은 것, 우리의 환상을 풍성하게 하는 것을 갈망한다. 일상생활에는 암시와 모호함이 결핍되어 있기 때문에, 암시를 구사하면 금세 매혹적이고 유망한 무엇인가를 가진 것처럼 보일 수 있다.

✦ 오늘의 법칙 ✦　암시는 사람들에게 영향을 미치는 최고의 수단이다. 힌트, 연상, 암시는 그들의 자연적인 저항을 에두른다. 모든 것을 암시적으로 표현하라.
『유혹의 기술』: 6. 직설 화법은 금물이다―암시

8월 12일 상대방의 감정을 이용하라

정신과 의사들(폴 와츨러위크, 존 위클랜드, 리처드 피시)이 공저한 『변화Change』에는 반항적인 십대의 사례가 소개된다. 그는 마약을 거래하다가 체포되어 교장에게 정학 처분을 당했다. 여전히 집에서 숙제를 해야 했지만 등교는 금지되었다. 이 때문에 그의 마약 거래 사업은 큰 손실을 입었다. 그는 복수심으로 불타올랐다.

그의 어머니와 상담한 정신과 의사는 이렇게 조언했다. 수업에 직접 참석하는 학생들만 좋은 성적을 거두리라는 것이 교장의 생각이라고 아들에게 말하라고 했다. 즉, 교장은 그가 학교에 오지 못하게 하면 틀림없이 낙제하리라고 계산했다고 말이다. 그렇다면 소년은 수업을 들을 때보다 집에서 공부해서 더 좋은 성적을 거두면 교장에게 한 방 먹일 수 있다. 이번 학기에는 너무 열심히 공부하지 않는 것이 좋겠어—아들에게 이렇게 말하라고 의사는 조언했다. 교장의 판단이 옳았음을 보여주어 그와의 관계를 개선하라는 것이었다. 물론 그런 조언은 소년의 반항적인 기질을 이용하기 위한 영리한 술책이었다. 이제 소년은 교장에게 한 방 먹이는 것 말고는 바라는 것이 없었으며, 엄청난 집중력을 발휘하여 숙제에 몰두했다. 이것이 바로 의사가 바란 목표였다.

✦ **오늘의 법칙** ✦ **기본적으로 이 방법은 상대방의 격한 감정에 맞대응하지 않고 편승하여 생산적인 방향으로 유도할 방법을 찾는 것이다.**
로버트 그린, "설득의 대가가 되는 네 가지 전략", 「미디엄」, 2008년 11월 14일

8월 13일 사람들의 마음속에 침투하라

마키아벨리Machiavelli는 자신의 생각과 조언을 전파할 힘을 갈망했다. 정치를 통해서 얻을 수 없다면, 책을 통해서라도 얻고자 했다. 독자가 자신의 취지에 찬동하게 하면, 그들이 무의식중에 그의 생각을 퍼뜨려주리라고 생각했다. 마키아벨리는 권력자들이 조언을―특히 아랫사람의 조언을―좀처럼 받아들이지 않는다는 것을 알고 있었다. 권력이 없는 많은 사람들은 그의 철학에 담긴 위험한 측면에 겁을 먹겠지만, 많은 독자들이 매혹과 거부감을 동시에 느끼리라는 것도 알고 있었다. 반감과 이중적 감정을 극복하려면 마키아벨리의 책들은 전략적이고 우회적이고 교묘해야 했다. 그래서 그는 독자의 방어막을 뚫고 깊숙이 침투할 수 있는 독특한 수사적 전술을 고안했다. 첫째, 그는 자신의 책을 필수불가결한 조언―어떻게 권력을 얻고 권좌에 머무르고 권력을 지킬 것인가에 대한 실용적인 발상―으로 채웠다. 이것은 모든 부류의 독자들을 끌어들인다. 모든 사람은 자신의 이익을 최우선으로 생각하기 때문이다. 다음으로 마키아벨리는 자신의 사상을 증명하는 역사적 일화들을 책 여기저기에 끼워넣었다. 사람들은 자신을 현대의 카이사르나 메디치로 상상하는 법을 알고 싶어하며 좋은 이야기를 음미하고 싶어한다. 이야기에 사로잡힌 마음은 방어가 허술해져서 암시에 쉽게 넘어간다. 마지막으로, 마키아벨리는 단도직입적이고 직설적인 표현으로 글에 생동감을 불어넣었다. 독자들의 생각은 느려지다가 멈추는 것이 아니라 생각을 넘어서서 행동을 취하려는 욕망에 전염되었다.

✦ **오늘의 법칙** ✦ 당신에게 세상을 변혁할 근사한 아이디어가 있을지도 모르지만 효과적으로 표현하지 못한다면, 그 아이디어는 사람들의 마음속에 깊이 오래도록 파고들 힘을 발휘하지 못한다. 메시지를 전략적으로 전달하라.

『전쟁의 기술』: 30. 적의 마인드에 침투하라 — 커뮤니케이션 기술

8월 14일 사람들에게 감정을 남겨라

대부분의 사람들은 (프로젝트든 캠페인이든 설득 시도든) 무엇인가의 종결을 일종의 벽으로 생각한다. 일이 끝났으니 득실을 따지고 다음으로 넘어갈 때라고 생각하는 것이다. 린든 존슨Lyndon Johnson은 세상을 다르게 보았다. 끝은 벽이 아니라 다음 단계나 전투로 통하는 문이었다. 그에게는 승리를 거두는 것이 아니라 자신이 어디에 도달했는지, 다음 단계가 어떻게 펼쳐질지가 중요했다. 그는 미래에 시선을 고정했으며 자신을 계속 나아가게 하는 성공에 주력했다. 존슨은 유권자의 마음을 얻으려고 할 때에도 같은 접근법을 썼다. 연설과 감언이설로 지지를 호소하지 않았고(어차피 훌륭한 웅변가도 아니었다) 사람들에게 어떤 감정을 남길 것인가에 집중했다. 그는 설득이란 궁극적으로 감정의 과정임을 알고 있었다. 말은 근사하게 들릴 수 있지만, 정치인이 사람들에게 진실하지 못하고 단지 표를 탐할 뿐이라는 의심을 남긴다면, 사람들은 마음을 닫고 그를 잊을 것이다. 그래서 존슨은 유권자들과 감정적 유대를 맺으려고 노력했으며 대화를 끝낼 때에는 힘껏 악수하고 눈을 맞추고 떨리는 목소리로 유대감을 확고히 다졌다. 그는 유권자들에게 그를 다시 만나고 싶다는 느낌을 남겼으며, 그가 진실하지 않을지도 모른다는 의심을 일소하는 감정을 불러일으켰다. 대화의 끝은 실은 시작이었다. 그들의 마음속에 남아 표로 연결되었기 때문이다.

✦ **오늘의 법칙** ✦ **만남 이후를 주시하라. 사람들에게 어떤 감정을 남길 것인지 더 많이 생각하라. 당신을 더 알고 싶다는 욕망을 불러일으키는 감정을 남겨라.**
『전쟁의 기술』: 22. 전쟁의 성공적인 마무리를 계획하라 — 마무리의 노하우

8월 15일 강렬한 장관을 연출하라

말로 자신의 주장을 옹호하는 것은 위험한 시도이다. 말은 위험한 도구이며 종종 엉뚱한 방향으로 흘러간다. 우리는 사람들이 우리를 설득하려고 쓰는 말을 우리 자신의 말로 곱씹어보다가 그들의 말과 정반대로 믿게 되는 경우가 종종 있다(이것은 우리의 괴팍한 본성 중 하나이다). 말이 우리의 불쾌감을 자극하여 발언자가 의도하지 않은 연상을 일으키기도 한다. 이에 반해서 시각적인 효과는 말의 미로를 뚫고 직행한다. 정서적 힘을 발휘하고 긴박감을 조성하기 때문에 성찰과 의심의 여지를 남기지 않는다. 음악처럼 시각도 합리적이고 이성적인 사고를 훌쩍 뛰어넘는다. 시각적 효과를 이용하는 최선의 방법은 이미지와 상징을 거창한 장관으로 조직하여 사람들의 경탄을 자아내고 불편한 현실로부터 시선을 돌리게 하는 것이다. 이것은 쉬운 일이다. 사람들은 거창하고 화려하고 비현실적인 것을 좋아한다. 사람들의 감정에 호소하면 그들은 떼를 지어 당신의 볼거리에 몰려들 것이다. 시각적 효과는 그들의 가슴에 이르는 가장 손쉬운 길이다.

✦ **오늘의 법칙** ✦ **주변 사람들을 위해서 장관을 연출하라. 당신의 존재감을 북돋우는 생생한 시각적 효과와 현란한 상징을 아낌없이 동원하라. 겉모습에 현혹되면, 당신이 실제로 무엇을 하고 있는지 아무도 눈치채지 못할 것이다.**
『권력의 법칙』: 4. 이미지와 상징을 앞세워라 ─ 권력의 아우라

8월 16일　상대방의 고집을 역이용하라

18세기의 위대한 선승 하쿠인에게 전당포 주인의 아들이 고민거리를 가지고 찾아왔다. 그는 아버지가 불교를 믿기를 바랐지만 아버지는 장부를 적느라 바빠서 염불을 외거나 기도를 드릴 시간이 없다고 말했다. 하쿠인은 전당포 주인을 알았다. 그는 지독한 구두쇠였으며, 장부 정리는 불교를 거부하는 핑계에 불과했다. 그는 불교를 시간 낭비로 여겼다. 하쿠인은 아들에게 이렇게 조언했다. 아버지가 매일 기도를 드리고 염불을 외면 하쿠인이 그에 대해서 돈을 지불하겠노라고 말하라는 것이었다. 이것은 엄밀한 사업상 거래였다. 물론 전당포 주인은 제안에 반색했다. 아들의 잔소리에서 벗어나고 돈도 벌 수 있었으니 말이다. 그는 매일 하쿠인에게 기도 청구서를 보여주었으며 하쿠인은 정해진 대가를 지불했다. 하지만 7일째 되는 날, 그가 나타나지 않았다. 염불에 몰두한 탓에 기도를 몇 번 했는지 헤아리는 것을 깜박한 것이다. 며칠이 지나자 그는 염불에 완전히 빠져들었고 기분이 훨씬 좋아졌으며 더는 돈을 받지 않아도 괜찮다고 하쿠인에게 말했다. 그는 이내 하쿠인의 절에 넉넉하게 시주하는 후원자가 되었다. 사람들이 무엇인가를 고집스럽게 반대한다면, 그것은 변화와 그 변화가 가져올 불확실성에 대한 깊은 두려움 때문이다. 사람들은 모든 것이 자기 뜻대로 돌아가고 주도권을 쥐어야 직성이 풀린다. 변화를 독려하려고 아무리 조언해봐야 그들의 손에 놀아날 뿐이다. 그들에게 반발거리를 주고 그들의 고집을 정당화하는 꼴이니 말이다. 그들은 더 고집불통이 된다. 그런 사람과는 싸우지 말고, 그들의 고집스러운 행동에 내재한 실제의 본성을 이용하여 더 큰 성과로 이어질 수 있는 온건한 변화를 이끌어내라.

✦ 오늘의 법칙 ✦ 사람들은 단지 자신의 의지를 관철하고 싶어서 남들의 요청을 거부할 때가 있다. 당신이 그들의 반항에 흔쾌히 동의하면 그들은 다시 반항하여 자신의 의지를 정반대 방향으로 관철할 텐데, 이것이야말로 당신이 원하는 바이다. 이것이 바로 반대 심리학의 요체이다.

『인간 본성의 법칙』: 7. 상대를 긍정해서 저항을 누그러뜨린다 ― 방어적 태도의 법칙

8월 17일   분위기를 가볍게 전환하여 설득하라

논쟁은 유혹과 가장 거리가 먼 언어 형식이다. 우리는 논쟁을 통해서 침묵의 적을 수없이 만들어내고 있다. 사람들이 귀 기울이게 하고 그들을 설득하려면 더 나은 방법이 있다. 바로 유머와 가벼운 몸짓이다. 19세기 영국의 정치가 벤저민 디즈레일리Benjamin Disraeli는 이 게임의 대가였다. 의회에서 비난이나 중상모략을 반박하지 못하는 것은 치명적인 실책이었다. 침묵은 비난이 옳다는 뜻으로 해석되었기 때문이다. 하지만 분노로 대응하고 논쟁을 하려고 드는 것은 꼴사납고 방어적으로 보였다. 디즈레일리는 다른 전술을 구사했다. 그는 차분한 태도를 유지했다. 공격에 대응해야 할 때가 되면, 느릿느릿 연단으로 걸어가 잠깐 뜸을 들였다가 유머와 풍자로 받아쳤다. 다들 웃음을 터뜨렸다. 분위기가 훈훈해지면 뒤이어 적수를 논박했는데, 이때에도 재미있는 논평을 곁들였다. 아니면 전혀 개의치 않는다는 듯이 대뜸 다른 주제로 넘어가기도 했다. 그의 유머는 자신을 향한 모든 공격의 기세를 꺾었다. 웃음과 박수갈채에는 도미노 효과가 있다. 한번 웃은 상대방은 한 번 더 웃을 가능성이 크다. 이렇게 기분이 홀가분해지면 귀를 더 쫑긋 세울 것이다.

✦ 오늘의 법칙 ✦   **세심한 논평과 약간의 반어법을 구사하면 상대방을 설득하여 자기편으로 끌어들이고 적들을 조롱할 여지가 생긴다. 이것은 유혹적인 형태의 논쟁이다.**
『유혹의 기술』: 10. 모호함도 무기가 된다 — 언어

8월 18일   상대방이 당신의 취지를 느끼게 하라

　　니키타 흐루쇼프Nikita Khrushchyov가 스탈린의 범죄를 규탄하는 연설을 하고 있는데 한 훼방꾼이 끼어들었다. 그가 소리쳤다. "당신은 스탈린의 동료였소. 왜 그때 저지하지 않은 거요?" 흐루쇼프는 훼방꾼을 못 본 체하며 이렇게 고함을 질렀다. "방금 말한 사람이 누구요?" 아무도 손을 들지 않았다. 움찔하는 사람조차 없었다. 몇 초간 긴장된 침묵이 흐른 뒤에 흐루쇼프가 차분한 목소리로 말했다. "이제 왜 내가 그를 저지하지 못했는지 아실 거요." 흐루쇼프는 아무리 사소하더라도 반역의 기미만 보이면 목숨을 잃을 것이 뻔했기 때문에 스탈린과 맞서는 것은 두려운 일이었다고 주장하지 않고, 스탈린과 맞서는 것이 어떤 느낌인지 실감하게 만들었다. 극심한 불안, 목소리를 높이는 것에 대한 두려움, 지도자(이 경우에는 흐루쇼프 자신)와 맞서는 것에 대한 공포를 느끼게 한 것이다. 시연은 직관적이었고 어떤 논증도 덧붙일 필요가 없었다. 시연은 당신의 적수들을 방어 태세도 취하지 못한 채 무방비로 설득당하게 하는 힘이 있다.

✦ **오늘의 법칙** ✦　당신의 목표는 상대방에게 말을 쏟아내는 것이 아니라 그들이 당신의 취지를 말 그대로 또한 실질적으로 느끼게 하는 것이어야 한다.
『권력의 법칙』: 8. 말이 아닌 행동으로 승리를 쟁취하라 — 논쟁의 부작용

8월 19일　하찮은 것들을 양보하라

1782년에 프랑스의 극작가 피에르 오귀스탱 카롱 드 보마르셰Pierre Augustin Caron de Beaumarchais는 자신의 걸작 『피가로의 결혼Le Mariage de Figaro』의 마침표를 찍었다. 희곡은 국왕 루이 16세의 승인을 받아야 했는데, 국왕은 원고를 읽고서 격노했다. 그는 이런 연극이 혁명을 부추길 수 있다고 말했다. "이자는 정부에서 존경받아야 하는 모든 것을 조롱하고 있소." 거센 압박을 받은 끝에 그는 연극을 베르사유의 한 극장에서 비공개로 상연하는 것에 동의했다. 귀족 관객들은 연극에 매료되었다. 국왕은 추가 공연을 허락했지만, 검열관들에게 연극이 대중에게 상연되기 전에 대본에서 최악의 문구들을 손보라고 명령했다. 보마르셰는 검열을 피하기 위해서 학자, 지식인, 궁정 신하, 정부 관료로 이루어진 심의위원회에 자신이 동석한 자리에서 연극을 검토해달라고 청했다. 회의에 참석한 한 인사는 이렇게 썼다. "보마르셰 씨는 참석한 신사와 (심지어) 숙녀가 적절하다고 판단하는 모든 삭제와 수정을 기탄없이 수긍할 것이라고 선언했다. ……다들 자신의 의견을 덧붙이고 싶어 했다. ……브르퇴유 씨가 재담을 하나 제안하자 보마르셰 씨는 기꺼이 받아들였다. ……마티뇽 부인은 시동侍童의 리본 색깔에 대해서 조언했다. '그러면 4막이 훨씬 좋아질 거예요.' 색깔은 받아들여졌으며 유행이 되었다." 보마르셰는 실은 무척 영리하게 대처한 것이었다. 아무리 사소할지언정 사람들이 자신의 걸작을 수정하게 함으로써 그는 그들의 자아와 지성을 한껏 추켜세웠다. 물론 나중에 루이 16세의 검열관들이 요구한 대대적인 수정은 받아들이지 않았다. 그즈음, 그는 이미 심의위원들에게 환심을 사두었기 때문에 그들은 그를 단호히 변호했으며, 루이는 물러설 수밖에 없었다.

✦ **오늘의 법칙** ✦　그다지 중요하지 않은 문제에 동의하여 사람들의 방어를 누그러뜨리는 법을 익혀라. 이렇게 하면 그들을 당신이 원하는 방향으로 이끌고 더 중요한 문제 들에서 당신의 바람에 동조하도록 유도할 수 있는 여지가 훨씬 커질 것이다.

『인간 본성의 법칙』: 7. 상대를 긍정해서 저항을 누그러뜨린다 — 방어적 태도의 법칙

8월 20일 말썽꾼에 대처하는 법

저명한 정신과 의사 밀턴 에릭슨Milton Erickson은 경력 초기에 한 대학교에서 의과대학 교수로 재직하면서 앤이라는 무척 총명한 학생을 상대해야 했다. 그녀는 언제나 수업에 지각했으며 그때마다 장황하게 구구절절 사과했다. 그녀는 A를 놓치지 않는 학생이었다. 하지만 언제나 다음번에는 제시간에 오겠다고 약속해놓고도 한 번도 약속을 지키지 않았다. 이 때문에 동급생들이 불편을 겪었다. 그녀 때문에 강의나 실험이 곧잘 지연되었기 때문이다. 에릭슨의 강의 첫날 그녀는 자신이 늘 쓰던 수법을 동원했지만, 에릭슨은 호락호락하지 않았다. 그녀가 지각하자 그는 반 학생 전체가 일어나서 그녀에게 조롱조로 경의를 표하며 절을 하게 했다. 그도 절을 했다. 수업이 끝나고 그녀가 강의실에서 나갈 때에도 학생들은 그녀에게 절을 했다. 메시지는 분명했으며—"우리가 너를 주시하고 있다"—당혹감과 수치심을 느낀 그녀는 다시는 지각하지 않았다.

✦ **오늘의 법칙** ✦ 말썽꾼에게는 자업자득을 겪게 하거나 당신이 지켜보고 있음을 일깨워 교훈을 주어라.

『인간 본성의 법칙』: 16. 상냥한 얼굴 뒤의 적개심을 감지한다 — 공격성의 법칙

8월 21일   동기 부여의 대가

　　무시무시한 로마 군과의 첫 결전을 치르기 전날 밤 한니발 Hannibal은 지친 병사들의 사기를 어떻게든 북돋워야 했다. 그는 볼거리를 연출하기로 마음먹었다. 한 무리의 죄수들을 불러들여 그들에게 검투사 시합에서 살아남으면 승자에게는 자유를 주고 카르타고 군에 받아주겠다고 말했다. 죄수들은 동의했으며 한니발의 병사들은 몇 시간 동안 피비린내 나는 오락을 즐겼다. 시합이 끝나자 한니발이 부하들에게 연설했다. 제군도 죄수들과 똑같은 처지이다. 그대들은 이역만리 적국의 영토에 와 있으며 갈 곳은 어디에도 없다. 자유 아니면 예속, 승리 아니면 죽음이다. 하지만 오늘 이자들이 싸운 것처럼 싸우면 승리할 것이다. 시합과 연설은 병사들의 사기를 북돋웠으며 이튿날 그들은 죽기 살기로 싸워 로마 군을 물리쳤다. 한니발은 흔히 보기 힘든 동기 부여의 대가였다. 남들이 병사들에게 장광설을 토할 때, 그는 말에 의존해봐야 소용없다는 것을 알고 있었다. 말은 병사들의 거죽만 건드릴 뿐이다. 지휘관은 부하들의 마음을 사로잡고 피를 끓게 하고 마음속으로 들어가 부대의 사기를 변화시켜야 한다. 한니발은 병사들의 감정에 간접적으로 접근하여 그들을 달래고 어르고 문제를 객관적으로 보게 하고 그들을 뭉치게 했다. 그런 뒤에야 연설로 위태로운 현실을 자각하게 하고 그들의 감정을 뒤흔들었다.

✦ **오늘의 법칙** ✦　동기 부여는 섬세한 기술이다. 사람들의 감정을 간접적으로 겨냥해야 한다. 감정에 호소하는 방법을 마련하면 거죽만 긁는 것이 아니라 속으로 들어갈 수 있다.

『전쟁의 기술』: 7. 대의명분을 항상 심어주어라 — 동기 부여와 사기 진작

8월 22일 낯선 것의 매력

　　　　　인간 본성의 특이한 부분 중의 하나는 자신이 가지지 못한 것을 언제나 갈망한다는 것이다. 울타리 너머를 바라보면 잔디는 언제나 더 푸르고 이웃들의 차는 더 좋고 그들의 자녀들은 더 예의 바르다. 우리는 언제나 타인이 가진 것을 욕망한다. 자신에게 없는 것이 자신이 가진 것보다 더 낫다고 생각한다. 그것이 욕망의 본성이다. 실제로 그것을 손에 넣으면 기대만큼 즐겁지 않다. 욕망이란 언제나 무엇인가를, 자신의 밖에 있는 무엇인가를 좇는 것을 의미한다. 우리는 낯선 것, 이국적인 것, 살면서 한 번도 가져보지 못한 것을 원한다. 일탈, 금기, 남들이 가지지 못한 것, 새롭거나 참신한 것을 원한다. 당신이 인생에서 무엇을 창조하든 그런 욕망의 대상을 창조해야 한다. 그 안에 약간의 금기와 일탈이 있다는 느낌을 사람들에게 선사해야 한다. 나도 『권력의 법칙』에서 그렇게 했다. 여러분은 그 책을 집어들면 무엇인가 조금 추잡한 일을 하는 듯한 느낌을 받는다. 당신이 내놓는 것이 사람들에게 친숙하지 않은 듯한 느낌을 자아내도록 하라.

✦ **오늘의 법칙** ✦　**우리는 친숙한 사람이나 사물을 약간 업신여긴다. 하지만 막연하고 매력적이고 신비롭고 우리가 가지지 못한 것이라면, 그것은 우리의 욕망에 불을 지핀다. 이것이야말로 종류를 막론하고 모든 마케팅이나 은근한 설득의 열쇠이다.**
「라이브 토크스 로스앤젤레스」 대담, 2019년 2월 11일

8월 23일 상대방의 치명적인 약점을 찾아라

각 사람의 치명적인 약점을 찾아라. 이것이 그들의 의지를 발동시키는 기술이다. 이를 위해서는 결단력보다는 기술이 필요하다. 누구에게든 어디로 접근해야 할지 알아야 한다. 모든 의지에는 취향에 따라서 달라지는 특별한 동기가 있다. 모든 사람은 우상 숭배자이다. 어떤 사람은 명성을 숭배하고, 또 어떤 사람은 이기심을 숭배하고, 대부분은 쾌락을 숭배한다. 관건은 그 우상을 파악하여 공략하는 것이다. 상대방의 주된 동기를 안다면, 그의 의지를 여는 열쇠를 가진 것이나 마찬가지이다.

발타자르 그라시안

우리는 모두 저항심이 있다. 우리는 변화를 막아내고 친구와 경쟁자의 도 넘은 행동을 방어하기 위해서 자기 주위에 영구적인 갑옷을 두른 채 살아간다. 자신의 방식으로 일할 수 있는 자유를 그 무엇보다 바란다. 이 저항에 끊임없이 맞서려면 막대한 에너지가 필요하다. 그러나 우리가 알아야 할 가장 중요한 사실 중의 하나는 누구에게나 약점이 있고, 그들의 심리적 갑옷 중 어느 부분은 저항하지 않을 것이며, 당신이 그 빈틈을 찾아 밀어붙이면 그들이 당신의 의지에 굴복하리라는 것이다. 어떤 사람은 약점을 공공연히 드러내고 어떤 사람은 감춘다. 약점을 감추는 사람일수록 갑옷의 빈틈을 공략하는 것이 가장 효과적이다.

✦ **오늘의 법칙** ✦   성벽에 틈이 나 있듯이 누구에게나 치명적인 약점이 있다. 그 약점을 찾아내면 당신에게 유리하도록 공략할 수 있다.

『권력의 법칙』: 43. 사람들의 약점을 공략하라 — 심리적 무장해제

8월 24일   때로는 모질게 때로는 다정하게 대하라

나폴레옹은 역사상 가장 위대한 용병가였다. 그는 프랑스 혁명으로 막 자유를 얻은 수백만 명의 오합지졸을 역사상 가장 성공한 군대로 키워냈다. 나폴레옹의 기법을 통틀어 가장 효과적인 것은 최대한의 극적 효과를 위해서 연출된 처벌과 보상이었다. 개인적인 질책은 드물었지만, 화가 나면 벌을 내렸으며 그 효과는 대단했다. 처벌 대상이 된 병사는 쫓겨나고 따돌림당하는 듯한 느낌을 받았다. 마치 가족의 따스함으로부터 내쳐진 듯 나폴레옹의 호감을 되찾고 다시는 그를 화나게 하지 않으려고 안간힘을 썼다. 진급, 보상, 대외적 칭찬도 드물었으며, 결코 정치적 이해타산에 따라서가 아니라 공을 세웠을 때에만 보상했다. 나폴레옹의 심기를 거스르지 않으려는 마음과 그의 인정을 갈망하는 마음의 양극단 사이에 낀 부하들은 그가 휘두르는 대로 휘둘렸으며, 그를 헌신적으로 좇았으나 결코 그에게 닿을 수 없었다. 나폴레옹에게서 배워라. 사람들을 관리하려면 그들을 항상 긴장 상태에 두어라. 첫째, 부하들과 당신 사이에 유대감을 조성하라. 그들이 당신을 존경하고 떠받들고 심지어 약간 두려워하도록 하라. 유대감을 강화하려면 한발 물러서서 주변에 약간의 거리를 두어라. 따스하게 대하되 거리감을 느끼게 하라. 유대감이 확고히 다져졌으면 모습을 나타내는 횟수를 줄여라. 당시에는 사소해 보일지 몰라도 상징적인 의미가 있는 잘못이나 성공을 선택하여 처벌하거나 보상하되 둘 다 가끔씩만 또한 예상치 못하게 실시하라. 이것을 명심하라. 무엇이 당신을 기쁘게 하고 화나게 하는지 사람들이 알게 되면, 그들은 훈련된 푸들이 되어 겉으로나마 착한 행동으로 당신의 환심을 사려고 할 것이다.

✦ 오늘의 법칙 ✦　사람들을 긴장 상태에 묶어두어라. 그들이 끊임없이 당신을 생각하고 즐겁게 해주고 싶어하도록 만들되, 어떻게 하면 그렇게 되는지는 결코 모르도록 하라. 일단 그들이 덫에 걸리면 당신은 자석처럼 그들을 끌어당기고 저절로 동기를 부여할 수 있을 것이다.

『전쟁의 기술』: 7. 대의명분을 항상 심어주어라 — 동기 부여와 사기 진작

8월 25일 제3의 눈을 계발하라

기원전 401년 그리스 용병 1만 명은 패색이 짙은 채로 페르시아의 심장부 깊숙한 곳에 갇혀 있었다. 그들은 운명을 한탄하며 숙영지를 서성거렸다. 그중에는 작가 크세노폰Xenophon도 있었다. 그는 종군 기자처럼 병사들을 따라다니고 있었다. 크세노폰은 일찍이 소크라테스의 제자가 되어 철학을 공부했고, 합리적 사고, 전체 그림, 일상생활의 찰나적 순간의 이면에 있는 일반적인 이데아가 더 숭고하다고 믿었다. 어느 날 밤 그는 그리스인들이 탈출하여 고향으로 돌아갈 방법을 머릿속에 그려보았다. 그들이 모든 것을 버리고 속도를 높여 재빠르고 은밀하게 페르시아를 통과하는 광경을 보았다. 그들이 즉시 출발하여 기습 전술로 거리를 벌리는 광경을 보았다. 지형, 행군로, 그들이 맞닥뜨릴 많은 적, 페르시아에 맞서서 봉기한 시민들을 지원하고 활용할 방법 등을 사전에 궁리했다. 그는 몇 시간 만에 상세한 퇴각 방안을 고안했다. 이 모든 계획은 지중해와 고향으로 이어지는 지그재그의 행군로를 빠르게 이동한다는 그의 전체 구상에서 나온 것이었다. 그는 군 경험이 전무했으나 계획은 완벽했으며, 그가 자신감에 차서 설명하자 병사들은 그를 사실상 지휘관으로 지명했다. 이 이야기는 모든 권위의 본질과 확립에서 가장 기본적인 요소가 무엇인지를 구체적으로 보여준다. 대부분의 사람들은 순간에 갇혀 있다. 그들은 쉽게 과잉 반응과 공포에 빠지며, 집단이 맞닥뜨린 현실의 협소한 일면밖에 보지 못한다. 대안을 고려하거나 우선순위를 정하지 못하는 것이다. 침착함을 유지하고 시야를 순간의 너머로 끌어올리는 사람은 인간 정신의 예언자적 능력을 발휘하고 제3의 눈을 계발하여 남들은 보지 못하는 힘과 추세를 볼 수 있다. 그들은 두각을 나타내며 지도자의 참된 역할을 완수한다.

✦ **오늘의 법칙** ✦ **미래를 읽는 신적 능력을 가진 것처럼 보여 권위의 아우라를 만들어라. 이것은 연습하고 발전시켜서 어느 상황에든 적용할 수 있는 권력이다.**

『인간 본성의 법칙』: 15. 권위란 따르고 싶은 모습을 연출하는 기술이다 — 변덕의 법칙

8월 26일 　사람들의 실현되지 않은 위대함에 호소하라

대부분의 사람들은 자신이 세상에 드러나 보이는 것보다 내적으로는 더 위대하다고 생각한다. 그들은 실현되지 않은 이상으로 가득하다. 자신은 예술가, 사상가, 지도자, 영적 스승이 될 수도 있었지만, 세상이 자신을 짓밟고 자신의 능력을 꽃피울 기회를 앗아갔다고 생각한다. 이것이 그들을 유혹하고, 시간이 지나도 여전히 유혹에 빠지게 하는 열쇠이다. 많은 아마추어 유혹자들처럼 사람들의 육체적인 측면에만 호소하면, 그들은 당신이 자신의 가장 저급한 본능을 자극한다고 여겨 분개할 것이다. 하지만 그들의 고귀한 자아에, 더 숭고한 미적 기준에 호소하면, 그들은 자신이 유혹당했음을 알아차리지도 못할 것이다.

✦ 오늘의 법칙 ✦　　상대가 스스로를 고양되고 숭고하고 영적인 존재로 느끼게 하면, 당신이 그들에게 행사할 수 있는 권력에는 한계가 없을 것이다.

『유혹의 기술』: 3. 잊었던 꿈을 일깨우는 아이디얼 러버

8월 27일 깊이 경청하는 사람으로 탈바꿈하라

당신은 자신의 생각을 너무도 잘 안다. 그래서 좀처럼 놀라지 않는다. 당신의 마음은 같은 주제를 강박적으로 맴돈다. 그러나 당신이 만나는 사람들은 한 명 한 명이 놀라움으로 가득한 미지의 세계와 같다. 사람들의 마음속에 들어갈 수 있다면, 얼마나 경이로운 여행이 될지 잠시 상상해보라. 조용하고 따분해 보이는 사람일수록 내면에서는 당신이 탐험할 가장 신기한 삶을 살고 있을 가능성이 크다. 천박하고 어리석은 사람들을 만나더라도 그들이 가진 결점의 근원과 성격을 배우는 기회로 삼을 수 있다.

✦ **오늘의 법칙** ✦ 깊이 경청하는 사람으로 탈바꿈하면 그들에게 자신의 마음을 여는 즐거움을 누릴 수 있을 뿐 아니라 인간 심리에 대해서 가장 귀중한 교훈도 얻을 수 있다. 비결은 다른 사람을 매혹적이라고 생각하는 것이다.

『인간 본성의 법칙』: 7. 상대를 긍정해서 저항을 누그러뜨린다 — 방어적 태도의 법칙

8월 28일   내적 안정감을 불어넣어라

　　　　　사람들을 설득하려고 할 때에는 다음 세 가지 방법 중에서 하나를 쓰게 된다. 첫째, 그들의 자긍심에 존재하는 특정 요소에 대해서 무심코 이의를 제기할 수 있다. 둘째, 그들의 자긍심을 자극하지도 않고 긍정하지도 않고 중립적인 위치에 내버려둘 수 있다. 셋째, 그들의 자긍심을 적극적으로 긍정할 수 있다. 세 번째 방법은 사람들의 가장 큰 정서적 욕구를 채워준다. 우리는 자신이 독립적이고 지적이고 점잖고 자립적이라고 상상할 수는 있지만, 이것을 진정으로 인정해주는 것은 다른 사람들일 수밖에 없다. 모두가 끊임없는 자기 의심에 시달리는 냉혹하고 치열한 세상에서 우리는 자신이 갈망하는 이 인정을 좀처럼 받지 못한다. 당신이 이 인정을 사람들에게 선사한다면, 술에 취하거나 집회에 참석하거나 사랑에 빠졌을 때에 일어나는 마법 같은 효과가 일어날 것이다. 당신 덕분에 사람들은 긴장을 풀 것이다. 그들은 더는 불안감에 짓눌리지 않기 때문에 바깥으로 관심을 돌릴 수 있다. 마음이 열려 암시에 더 쉽게 넘어간다. 그들은 당신을 돕기로 마음먹으면서 자신이 자유의지로 그렇게 한다고 착각한다.

✦ **오늘의 법칙** ✦　　**당신의 과제는 간단하다. 사람들에게 내적 안정감을 불어넣어라. 그들의 가치에 맞장구치고 당신이 그들을 좋아하고 존경한다는 것을 드러내고 당신이 그들의 지혜와 경험을 인정한다는 것을 느끼게 하라.**
『인간 본성의 법칙』: 7. 상대를 긍정해서 저항을 누그러뜨린다 — 방어적 태도의 법칙

8월 29일 사람들을 적절한 기분에 감염시켜라

당신이 긴장을 푼 채 유쾌한 경험을 기대하고 있다면, 이 감정은 상대에게도 저절로 전달되어 거울 같은 효과를 발휘할 것이다. 이 목적에 가장 잘 들어맞는 태도는 완전한 관용이다. 타인을 판단하지 말고 있는 그대로 받아들여라. 헨리 제임스Henry James는 소설 『대사들 The Ambassadors』에서 흠잡을 데 없는 매너를 갖춘 프랑스 여인 마리 드 비오네를 이 이상의 화신으로 묘사한다. 그녀는 램버트 스트레더라는 미국인을 자신의 연애에 몰래 이용한다. 스트레더는 그녀를 처음 만난 순간 매혹된다. 그녀는 "명료함과 신비로움을 겸비한" 것처럼 보인다. 그의 말에 깊이 귀를 기울이며, 아무런 대꾸를 하지 않으면서도 자신이 그를 완전히 이해한다는 느낌을 준다. 그녀는 공감능력으로 그를 둘러싼다. 그녀는 처음부터 두 사람이 친한 친구인 양 행동하지만, 이를 드러내는 것은 그녀의 말이 아니라 태도이다. 그는 그녀의 너그러운 심성을 "아름답고 의식적인 온화함"이라고 부르는데, 이 심성은 그에게 최면과도 같은 힘을 발휘한다. 그녀가 도움을 청하기도 전에 그는 완전히 그녀의 주문에 걸려 그녀를 위해서라면 무슨 일이든 할 작정이다. 이런 태도는 무조건적으로 사랑을 베푸는 이상적인 어머니상을 본뜬 것이다. 이것은 말보다는 표정과 몸짓언어로 표현된다. 이 방법은 남녀 모두에게 똑같이 잘 통하며 거의 모두에게 최면 효과를 발휘한다.

✦ **오늘의 법칙** ✦ 사회적 동물인 우리는 타인의 기분에 극도로 민감하다. 이 힘을 이용하여 사람들에게 적절한 기분을 미묘하게 불어넣어 영향을 미쳐라.

『인간 본성의 법칙』: 7. 상대를 긍정해서 저항을 누그러뜨린다 ─ 방어적 태도의 법칙

8월 30일 　상대방을 최상의 모습으로 상상하라

　　　　사람들에 대한 당신의 기대감은 비언어적으로 상대방에게 전달된다는 것을 명심하라. 이를테면 학생에게 더 높은 성과를 기대하는 교사는 아무 말도 하지 않고서도 학업과 성적에 긍정적인 영향을 미친다는 사실이 입증되었다. 당신이 누군가를 만날 때에 특별히 들뜬다면 이 감정은 상대방에게 고스란히 전달될 것이다. 혹자는 상대방이 아름답거나 잘생겼다고 생각하는 것만으로도 대단한 결실을 거둘 수 있다고 주장하기도 한다.

✦ **오늘의 법칙** ✦　**당신이 언젠가 호의를 요청해야 할 사람이 있다면, 그를 (가능하다면) 최상의 모습으로 ― 너그럽고 자상하게 ― 상상하려고 노력하라.**
『인간 본성의 법칙』: 7. 상대를 긍정해서 저항을 누그러뜨린다 ― 방어적 태도의 법칙

8월 31일 자신의 자아상을 받아들여라

마지막으로 당신 자신의 자아상과 거리를 유지하려고 노력하라. 그 존재를 인식하고 작동방식을 이해하라. 당신이 생각만큼 자유롭고 자율적이지 않다는 사실을 받아들여라. 당신은 자신이 속한 집단의 의견에 순응하고, 잠재의식의 영향을 받아 물건을 구입하며, 조종당할 수 있다. 또한 스스로 이상화한 자아상만큼 자신이 훌륭하지 않다는 것을 깨달아라. 다른 사람들처럼 당신도 자신의 관심사에 몰두하고 집착할 수 있다. 이것을 인식하면 타인에게 인정을 받으려는 욕구를 느끼지 않을 것이다.

✦ **오늘의 법칙** ✦ 환상적인 자아상에 집착하지 말라. 스스로를 진정으로 독립적이고 타인의 행복에 신경 쓰는 존재로 만들어라.

『인간 본성의 법칙』: 7. 상대를 긍정해서 저항을 누그러뜨린다 — 방어적 태도의 법칙

9월

대전략가

— 전술의 지옥에서 벗어나라 —

September _____

전략은 다른 사고방식뿐만 아니라 삶 자체에 대한 전혀 다른 접근법이 필요한 기술이다. 한편으로 우리의 생각과 지식 사이에, 다른 한편으로 우리의 생각과 실제 경험 사이에는 간극이 있는 경우가 허다하다. 우리는 잡다한 사실과 정보들을 흡수하지만 이것들은 우리의 머릿속 공간을 차지할 뿐 아무짝에도 쓸모가 없다. 책을 읽지만 우리의 주의를 산만하게 할 뿐 일상생활과는 거의 관계가 없다. 숭고한 이념을 품지만 실천하지 않는다. 풍부한 경험을 쌓지만 제대로 분석하지 않고 영감을 받지도 않고 교훈을 무시한다. 전략에는 두 영역 사이의 끊임없는 접촉이 필요하다. 전략은 가장 고급의 실용 지식이다. 삶에서 벌어지는 사건들은 깊이 성찰하지 않으면 아무 의미도 없으며, 책에 담긴 사상은 실생활에 적용하지 않으면 무의미하다. 전략의 관점에서는 삶의 모든 것이 당신이 벌이는 게임이다. 이 게임은 흥미진진하지만 깊고 진지한 주의를 요한다. 여기에는 막대한 판돈이 걸려 있다. 당신이 아는 것은 행동으로 표현되어야 하고, 행동은 지식으로 정제되어야 한다. 이런 식으로 전략은 일생의 도전이 되며, 어려움을 극복하고 문제를 해결하는 끊임없는 즐거움의 원천이 된다. 9월은 스스로를 일상생활의 전략가로 탈바꿈시키는 달이다.

나는 『전쟁의 기술』에서 대부분의 사람들이 전술적 지옥(내가 붙인 이름이다)
이라는 영역에서 살아간다고 지적했다. 이 지옥에서는 주변의 모든 사람들이
권력과 주도권을 탐하고 그들의 행동이 수천 가지 방향에서 우리의 삶과 교차
한다. 우리는 상대방의 말과 행동에 끊임없이 대응해야 하며 그 과정에서 감
정적으로 반응한다. 이 지옥은 한번 빠져들면 헤어나오기가 힘들다. 당신은
연이어 전투를 치르지만 문제는 결코 해결되지 않는다. 이 지옥을 있는 그대
로 보기란 여간 힘든 일이 아니다. 당신은 지옥과 너무 가까이, 너무 얽혀 있어
서 다르게 보지 못한다. 이 세상에서는 권력을 탐하는 사람이 수없이 많고 우
리의 주의력은 다방면으로 분산되는 탓에 이 과정은 갈수록 악화되기만 한다.

　전략이 유일한 답이다. 이것은 무미건조한 학술적 논점을 말하는 것이 아
니다. 실제로 중대한 의미가 있는 문제이며, 고통스러운 삶을 살 것인가, 균형
과 성공을 누리는 삶을 살 것인가의 문제이다. 전략은 자신의 마음을 이 전장
戰場 위로 끌어올리는 정신적인 과정이다. 당신에게는 삶의 원대한 목표, 가고
자 하는 방향, 운명적으로 성취해야 하는 결실에 대한 감각이 있다. 이것은 무
엇이 진정 중요한지, 어떤 전투를 피해야 하는지를 더 쉽게 판단하도록 해준
다. 당신은 감정을 다스릴 수 있으며 세상을 초연한 관점에서 바라볼 수 있다.

　어떤 사람이 당신을 자신의 전투나 문제에 끌어들이려고 하더라도 당신
은 균형을 잃지 않으면서 도움을 주거나 그들을 멀리하는 데에 필요한 거리와

관점을 가지고 있다. 당신은 자신이 이끄는 집단이 (기동성 면에서나 사기 면에서) 어떻게 조직되었는가를 비롯하여 매사를 전략적인 관점에서 바라본다. 이 길에 올라서면 모든 것이 수월해진다. 패배나 좌절은 개인적인 치욕이 아니라 배워야 할 교훈이 된다. 성공하더라도 자만이나 욕심에 빠져들지 않게 된다.

이 세상에는 전술의 대가와는 거리가 먼 가짜 전략가들이 있다. 그들은 당면한 사안을 꽤나 침착하게 관리할 수 있기 때문에 전략가처럼 보인다. 그들은 문제를 해결하는 법을 안다. 그들은 전진한다. 아니, 그보다는 고개를 간신히 물 위로 내밀 줄 안다. 하지만 언젠가는 발을 헛디딜 수밖에 없다. 나는 빌 클린턴Bill Clinton이 이런 사례라고 생각한다. 그는 진정한 전략가인 에이브러햄 링컨Abraham Lincoln이나 프랭클린 델러노 루스벨트에는 미치지 못했다.

이상을 품고 원대한 인생 계획을 세운 듯한 사람들도 있다. 그들도 전략가처럼 보이지만, 그들의 계획은 현실과 아무 상관이 없다. 그들의 계획과 목표는 실은 욕구의 반영에 불과하다. 실행되는 면면을 보면 알 수 있다. 모든 것이 삐걱거릴 테니 말이다. 조지 W. 부시George W. Bush 대통령의 중동 개조 '대전략grand strategy'이 그런 사례이다. 부시의 전략은 거창하고 포괄적으로 보였으며 서류상으로는 타당했지만, 현실에서는 참담한 실패로 드러났다. 이 땅의 현실과 아무 상관이 없었기 때문이다. 전략가들은 무엇보다 현실주의자들이다. 그들은 남들보다 더 객관적으로 세상과 자신을 바라볼 수 있다.

나의 책들은 사악하고 부도덕하다는 평가를 받았으며, 이런 책들을 쓴 나는 이 세상에 해악을 끼치는 존재로 손가락질을 받았다. 나는 이런 비난에 개의치 않는다. 나는 이 책들이 전혀 사악하지 않다는 사실을 알고 있다. 나는 이 세상에서 훨씬 더 사악한 일들이 벌어지며 이는 사람들이 효과적으로 또는 전략적으로 대처하는 방법을 모르기 때문이라고 믿는다. 그들은 자신이 어디로 향하는지 알지도 못한 채 전쟁을 벌이고, 위태로운 기반에서 사업을 시작하여 아무 성과도 거두지 못하며, 서툴게 구상한 정치 캠페인을 벌이다가 실패하고, 중요하지 않은 문제에 귀한 시간과 에너지를 허비한다. 책상머리에서 선악을 논하는 것은 솔깃한 일이다. 그보다 더 쉬운 일은 없다. 하지만 그 발상들을 현실로 옮기려면 전략적 사고가 필요하다. 이것은 마하트마 간디도 알고 있었던 사실이다.

고대 그리스인들은 명백한 악보다 무지와 무능력이 이 세상에 훨씬 큰 해악을 끼친다고 믿었다. 명백한 악인은 물리칠 수 있다. 쉽게 간파하여 맞서 싸울 수 있기 때문이다. 무능하고 무지한 자들이 훨씬 위험한 이유는 그들이 우리를 어디로 이끄는지 깨달았을 때에는 이미 늦었기 때문이다. 역사상 최악의 군사적 재앙은 전략적 지혜가 없는 지휘관에게서 비롯된 경우가 태반이다.

이것은 종교에 비견할 만한 문제이다. 당신은 빛의 편으로, 전략으로 개종하겠는가? 아니면 전술적 지옥에 계속 머무르겠는가? 인생의 전략가로서의 면모를 더욱 갖추겠노라는 다짐이 전투의 절반이다. 내가 독자들에게 요구하는 것은 그뿐이다.

9월 1일　자신을 전장 위로 끌어올려라

전략은 학문 이상의 것이다. 지식을 현실 생활에 적용하는 것이요, 최초의 지도 이념을 늘 변하는 상황에 비추어 변경할 수 있는 정신을 발전시키는 것이다. 전략은 가장 까다로운 상황의 압박에 처했을 때에 행동하는 기술이다.
헬무트 폰 몰트케

　　전쟁에서 전략은 전체 군사작전을 지휘하는 기술이다. 이에 반해서 전술은 전투 자체를 위해서 군대를 편성하고 전장의 즉각적인 상황 변화에 대처하는 기술이다. 대부분의 사람들은 인생에서 전략가가 아니라 전술가이다. 우리는 하루하루 맞닥뜨리는 갈등에 전전긍긍하느라 현재의 전투에서 원하는 것을 어떻게 얻을 것인가에만 골몰한다. 전략적으로 생각하는 것은 힘들고 부자연스럽다. 당신은 자신이 전략가라고 상상할지도 모르지만, 십중팔구 전술가에 불과할 것이다. 전략만이 가져다줄 수 있는 힘을 얻으려면 자신을 전장 위로 끌어올리고, 장기적인 목표에 초점을 맞추고, 작전을 총체적으로 구사하고, (인생의 수많은 전투가 당신을 몰아넣는) 반사적인 태도에서 벗어나야 한다. 전반적인 목표를 염두에 두면, 언제 싸우고 물러설지를 판단하는 일이 훨씬 수월해진다. 그러면 일상생활에서의 전술적 판단도 훨씬 수월하고 합리적으로 내릴 수 있다.

✦ 오늘의 법칙 ✦　전술적인 사람들은 무거우며 땅에 붙박여 있지만, 전략가들은 발이 가볍고 멀리 내다볼 수 있다. 당신은 어느 쪽에 가까운가?
『전쟁의 기술』: 서문

9월 2일   체스판 전체를 통제하라

      영화감독 앨프리드 히치콕은 이 전략을 일생의 원칙으로 삼았다. 그의 모든 행동은 장차 결실을 거두기 위한 포석이었으며, 그는 차분히 앞을 내다보고 한 걸음 한 걸음 움직였다. 그의 목표는 자신의 원래 구상과 일치하는 영화를 제작하는 것이었다. 배우, 제작자, 불가피하게 참여하는 제작진의 영향 때문에 영화가 오염되는 것을 원하지 않았다. 그는 영화 대본의 세부 사항을 일일이 통제하여 제작자의 개입을 거의 불가능하게 했다. 제작자가 실제 촬영에 간섭하려고 하면, 히치콕은 필름이 없는 카메라를 대기시켰다. 제작자가 원하는 대로 추가 촬영을 하는 척함으로써 제작자를 만족시키면서도 최종 결과물은 지킬 수 있었다. 히치콕은 배우들에게도 같은 수법을 썼다. 무엇을 하라고 직접 지시하는 것이 아니라 현장에서 그들을 대하는 태도를 통해서 자신이 바라는 감정—두려움, 분노, 욕망—을 그들에게 전염시켰다. 촬영의 각 단계는 그다음 단계와 정확히 맞아떨어졌다.

✦ **오늘의 법칙** ✦   **체스판 전체를 보면서 감정을 통제하고 다음 수를 미리 구상하라.**
『전쟁의 기술』: 12. 전투는 패배해도 전쟁에서는 이겨라 — 대전략의 눈

9월 3일 무게 중심을 공략하라

첫 번째 원칙은 적의 힘을 이루는 본질을 거슬러올라가 최소한의 근원들을, 이상적으로는 하나의 근원을 찾아내야 한다는 것이다. ……끊임없이 적의 힘에서 중심을 찾고, 매번 승리하기 위해서 모든 것을 걸면, 진정으로 적을 물리칠 것이다.

카를 폰 클라우제비츠

막강한 선두를 내세우는 것, 위협적이고 위압적으로, 강력하고 단호하게 보이려는 것은 권력의 본성이다. 하지만 이 겉모습은 종종 과장이며, 심지어 노골적인 기만이다. 권력은 약점을 감히 드러내지 못하기 때문이다. 그 과시의 아래에 권력이 의지하는 지지대—"무게 중심"—가 있다. 이 표현은 카를 폰 클라우제비츠Karl von Clausewitz가 처음 쓴 것으로, 그는 이것을 "모든 힘과 움직임의 중심으로, 모든 것이 이것에 의존한다"라고 설명했다. 이 무게 중심을 공략하여 무력화하거나 파괴하는 것이야말로 궁극적 전략이다. 무게 중심이 사라지면 전체 구조가 붕괴되기 때문이다. 적의 무게 중심을 타격하는 것은 분쟁을 결정적이고도 경제적으로 종식하는 최선의 방법이다. 무게 중심을 찾을 때에는 위압적이거나 현란한 외관에 현혹되어 겉모습을 핵심으로 착각하지 않는 것이 중요하다. 아마도 당신은 여러 단계를 하나하나 거치며 한겹 한겹 벗겨내어 이 궁극적인 동력원을 찾아내야 할 것이다.

✦ 오늘의 법칙 ✦ 경쟁자를 바라보면서 전체 구조를 떠받치는 무게 중심을 찾아라. 무게 중심은 그들의 부富일 수도, 인기일 수도, 핵심 요직일 수도, 승리 전략일 수도 있다. 그것을 타격하면 압도적인 일격을 가할 수 있다.

『전쟁의 기술』: 16. 아프고 약한 부위를 집중 공격하라—핵심 공략법

9월 4일 전술적 지옥을 피하라

이 원리는 부부 싸움에서 흔히 볼 수 있다. 이것은 관계를 복원하는 것이 아니라 자신의 관점을 강요하는 지경에 이른 것을 말한다. 이따금 이 전투에 휘말리면 자신이 방어적이고 옹졸한 사람처럼 느껴져서 의기소침해진다. 이것이 당신이 전술적 지옥에 떨어졌다는 확실한 신호이다. 우리의 마음은 전략적 사고를 위해서 설계되었으며 목표에 이르는 여러 가지의 수手를 미리 계산한다. 전술적 지옥에서는 이런 식으로 생각할 수 있을 만큼 자신의 관점을 높이 끌어올릴 수 없다. 당신은 이 사람 저 사람의 행보에 끊임없이 대응하고 그들의 드라마와 감정에 휘말려 쳇바퀴를 돈다. 유일한 해법은 이 전투들로부터 일시적으로든 영구적으로든 물러서는 것이다. 전투가 여러 전선에서 벌어지고 있다면 더더욱 그렇다. 거리를 두고 새로운 관점에서 보아야 한다. 마음을 가라앉혀라. 논쟁에서 이기거나 논점을 입증하더라도 장기적으로는 아무 소득도 없음을 상기하라. 말이 아니라 행동으로 승리하라. 장기적인 목표를 다시 떠올려라.

✦ **오늘의 법칙** ✦ **자신에게 정말로 중요한 것이 무엇인지를 되새겨 삶의 가치와 우선순위의 사다리를 만들어라. 어떤 싸움이 정말로 중요하다고 판단한다면, 더 거리를 둠으로써 더 전략적인 대응을 계획할 수 있다.**

『인간 본성의 법칙』: 7. 상대를 긍정해서 저항을 누그러뜨린다 ─ 방어적 태도의 법칙

9월 5일 　세를 갖춰라

　　기계적이고 따라만 하려는 부류에서 분리되려면 당신은 흔한 오해를 버려야 한다. 전략의 본질은 단계별로 전개되는 훌륭한 계획을 실행하는 것이 아니다. 적이 가진 것보다 대안이 더 많은 상황을 조성하는 것이다. 진정한 전략은 A 방안을 유일한 정답으로 붙잡는 것이 아니라, 상황에 따라 A, B, C를 할 수 있는 여건을 만들어내는 것이다. 이것은 정형화된 사고와 대비되는 전략적 사고이다. 손자는 이 개념을 다르게 표현했다. 전략에서 목표로 삼아야 하는 것은 세勢, 즉 잠재력의 위치―이를테면 언덕 꼭대기에 위태롭게 놓여 있는 바위나 팽팽히 당긴 활시위―라고 그는 말했다. 바위를 밀거나 활시위를 놓으면 잠재력이 격렬히 분출된다. 바위나 화살은 적의 행동에 대응하여 어느 방향으로든 향할 수 있다. 중요한 것은 미리 정한 단계를 따르는 것이 아니라 세를 갖추어 대안을 넓히는 것이다.

◆ **오늘의 법칙** ◆ 　**전략이 '목표를 향해 밟아가는 일련의 단계'라는 착각에서 벗어나라. 성공과 권력의 비밀 공식을 가졌다고 주장하는 전문가나 구루와는 반대 방향으로 달려라.**
『전쟁의 기술』: 6. 스스로 작전을 수행하게 하라―재량권 부여 방법

9월 6일 　 결코 정면으로 공격하지 말라

전투에서 승리하려면 적을 우회하여 측면을 공격해야 한다. **나폴레옹 보나파르트**

　　나폴레옹이 애용한 전략 중의 하나는 이른바 '배후 기동 manœuvre sur les derrières'이다. 이 전략이 성공할 수 있었던 토대는 두 가지이다. 첫째, 장군들은 자신의 부대를 강력한 전방에 배치하고 싶어한다. 나폴레옹은 정면 전투를 벌이고 싶어하는 이런 성향을 이용해서 종종 적과 정면으로 맞서려는 것처럼 위장했다. 전투가 한창일 때에는 부대의 절반만 전방에 배치해도 알아차리기가 힘들었다. 그러는 동안 그는 나머지 절반을 몰래 측면이나 후방으로 보냈다. 둘째, 측면 공격을 감지한 적은 당황하고 취약해지며, 공격에 맞서려면 방향을 전환해야 한다. 이렇게 전환하는 순간에 크나큰 약점과 혼란이 생긴다. 위대한 대가 나폴레옹에게 배워라. 정면 공격이 현명한 경우는 거의 없다. 취약한 측면으로 가라. 이 원칙은 규모를 막론하고 어느 분쟁이나 대결에든 적용할 수 있다. 사람들은 종종 전방을 세상에 뚜렷이 보여주다가 오히려 자신의 옆구리를 드러내고 약점을 노출한다. 그들의 전방은 사람들을 강압적으로 대하는 공격적 성격일 수도, 그들이 애지중지하는 신념과 사상일 수도, 사람들에게 호감을 사는 방법일 수도 있다. 사람들이 전방을 더 많이 노출하게 할수록, 자신이 움직이려는 방향을 더 많이 드러내게 할수록 무방비 상태의 옆구리—무의식적 욕망, 지독한 불안감, 위태로운 동맹, 억제할 수 없는 충동—가 더욱 뚜렷해진다. 당신이 상대의 옆구리로 이동하면 그들은 당신을 마주 보기 위해서 돌아서느라 균형을 잃을 것이다. 모든 적은 측면이 취약하다. 치밀하게 계획한 측면 공격은 막아낼 방법이 없다.

✦ 오늘의 법칙 ✦　　사람들을 정면으로 공격하면 그들은 더 거세게 저항하여 당신의 목표 달성이 훨씬 힘들어진다. 그러지 말고 적의 관심을 전방으로 돌린 뒤에 측면을 공격하여 허를 찔러라.

『전쟁의 기술』: 18. 우회하여 공격하라 ― 측면 공격 전략

9월 7일　분산하여 정복하라

　　　　　17세기 일본의 위대한 검객 미야모토 무사시宮本武蔵는 자신을
죽이려는 검객 무리와 여러 차례 대면했다. 그런 무리를 만나면 사람들은 대
개 겁을 먹거나 격렬히 달려들어 한번에 최대한 많은 적을 죽이려다가 주도권
을 잃을 위험에 처하기도 한다. 하지만 무사시는 탁월한 전략가였으며 이 딜
레마를 최대한 합리적인 방법으로 해결했다. 그는 검객들이 일렬로 서거나 비
스듬히 서서 자신에게 다가올 수밖에 없도록 위치를 잡았다. 그렇게 해서 첫
번째 적에 집중하여 그를 죽이고 신속히 다음으로 넘어갔다. 그는 압도당하거
나 무리수를 두지 않고서 적의 무리를 부분들로 나누었다. 그러면 다른 적이
자신에게 덤벼들지 못하는 위치에서 한 적만 죽이면 되기 때문에 정신이 흐
려지고 산만해지는 상황을 피할 수 있었다. 그 결과 그는 집중력을 유지하면
서 적들을 혼란에 빠뜨릴 수 있었다. 그가 적을 하나하나 처치하는 동안 정작
당황하고 동요한 것은 적들이었다. 당신이 여러 사소한 문제들에 시달리든 하
나의 커다란 문제를 겪고 있든 무사시를 본보기로 삼아라. 상황이 복잡하다고
해서 혼란에 빠져 머뭇거리거나 무작정 덤벼들면 통제력을 잃을 것이다. 이는
당신에게 다가오는 부정적 세력에 힘을 더해줄 뿐이다. 당면 사안을 늘 분리
하라. 우선 자신을 중앙에 둔 다음 일렬로 선 문제들을 하나씩 격파하라. 가장
위험한 문제를 저지한 채 가장 사소한 문제부터 시작하는 것이 현명하다. 그
문제를 해결하면 추진력을 얻어 나머지도 전부 제압할 수 있을 것이다.

✦ **오늘의 법칙** ✦　문제를 하나씩 공략하라.
　　　　　『전쟁의 기술』: 17. 철저하게 각개 격파하라 — 분할 공격술

9월 8일 혼란을 틈타라

혼돈—찬란한 꿈의 탄생. 『**주역**』

자신의 정신을 군대라고 생각하라. 군대가 현대전의 복잡성과 혼돈에 적응하려면 유동성과 기동성을 키워야 한다. 이런 진화가 궁극적으로 확장된 형태가 게릴라전이다. 이것은 무질서와 예측 불가능성을 전략으로 삼아서 혼란을 틈타는 것이다. 게릴라 부대는 결코 특정한 장소나 도시를 방어하려고 멈추지 않는다. 그들의 승리 비결은 언제나 움직여서 한발 앞서는 것이다. 정해진 패턴을 따르지 않기 때문에 적의 표적이 되지 않는다. 게릴라 부대는 같은 전술을 결코 되풀이하지 않는다. 당면한 상황, 순간, 지형에 그때그때 대응한다. 전선도, 구체적인 통신선이나 보급선도, 굼뜬 마차도 없다. 게릴라 부대는 기동성의 정수이다. 이것을 새로운 사고방식의 본보기로 삼아라. 어떤 전술도 융통성 없이 적용하지 말라. 자신의 정신이 고정된 위치에 안착하여 특정한 장소나 생각을 방어하고 똑같은 맥 빠진 행보를 되풀이하도록 하지 말라. 끊임없이 움직이면 적들의 표적이 되지 않는다. 세상의 혼돈에 굴복하지 말고 오히려 이용하라.

✦ **오늘의 법칙** ✦ 환경과 여건에 적응하여 새로운 각도에서 문제를 공략하라.
『전쟁의 기술』: 2. 과거의 방식으로 싸우지 마라 — 혁신자들의 전쟁법

9월 9일 미래에 도사린 더 큰 위험을 파악하라

경험으로 보건대, 수행해야 할 계획을 멀리서 내다보면 실행해야 할 때 신속하게 행동할 수 있다. **리슐리외 추기경**

고대 그리스의 우주론에 따르면, 신들은 미래를 완벽하게 내다볼 수 있었다. 그들은 다가올 모든 일을 속속들이 보았다. 반면 인간은 순간과 감정에 사로잡혀 당면한 위험 너머를 보지 못하는 운명의 노예로 간주되었다. 현재 너머를 내다보고 몇 발 앞서서 계획할 수 있었던 오디세우스 같은 영웅들은 운명을 거스르는 존재이자, 미래를 결정하는 신들의 능력에 버금가는 존재로 여겨졌다. 이 비교는 여전히 유효하다. 앞을 내다보고 자신의 계획을 끈기 있게 실현하는 사람들은 신적 능력을 가진 것처럼 보인다. 대부분의 사람들은 순간에 갇힌 탓에 이런 예지력을 발휘하여 계획을 수립하지 못하기 때문에, 당면한 위험과 쾌락을 무시할 수 있는 사람은 권력을 얻을 수 있다.

✦ 오늘의 법칙 ✦ **그때그때 일어나는 사건에 반응하려는 타고난 인간적 성향을 극복하고 한 걸음 물러나 눈앞의 시야 너머에서 더 큰 것들이 형체를 갖추는 장면을 상상하는 법을 훈련하라.**

『권력의 법칙』: 16. 계획은 처음부터 끝까지 치밀하게 짜라 ── 전략 프로그래밍

9월 10일 　결코 방어적으로 보이지 말라

인간 : 그를 걷어차면 그는 당신을 용서할 것이다. 아부하면 그는 당신의 속내를 꿰뚫어볼 수도 있고 보지 못할 수도 있다. 하지만 그를 무시하면 당신을 증오할 것이다.
이드리스 샤, 『꿈의 대상』

르네상스 시대의 작가 피에트로 아레티노Pietro Aretino는 자신의 귀족 혈통을 곧잘 자랑했는데, 이것은 물론 거짓이었다. 그는 사실 구두장이의 아들이었다. 마침내 그의 적이 이 난감한 진실을 폭로하자 소문이 금세 퍼져 (당시에 그가 살던) 베네치아 전역이 아레티노의 거짓말에 분개했다. 변명하려고 들었다면 오히려 궁지에 몰렸을 테지만, 그는 능숙하게 대처했다. 자신이 구두장이의 아들인 것은 사실이지만 이것은 자신의 위대함을 입증할 뿐이라고 주장했다. 자신이 사회의 최하층에서 정점까지 올라왔다는 것이 그 이유였다. 그 뒤로 그는 과거의 거짓말은 한 번도 언급하지 않은 채 혈통 문제에 대한 자신의 새로운 입장을 되뇌었다.

명심하라. 귀찮고 사소한 말썽에 대한 가장 효과적인 대처법은 경멸하고 무시하는 것이다. 동요하거나 불쾌한 티를 전혀 내지 말라. 그것은 문제를 인정한다는 뜻일 뿐이다. 경멸을 내비칠 때에는 냉정과 담담함을 발휘하라.

✦ **오늘의 법칙** ✦ 　자질구레한 문제를 인정하는 것은 그것에 현실감과 신뢰성을 부여하는 격이다. 무관심해 보일수록 자신의 격이 높아진다.
『권력의 법칙』: 44. 가질 수 없는 것들은 경멸하라 — 무시 전략

9월 11일 전사의 신조

　　현실은 모든 생명에 대한 분명한 일련의 한계들로 규정할 수 있으며, 최종적인 경계는 죽음이다. 우리는 탈진하기 전까지만, 식량과 자원을 구하는 만큼만 에너지를 쓸 수 있으며, 그 이상의 기술과 능력은 발휘할 수 없다. 동물은 자신의 한계 내에서 살아간다. 더 높이 날거나 더 빠르게 달리거나 식량을 모아 무한한 에너지를 내려고 하지 않는다. 그랬다가는 기진맥진해서 공격에 취약해지기 때문이다. 그저 자신이 가진 것을 최대한 활용할 뿐이다. 이를테면 고양이는 경제적인 움직임과 몸짓을 본능적으로 구사하여 결코 힘을 허비하지 않는다. 마찬가지로, 가난한 사람들은 자신의 한계를 뼈저리게 자각한다. 가진 것을 최대한 활용할 수밖에 없으니 그들의 창의력은 끝이 없다. 필요는 창의성을 효과적으로 자극한다. 풍요로운 사회에서 사는 사람들은 한계에 대한 감을 잃는다는 문제에 직면한다. 풍요는 꿈속에서는 우리를 부자로 만든다. 꿈속에서는 한계가 없기 때문이다. 하지만 풍요는 현실에서는 우리를 가난뱅이로 만든다. 우리를 무르고 방탕하게 만든다. 우리는 가진 것을 지겨워하며, 살아 있음을 일깨우는 끊임없는 자극을 필요로 한다. 당신은 삶에서 전사가 되어야 하며, 전쟁에는 현실주의가 필요하다. 남들은 끝없는 꿈에서 아름다움을 발견할지도 모르지만, 전사는 현실에서, 한계에 대한 자각에서, 자신이 가진 것을 최대한 활용하는 것에서 아름다움을 발견한다. 그들은 고양이처럼 완벽하게 경제적인 움직임과 몸짓을 추구한다. 최소한의 노력으로 최대한의 타격을 입힐 방법을 찾는다. 살 날이 하루하루 줄고 있음을 자각하기 때문에ㅡ어느 때든 죽을 수 있으므로ㅡ현실을 직시한다. 자신이 결코 할 수 없는 일, 결코 가질 수 없는 재능, 결코 도달하지 못할 고귀한 목표가 있지만, 그들은 개의치 않는다. 전사들은 자신이 가진 것, 소유하고 창의적으로 활용해야 하는 힘에 집중한다. 언제 속도를 늦추고 공격을 재개하고 규모를 줄여야 할지 알기 때문에 적수보다 오래 살아남는다. 그들은 장기전을 벌인다.

✦ **오늘의 법칙** ✦　**이따금 전략적으로 자신의 우위를 무시하고 최소한에서 최대한을 짜내야 할 때가 있다. 기술을 보유했더라도 농부처럼 싸워라.**

『전쟁의 기술』: 8. 참여할 전투를 신중하게 선택하라 — 경제성의 원칙

9월 12일 시간이야말로 당신이 가진 모든 것이다

공간은 되찾을 수 있지만 시간은 결코 되찾을 수 없다. **나폴레옹 보나파르트**

시간은 전략적 사고에서 공간만큼 중요하다. 시간을 어떻게 활용할지 알면 우월한 전략가가 되어 공격과 수비에 새로운 차원을 더할 수 있다. 이를 위해서는 시간을 추상적인 개념으로 생각해서는 안 된다. 현실에서는 시간이야말로 태어난 순간부터 당신이 가진 모든 것이다. 시간은 당신의 유일한 진정한 자산이다. 사람들은 당신의 소유물을 빼앗을 수는 있지만, 아무리 막강한 적이라도 당신이 내어주지 않는 이상─당신을 죽이지 않고서는─시간을 빼앗을 수는 없다. 감옥에 갇혀 있어도, 자신을 위해서 쓰는 시간은 당신의 것이다. 자신이 선택하지 않은 전투에 시간을 허비하는 것은 단순한 실수가 아니라 극도로 어리석은 짓이다.

✦ **오늘의 법칙** ✦ **사소한 골칫거리에 대응하려는 충동을 억눌러라. 잃어버린 시간은 결코 되찾을 수 없다.**
『전쟁의 기술』: 11. 싸우지 말아야 할 때를 파악하라 ─ 작전상 후퇴의 방법

9월 13일　의도하지 않은 결과를 고려하라

해年는 날日이 전혀 모르는 것을 가르친다. **랠프 윌도 에머슨**

고대 로마에서 공화정에 충성하는 무리는 카이사르가 영구 독재를 선포하여 군주정을 확립할까봐 우려했다. 기원전 44년에 그들은 카이사르를 암살하여 공화정을 복원하기로 결심했다. 뒤이은 혼란과 권력 공백기에 카이사르의 종손從孫인 옥타비우스가 재빨리 권좌를 차지했으며, 사실상 군주정을 확립하여 공화정을 끝장냈다. 카이사르 사후에 그가 결코 군주정을 의도하지 않았음이 밝혀졌다. 음모가들은 막으려고 했던 바로 그 결과를 자초했다. 이런 상황에서 사람들의 생각은 늘 무척 단순하고 안이하다. 카이사르를 죽이면 공화정이 돌아온다, A라는 행동은 B라는 결과로 이어진다—이런 식이다. 명심하라. 세상의 모든 현상은 본질적으로 복잡하다. 당신이 상대하는 사람들 역시 복잡하다. 모든 행동은 무한한 연쇄반응을 일으킨다. A가 B로만 이어지는 단순한 현상은 존재하지 않는다. B는 C로, D로, 그다음으로 이어질 것이다. 다른 행위자들이 드라마에 끌려들 것이며 그들의 동기와 대응은 예측하기 힘들다. 이 연쇄를 파악하거나 결과를 완벽하게 좌우하는 것은 불가능하다. 하지만 더 조리 있게 생각하면, 더 명백한 부정적인 결과가 뒤따르더라도 적어도 그 결과만은 인식할 수 있다. 이것이 종종 성공과 실패를 가른다. 깊이 생각하라. 당신의 정신이 상상할 수 있는 한 여러 차원의 조합을 상상하라.

✦ **오늘의 법칙** ✦　전략이나 일련의 행동에서 일어날 수 있는 모든 결과를 고려하라.
『인간 본성의 법칙』: 6. 사건을 뒤흔드는 더 큰 흐름을 주시한다―근시안의 법칙

9월 14일 공포를 몰아내라

18세기 일본의 귀족 야마노우치 공은 자신의 차※ 명인에게 에도(지금의 도쿄) 방문에 동행해달라고 부탁했다. 차 명인은 다도에 대해서는 모르는 것이 없었지만 그밖에는 문외한이었다. 그는 검객처럼 차려입었다. 어느 날 검객 한 명이 그에게 결투를 신청했다. 비록 검객은 아닐지라도 도전을 거절한다면, 자신의 가문과 야마노우치 공의 명예에 먹칠을 하게 될 터였다. 그는 도전을 받아들이되—자신이 반드시 죽으리라는 것을 알면서—다만 결투를 이튿날로 미루자고 요청했다. 그의 청은 받아들여졌다. 차 명인은 겁에 질린 채 가장 가까운 검술 도장으로 달려갔다. 어차피 죽을 거라면 명예롭게 죽는 법을 배우고 싶었다. 검술 스승은 그의 사연을 듣더니 가련한 방문객에게 죽는 법을 가르치는 데에 동의했다. 그에 앞서 우선 차를 대접받고 싶다고 말했다. 차 명인이 다례를 진행하는데, 검술 스승이 흥분하여 소리쳤다. "당신은 죽음의 기술을 배울 필요가 없소! 지금의 마음 상태라면 어떤 검객과 맞서기에도 충분하오. 도전자와 마주하면 손님에게 차를 대접한다고 상상하시오." 다례가 끝난 뒤, 검술 스승은 차 명인에게 지금처럼 예리한 마음으로 검을 들라며, 그러면 죽을 준비가 된 것이라고 했다. 차 명인은 검술 스승의 말대로 하겠다고 했다. 이튿날 그는 검객을 만나러 갔다. 겉옷을 벗는 그의 얼굴에 비친 더없이 차분하고 위엄 있는 표정은 상대방에게도 분명했다. 검객은 이 어설픈 차 명인이 실은 뛰어난 검객임에 틀림없다고 지레짐작했다. 그래서 자신의 행동을 사과하고는 줄행랑을 쳤다. 우리는 상황에 겁을 먹으면 상상력에 압도되어 머릿속이 끝없는 불안으로 가득 찬다. 자신의 상상을 다스려야 한다. 정신을 집중하면 불안이 기어들거나 과도한 상상력이 영향을 미칠 여지를 없앨 수 있다.

✦ **오늘의 법칙** ✦ 비교적 단순한 것 — 마음을 차분하게 하는 의례, 자신이 잘하는 반복 작업 — 에 억지로라도 정신을 집중하여 통제력을 회복하라. 이것은 자신의 마음이 문제에 몰입했을 때, 자연적으로 느끼는 평정심을 불러오는 방법이다.

『전쟁의 기술』: 3. 평정심을 잃지 마라 — 리더의 정신력

9월 15일 선입견을 버려라

> 빈 조롱박을 물에 띄워 건드리면 한쪽으로 밀려날 것이다. 무슨 수를 써도 한 점에 머물러 있지 않을 것이다. 궁극의 경지에 이른 사람의 마음은 무엇에든 단 한 순간도 머무르지 않는다. 물에 뜬 채 흔들리는 빈 조롱박처럼. **다쿠안 소호**

위대한 장군들, 창의적인 전략가들이 두각을 드러내는 것은 지식이 더 많아서가 아니라 필요할 경우 선입견을 버리고 현재에 열중할 수 있기 때문이다. 이것은 창의성을 촉발하고 기회를 포착하는 방법이다. 지식, 경험, 이론에는 한계가 있다. 사전에 아무리 많이 궁리해도 삶의 혼란과 순간의 무한한 가능성에 대비할 수는 없다. 위대한 전쟁철학자 카를 폰 클라우제비츠는 이것에 '마찰'이라는 이름을 붙였다. 이것은 우리의 계획과 실제 벌어지는 일의 차이를 뜻한다. 이런 마찰은 불가피하기 때문에, 우리는 변화를 따라잡고 예상치 못한 일에 적응할 수 있는 정신 능력을 길러야 한다. 생각을 상황 변화에 더 훌륭히 적응시킬수록 더 현실적으로 대처할 수 있다. 반면에 기존 이론과 과거의 경험에 사로잡힐수록 부적절하고 엉뚱하게 대처하기 십상이다. 과거에 무엇이 잘못되었는지를 분석하는 것은 중요한 일이지만, 지금 이 순간에 생각하는 능력을 기르는 것이 훨씬 더 중요하다. 그렇게 하면 분석해야 할 실수가 부쩍 감소할 것이다.

✦ **오늘의 법칙** ✦ 정신을 강이라고 생각하라. 빨리 흐를수록 현재에 발맞춰 변화에 대응하기가 수월해진다.

『전쟁의 기술』: 2. 과거의 방식으로 싸우지 마라 — 혁신자들의 전쟁법

9월 16일 부정적인 것에서 멀어지게 하라

다른 사람의 행동을 비판하고 동기를 분석하며 부정적인 관점에서 논쟁하는 것은 언제나 더 쉽다. 대부분의 사람들이 이쪽에 서는 것은 이 때문이다. 자신이 세상에서 원하는 것에 대해, 또는 특정 과제를 완수하는 방법에 대해 긍정적인 측면을 묘사한다면, 온갖 공격과 비판을 고스란히 받게 될 것이다. 긍정적 입장을 확립하려면 노력과 생각이 필요하다. 반면에 남들이 해놓은 것에 흠집을 내는 일은 노력이 덜 든다. 게다가 강인하고 통찰력 있는 사람처럼 보일 수도 있다. 사람들은 누군가가 어떤 사상을 산산조각 내는 것에서 쾌감을 느끼기 때문이다. 토론이나 논쟁에서 이런 부정적인 시비꾼과 맞서는 것은 짜증스러운 일이다. 그들은 모든 각도에서 당신을 공격할 수 있다. 빈정거림과 신랄한 험담으로 타격을 입힐 수도 있고, 온갖 추상적인 개념을 꿰맞춰서 당신을 형편없어 보이게 할 수도 있다. 하지만 스스로를 그들의 위치로 낮추면 당신은 허공에 주먹을 날리는 권투 선수 꼴이 되고 만다. 이 적수들에게는 당신이 때릴 만한 구석이 하나도 없다(전쟁에서는 진지를 빼앗는 것보다 지키는 것이 쉬운 법이다). 당신의 과제는 그들을 긍정적 입장에 서게 함으로써 이 위치로부터 멀어지게 하는 것이다. 그러면 당신에게도 목표물이 생긴다. 그들이 저항하거나 거부하면 그것을 빌미 삼아 공격할 수 있다.

✦ **오늘의 법칙** ✦ 적수와 같은 수준에서 맞서 싸우려는 유혹을 피하라. 언제나 전장을 자신이 선택한 지형으로 이동시켜야 한다. 이동의 순간에 당신은 주도권과 우위를 차지한다.

로버트 그린, "둔하고 어리석은 자들만이 정면으로 싸운다 : 전략적 사고", powerseductionandwar.com, 2007년 7월 15일

9월 17일 목적과 수단의 균형을 맞춰라

시대를 통틀어 현명한 장군들은 먼저 수중에 있는 수단을 파악한 뒤에 그에 맞게 전략을 수립하는 법을 터득했다. 그들은 언제나 주어진 것—아군과 적군의 편제, 기병과 보병의 비율, 지형, 부대의 사기, 날씨—을 먼저 고려한다. 이를 토대로 공격 계획뿐만 아니라 해당 접전에서 얻고자 하는 목적을 정한다. 그들은 한 가지 전술을 고집하지 않고 수단에 맞춰 끊임없이 목적을 수정한다. 다음번에 전투를 벌이게 된다면 실험을 해보라. 확고한 목표나 공상적 희망을 생각하지 말고 종이에 전략을 수립하지 말라. 자신이 가진 것—당신이 활용할 수단과 재료—에 대해서 깊이 생각하라. 꿈과 계획이 아니라 현실을 토대로 삼아라. 자신의 기술, 정치적 우위, 아군의 사기, 수단을 구사할 창의성에 대해서 고민하라. 그런 다음 그 과정에서 계획과 목표가 꽃피도록 하라. 당신의 전략은 더 현실적일 뿐 아니라 더 창의적이고 강력해질 것이다. 자신이 원하는 것을 먼저 꿈꾸고 나서 그것에 도달할 수단을 찾는 것은 탈진, 헛수고, 패배에 이르는 길이다.

✦ **오늘의 법칙** ✦ 끊임없이 목적과 수단의 균형을 맞춰라. 당신에게 목표를 달성할 최상의 계획이 있을지라도, 그 목표를 성취할 수단이 없다면 계획은 무용지물이다.

『전쟁의 기술』: 8. 참여할 전투를 신중하게 선택하라 — 경제성의 원칙

9월 18일 점진적 전략

작은 성공을 늘리는 것은 보석을 하나하나 장만하는 것과 같다. 시간이 지나면 어느새 부자가 되어 있을 것이다. **프리드리히 대왕**

많은 사람들에게 문제는 거창한 꿈과 야망을 품는다는 것이다. 꿈의 감정과 욕망의 거대함에 사로잡히면, 그것들을 달성하는 데에 필요한 작고 지루한 단계에 집중하기가 무척 힘들어진다. 우리는 목표를 향해 훌쩍 도약하려는 생각만 하는 경향이 있다. 하지만 자연과 마찬가지로 사회생활에서도 규모와 안정성은 서서히 증가한다. 점진적 전략은 우리의 타고난 조급증에 대한 완벽한 치료제이다. 이 방법을 택하면 작고 즉각적인 것, 첫술에 초점을 맞춘 뒤에 두 번째 술이 어디에서, 어떻게 우리를 궁극적인 목표에 더 가까이 데려다줄 것인지 궁리할 수 있다. 이렇게 하면 과정의 관점에서, 아무리 사소할지언정 서로 연결된 일련의 단계와 조치들의 관점에서 생각할 수밖에 없으며, 이것은 헤아릴 수 없는 심리적 유익을 가져다준다. 우리는 욕망의 거대함에 압도당하는 경우가 허다하지만, 작은 첫 단계를 밟으면 실현 가능성을 볼 수 있다. 행동이 가장 큰 치료 효과를 발휘한다.

✦ **오늘의 법칙** ✦ **뚜렷한 목표 의식을 가지되 그런 다음에는 그 과정을 이루는 작은 단계들을 파악하라. 그러면 꿈을 이루기가 수월해진다. 한단계 한단계 나아가라.**
『전쟁의 기술』: 29. 야금야금 갉아먹어라 — 기정사실의 힘

9월 19일 고양이 발을 활용하라

중요한 사안에는 종종 보상과 처벌이 필요하다. 선한 것만 당신에게서 나오게 하고 악한 것은 타인에게서 나오게 하라. **발타자르 그라시안**

한 우화에서 원숭이가 친구 고양이의 발을 잡아 불 속에 있는 밤을 꺼낸다. 원숭이는 자신의 손은 데지 않은 채 먹고 싶은 밤을 얻는다.

반드시 해야 하지만 불쾌하거나 인식이 좋지 않은 일이 있다면, 그 일을 직접 하는 것은 너무 위험하다. 당신에게는 고양이 발이, 지저분하고 위험한 일을 대신해줄 사람이 필요하다. 고양이 발은 당신이 필요로 하는 것을 붙잡고, 당신이 해쳐야 할 사람을 해치고, 당신에게 책임이 있음을 사람들이 알아차리지 못하게 한다.

✦ **오늘의 법칙** ✦ 다른 사람이 사형 집행인이나 궂은 소식의 전달자가 되게 하고, 당신은 즐거운 일과 희소식만 가져다주어라.

『권력의 법칙』: 40. 더러운 일은 직접 하지 마라 — 앞잡이와 희생양

9월 20일   예상 못 한 각도에서 타격하라

사람들은 당신의 행동이 이미 알려진 패턴과 관습을 따를 것이라고 예상한다. 전략가로서 당신의 과제는 그들의 기대가 어긋나게 하는 것이다. 그들이 필사적으로 멀리하려고 드는 혼란과 예측 불가능성으로 그들을 놀라게 하라. 손자와 고대 중국인들은 평범한 것으로 현혹하지 않으면 특이한 수를 써도 효과가 거의 없다고 생각했다. 두 가지를 섞어야 한다. 평범하고 일반적인 기동으로, 적수가 당신에게서 기대하는 편안한 패턴으로 적수의 기대를 만족시켜라. 적이 충분히 현혹되었으면 예상 밖의 작전으로, 완전히 새로운 각도에서 어마어마한 힘을 발휘하여 타격하라. 예측 가능한 것으로 얼개를 짜두면 타격의 효과를 배가할 수 있다.

✦ **오늘의 법칙** ✦   **자신의 리듬에 따라 행동하라. 자신의 특이함을 전략에 맞추는 것이 아니라 전략을 자신의 특이함에 맞춰라. 일반적 패턴을 거부하면 사람들이 당신의 다음번 행보를 추측하기 힘들어질 것이다.**

로버트 그린, "성공과 진실한 삶에 대해 무하마드 알리가 우리에게 가르쳐줄 수 있는 것", 「옵서버」, 2015년 7월 22일

9월 21일 사람들이 의도를 드러내게 하라

상대방이 당신에게 거짓말을 한다고 의심할 만한 근거가 있으면 그의 말을 곧이곧 대로 믿는 척하라. 이렇게 하면 그는 대담해져서 계속 거짓말을 늘어놓을 것이다. 더 기고만장하여 결국 꼬리를 밟힐 것이다. **아르투어 쇼펜하우어**

권력의 세계에서 당신의 목표는 미래의 사건들을 어느 정도 통제하는 것이다. 이때 생기는 한 가지 문제는 사람들이 자신의 생각, 감정, 계획을 죄다 털어놓지 않는다는 것이다. 그들은 자신의 말을 통제하면서, 자신의 성격에서 가장 중요한 부분—약점, 꿍꿍이, 강박—을 종종 숨긴다. 당신은 그들의 행보를 예측할 수 없어서 끊임없이 어둠 속을 헤맨다. 관건은 당신의 의도를 그들에게 숨긴 채 그들의 비밀과 숨은 의도를 탐색하고 알아낼 방법을 찾는 것이다. 프랑스의 정치인 탈레랑Talleyrand은 이 기술을 능숙하게 구사했다. 그는 점잖은 대화를 통해서 사람들의 비밀을 캐내는 불가사의한 능력이 있었다. 그의 동시대인 비트롤Vitrolles 남작은 이렇게 썼다. "그의 대화에서는 재치와 우아함이 두드러졌다. 그는 자신의 생각과 악의를 투명한 안심의 베일 아래, 표현하는 것보다 더 많은 것을 시사하는 말 아래에 감추는 기술을 구사했다. 그는 필요할 때만 자신의 성격을 드러냈다." 여기에서 핵심은 탈레랑이 대화 중에 자신을 제어하면서 상대방이 끝없이 자기 이야기를 하다가 무심결에 의도와 계획을 털어놓게 했다는 점이다.

✦ **오늘의 법칙** ✦   대화 중에 **스스로**를 제어하라. 상대방이 끝없이 말하게 하라.
『권력의 법칙』: 12. 친구처럼 행동하고 스파이처럼 움직여라—정보전

9월 22일　최대한의 무질서를 조장하라

백 번 싸워 백 번 이기는 것은 최상의 위업이 아니다. 최상의 위업은 싸우지 않고서
적을 굴복시키는 것이다. **손자**

적은 당신을 읽고 당신의 의도를 파악하는 능력에 매달린다.
당신의 기동 목표는 그것을 불가능하게 하고, 적이 무의미한 정보를 쫓다가
헛물을 켜게 하고, 당신이 어느 방향으로 도약할지를 알 수 없게 하는 것이어
야 한다.

✦ **오늘의 법칙** ✦　**당신에 대한 사람들의 추리 능력을 무너뜨릴수록 더 많은 무질서를 그들의 체
계에 주입할 수 있다.**

『전쟁의 기술』: 20. 책략으로 상대의 힘을 약화시킨 후 공격하라 — 공격의 경제성

9월 23일　직관력을 길러라

　　평정심은 힘겨운 상황에서 정신력을 발휘하는 능력뿐 아니라 그 속도에도 달려 있다. 이튿날까지 기다렸다가 어떤 행동을 취할지 생각하는 것은 무용지물이다. 여기에서 '속도'란 신속하게 상황에 대응하고 전광석화 같은 결정을 내린다는 뜻이다. 이 힘은 종종 일종의 직관력으로 해석되며, 독일어로는 핑게르슈피첸게퓔(Fingerspitzengefühl, 손끝 감각)이라고 한다. 제2차 세계대전 당시 북아프리카에서 독일 전차작전을 지휘한 에르빈 로멜Erwin Rommel은 탁월한 손끝 감각의 소유자였다. 그는 연합군이 언제, 어느 방향에서 공격해올지 예측할 수 있었다. 자신의 부하, 탱크, 지형, 적을 단순히 연구만 하는 것이 아니라, 그들의 머릿속으로 들어가 원동력이 되는 정신을, 무엇이 그들을 자극하는지를 이해했다. 이런 것들을 간파했기 때문에 전투에서도 상황을 의식적으로 생각하지 않아도 되는 마음 상태에 들어섰다. 총체적 전황이 그의 핏속에, 손끝에 있었다. 그에게는 직관력이 있었다. 당신이 로멜의 정신을 가졌든 아니든, 더 민첩하게 대응하고 모든 동물이 가진 직관적 감각을 끄집어내기 위해서 할 수 있는 일이 있다. 지형을 속속들이 알면 적보다 더 빨리 정보를 처리할 수 있는데, 이것은 크나큰 이점이다. 사람의 정신과 물질에 대해서 감을 익히고 그것들을 밖에서 바라보는 것이 아니라 꿰뚫어보면, 다른 마음 상태에 도달하여 덜 의식적이고 덜 강제적이며 더 무의식적이고 더 직관적으로 생각할 수 있다.

✦ **오늘의 법칙** ✦　자신의 손끝 감각을 믿고 전광석화 같은 결정을 내리는 습관을 들여라. 어떤 상황에서든 모든 지형을 최대한 숙지함으로써 이 능력을 길러라.

『전쟁의 기술』: 3. 평정심을 잃지 마라 — 리더의 정신력

9월 24일 후퇴하여 시야를 확보하라

> 적진이 무질서해지기를 기다리며 질서와 평정을 유지하는 것은 절제의 기술이다.
> **손자**

모든 사람은 전략과 삶에서 개개인이 유일무이하며 성격 또한 유일무이하다는 문제에 직면한다. 우리의 상황도 유일무이하다. 어떤 상황도 되풀이되지 않는다. 그러나 우리는 스스로를 타인들과 다르게 만드는 것, 말하자면 자신의 참모습을 좀처럼 자각하지 못한다. 우리의 생각은 책, 스승, 보이지 않는 온갖 영향의 결과이다. 우리는 사건들의 차이를 이해하려고 노력하지 않고 사건이 벌어지는 대로 상투적이고 기계적으로 반응한다. 타인을 대할 때에도 그들의 박자와 기분에 쉽게 전염된다. 이 모든 것이 일종의 안개를 만들어낸다. 우리는 사건의 실체를 보지 못하며 자신을 알지 못한다. 전략가로서 당신의 과제는 간단하다. 자신과 타인의 차이를 보는 것, 자신과 자기 편과 적을 최대한 잘 이해하는 것, 사건을 더 다양한 관점에서 보는 것, 실상을 아는 것이다. 일상생활의 소란 속에서는 이렇게 하기가 쉽지 않다. 이렇게 하려면 언제, 어떻게 후퇴할지를 알아야 한다. 늘 전진하고, 공격하고, 사람들에게 감정적으로 반응하면 시야를 확보할 시간을 낼 수 없다. 당신의 전략은 취약하고 기계적일 것이며 과거에 일어난 일이나 다른 사람만을 토대로 삼을 것이다. 원숭이처럼 창조가 아닌 모방에 그칠 것이다.

✦ 오늘의 법칙 ✦ 후퇴는 약점이 아니라 강점의 발현이다. 후퇴는 자신을 발견하고, 자신을 물들이는 영향으로부터 벗어나기 위해서 종종 해야 하는 일이다.
『전쟁의 기술』: 11. 싸우지 말아야 할 때를 파악하라 — 작전상 후퇴의 방법

9월 25일 구석에 몰리지 말라

　　체스, 바둑, 백개먼 등 거의 모든 보드게임에서 구석은 패배와 죽음으로 이어진다. 더 고차원적이고 추상적인 영역에도 이런 구석이 있다. 바로 지금 당신도 직업이나 관계, 치르고 있는 전투에서 스스로 구석으로 물러나 있을지도 모른다. 요점은 그 일이 일어났음을 당신이 좀처럼 자각하지 못한다는 것이다. 당신이 흥분과 감정에 휩싸여 분노를 느낀 채 어느 방향으로 나아가고 있거나 문제를 해결했을 때에 무심코 스스로를 함정에 빠뜨리는 일이 일어나기 때문이다. 전술적 의미에서 스스로를 함정으로부터 끌어낼 방법은 언제나 존재하지만, 가장 현명한 길은 손자 같은 전략가가 되는 것이다. 손자의 우주에서 중요한 것은 무력과 권력의 위치가 아니라 잠재력으로 가득한 대안을 가지는 것이다. 이를테면 직업과 관련하여 나는 늘 사람들에게 앞을 내다보고 방향 전환을 두려워하지 말라고 조언한다. 지금은 무척 좋아 보이는 일자리라도 당신이 내몰릴지도 모를 구석을 보지 못한다면 쉽사리 악몽으로 바뀔 수 있다. 내가 이 사실을 아는 것은 돈에 현혹되어 할리우드에서 일하다가 나 자신이 그런 구석으로 물러난 적이 있기 때문이다. 나는 멀리 내다보고 사뭇 다른 인생의 방향을 설계한 덕분에 구석에서 벗어날 수 있었다. 시나리오 작가가 되겠다는 목표를 버리고서—함정에 빠진 위치라는 것이 존재한다면 시나리오 작가야말로 바로 그것이다—나를 흥분시키고 여러 방향으로 끝없는 가능성을 보여주는 주제들에 대한 책을 쓰기로 했다. 심지어 이제는 원한다면 시나리오 작가로 돌아갈 수도 있다. 하지만 그때는 내가 주도권을 쥘 것이다.

✦ **오늘의 법칙** ✦ 전략가들은 많은 사람들에게 익숙한 방식과 다르게 생각한다. 일반인의 생각은 목표를 중심으로 돌아간다. 그것은 선형적인 사고이다. 당신에게 필요한 것은 언제나 권력과 기동성을 차지하기 위한 대안을 늘리는 것이다.

"구석", powerseductionandwar.com

9월 26일 과거를 잊어라

전투에서의 승리는 되풀이할 수 없다. 무한히 변화하는 상황에 대응하여 형세를 갖춰라. **손자**

개인과 국가에 제약을 가하는 것은 현실을 직면하지 못하고, 실상을 제대로 보지 못하는 무능력이다. 우리는 나이를 먹으면서 점차 과거에 집착하고, 습관의 노예가 된다. 예전에 효과가 있던 것은 신조가 되고 우리를 현실로부터 차단하는 껍데기가 된다. 반복이 창의성을 대체한다. 우리는 이런 자신의 모습을 좀처럼 깨닫지 못하는데, 그 이유는 우리의 마음속에서 이런 일이 벌어지고 있음을 간파하기가 불가능에 가깝기 때문이다. 그러다가 문득 나폴레옹 같은 젊은이가 우리 길을 막아선다. 그는 전통을 떠받들지 않고 새로운 방식으로 싸우는 사람이다. 그제야 우리는 자신의 사고방식과 대응 방식이 시대에 뒤처졌음을 깨닫는다. 과거의 성공이 미래에도 계속되리라고 결코 예단하지 말라. 사실 과거의 성공이야말로 최대의 걸림돌이다. 모든 전투, 모든 전쟁은 저마다 다르며, 예전에 통한 것이 오늘도 통할 것이라고 장담해서는 안 된다.

✦ **오늘의 법칙** ✦ **마음을 강으로 생각하라. 빨리 흐를수록 현재에 발맞춰 변화에 대응하기가 수월해진다. 강박적인 사고와 과거의 경험(트라우마든 성공이든)은 이 강에 있는 바위나 진흙과 같다.**
『전쟁의 기술』: 2. 과거의 방식으로 싸우지 마라 — 혁신자들의 전쟁법

9월 27일 운신의 폭을 확보하라

예술에서든 직업에서든 과학에서든 모든 프로젝트는 전쟁에서 싸우는 것과 같다. 당신이 문제를 공략하고 업무를 가다듬고 마찰에 대처하고 자신이 원하는 것과 얻는 것 사이의 격차를 해소하는 데에는 전략적 논리가 있다. 감독이나 예술가들은 종종 원대한 발상에서 출발하지만, 계획을 세우는 과정에서 스스로를 구속하고 따라야 할 엄격한 절차와 형식을 만들어내느라 모든 기쁨을 잃고 만다. 그러면 창조 자체에서 탐구할 것이 아무것도 남지 않으며 최종 결과물은 맥없고 실망스러워 보인다. 그런가 하면 유망해 보이는 발상에서 출발하지만 너무 게으르거나 제멋대로여서 자신의 발상에 모양과 형식을 부여하지 못하기도 한다. 공간과 혼란이 너무 많아져서 결국 어떤 일관성도 엮어내지 못한다. 해결책은 계획하는 것, 자신이 바라는 것을 확고하게 정리한 뒤에 스스로를 개방된 공간에 밀어넣어 대안들을 부여하는 것이다. 특정 대안에 집착하여 다른 대안들을 제한해서는 안 된다. 갈 곳을 하나도 남겨두지 않는 입장을 취하지 말라는 뜻이다. 공간의 필요성은 물리적이자 심리적이다. 가치 있는 것을 창조하려면 속박되지 않는 정신을 가져야 한다.

✦ **오늘의 법칙** ✦　**결코 막다른 위치를 추구하지 말고 언제나 열린 공간을 찾아라. 상황을 주도하되 뜻밖의 기회와 임의의 사건에 대처할 여지를 남겨두라.**
『전쟁의 기술』: 20. 책략으로 상대의 힘을 약화시킨 후 공격하라 — 공격의 경제성

9월 28일　처음부터 끝까지 계획하라

사람들이 실수를 저지르는 가장 흔한 원인은 현재의 위험에 지나치게 겁먹거나 아득한 위험에 충분히 겁먹지 않는다는 것이다. **레츠 추기경**

아득하고 멀리 있는 위험이 형체를 갖추는 모습을 볼 수 있다면, 얼마나 많은 실수를 피할 수 있겠는가. 사소한 위험을 피하려다가 더 큰 위험에 빠져들고 있음을 알아차린다면, 얼마나 많은 계획을 당장에 중단하겠는가. 권력은 당신이 무엇을 하느냐의 문제가 아니라 무엇을 하지 않느냐의 문제이다. 성급하고 어리석은 행동 때문에 말썽에 휘말리기 전에 일찌감치 자중하라. 행동하기 전에 세부 계획을 세워라. 막연한 계획 때문에 곤경을 자처하지 말라. 행복한 결말보다는 불행한 결말이 훨씬 흔하다. 머릿속 해피엔드에 휩쓸리지 말라.

✦ 오늘의 법칙 ✦ 행동을 하기 전에 매번 이렇게 물어라. 의도하지 않은 결과가 일어날까? 새로운 적을 만들까? 다른 사람이 나의 노고를 가로챌까?

『권력의 법칙』: 16. 계획은 처음부터 끝까지 치밀하게 짜라 — 전략 프로그래밍

9월 29일 물의 형태를 취하라

> 군대의 형태 중 최고는 형태 없음에 도달하는 것이다. 전쟁에서의 승리는 반복되지 않으며 끝없이 형태를 달리한다. ……군대가 결코 일정한 형태를 유지하지 않는 것은 물이 일정한 형태를 가지지 않는 것과 같다. 적에 따라 변화하고 적응하여 승리하는 능력을 지략이라고 한다. **손자**

삶의 모든 것은 당신이 처한 상황에 달려 있다. 『권력의 법칙』의 제34법칙이 "정형화된 틀에서 벗어나라"인 것은 이 때문이다. 이 말은 물처럼 형태가 없는 것이야말로 권력과 전략의 최고 형태라는 의미이다. 그 장에서 나는 책 전체를 반박하며 이렇게 말했다. 법칙은 없다. 순간 속에 존재해야 한다. 자신이 처한 상황을 이해해야 한다. 매번 새로운 상황에 적응하는 법을 익힌다는 것은 사건을 자신의 눈으로 보고, 사람들의 계속되는 충고를 종종 무시한다는 뜻이다. 궁극적으로는 남들이 설교하는 법칙, 당신에게 이래라저래라 말하는 책, 연장자의 조언을 내던져야 한다는 뜻이다. "상황을 지배하는 법칙은 새로운 상황에 의해서 폐기된다." 나폴레옹의 이 말은 새로운 상황을 가늠하는 일이 당신에게 달렸다는 뜻이다.

✦ **오늘의 법칙** ✦ 확실한 것은 아무것도 없으며 어떤 법칙이나 전략도 고정된 것이 아님을 명심하라. 자신을 보호하는 최선의 방법은 물처럼 유동적이고 형태가 없는 것이다. 안정성이나 영원한 질서에 의존하지 말라. 모든 것은 변한다.

"로버트 그린: 숙달과 연구", 「숙달을 찾아서: 마이클 저베이스」 대담, 2017년 1월 25일

9월 30일 표적을 지나쳐 계속 나아가지 말라

가장 큰 위험은 승리의 순간에 찾아온다. **나폴레옹 보나파르트**

전략의 본질은 다음번에 일어나는 일을 통제하는 것인데, 승리에 도취하면 두 가지 이유에서 다음번에 일어나는 일에 대한 통제력이 무너진다. 첫째, 성공을 자신이 되풀이하고 싶은 어떤 패턴의 덕으로 돌린다. 당신은 같은 방향으로 계속 나아갈 뿐 걸음을 멈추고 이 방향이 여전히 자신에게 최선인지 점검하지 않는다. 둘째, 성공이 뇌리에 박혀 감정을 자극한다. 자신이 무적이라고 느끼면 당신은 공격적인 행보를 취하여 결국 자신의 승리를 수포로 돌릴 것이다. 교훈은 간단하다. 권력자는 리듬과 패턴을 변화시키고 경로를 바꾸고 상황에 적응하고 임기응변을 익힌다. 자신의 춤추는 발에 이끌려 덩달아 앞으로 나아가는 것이 아니라, 한 걸음 물러서서 자신이 어디로 가고 있는지 살펴본다. 마치 그들의 핏속에는 승리에 도취되는 것을 막아주는 치료제가 들어 있어서, 승리했을 때에도 감정을 다스리고 일시적인 정신적 휴식을 취할 수 있는 듯하다. 그들은 스스로를 안정시키고, 무슨 일이 일어났는지 되새길 여유를 확보하고, 상황과 행운이 성공에서 어떤 역할을 했는지를 곰곰이 살핀다. 승마 학교에서 말하듯이, 말을 부리려면 그전에 스스로를 통제할 줄 알아야 한다.

✦ **오늘의 법칙** ✦ 승리의 순간이야말로 종종 가장 위험한 순간이다. 성공이 머릿속까지 올라오지 못하도록 하라. 전략과 치밀한 계획을 대체할 수 있는 것은 아무것도 없다. 목표를 세우고, 목표에 도달했으면 멈춰라.

『권력의 법칙』: 48. 승리를 거두면 멈출 때를 알라 — 승자의 저주

10월

감정적 자신

— 자신의 어두운 면을 직시하라 —

October _____

자신과 본성을 이해하려다가 어둠 속을 헤매게 되는 것은 수천 년간 우리의 운명이었다. 그동안 우리는 인간이라는 동물에 대한 수많은 착각들에 억눌려 있었다. 인간이 신성한 존재에게서, 영장류가 아니라 천사에게서 마법적으로 태어났다고 상상했다. 우리의 영장류적 본성과 동물적 뿌리의 증거가 나타나면 심히 번민했으며 부정하고 억압하려고 들었다. 우리가 온갖 변명과 합리화로 우리의 어두운 충동을 가리는 바람에, 일부 사람들은 불쾌한 행동을 일삼고도 얼마든지 무사할 수 있었다. 하지만 인간 본성에 대한 어마어마한 양의 지식이 쌓인 덕에 우리는 마침내 우리의 본모습에 대한 진실을 거부하려는 충동을 극복할 수 있게 되었다. 10월은 인간 본성을 직시하고 자신이 통제할 수 없는 패턴이 있음을 받아들이고 자신의 영장류적 뿌리를 이해하여 그것이 자신을 파멸시키지 못하게 하는 법을 배우는 달이다.

『권력의 법칙』이 출간되고 몇 년 동안 수천 명의 독자들이 이메일을 보내서 나에게 자신의 문제를 털어놓았다. 일대일 상담을 받고 싶다는 사람도 수백 명이나 되었다.

이런 경험과 내가 아는 사람들에 대한 나의 경험을 깊이 성찰한 뒤에 나는 다음과 같은 결론에 도달했다. 우리 인간에게는 작고 추한 비밀이 있다. 그것은 성생활이나 성적 판타지나 그만큼 흥미진진한 그 무엇과도 무관하다. 그 비밀은 바로 모든 사람이 어느 정도는 고통을 겪고 있다는 것이다. 우리가 거론하지 못하고 심지어 이해하지도 못하는 고통이다.

이 고통의 근원은 타인이다.

내가 말하는 것은 우리가 종종 맺게 되는 실망스럽고 피상적이고 불만스러운 관계이다. 친구라고 생각한 사람들과 깊은 관계나 유대를 맺지 못하면 우리는 외로움을 느끼며, 동료와 동업자를 잘못 선택하면 온갖 다툼과 꼴사나운 결별을 겪는다. 유독한 나르시시스트를 삶에 끌어들이면 온갖 감정적 트라우마에 시달리고 (설령 벗어나더라도) 벗어나는 데에 여러 해가 걸리기도 한다. 이 고통이 남을 설득하고 감동을 주고 영향을 미치고 자신의 생각에 흥미를 느끼게 하지 못하는 무능력의 형태로 나타나면, 좌절과 분노의 감정이 생긴다.

우리는 뼛속 깊이 사회적인 동물이기 때문에, 사회적 관계의 장애는 온갖 문제들로 이어진다. 우울증으로, 되풀이되는 강박적 생각으로, 일에 집중하지 못하는 현상으로, 섭식 장애로, 심지어 심장병 같은 실제 질병으로 이어진다. 그러나 우리에게 보이는 것은 외로움이나 우울증이나 실제 질병 같은 표면적인 증상뿐이다. 그 이면의 근원은 보지 못한다. 이따금 자신이 외로움으로 고통받고 있다는 사실조차 자각하지 못할 때도 있다.

그래서 나는 2012년에 『마스터리의 법칙』을 쓰다가 다음번에는 많은 독자들이 나에게 호소했던 이 깊은 고통에 대처하고 그것을 극복하도록 돕는 책을 써야겠다고 마음먹었다. 하지만 사소한 공식을 던져주고 사람들과 잘 지내는 방법에 대한 사탕발림을 읊어대는 흔하고 한심한 자기계발서를 쓰고 싶지는 않았다. 내가 언제나 쓰고자 하는 책과 같은 책을 쓰고 싶었다. 당신의 내면으로 들어가는 책, 세상에 대한 당신의 생각을 바꾸는 책, 당신의 머릿속으로 파고들어 사람과 세상에 대한 관점을 실제로 바꾸는 책을 쓰고 싶었다.

그런 '온건한' 목표들을 염두에 두고서 내가 책을 쓸 때마다 자문하는 질문을 던졌다. 이 고통, 이 문제의 근원은 무엇인가? 분명한 답은 우리가 주변 사람들을 관찰하는 일에 무척 서툴다는 것이다. 우리는 귀를 기울이는 데에도 서툴다. 스마트폰과 기술에 빠져 주의를 기울이지 않는다. 설령 주의를 기울이더라도 사람들에게 자신의 감정과 욕망을 투사한다. 아니면 저 사람은 착하고 저 사람은 못됐고 저 사람은 호감이 가고 저 사람은 밉다는 식으로 섣불리 판단하고 분류한다.

우리가 보는 것은 사람들의 일부에 불과하므로 오해하고 오판하는 것이 당연하며, 이것은 온갖 문제, 최악의 결정, 나쁜 전략으로 이어진다.

그렇다면, 이것이 문제의 근원이라면, 해결책은 우리 모두가 그저 관찰과 경청에 더 능숙해지는 것이리라. 이것은 이 주제를 다루는 많은 자기계발서들이 내놓은 처방이다. 하지만 내가 보기에는 대답으로서 무척 미흡했다. 나는 거기에서 출발하고 싶지 않았다.

나는 골똘히 생각한 끝에 다른 질문을 던져야겠다고 마음먹었다. 우리의 삶에서 실제로 자신이 다르게 느껴지는 순간이 있는가? 그때 우리는 사람들에게 정말로 깊은 관심을 기울이는가? 그들을 실제로 관찰하는가? 내 대답은 "그렇다. 그런 순간이 있다"였다.

무엇보다 어린 시절을 떠올려보라. 아이들은 사람들을 관찰하는 일에 대가이다. 아이들은 부모의 감정과 기분에 촉각을 곤두세운다. 생존이 달려 있으니 그럴 수밖에 없다. 사기꾼이 아이들을 싫어하는 이유는 아이들이 자신의 허위와 거짓을 꿰뚫어볼 수 있기 때문이다. 우리는 모두 어릴 적에는 훌륭한 관찰자였다. 외국을 여행하면서 모든 것이 이국적이고 특이할 때에도 우리의 감각은 고조된다. 우리는 사람들에게 관심을 기울인다. 그들이 사뭇 달라 보이기 때문에 우리는 그들을 이해하고 싶어한다. 또한 새로운 일을 시작하여 약간 불안할 때에도 우리는 그곳에서 드러나는 사소한 권력관계에 시시콜콜 주목한다. 사랑에 빠질 때는 말할 것도 없다. 우리는 상대방에게 극도로 주의를 집중한다. 상대방이 나를 좋아하는지, 어떤 사람인지, 어떤 성격인지 알고 싶어서 그들이 드러내는 사소한 신호와 정보를 하나도 놓치지 않는다. 마지막으로, 이상하게 보일지도 모르겠지만 정말 훌륭한 소설을 읽거나 근사한 영화를 볼 때에도 우리는 관심을 기울인다. 누군가가 창조한 등장인물에게 매혹되어 그 세계로 들어가고 싶어한다.

이 모든 경험의 공통점은 무엇일까? 이 순간들에는 우리의 욕망이 결부되어 있다. 우리는 흥분과 궁금증을 느끼고 사람들에게 관심을 기울여야겠다는 필요성을 느낀다. 심지어 우리의 생존이 여기에 달렸다고 생각한다. 흥분과 궁금증과 필요성을 느끼는 순간 우리의 눈이 뜨인다. 우리는 들여다보고 관찰하고 사람들 내면으로 들어간다. 이런 순간에는 우리의 아집이 줄어든다. 우리는 스스로의 밖으로 나와 다른 사람들의 세상 속으로 들어간다.

평상시에 우리는 사실 주변 사람들에게 별로 관심이 없다. 인정하기 싫겠지만 그것이 사실이다. 우리가 매일 대하는 사람들은 너무 친숙하다. 흥미진진해 보이지 않는다. 우리는 자신의 생각과 세계가 그들의 생각과 세계보다 흥미롭다고 생각한다. 자신의 필요와 문제를 처리하기에만도 여력이 없다.

그래서 결심했다. 당신이 그런 순간을 마주했던 때로 돌아가도록 하는 책을 쓸 수 있다면 어떨까? 당신이 다시 한번 어린아이처럼 느끼게 할 수 있다면 어떨까? 사랑에 빠졌을 때나 외국을 여행했을 때나 흥분과 궁금증을 느끼고 주변 사람들의 마음속을 정말 탐색하고 싶어했을 때의 느낌을 되찾아줄 수 있다면 어떨까?

그러면 모든 것이 달라질 것이다. 자신을 더 나은 경청자나 관찰자라고 억지로 상상할 필요가 없이 실제로 더 나은 경청자와 관찰자가 될 것이다.

이런 마법을 부리려면 어떻게 해야 할까? 비결은 독자인 당신을 주변 사람들의 내면 세계 깊숙한 곳으로 데려가는 것이다. 내면에서 바라본 그들의 환상이 무엇인지, 그들의 삶이 어떤지 보도록 하는 것이다.

단언컨대 당신이 대면하는 사람들은 당신의 상상보다 훨씬 더 흥미롭고 복잡하고 특이하다. 당신은 사람들에게 흥미를 느끼려면 발리 같은 외국을 여행하거나 재미있는 영화를 봐야 한다고 생각할 것이다. 하지만 슈퍼마켓의 점원 같은 사람들에게도 정말로 깊고 풍성한 내면의 삶이 있다. 그들은 매혹적이다. 당신이 깨닫지 못할 뿐이다.

그렇다면 어떻게 이 일을 할 수 있을까? 당신이 사람들에게서 고통을 겪지 않고 그들을 이해하게 하려면 어떻게 해야 할까?

해결책은 당신을 인간 본성의 연구로 인도하는 것이다. 앞에서 말했듯이 나는 당신이 사람들을 지각하는 방식을 완전히 바꿀 것이다. 내가 당신을 그곳까지 데려가면, 당신은 다시는 원래의 장소로 돌아가고 싶지 않을 것이다.

10월 1일　인간 본성의 제1법칙

　　인간 본성의 제1법칙에서 출발하자. 인간 본성의 제1법칙은 우리에게 인간 본성이 있다는 사실을 부정하는 것이요, 우리가 이 힘들에 예속되어 있다는 사실을 부정하는 것이다. 우리는 자신이 비합리적이지 않고 공격적이지 않고 샘내지 않고 나르시시스트가 아니라고 생각한다. 그런 쪽은 언제나 상대편이다. 공화당이든 스파르타인이든 에티오피아인이든—그들이야말로 비합리적이고 공격적인 존재들이다. 나? 말도 안 된다. 하지만 진실은 모든 사람이 같은 근원에서, 같은 소수의 사람들에게서 진화했다는 것이다. 우리의 뇌는 기본적으로 똑같다. 우리는 비슷하게 생겨먹었다. 우리가 세상을 정서적으로 경험하는 방식은 수렵채집인이 세상을 경험하던 것과 똑같다. 그런 의미에서는 달라진 것이 거의 없다. 만일 우리가 모두 같은 근원에서 비롯되었다면, 소수의 사람만 공격적이거나 비합리적일 이유가 어디 있는가? 모두가 마찬가지이다.

✦ **오늘의 법칙** ✦　**당신이 남들과 공유하는 본성을 받아들여라. 자신을 특별하거나 우월한 존재로 구분하지 말라.**

"인간 본성의 법칙 : 로버트 그린 인터뷰", dailystoic.com, 2018년 10월 23일

10월 2일 인간 본성보다 강력한 것은 없다

더 나은 인간이 되게 하는 유일한 방법은 자신이 어떤 존재인지를 보게 하는 것이다.
안톤 체호프

당신은 인간 본성에 대한 이런 지식이 조금 구닥다리라고 생각할지도 모르겠다. 어쨌거나 우리는 매우 세련되었고 기술적으로 발전했으며 매우 진보적이고 계몽되었다고, 원초적 뿌리를 훌쩍 뛰어넘었다고, 우리의 본성을 새로 쓰고 있다고 주장할지도 모르겠다. 하지만 현실은 정반대이다. 우리가 이 정도로 인간 본성과 그 파괴적인 잠재력의 노예가 된 적은 일찍이 없었다. 이 사실을 외면하는 것은 불을 가지고 노는 격이다. 소셜 미디어를 통해서 우리 감정의 침투성이 얼마나 커졌는지를 생각해보라. 그곳에서는 바이럴 효과_viral effect_가 끊임없이 우리를 휩쓸고 있으며, 선동에 능한 지도자들이 우리를 이용하고 통제할 수 있다. 가상 세계에서 공공연히 표출되는 적개심을 생각해보라. 그곳에서는 자신의 어두운 측면을 드러내기가 훨씬 수월하다. 이토록 빨리 이토록 많은 사람들과 소통할 수 있게 되면서 자신을 남과 비교하고 시기하고, 주목을 받아 지위를 얻으려는 우리의 성향이 얼마나 증폭되었는지 생각해보라. 마지막으로, 우리의 부족적_tribal_ 성향에 대해, 이 성향이 어떻게 완벽한 매체를 찾았는지 생각해보라. 우리는 동일시할 집단을 찾고, 가상의 반향실에서 자신의 편협한 의견을 강화하고, 외부인을 악마화하여 집단적으로 괴롭힐 수 있다. 우리 본성의 원초적 측면으로 인해서 아수라장이 벌어질 가능성은 오히려 커졌다. 이것은 간단한 문제이다. 인간 본성은 어느 개인보다, 어느 제도나 기술적 발명보다 강력하다. 우리가 인간 본성과 그 원초적 뿌리를 성찰하기 위해서 만들어내는 것들은 결국 그 본성의 결과물이다. 인간 본성은 우리를 장기판의 말처럼 부린다. 그 법칙을 무시하다가는 큰코다칠 것이다.

✦ **오늘의 법칙** ✦　　인간 본성을 직면하지 않으려고 하는 것은 자신이 통제할 수 없는 패턴으로, 혼란과 무기력의 느낌으로 스스로를 밀어넣는 것에 불과하다.

『인간 본성의 법칙』: 서문

10월 3일 내면의 아테나

내가 두려워하는 것은 적군의 전략이 아니라 아군의 실수이다. **페리클레스**

페리클레스Perikles에 따르면, 인간은 무엇인가를 숭배해야 하고 자신이 귀중하게 여기는 것에 주의를 기울여야 한다. 대부분의 사람들에게 그것은 자신의 자아ego이다. 어떤 사람들에게는 가족, 부족, 신, 국가일 수도 있다. 페리클레스에게는 누스nous였다. '정신'이나 '지성'을 뜻하는 고대 그리스어로, 우주에 퍼져 의미와 질서를 창조하는 힘이다. 인간의 마음은 자연스럽게 이 질서에 끌리며 이것이 인간 지성의 근원이다. 페리클레스가 숭배하는 누스는 아테나 여신의 형상으로 구현되었다. 아테나Athena는 제우스의 머리에서 태어났는데, 이것은 '신theos'과 '정신nous'의 합성어인 그녀의 이름에서도 알 수 있다. 하지만 아테나는 훗날 매우 특별한 형태의 누스—매우 실용적이고 여성적이고 세속적인 누스—를 나타내게 되었다. 그녀는 위기의 순간에 영웅들에게 찾아오는 목소리가 되어 그들에게 평정심을 심어주고 그들의 정신이 승리와 성공이라는 이상을 향하게 하며 이를 달성할 에너지를 선사한다. 기본적으로 아테나는 이성을 상징했는데, 이것은 신이 필멸자에게 주는 최고의 선물이었다. 이성만이 인간의 행위에 신의 지혜를 담을 수 있었기 때문이다. 아테나의 목소리는 지금 당신의 내면에도 존재한다. 그것은 당신이 침착하게 집중하는 순간에 느꼈을 잠재력이요, 숙고 끝에 찾아오는 완벽한 생각이다. 당신이 지금 이 고차원적인 힘과 연결되어 있지 않은 것은 정신이 감정에 짓눌려 있기 때문이다.

✦ 오늘의 법칙 ✦   내면의 아테나를 길러 그녀를 숭배하라. 그렇다면 이성은 당신에게 가장 귀중한 것이자 당신의 길잡이가 되어줄 것이다.

『인간 본성의 법칙』: 1. 나를 지배하는 감정을 극복한다 — 비이성적 행동의 법칙

10월 4일   분석하고 조사하고 질문하라

그것은 자신의 두 번째 자아가 옆에 서 있는 것과 같다. 한 자아는 분별력 있고 합리적인 자신이지만 다른 자아는 지독히 무분별하고 때로는 무척 우스꽝스러운 짓을 강박적으로 저지른다. 불현듯 당신은 영문도 모른 채 자신이 그 즐거운 일을 갈망하고 있음을 알아차린다. 즉 당신은, 말하자면 자신의 의지에 반하여 원한다. 온 힘을 다해 저항해도 당신은 여전히 원한다. **표도르 도스토옙스키,**『미성년』

페리클레스는 내면의 아테나를 기르기 위해서 우선 감정을 다스릴 방법을 찾아야 했다. 감정은 우리를 내면으로 돌려세워 누스로부터, 현실로부터 멀어지게 한다. 우리는 분노와 불안을 곱씹는다. 세상을 내다보고 문제를 해결하려고 해도 이 감정의 렌즈를 통해서 보게 되며, 이 때문에 시야가 흐려진다. 페리클레스는 결코 그 순간에 반응하지 않고, 거센 감정에 휘둘릴 때에는 결코 결정을 내리지 않도록 스스로 훈련했다. 대신 그는 자신의 감정을 분석했다. 불안이나 분노를 면밀히 들여다보고 그것이 실은 정당한 감정이 아님을 간파했다. 감정들은 감시를 당하자 힘을 잃었다. 이따금 민회가 과열하면 자리를 피해 집으로 물러나 며칠씩 홀로 마음을 가라앉혔다. 그러면 아테나의 목소리가 천천히 그에게 찾아왔다.

✦ 오늘의 법칙 ✦   **당신의 생각과 결정에 끊임없이 침투하는 감정들을 들여다보라. 스스로에게 이렇게 물어라. 이 분노나 억울함은 왜 생겼을까? 주목을 받으려는 이 끊임없는 욕구는 어디에서 왔을까?**

『인간 본성의 법칙』: 1. 나를 지배하는 감정을 극복한다 — 비이성적 행동의 법칙

10월 5일　성공에 도취하지 말라

　　우리 인간은 누구나 잠재된 약점을 하나 가지고 있어서, 우리가 자각하지도 못하는 사이에 그 약점이 우리를 망상에 빠뜨린다. 이 약점은 자신의 능력을 과대평가하려는 우리의 타고난 성향에서 유래한다. 일반적으로 우리는 스스로를 현실보다 다소 높게 평가한다. 우리에게는 지능, 아름다움, 매력, 인기, 성스러움 등에서 자신이 남보다 우월하다고 느끼려는 깊은 욕구가 있다. 이것은 긍정적으로 작용할 수도 있다. 어느 정도의 자신감은 우리가 도전을 받아들이고 한계 너머로 자신을 밀어붙이고 그 과정에서 교훈을 얻게 해준다. 하지만 어느 수준에서든 성공―개인이나 집단으로부터 더 큰 관심을 받는 것, 승진, 사업 자금의 확보―을 경험하면 자신감이 너무 빨리 치솟아 자기평가와 현실 사이에 격차가 벌어질 것이다.

✦ **오늘의 법칙** ✦　**종류를 막론하고 성공을 거둔 뒤에는 그 요인을 분석하라. 그 속에 필연적으로 존재하는 행운과 멘토를 비롯한 타인의 역할을 파악하라.**
『인간 본성의 법칙』: 11. 나의 한계를 현실적으로 평가한다 ― 과대망상의 법칙

10월 6일 자신의 본성을 들여다보라

우리는 매우 복잡한 존재이다. 우리는 생각이 어디에서 오는지, 감정이 어디에서 오는지 모른다. 하지만 가까이 갈 수는 있다. 당신은 어느 정도의 명료함을 얻을 수 있다. 어두운 측면이나 내면의 이방인을 발견할 수 있다. 사실 이것이 유일한 희망이다. 본성을 부정하면 자신이 나르시시스트임을, 감정에 휘둘리고 있음을 깨닫지 못하기 때문이다. 단지 자기만의 의견으로 스스로를 남들보다 우월하다고 여기는 것일 수도 있다. 그러다 자신의 어두운 측면을 무의식중에 꺼내놓을지도 모른다. 당신은 자신의 생각과 의견 중 95퍼센트가 스승, 인터넷에서 읽은 것, 다른 사람들의 말과 행동에서 왔다는 사실을 받아들여야 한다. 당신은 순응주의자이다. 그것이 당신의 본모습이다. 나도 그렇고 모두가 그렇다. 이것을 깨달으려면 빛을 비추어 우리에게 새겨진 이 성질, 이 결함 또한 우리의 내면에 있음을 깨달아야 한다. 그제야 당신은 그 결함들을 극복하고 생산적으로 활용할 수 있다. 의심하고 의심하고 또 의심하라. 자신이 그렇게 느낀다는 이유만으로 그 느낌이 정당하다고 생각하지 말라. 그런 과정에서 당신은 합리적인 사람이 될 것이고, 공감능력을 구사할 수 있는 사람이 될 것이며, 사람들을 끊임없이 도덕적으로 판단하고 그들이 다른 사람이 되기를 바라는 것이 아니라 그들을 올바르게 판단하고 받아들이는 능력을 얻을 것이다. 삶의 길은 훨씬 평탄해질 것이고, 당신을 짓누르는 모든 감정적인 짐들을 벗어버리고 훨씬 차분하고 평안해질 것이다. 하지만 우선은 내면을 들여다보고 스스로에게 질문을 던지고 자신이 느끼거나 생각하는 모든 것이 옳다고 가정하지 말아야 한다.

✦ **오늘의 법칙** ✦   **스스로에게 물어라. '내가 이 믿음을 어디에서 얻었을까?' '정말일까?' '그것을 오늘 처음 들었어도 동의했을까?'**

"'자신이 느끼거나 생각하는 것이 전부 옳다고 가정하지 말라' — 로버트 그린과의 인터뷰", 「퓔레트」, 2019년 1월

10월 7일   이성 : 간단한 정의

이성적, 비이성적이라는 낱말에는 상당한 의미가 담겨 있을 수 있다. 사람들은 자신과 의견이 다른 사람에게 언제나 '비이성적'이라는 꼬리표를 붙인다. 우리에게는 둘의 차이를 최대한 정확하게 판가름할 수 있는 간단한 정의가 필요하다. 다음의 잣대를 우리의 바로미터로 삼을 수 있을 것이다. 우리는 시시각각 감정을 느끼며, 그 감정은 우리의 생각에 침투하여 우리를 즐겁게 하거나 우리의 자아를 위로하는 쪽으로 우리를 이끈다. 우리의 생각에 어떻게든 결부되는 성향과 감정을 느끼지 않기란 불가능하다. 이성적인 사람들은 이를 알고 있으며 성찰과 노력을 통해서 생각에서 감정을 어느 정도 배제하고 그 영향을 상쇄할 수 있다. 비이성적인 사람들에게는 그런 자각이 없다. 그들은 결과를 면밀히 고려하지 않고 덥석 행동에 뛰어든다. 어떤 경우에든 자각의 정도가 차이를 나타낸다. 이성적인 사람들은 자신에게 비이성적인 성향이 있고 이것을 경계해야 함을 기꺼이 인정한다. 이에 반해서 비이성적인 사람들은 자신의 결정이 감정적 뿌리에서 비롯되었다는 지적을 받으면 감정적으로 대응한다. 그들에게는 성찰과 배움의 능력이 없다. 실수를 저지르면 그들은 더욱 방어적인 태도를 취한다.

✦ **오늘의 법칙** ✦   **당신은 스스로를 얼마나 이성적이라고 평가하는가?**
『인간 본성의 법칙』: 1. 나를 지배하는 감정을 극복한다 — 비이성적 행동의 법칙

10월 8일 집단의 광기

광기는 개인에게서는 드물지만 집단, 정당, 민족, 시대에서는 일상적인 현상이다.
프리드리히 니체

우리가 개인으로서 터무니없는 계획을 세운다면 다른 사람들은 경고를 하고 현실을 깨닫게 해주겠지만, 집단 안에서는 정반대의 현상이 벌어진다. 계획이 아무리 엉터리여도(이를테면 이라크를 침공하고서 해방군으로 환영받으리라고 기대하는 것) 모두가 수긍하는 듯이 보이며, 우리에게 찬물을 끼얹을 외부인은 한 명도 없다. 계획이나 발상에 대해서 이례적으로 확신과 흥분이 들 때마다 한발 물러서서, 바이러스 같은 집단 효과가 자신에게 작용하고 있지는 않은지 가늠해야 한다. 잠시 스스로를 흥분으로부터 떼어놓을 수 있다면, 자신의 생각이 감정을 합리화하는 것에, 자신이 느끼고 싶은 확신을 확증하는 것에 얼마나 익숙해져 있는지를 알게 될지도 모른다.

✦ **오늘의 법칙** ✦ 의심하고 성찰하고 다른 방안을 고려하는 능력을 결코 버리지 말라. 당신이 개인으로서 가진 이성은 집단을 사로잡는 광기에 대항하는 유일한 방어 수단이다.

『인간 본성의 법칙』: 14. 집단의 영향력에 저항하라 — 동조의 법칙

10월 9일   교제의 힘

인간은 함께 시간을 보내는 사람들의 기분, 감정, 심지어 사고방식에 크나큰 영향을 받는다. 하릴없이 불행하고 불안정한 사람들에게는 남달리 강력한 전염력이 있는데, 이는 그들의 성격과 감정이 매우 강렬하기 때문이다. 그들은 종종 피해자를 자처하여 자신의 불행이 자업자득임을 당신이 (처음에는) 간파하기 힘들게 한다. 당신은 그들의 문제가 가진 본질을 알아차리기도 전에 그들에게 전염된다. 이것을 명심하라. 당신이 누구와 교제하는가는 더없이 중요한 문제이다. 감정 전염자와 교제하면 그들에게서 벗어나려고 애쓰느라 귀한 시간과 에너지를 허비할 위험이 있다. 그들과 교제한다는 이유로 인해서 남들의 눈총을 함께 받게 될 것이다.

✦ **오늘의 법칙** ✦   **당신과 교제하는 사람들이 당신에게 어떤 권력을 행사할 수 있는지 자각하라.**
『권력의 법칙』: 21. 불행하고 불운한 자들을 피하라 ─ 불행 바이러스 차단하기

10월 10일 스스로 생각하라

우리 인간은 놀라울 정도로 습관의 동물이다. 우리는 부모, 학교, 주변 사람들에게서 아이디어를 얻는다. 그러고는 세상만사에 대해서도 이 같은 방식으로 생각한다. 우리는 스스로 생각하기를 멈추며, 소셜 미디어로 인해서 상황은 훨씬 더 악화된다. 우리는 스스로 생각하는 것을 두려워한다. 이런 두려움의 고전적 사례는 가장 명민하게 생각해야 마땅한 학계에서 찾아볼 수 있다. 많은 학자들은 전문용어와 정통 이론으로 가득한 특별한 관점으로 세상을 바라보도록 세뇌되었다. 그들은 결코 틀을 벗어나지 못한다. 그들이 쓰고, 보고, 생각하는 모든 것은 학문 훈련을 통해서 주입된 작은 거품 안에 갇혀 있다. 겁내지 말아야 한다. 이전에 믿었던 모든 것을 버릴 수 있어야 한다. 이전에 써먹은 모든 전략을 버릴 수 있어야 한다. 모든 통념도 마찬가지이다.

✦ **오늘의 계명** ✦ **스스로 생각해야 하며 남들이 진실이라며 들려준 말에 얽매이지 말아야 한다.**
로버트 그린 공식 계정, "비합리성 2020", 유튜브, 2020년 8월 29일

10월 11일 나약한 자아에 주의하라

인간의 감정 중에서 시기심보다 추하고 은밀한 것은 없다. 시기심은 우리가 원하는 것—소유, 관심, 존경—을 남들이 더 많이 가졌을 때에 느끼는 감정이다. 우리는 자신이 그들만큼 가져야 마땅하다고 생각하지만 그러지 못해서 무력감을 느낀다. 하지만 역설적이게도 시기심은 우리가 중요시하는 무엇인가에서 자신이 타인보다 열등하다는 것을 인정하는 셈이기도 하다. 이 열등함을 인정하는 것만으로도 고통스러운데 우리가 이 감정을 느낀다는 것을 남들에게 들키는 것은 더더욱 고통스럽다. 그래서 우리는 시기심의 첫 기미를 느끼자마자 이것을 스스로에게도 감춰야겠다고 생각한다. 자신이 느끼는 것을 시기심이 아니라 재화나 관심의 불공정한 분배에 대한 저항, 이 불공정에 대한 억울함, 심지어 분노라고 생각하는 것이다. 밑바닥에 깔린 열등감은 너무나 강렬하며 이로 인한 적개심은 핀잔이나 조롱 한마디로 배출되지 않는다. 오랫동안 시기심에 사로잡혀 지내면 고통스럽고 의기소침해질 수 있지만, 시기심의 대상을 향해 '정당한' 분노를 느끼면 기운이 샘솟을 수 있다. 반면 시기심을 행동으로 옮겨 상대를 해코지하면 만족감이 찾아오지만 이는 금세 사라진다. 샘바리는 늘 새로운 시샘거리를 찾기 때문이다.

✦ 오늘의 법칙 ✦ **시기심은 가장 추한 인간 감정인지도 모른다. 시기심이 당신을 파멸시키기 전에 시기심을 박멸하라. 끊임없는 비교가 아니라 내적 잣대에 의한 자존감을 길러라.**

『인간 본성의 법칙』: 10. 상대의 자존심을 건드리지 않는다 — 시기심의 법칙

10월 12일 감정에 채색되지 않은 참모습을 보라

사건들에 대한 자신의 감정적인 반응을 일종의 질병으로 간주하라. 두려움은 적을 과대평가하여 너무 수세적으로 행동하게 만들 것이다. 분노와 조바심은 다른 방안을 배제한 섣부른 행동을 유도할 것이다. 자만심, 특히 성공으로 인한 자만심은 무리수를 두게 할 것이다. 사랑과 애정은 같은 편처럼 보이는 사람들의 기만적인 술책을 간파하지 못하게 할 것이다. 심지어 가장 미묘한 감정조차도 당신에게 색안경을 씌울 수 있다. 유일한 치료법은 감정의 끌림이 불가피하다는 것을 자각하고 솟아나는 감정을 눈여겨보고 상반된 감정으로 상쇄하는 것이다. 성공하면 더 경계하라. 화가 나면 행동을 삼가라. 두려우면 자신이 위험을 과장하고 있음을 깨달아라.

✦ **오늘의 법칙** ✦ **인생에서는 사물을 있는 그대로 보는 현실주의를 최대한 발휘해야 한다. 감정적인 반응을 더 많이 제한하거나 상쇄할수록 이 이상에 더 가까워질 것이다.**

『전쟁의 기술』: 서문

10월 13일 태도를 바꿔 상황을 변화시켜라

우리 세대의 가장 위대한 발견은 인간이 마음가짐을 바꿈으로써 삶을 바꿀 수 있다는 사실이다. **윌리엄 제임스**

다음 시나리오를 상상해보라. 미국인 젊은이가 1년간 파리에서 공부를 해야 한다. 그는 다소 소심하고 조심스러우며 우울과 낮은 자존감에 빠지기 쉽지만, 이번 기회를 얻게 되어 진심으로 기쁘다. 파리에 도착하고 보니 그의 프랑스어는 잘 통하지 않는다. 실수를 저지를 때마다 파리 사람들이 약간 비웃는 태도를 보이는 탓에 프랑스어를 배우기가 더욱 힘들다. 그가 보기에 파리 사람들은 전혀 친절하지 않다. 날씨는 습하고 우중충하다. 음식은 너무 기름지다. 노트르담 대성당조차 실망스러우며 주변 지역은 관광객으로 발 디딜 틈이 없다. 그는 파리가 과대평가되었으며 아주 불쾌한 장소라고 결론을 내린다. 이번에는 같은 시나리오에서 주인공만 더 외향적이고 모험심 강한 젊은 여성이라고 상상해보라. 그녀는 프랑스어 말실수를 저지르거나 파리 사람들이 이따금 던지는 핀잔에 개의치 않는다. 프랑스어 배우는 일을 즐거운 도전으로 여긴다. 다른 사람들도 그녀의 활기에 이끌린다. 그녀는 쉽게 친구를 사귀며 지인이 늘면서 프랑스어 실력도 향상된다. 그녀는 날씨가 낭만적이고 파리라는 도시에 꼭 어울린다고 생각한다. 그녀가 보기에 파리는 끝없는 모험이 펼쳐지는 곳이며 그녀는 여기에 매료된다. 이 두 사람은 같은 도시를 정반대로 바라보고 평가한다. 하지만 세상은 그 모습 그대로 존재할 뿐이다. 사물이나 사건은 좋지도 나쁘지도 않고, 옳지도 그르지도 않으며, 추하지도 아름답지도 않다. 사물과 사람에 색깔을 더하거나 빼는 것은 나름의 관점을 지닌 우리 자신이다. 우리는 아름다운 고딕풍 건축물에 초점을 맞출 수도 있고, 짜증스러운 관광객에 주목할 수도 있다.

✦ **오늘의 법칙** ✦ 우리의 마음가짐에 따라서 사람들의 반응이 달라진다. 우리가 불안한지, 솔직한지에 따라서 사람들은 친절하게 반응할 수도, 불친절하게 반응할 수도 있다. 우리가 지각하는 현실은 대부분 우리 스스로가 만들어낸 것이며, 우리의 지각은 기분과 감정에 지배된다.

『인간 본성의 법칙』: 8. 태도를 바꾸면 주변이 변한다 ─ 자기훼방의 법칙

10월 14일 자신의 어두운 면을 직시하라

우리의 존재 자체가 내면의 어두운 힘과 맞서는 투쟁이다. 산다는 것은 심장과 영혼 속의 괴물과 전쟁을 벌이는 것이다. 쓴다는 것은 스스로를 재판하는 것이다.
헨리크 입센

당신은 자신의 강점을 부각하고 약점을 숨기는 대외적 페르소나를 만들었다. 어릴 적부터 자연스럽게 가지고 있던 특질들 중에서 사회적으로 덜 용인되는 것을 억압하여 지극히 다정하고 유쾌한 사람이 되었다. 당신에게는 어두운 면이 있는데, 당신은 이것을 인정하거나 들여다보고 싶어하지 않는다. 여기에는 당신의 가장 깊숙한 불안감, 사람들, 심지어 당신과 가까운 사람들을 해코지하려는 은밀한 욕망, 복수에 대한 환상, 타인에 대한 의심, 관심과 권력을 향한 갈망이 포함된다. 이 어두운 면은 당신의 꿈에 출몰하며, 설명할 수 없는 우울, 이례적인 불안, 성마른 기분, 갑작스러운 난처함, 의심 등을 느끼는 순간에 불거져 나온다. 무심코 내뱉었다가 나중에 후회를 몰고 오는 발언에서 드러나기도 한다. 때로는 심지어 파괴적인 행동으로 이어질 때도 있다. 당신은 이런 기분과 행동을 상황과 타인의 탓으로 돌리지만, 이런 일이 되풀이되는 것은 원인을 자각하지 못하기 때문이다. 우울과 불안은 온전한 자신으로 살아가지 못하는 것, 언제나 배역을 연기하는 것에서 비롯된다. 이 어두운 면을 억누르려면 막대한 에너지가 필요하지만, 이따금 내적 긴장의 해소를 위해서 불쾌한 행동이 튀어나오기도 한다.

✦ **오늘의 법칙** ✦ **자신의 성격에 있는 어두운 면을 인정하고 들여다보라. 의식적으로 분석하면 그 어두운 측면의 파괴적인 위력을 없앨 수 있다.**
『인간 본성의 법칙』: 9. 내 안의 어둠을 직시한다 — 억압의 법칙

10월 15일 집단으로부터 정신적 여유 공간을 확보하라

우리가 스스로를 면밀하고 솔직하게 들여다본다면, 일터나 어느 집단에 들어가는 순간 자신이 변화를 겪는다는 사실을 인정할 수밖에 없다. 우리는 무의식중에 더 원초적인 사고방식과 행동에 쉽게 빠져든다. 남들과 함께 있으면 그들이 우리를 어떻게 생각할지 몰라 자연스러운 불안감을 느낀다. 집단에 녹아들어야 한다는 압박감을 느끼며, 그러기 위해서 자신의 생각과 믿음을 집단의 통념에 끼워맞추기 시작한다. 외모, 언어 표현, 생각 등에서 무의식적으로 집단 구성원들을 흉내 낸다. 자신의 지위와 위계 서열에 전전긍긍한다. '내가 동료들 못지않게 존경받고 있을까?' 이것은 우리 본성의 원초적인 측면으로, 우리의 친척인 침팬지도 지위에 집착한다. 유년기 초기부터 형성된 패턴에 따라서 우리는 집단 내에서 평상시보다 더 수동적이거나 더 공격적으로 바뀜으로써 자신의 성격에서 덜 발달한 측면을 드러내고 만다. 집단이 우리에게 필연적으로 가하는 이 부정적인 영향에 저항하려면 단순한 목표를 염두에 두고서 인간 본성에 대한 실험을 실시해야 한다. 그 목표는 집단으로부터 스스로를 분리하여 진정 독립적인 사고를 위한 정신적 여유 공간을 확보할 수 있는 능력을 기르는 것이다. 이 실험을 시작하는 첫 단계는 집단이 우리에게 강력한 영향을 미친다는 현실을 받아들이는 것이다.

✦ **오늘의 법칙** ✦ 스스로에게 가차 없이 솔직하라. 집단에 잘 어우러지려는 욕구가 자신의 생각을 어떻게 형성하고 왜곡할 수 있는지 인식하라. 우리가 느끼는 불안이나 분노는 전적으로 내면에서 비롯되었는가, 아니면 집단에 의해서 자극되었는가?

『인간 본성의 법칙』: 14. 집단의 영향력에 저항하라 ─ 동조의 법칙

10월 16일 시기심 검사

시기심을 뜻하는 라틴어 단어의 어원 '인비디아invidia'는 '꿰뚫어보다, 단검처럼 눈으로 살펴보다'라는 뜻이다. 이 단어의 초기 의미는 '악의 눈'과 관계가 있었으며 쳐다보는 행위를 통해서 저주를 내리고 누군가를 실제로 해코지할 수 있다는 믿음이 결부되어 있었다. 눈은 실제로 뚜렷한 지표이지만, 샘내는 미세 표정은 얼굴 전체에 영향을 미친다. 독일의 철학자 아르투어 쇼펜하우어Arthur Schopenhauer는 시기심을 판별하는 속성 검사법을 고안했다. 어떤 사람이 당신을 시기한다는 의심이 들면, 당신에 대한 희소식—승진, 새롭고 흥미진진한 연애 상대, 출판 계약—을 들려주어라. 얼굴에 실망감이 스치고 지나가는 것을 볼 수 있을 것이다. 당신에게 축하를 건네는 어조에는 긴장이 배어 있을 것이다. 마찬가지로 당신의 불운에 대해서 들려주고서 그들이 당신의 고통에 주체할 수 없는 기쁨의 미세 표정을 짓는지 살펴보라. 이 감정은 흔히 '샤덴프로이데Schadenfreude'라고 불린다. 그들의 눈은 찰나적으로 반짝인다. 샘바른 사람들은 자신이 샘내는 사람들의 불운을 들으면 고소한 기분을 억누르지 못한다.

✦ **오늘의 법칙** ✦ **누군가를 처음 만나 몇 차례 대면하면서 그런 표정을 두 번 이상 보았다면, 샘바른 위험한 인물이 당신의 삶에 들어오지 못하도록 주시하라.**
『인간 본성의 법칙』: 10. 상대의 자존심을 건드리지 않는다 — 시기심의 법칙

10월 17일 시대정신을 들여다보라

> 인간의 결점은 시대에서 얻은 것이고, 그의 미덕과 위대함은 자신에게 속한 것이다.
> **요한 볼프강 폰 괴테**

같은 세대를 대하는 태도를 바꿔야 한다. 우리는 자신이 자율적이며 자신의 가치와 생각이 외부가 아니라 내면에서 비롯된다고 상상하지만, 이것은 사실과 거리가 멀다. 당신의 목표는 자기 세대의 정신과 살아가는 시대가 자신의 세계 인식에 얼마나 깊은 영향을 미쳤는지를 철저히 이해하는 것이다. 고고학자처럼 자신의 과거와 세대의 과거를 파고들면서 유물과 흔적을 찾고 이것들을 하나로 엮어서 토대가 되는 정신에 대한 그림을 그려라. 자신의 기억을 조사할 때에는 어느 정도 거리를 두려고 노력하라. 심지어 당시에 느낀 감정을 떠올릴 때에도 초연하라. 자기 세대나 다음 세대에 대해서 좋고 나쁨을 판단하는 것은 불가피한 행동이지만, 자제심을 발휘하여 그만두어라. 이런 기술은 연습으로 발전시킬 수 있다. 이런 태도를 기르는 것은 스스로를 발전시키는 데에 핵심적인 역할을 할 것이다.

✦ **오늘의 법칙** ✦ **스스로를 거리를 두고 자각하면 자기 세대의 추종자나 저항자를 훌쩍 뛰어넘을 수 있다. 시대정신과 독자적인 관계를 맺고서 강력한 유행 선도자가 될 수 있다.**

『인간 본성의 법칙』: 17. 시대의 흐름에서 기회를 포착한다 — 세대 근시안의 법칙

10월 18일 작가처럼 생각하라

안톤 체호프Anton Chekhov의 가족은 가난한 대가족이었다. 그의 아버지는 알코올 중독자였는데, 어린 체호프를 비롯해 자녀들을 무자비하게 매질했다. 체호프는 의사가 되었으며 부업으로 글을 썼다. 그는 의사로서 받은 교육을 인간이라는 동물에 적용했다. 그의 목표는 무엇이 우리를 그토록 비이성적이고 불행하고 위험하게 만드는지를 이해하는 것이었다. 그는 소설과 희곡의 등장인물의 내면으로 들어가보는 것이, 최악의 인물조차 이해할 수 있게 하는 엄청난 치유 효과가 있음을 알게 되었다. 이런 식으로 그는 모든 사람을, 심지어 자기 아버지조차 용서할 수 있었다. 그가 채택한 접근법은 아무리 비뚤어진 사람이라고 해도 그렇게 된 데에는 이유가, 타당한 논리가 있을 것이라고 상상하는 것이었다. 그들은 나름의 방식으로 성취를 위해서 분투하지만, 다만 비이성적으로 하고 있을 뿐이다. 한발 물러나 그들의 이야기를 내면에서부터 상상해봄으로써 체호프는 잔혹하고 공격적인 자들을 악마화하는 데에서 벗어나 그들을 한 인간으로 볼 수 있었다. 그들은 증오가 아니라 연민을 자아내는 존재가 되었다.

✦ **오늘의 법칙** ✦ **자신이 상대하는 사람을 대할 때 ― 심지어 최악의 부류에 대해서도 ― 작가처럼 생각하라.**

『인간 본성의 법칙』: 1. 나를 지배하는 감정을 극복한다 ― 비이성적 행동의 법칙

10월 19일 사람들을 불변의 사실로 받아들여라

옹졸하거나 어리석인 특질을 맞닥뜨렸을 때, 짜증이나 고뇌를 느끼지 말고 단순히 자신의 지식을 확장시킬 기회—인간의 성격을 연구할 때 고려할 새로운 사실—로 여기도록 노력해야 한다. 그 특질을 대하는 당신의 태도는 매우 특이한 광물 표본을 우연히 발견한 광물학자와 같아야 한다. **아르투어 쇼펜하우어**

사람들과의 교류는 감정 동요의 주원인이지만, 꼭 그래야 하는 것은 아니다. 문제는 우리가 끊임없이 사람들을 판단하고 그들이 실제 모습과 다른 존재이기를 바란다는 것이다. 우리는 그들을 바꾸고 싶어한다. 그들이 특정한 방식으로—대개는 우리의 방식대로—생각하고 행동하기를 바란다. 이것이 불가능하고, 사람은 저마다 다르기 때문에, 우리는 번번이 좌절하고 속상해한다. 타인을 현상으로, 혜성이나 식물처럼 중립적인 존재로 생각하라. 그들은 그저 존재할 뿐이다. 그들은 온갖 다양성을 지니고서 삶을 풍성하고 흥미롭게 만들어준다. 저항하고 바꾸려고 들지 말고 그들이 당신에게 주는 것을 수용하라. 사람을 이해하는 일을 즐거운 게임으로, 퍼즐 놀이로 만들어라. 이것은 모두 인간 희극의 일부이다. 그렇다. 인간은 비이성적이다. 당신도 마찬가지이다. 인간 본성을 최대한 있는 그대로 받아들여라. 그러면 마음을 가라앉히고 사람들을 더 깊은 차원에서 이해하여 더 냉철히 관찰할 수 있을 것이다. 더는 자신의 감정을 그들에게 투사하지 않을 것이다. 이 모든 노력을 통해서 당신은 더 많은 균형과 평정심을, 생각에 필요한 더 큰 정신적 여유를 얻게 될 것이다.

✦ **오늘의 법칙** ✦　타인에게서 발견되는 결점이 자신에게도 있지 않은지 점검하라.
『인간 본성의 법칙』: 1. 나를 지배하는 감정을 극복한다—비이성적 행동의 법칙

10월 20일 순간 너머를 보라

우리 인간은 순간을 살아가는 경향이 있다. 이것은 우리 본성의 동물적인 부분이다. 우리는 보고 듣는 것에, 사건에서 가장 극적인 부분에 무엇보다 먼저 반응한다. 그러나 우리는 단지 현재에만 매여 있는 동물은 아니다. 인간의 현실은 과거를 포괄한다. 모든 사건은 역사적 인과의 끝없는 연쇄 속에서 이전에 일어난 무엇인가와 연결되어 있다. 현재의 문제는 과거에 깊은 뿌리를 둔다. 인간의 현실은 미래도 아우른다. 우리가 무슨 일을 하든 그것은 먼 미래에까지 영향을 미친다. 감각으로 파악되는 것, 즉각적인 것에 생각을 제한한다면, 우리는 단순히 동물적인 수준으로 격하되어 추론 능력이 무력화된다. 더는 사건들이 어떻게, 왜 일어나는지 자각하지 못한다. 몇 달간 성공을 거둔 어떤 계획이 앞으로도 점점 좋아지리라고 넘겨짚는다. 우리가 일으키는 사건이 불러올 결과를 더는 생각하지 않는다. 퍼즐의 작은 조각에만 매달려 순간순간 주어지는 것에 반응한다. 영업사원과 선동가는 인간 본성의 이 같은 약점을 악용하여 손쉬운 수익과 즉각적인 만족을 미끼로 삼아 우리를 속인다. 유일한 대처법은 눈앞에 쏟아지는 사건들로부터 초연한 태도를 유지하고 시야를 더 멀리 향하도록 훈련하는 것이다.

✦ **오늘의 법칙** ✦ **무작정 반응하지 말고 한발 물러서서 더 넓은 맥락에서 바라보라. 당신이 취하는 모든 행동이 어떤 결과를 낳을지 고려하라. 종종 아무것도 하지 않고 반응하지 않고 시간의 흐름에 맡긴 채 두고 보는 것이 상책임을 깨달아라.**
『인간 본성의 법칙』: 6. 사건을 뒤흔드는 더 큰 흐름을 주시한다 ─ 근시안의 법칙

10월 21일   자신의 공격적인 충동을 인지하라

인간은 공격당할 때에만 스스로를 방어하며 사랑을 갈구하는 다정하고 친절한 피조물이 아니다. ……강력한 공격 욕망이 타고난 본성임을 인정해야 한다.
지그문트 프로이트

이 말의 의미는 다음과 같다. 우리 모두는 인간이 과거와 현재에 훨씬 더 많은 폭력과 공격을 저지를 수 있었음을 알고 있다. 우리는 세상에 사악한 범죄자, 탐욕스럽고 부도덕한 기업가, 호전적인 협상가, 성 착취범이 존재한다는 것을 안다. 그러나 우리는 그런 부류와 자신 사이에 뚜렷한 구분선을 긋는다. 자신의 공격적인 순간과 타인의 더 극단적인 순간이 모두 같은 연속선이나 스펙트럼에 존재한다는 상상을 한사코 차단한다. 우리는 사실 '공격성'이라는 단어를 정의할 때, 자기 자신은 배제한 채 더 적나라한 표출만을 염두에 둔다. 호전적이고 말썽을 일으키고 공격적인 쪽은 언제나 상대방이라고 생각한다. 이것은 인간 본성을 터무니없이 오해한 것이다. 공격성은 모두에게 잠재한 성향이다. 우리 종種에 새겨진 성향인 것이다. 우리가 지구에서 독보적인 동물이 된 것은 바로 우리의 공격적 에너지 덕분이다. 여기에 지능과 꾀도 한몫했다. 우리가 문제를 공략하고 삶을 개선하기 위해서 환경을 변화시키고 불의와 싸우고 무엇인가를 대규모로 창조하는 행위는 이 공격성과 분리할 수 없다.

✦ **오늘의 법칙** ✦   **자신의 과거 행동에서 공격적 충동의 징후를 찾아보라. 그것들이 어떻게 마찰이나 성공으로 이어졌는지 생각해보라.**

『인간 본성의 법칙』: 16. 상냥한 얼굴 뒤의 적개심을 감지한다 — 공격성의 법칙

10월 22일 사소한 것에 매몰되다

업무의 복잡함에 위압감을 느낄 때가 있다. 수많은 세부 사항과 전반적인 흐름을 꿰뚫어 업무를 더 능숙하게 주도하고 싶지만 정보의 홍수에 빠지고 만다. 나무를 보느라 숲을 보지 못한다. 이것은 당신이 우선순위에 대한 감각을 잃었다는 분명한 신호이다. 당신은 어떤 사실이 더 중요한지, 어떤 문제나 세부 사항에 더 주목해야 하는지 알지 못한다. 당신에게 필요한 것은 우선순위와 장기적인 목표에 바탕을 둔 정신적인 여과 시스템이다. 자신이 최종적으로 달성하고자 하는 것이 무엇인지를 알면 필수적인 것으로부터 불요불급한 것들을 솎아낼 수 있다. 세부 사항을 모조리 알 필요는 없다. 이따금 위임이 필요할 때도 있다. 정보 수집은 하급자가 처리하도록 하라.

✦ **오늘의 법칙** ✦　**사건을 장악하려면 상황을 현실적으로 파악해야 한다는 것을 명심하라. 두뇌가 사소한 것들에 매몰되면 가장 힘들어지는 일이 바로 이것이다.**
『인간 본성의 법칙』: 6. 사건을 뒤흔드는 더 큰 흐름을 주시한다 — 근시안의 법칙

10월 23일 잃어버린 자신

　　당신의 과제는 기대되는 성 역할에 과도하게 몰입하다가 경직되어버린 자신을 이완시키는 것이다. 권력은 남성적인 것과 여성적인 것의 중간 지대를 탐색하며 사람들의 기대를 어긋나게 하는 데에 있다. 자신의 성격 중에서 더 견고한 면이나 더 여린 면을 상실하거나 억압했다면 그것을 되찾아라. 사람들과의 관계에서 공감능력을 향상시키거나 덜 굽실거리는 법을 익힘으로써 활동범위를 확장하라. 문제나 타인의 저항을 맞닥뜨렸을 때, 다른 식으로 대응하는 법을 훈련하라. 평상시에 방어한다면 공격하고, 공격한다면 방어하라. 사고할 때에는 창의력을 키우기 위해서 분석에 직관을 접목하는 법을 익혀라.

　　자신의 성격에서 더 섬세하거나 야심찬 면을 끄집어내는 것을 두려워하지 말라. 당신의 이 억압된 부분은 표출되기를 갈망한다. 삶이라는 극장에서 당신이 연기하는 배역을 확장하라. 사람들이 당신의 변화를 감지하고 보이는 반응을 우려하지 말라. 당신은 쉽사리 분류되는 사람이 아니다. 변화는 그들을 매료시킬 것이며, 당신에 대한 그들의 인식을 쥐락펴락하고 뜻대로 바꾸는 힘을 당신에게 선사할 것이다.

✦ **오늘의 법칙** ✦ **자신의 성격에서 더 견고한 면이나 여린 면을 상실하거나 억압했다면, 그것을 되찾아라.**

『인간 본성의 법칙』: 12. 나에게 맞는 성 역할을 창조한다 — 젠더 고정 관념의 법칙

10월 24일 자신이 아는 것이 얼마나 적은지 알라

그와 헤어지고서 나는 이렇게 추론했다. 나는 이 사람보다 지혜롭다. 우리 둘 다 위
대하고 선한 것을 아무것도 알지 못하는 듯하나, 그는 자신이 안다고 상상하지만
아무것도 모르는 반면에 나는 아무것도 모르지만 안다고 상상하지는 않기 때문이
다. 그렇다면 이 사소한 차이에서 나는 그보다 지혜로운 듯하다. 나는 모르는 것을
안다고 상상하지는 않기 때문이다. **소크라테스**

우리는 17세기에 대부분의 사람들이 품었던 미신과 비합리
적인 생각들에 코웃음치고 싶어한다. 하지만 25세기 사람들이 우리를 얼마나
비웃을지 상상해보라. 과학의 발전에도 불구하고 세상에 대한 우리의 지식에
는 한계가 있다. 우리의 생각은 부모로부터, 문화로부터, 우리가 살아가는 역
사적 시기로부터 주입받은 선입견의 영향을 받는다. 정신이 점차 경직되면서
한계는 더욱 굳어진다. 자신이 아는 것에 대해서 조금만 겸손해지면 더 폭넓
은 생각을 가지고 더 많은 호기심과 흥미를 느낄 것이다.

✦ **오늘의 법칙** ✦　　자신이 품고 있는 생각과 의견을 자신이 가지고 노는 장난감이나 블록으로 생
각하라. 어떤 것은 간직하고 어떤 것은 부수겠지만 당신의 정신은 유연성과
쾌활함을 유지할 것이다.

『인간 본성의 법칙』: 7. 상대를 긍정해서 저항을 누그러뜨린다 — 방어적 태도의 법칙

10월 25일 감정의 뿌리를 조사하라

당신은 화가 났다. 그 감정을 내면으로 가라앉혀 곱씹어보라. 사소하거나 옹졸해 보이는 일로 화가 났는가? 이는 다른 것이나 다른 사람이 분노의 배후에 있다는 확실한 신호이다. 어쩌면 그 근원에는 시기심이나 피해 망상 같은 더 거북한 감정이 도사리고 있을지도 모른다. 이것을 직시해야 한다. 감정이 촉발된 시점 아래로 파고들어 맨 처음 어디에서 시작되었는지 파악하라. 이를 위해서 일기장에 자신에 대해서 철저히 객관적으로 기록하는 것이 현명하다. 여기에서 가장 큰 위험은 당신의 자아이며, 자아는 무의식적으로 당신에 대한 환상을 유지하려고 한다. 이것은 그 순간에는 위안을 줄지도 모르지만, 장기적으로 보면 당신이 방어적인 태도를 취하게 하여 배우거나 발전하지 못하도록 한다. 자신의 행동을 조금 초연하게, 심지어 유머를 가지고서 관찰할 수 있는 중립적인 위치를 찾아라. 이 모든 행동은 머지않아 제2의 천성이 될 것이며, 감정적인 자아가 불쑥 고개를 쳐들어도, 당신은 상황을 있는 그대로 바라보고 한발 물러나서 중립적인 위치를 찾을 수 있을 것이다.

✦ **오늘의 법칙** ✦   **자신의 감정적 반응을 깊이 들여다보는 습관을 들여라. 그러면 불필요한 반응을 서서히 없애게 될 것이다.**

『인간 본성의 법칙』: 1. 나를 지배하는 감정을 극복한다 — 비이성적 행동의 법칙

10월 26일 단순한 설명에 저항하라

나를 모욕하는 자가 원수였다면 차라리 견디기 쉬웠을 것을, 나를 업신여기는 자가 적이었다면 그를 비키기라도 했을 것을. 그러나 그것은 내 동료, 내 친구, 서로 가까이 지내던 벗……그들은 제 동료들에게 손을 뻗치고 맺은 계약을 짓밟습니다. 그 입은 엉긴 젖보다도 부드러우나 마음은 미움으로 가득 차 있사옵니다. 그 말은 기름보다 매끄러우나 실상은 뽑아든 비수입니다. 「시편」55:12-13, 20-21

인간의 추론 능력에는 특이한 한계가 있는데, 이 때문에 문제가 끝없이 발생한다. 우리 모두는 자신에게 일어난 일을 생각할 때, 대체로 가장 단순하고 쉽게 소화할 수 있는 해석을 선택한다. 나의 지인은 착하거나 못됐거나, 너그럽거나 옹졸하고, 그의 의도는 고결하거나 사악하고, 사건은 긍정적이거나 부정적이거나, 유리하거나 불리하고, 우리는 기쁘거나 슬프거나 둘 중 하나이다. 하지만 사실 인생의 그 무엇도 그렇게 단순하지 않다. 사람들은 누구나 좋은 면과 나쁜 면, 강점과 약점을 두루 가지고 있다. 그들의 의도는 우리에게 유익한 동시에 해로울 수 있으며, 이는 그들이 우리에게 이중적인 감정을 품고 있기 때문이다. 가장 긍정적인 사건에조차 부정적인 측면이 있다. 우리는 종종 기쁨과 슬픔을 동시에 느낀다. 사물을 단순화하면 소화하기는 쉬워지지만, 그런 단순화는 현실과는 거리가 멀기 때문에, 우리는 끊임없이 오해하고 오독하게 된다.

✦ **오늘의 법칙** ✦　　**사람과 사건을 판단할 때에 뉘앙스와 모호함의 여지를 둔다면 무한한 유익을 얻게 될 것이다.**

『전쟁의 기술』: 32. 복종하는 것처럼 보이면서 조종하라 — 숨어서 공격하기

10월 27일 자신의 그림자를 보라

나의 악마는 오랫동안 갇혀 있었으나, 이제 포효하며 나왔다. **지킬 박사**

작가 로버트 루이스 스티븐슨Robert Louis Stevenson이 1886년에 출간한 소설 『지킬 박사와 하이드 씨 *The Strange Case of Dr. Jekyll and Mr. Hyde*』는 억압의 법칙을 표현한 작품이다. 주인공 지킬 박사는 부와 명성을 겸비한 의사이자 과학자로, 그의 품행은 흠잡을 데 없으며 그는 우리 문화에서 선량함의 화신이다. 그는 자신을 하이드로 탈바꿈시키는 약을 발명하는데, 하이드는 그의 그림자를 구현한 인물로, 살인과 강간을 일삼으며 가장 방탕한 감각적 쾌락에 탐닉한다. 스티븐슨의 취지는 우리가 겉으로 점잖고 도덕적으로 보일수록 자신이 필사적으로 부정하는 그림자는 더 위험해질 수 있다는 것이다. 억압과 교정을 강화하는 것으로는 이를 해결할 수 없다. 강요된 예절로는 결코 인간 본성을 바꿀 수 없다. 쇠사슬은 효과가 없다. 집단 안에서 자신의 그림자를 풀어놓는 것도 해결책이 될 수 없다. 그것은 불안정하고 위험한 짓이다. 해답은 자신의 그림자가 어떻게 작용하는지를 보고 그림자에 더 주의를 기울이는 것이다. 내면에서 작동하는 원리를 자각하면 자신의 은밀한 충동을 타인에게 투사하거나 특정 대의를 과도하게 이상화하기가 힘들어진다.

✦ **오늘의 법칙** ✦　**자신을 알면 어두운 면을 생산적이고도 창조적으로 의식에 통합하는 방법을 찾을 수 있다. 이렇게 하면 우리는 더 진실하고 완전해질 것이며 타고난 활력을 최대한 활용할 수 있을 것이다.**
『인간 본성의 법칙』: 9. 내 안의 어둠을 직시한다 — 억압의 법칙

10월 28일　부러운 것에 가까이 다가가라

승승장구하는 친구를 시샘하지 않고 사랑할 수 있는 사람은 많지 않다. 시샘하는 정신에는 차가운 독이 달라붙어 인생이 가져다주는 모든 고통을 가중한다. 그는 자신의 상처를 치료해야 하며 타인의 기쁨을 저주로 느낀다. **아킬레우스**

사람들은 문제를 숨기고 가장 좋은 모습을 내보이는 경향이 있다. 우리는 그들의 승리, 새로 맺은 관계, 노다지를 가져다줄 번득이는 아이디어만을 보고 듣는다. 그러나 더 가까이 다가가면─닫힌 문 뒤에서 벌어지는 다툼이나 새 직장에서 만난 끔찍한 상사를 보면─부러워할 이유가 줄어들 것이다. 완벽해 보이는 것은 결코 그만큼 완벽하지 않으며, 종종 우리는 면밀히 들여다보고 나서야 자신이 착각했음을 알아차린다. 당신이 어떤 가족을 부러워하고 당신의 가족이었으면 좋겠다고 생각한다면 그들과 시간을 보내라. 생각을 재고하게 될 것이다. 당신보다 많은 명성과 관심을 누리는 사람들이 부럽다면 그런 관심에 따르는 많은 적대감과 감시의 눈길이 꽤나 괴롭다는 사실을 상기하라. 부자들도 고통스러울 때가 많다. 역사상 가장 부유한 사람 중 한 명이며 매력적인 여성 재클린 케네디와 결혼한 아리스토텔레스 오나시스(Aristotles Onassis, 1906-1975)의 마지막 10년에 대한 기록을 아무것이나 읽어보라. 그의 부가 끝없는 악몽을 몰고 왔음을 알게 될 것이다. 그는 애지중지 키운 자녀들에게도 사랑받지 못했다. 가까이 다가가는 과정에는 두 가지 측면이 있다. 한편으로는 사람들이 내세우는 반짝거리는 앞면의 뒤를 넘겨다보는 것이고, 다른 한편으로는 그들의 위치에 필연적으로 따르는 불이익을 상상해보는 것이다.

✦ 오늘의 법칙 ✦ 사람들이 행복한 이미지를 내세우더라도 실제로 그만큼 행복한 사람은 거의 없음을 명심하라. 그들의 허울 이면을 보면, 자신이 가진 것에 만족하게 될 것이다.

『인간 본성의 법칙』: 10. 상대의 자존심을 건드리지 않는다 —— 시기심의 법칙

10월 29일 과대망상 성향을 다스려라

당신에게 실현해야 할 프로젝트가 있다고 해보자. 그것을 정밀하고 아름답게 조각해야 하는 대리석으로 생각해보자. 대리석은 당신보다 훨씬 크며 다루기가 까다롭기는 하지만 불가능하지는 않다. 충분히 노력하고 집중하고 복원하기도 하면서 천천히 조각해서 자신에게 필요한 것으로 만들 수 있다. 먼저 적절한 균형 감각에서 출발해야 한다. 목표는 도달하기 어렵고 사람들은 다루기 힘들고 당신이 할 수 있는 일에는 한계가 있다. 이런 현실적인 태도를 가지면, 필요한 끈기를 발휘하여 일에 착수할 수 있다. 하지만 당신의 뇌가 병에 걸려서 크기와 비례를 올바르게 인식하지 못한다고 상상해보라. 당신은 눈앞의 과제가 거대하고 재료가 까다롭다고 생각하는 것이 아니라, 대리석이 작고 말랑말랑하다고 착각한다. 균형 감각을 잃은 탓에 이 대리석을 당신이 상상하는 완성품으로 만드는 데에 오랜 시간이 걸리지 않으리라고 생각한다. 당신이 공략하려는 사람들이 천성적으로 성미가 까다롭지 않고 매우 예측 가능하다고 상상한다. 그들이 당신의 원대한 발상에 호응하고 반색할 것이라고 생각한다. 사실 당신이 그들을 필요로 하는 것 이상으로 그들이 당신과 당신의 프로젝트를 필요로 한다고 상상한다. 그들이 당신을 찾아와야 마땅하다고 생각한다. 당신의 성공에 필요한 것이 아니라 당신이 누려야 마땅한 것에 주목한다. 당신은 이 프로젝트를 진행하면서 많은 관심을 받으리라고 예상하지만, 반면에 실패하면 남들 탓으로 돌린다. 자신에게 재능이 있고 자신의 취지가 옳으며, 당신의 앞길을 가로막는 사람은 사악하고 샘바른 자들뿐일 테니 말이다. 이런 정신 질환은 과대망상증이라고 부를 수 있다.

✦ **오늘의 법칙** ✦ 신과 같은 힘은 결코 가질 수 없다. 자신이 그런 힘을 가졌다는 환상을 품지 말라. 한계를 받아들이고 자신이 가진 것에 만족하라. 현실적 태도를 잃지 말라.

『인간 본성의 법칙』: 11. 나의 한계를 현실적으로 평가한다 — 과대망상의 법칙

10월 30일 진보의 신화

인간 본성의 비이성적 성격에 대해서 마지막으로 하나만 더 언급하겠다. 가장 극단적인 유형의 비이성이 진보와 계몽을 통해서 어떻게든 극복될 수 있다고 상상하지 말라. 역사를 통틀어 우리는 비이성의 정도가 끊임없이 오르내리는 것을 목격했다. 페리클레스의 위대한 황금시대에는 당대의 내로라하는 철학자들이 있었고 과학적 정신이 태동했으나, 그 뒤를 이은 것은 미신, 사교邪敎, 불관용의 시대였다. 이탈리아 르네상스 이후에도 똑같은 현상이 벌어졌다. 이 주기가 번번이 되풀이되는 것은 인간 본성의 일부이다. 비이성은 모습과 복장이 달라질 뿐이다. 우리는 더는 마녀사냥을 벌이지는 않지만, 그다지 오래되지 않은 20세기에 스탈린의 공개 재판, 미국 상원의회의 매카시 청문회, 중국 문화대혁명 시기의 대규모 박해를 목격한 바 있다. 개인 숭배와 유명인 숭배를 비롯한 온갖 숭배가 끊임없이 생겨나고 있다. 이제는 기술이 종교적 광신을 부추긴다. 사람들은 무엇인가를 필사적으로 믿고 싶어하기 때문에 어디에서든 신앙의 대상을 찾는다. 여론조사에 따르면 21세기 들어서 귀신, 유령, 천사를 믿는 사람의 수가 점점 늘고 있다고 한다. 인간이 존재하는 한 비이성은 목소리와 전파 수단을 찾을 것이다.

✦ **오늘의 법칙** ✦ **이성은 대중 운동이나 기술 발전이 아니라 개인에 의해서 획득된다. 자신이 우월하고 이성을 초월했다고 느끼는 것은 비이성이 작용하고 있다는 확실한 신호이다.**
『인간 본성의 법칙』: 1. 나를 지배하는 감정을 극복한다 — 비이성적 행동의 법칙

10월 31일 자신이 걸림돌이다

납을 넣은 주사위로 게임을 벌이는 이 세상에서 인간은 철의 기질을 품어야 하며 운명의 타격을 막아낼 갑옷과 사람들을 뚫고 나아갈 무기가 있어야 한다. 삶은 기나긴 전투이다. 우리는 매 걸음마다 싸워야 한다. 볼테르가 지극히 옳게 말했듯이, 우리의 성공은 칼끝에서 이루어지며 우리는 죽을 때도 무기를 쥔 채 죽는다.
아르투어 쇼펜하우어

삶은 싸움이자 투쟁이며, 당신은 열악한 상황, 파멸적인 관계, 위험한 일들을 끊임없이 맞닥뜨릴 것이다. 이 난관에 어떻게 대처하느냐가 당신의 운명을 결정한다. 당신이 갈피를 잡지 못하고 혼란스러워한다면, 방향 감각을 잃는다면, 친구와 적을 구분하지 못한다면, 그것은 오로지 당신 탓이다. 모든 것이 마음가짐과 세상을 바라보는 방식에 달려 있다. 관점을 바꾸면 당신은 수동적이고 갈팡질팡하는 용병에서 의욕적이고 창의적인 전사로 탈바꿈할 수 있다.

✦ **오늘의 법칙** ✦ **크세노폰이 말했듯이, 당신의 장애물은 강이나 산이나 다른 사람들이 아니다. 당신의 장애물은 자신이다.**
『전쟁의 기술』: 1. 적이 누구인지를 명확히 하라 ─ 동지와 적

11월

합리적 인간

― 고차원적 자아를 실현하라 ―

November

저차원적 자아는 대체로 더 강력하다. 저차원적 자아의 충동은 우리를 감정적 반응과 방어적 태도의 수준으로 끌어내려서 독선적으로 굴고 다른 사람들에 대한 우월감을 느끼게 한다. 즉각적 만족과 기분 전환을 추구하며 언제나 저항이 가장 적은 길을 택하도록 한다. 남들의 생각을 무작정 받아들이고 집단에 함몰하도록 한다. 반대로 자신에게서 빠져나오면 고차원적 자아의 충동을 느낄 수 있다. 타인과 더 깊이 연결되고, 일에 몰두하고, 반응하는 것이 아니라 생각하고, 인생에서 자신의 길을 걷고, 자신을 유일무이한 존재로 만드는 것을 발견하고 싶어한다. 저차원적 자아는 우리의 본성에서 더 동물적이고 반사적인 측면이며, 우리는 여기에 쉽게 빠져든다. 고차원적 자아는 우리의 본성에서 더 진정한 인간적 측면이며, 우리를 생각하고 자각하는 존재로 만들어준다. 고차원적 충동은 힘이 약하기 때문에, 이것에 연결되려면 노력과 통찰이 필요하다. 이 이상적 자아를 내면에서 끄집어내는 것은 우리가 진정 바라는 일이다. 우리 인간이 진정한 성취감을 느끼는 것은 이 같은 측면을 발달시킬 때뿐이기 때문이다. 11월은 자신의 본성에 담긴 긍정적이고 적극적인 요소들을 자각함으로써 이 목표를 성취하는 달이다.

사람들은 인간의 이성에 대해서 흔히 감정을 억압하는 것이 곧 이성이라는 오해를 한다. 말하자면 두려움이나 분노나 사랑이나 증오를 느끼고 있다면 그 감정들을 가라앉혀야 한다는 것이다. 그 감정들을 몰아내야 이성적인 사람이 될 수 있다는 이유에서이다.

이 견해에 따르면 이성은 그다지 즐겁거나 흥미롭지 못하다. 건강에 좋은 식품이라고나 할까. 당신에게는 좋지만 맛은 별로이니 말이다. 나는 당신에게 이런 견해가 실은 틀렸다고 말해주고 싶다. 사실은 정반대이다. 이성에는 매우 중요한 감정들이 결부되어 있으며, 이 감정들을 경험하지 않으면 이성적 사고를 시작할 수 없다.

신경과학에서는 뇌의 감정 중추가 손상된 사람들을 연구하여 이 사실을 입증했다. 감정 중추가 손상되면 이성적 결정을 내리거나 이성적 사고를 하지 못한다.

나의 이성 개념을 설명하기 위해서 당신이 경험했을지도 모르는 사례를 들어보겠다.

당신에게 계획이 하나 있다고 가정해보자. 이것은 당신이 인생에서 성취하고 싶은 목표이다. 당신은 책을 쓰고 싶을 수도 있고 살을 빼거나 창업을 하고 싶을 수도 있다. 당신은 인생의 여정에 무척 좌절했으며 조급증을 느낀다. 그래서 이렇게 결심한다. 이 일을 그만둬야겠어, 이 프로젝트를 정말 끝내버릴 거야, 이 프로젝트를. 아니 무엇이든 시작하겠어. 당신은 그것에 대해서 고심하고 목표를 이루기 위해서 점진적으로 단계를 밟는다.

아니면 당신이 지긋지긋한 이혼 소송을 진행하고 있으며 사랑하는 자녀의 양육권을 놓고 다투고 있다고 가정해보자. 소송이 갈수록 추해지자 당신은 이런 식으로 계속하다가는 자녀가 상처를 받을 수밖에 없음을 깨닫는다. 그래서 어느 순간에 한발 물러나 이렇게 생각한다. '정말로 중요한 것은 아이의 앞으로의 행복이니까 양육권을 고집하지 않겠어. 뒤로 물러나 무엇이 아이에게 최선인지 생각하겠어.'

마지막으로, 매우 해로운 사람이 당신의 삶에 끼어들었다고 가정해보자. 이를테면 지독한 나르시시스트 때문에 당신은 온갖 사건에 휘말려 비참해지고 있다. 어느 순간에 당신은 스스로에게 말한다. '제길, 이 작자와는 할 만큼 했어. 이 나르시시스트에게서 벗어나는 법을 찾을 거야.' 이것은 쉬운 일이 아니다. 이 사람은 온갖 방식으로 당신의 삶에 얽혀 있기 때문이다. 그래서 한발 물러서 마음을 추스르고는 이렇게 생각한다. '이 사람을 어떻게 몰아낼 수 있을까?' 그러고서 계획을 실행한다. 마침내 나르시시스트가 물러나고 당신은 크나큰 안도감을 느낀다.

이제 이 세 가지 사례를 분석해보자.

첫 번째 사례에서 당신은 자신이 과체중이거나 인생의 꿈이나 소망을 하나도 성취하지 못했다는 사실이 지긋지긋하다. 그 좌절감, 그 감정이 당신에게 행동에 나서게 한다. 이 좌절스러운 상황에서 벗어나는 방법을 합리적으로 생각하는 단계를 밟는 것이다. 그런 다음 문제가 해결되고 사업이나 목표가 마침내 실현되면, 당신은 엄청난 안도감과 자부심을 느낀다.

아이의 사례에서 당신을 이끄는 감정은 자녀에 대한 공감과 사랑이다. 당신은 자녀의 앞날을 걱정하며 그 사랑이 당신에게 한발 물러나 이성적인 과정을 밟아가도록 한다. 문제가 해결되면 당신은 다행스러운 기분을 느낀다.

당신의 삶에 끼어든 해로운 작자의 경우 당신은 분노로 가득하지만 한발 물러나 이성적 단계를 밟아 그를 몰아낸다. 당신은 기쁨과 안도감을 느낀다.

따라서 당신이 애초에 이 감정들을 느끼지 않았다면, 이성적 결정에 이르기 위한 조치들을 결코 실행할 수 없었을 것이다. 성취에 대한 자부심, 공감, 사랑을 보상으로 느끼지 않았다면, 이성적 과정을 다시 또다시 진행하려는 의욕을 결코 느끼지 않을 것이다. 그러므로 이성에는 감정과 생각이 결부되어 있다. 이성은 감정을 억누르는 것이 아니다. 사고 과정과 인간 본성의 감정적인 동물적 부분 사이에서 아름다운 조화를 이루어내는 것이다. 중요한 것은 이성에 이르는 길을 고행으로 여기지 않는 태도이다. 사실 이성은 엄청나게 만족스럽고 유쾌한 힘을 가져다준다. 이것은 세상이 우리에게 베푸는 광적인 쾌감보다 훨씬 더 심오하다.

11월 1일 모두를 위한 희망

우리에게 비이성적 성향이 두드러지기는 하지만, 여전히 희망을 품을 수 있는 두 가지 이유가 있다. 첫째는 역사와 모든 문화를 통틀어 고도의 이성을 지닌 사람들이 존재한다는 것이다. 그들은 진보를 가능하게 하고, 우리 모두가 목표로 삼는 이상이 된다. 몇 명만 들어보면 페리클레스, 고대 인도의 통치자 아소카 왕, 고대 로마의 마르쿠스 아우렐리우스, 중세 프랑스의 마르그리트 드 발루아, 레오나르도 다빈치, 찰스 다윈, 에이브러햄 링컨, 작가 안톤 체호프, 인류학자 마거릿 미드, 투자가 워런 버핏 등이 있다. 이런 인물들에게는 몇 가지 특징이 있다. 자신과 자신의 약점에 대한 현실적 평가, 진실과 현실에 대한 집중, 타인에 대한 관용적 태도, 자신이 정한 목표에 도달하는 능력이 있다는 것이다. 두 번째 이유는 거의 누구나 인생의 어느 시점에서 더 큰 이성의 순간을 경험한다는 것이다. 그런 경험은 우리가 제작자 정신이라고 부르는 것과 수반되는 경우가 많다. 우리에게는 마쳐야 할 프로젝트가 있다. 마감일이 정해져 있을 수도 있다. 우리가 감당할 수 있는 유일한 감정은 흥분과 활력이다. 다른 감정들은 집중을 불가능하게 만들 뿐이다. 결과를 얻어야 하기 때문에 우리는 유난히 효율적으로 바뀐다. 우리는 아집이 끼어들지 않는 차분한 마음으로 일에 집중한다. 사람들이 방해하거나 감정을 전염시키려고 하면 우리는 거부한다.

✦ **오늘의 법칙** ✦ 몇 주일이나 몇 시간 같은 찰나의 순간에 밖으로 나갈 때를 기다리던 이성적인 자아가 드러난다. 필요한 것은 약간의 자각과 연습뿐이다.

『인간 본성의 법칙』: 1. 나를 지배하는 감정을 극복한다 — 비이성적 행동의 법칙

11월 2일 감정의 소용돌이에서 벗어나라

성공하려면 자신의 감정에 숙달해야 한다. 그러나 그런 균형과 자제력을 얻는 데에 성공하더라도 주변 사람들의 기질까지는 결코 통제할 수 없다. 이것은 커다란 문제로 이어진다. 대부분의 사람들은 감정의 소용돌이에 빠져 사사건건 반응하고 다툼과 갈등을 일삼는다. 당신이 자제력과 자율성을 발휘해도 그들을 성가시게 하고 격앙시킬 뿐이다. 그들은 끝없는 싸움에서 어느 한쪽 편을 들라거나 화해를 중재하라고 간청하며 당신을 소용돌이에 끌어들이려고 할 것이다. 그들의 감정적 요구에 굴복하면 당신은 조금씩 그들의 문제에 정신과 시간을 빼앗기게 될 것이다. 연민과 동정심을 느끼더라도 그들에게 말려들지 말라. 당신은 이 게임에서 결코 이길 수 없다. 갈등은 점점 깊어질 뿐이다. 사람들이 당신을 매정하다고 욕할까봐 두려울지도 모르지만, 결국에는 독자성과 자율성을 간직하는 편이 당신에게 더 많은 존경과 권력을 가져다줄 것이다. 그러면 당신은 타인을 도울지 여부를 자신의 의지로 선택할 수 있게 된다.

✦ **오늘의 법칙** ✦ **당신의 에너지와 시간에는 한계가 있다는 것을 명심하라. 타인의 드라마에 허비한 모든 시간은 당신의 힘을 앗아간다.**

『권력의 법칙』: 27. 어느 누구에게도 헌신하지 마라 — 관계의 기술

11월 3일   대응 시간을 늘려라

"당신의 감정을 믿어라!" 하지만 감정은 결코 최종적이거나 독창적이지 않다. 감정 너머에는 우리가 성향이나 혐오의 형태로 물려받은 판단과 평가가 있다. 감정에서 탄생하는 영감은 판단의―종종 오판의!―손자이며―어떤 경우에도 당신의 자식이 아니다! 자신의 감정을 신뢰한다는 것은 우리 안에 있는 신神인 이성과 경험보다 자신의 할아버지와 할머니와 그들의 조부모에게 더 복종한다는 뜻이다.

프리드리히 니체

이 능력은 연습과 반복을 통해서 얻을 수 있다. 어떤 사건이나 교류에 대응이 필요할 때, 뒤로 물러서는 훈련을 하라. 이것은 대응의 압박을 느끼지 않은 채 혼자 있을 수 있는 장소로 실제로 물러난다는 뜻일 수도 있다. 아니면 분노의 이메일을 썼다가 보내지는 않는 것일 수도 있다. 하루 이틀 묵혀두어라. 갑작스러운 감정, 특히 분노를 느낄 때에는 전화하거나 대화하지 말라. 사람들을 채용하든 그들에게 채용되든 자신이 성급하게 사람들과 관계를 맺으려고 한다는 느낌이 들면, 한발 물러서서 여유를 두고 생각하라. 감정을 식혀라. 뜸을 들일수록 좋다. 시야를 넓히려면 시간이 필요하기 때문이다.

✦ **오늘의 법칙** ✦   이것을 저항 훈련이라고 생각하라. 반응에 오래 저항할수록 실제 성찰을 위한 정신적 여유 공간이 넓어지며 당신의 정신은 더욱 견고해질 것이다.

『인간 본성의 법칙』: 1. 나를 지배하는 감정을 극복한다 ― 비이성적 행동의 법칙

11월 4일　시기심으로 성취를 향해 박차를 가하라

　　당신보다 많은 성취를 거둔 사람을 해치거나 그의 것을 가로 채려고 하지 말고, 자신을 그의 수준까지 끌어올릴 생각을 하라. 이렇게 하면 시기심은 탁월함을 향한 박차가 된다. 심지어 당신은 그런 경쟁 욕구를 자극하는 사람들, 능력치가 조금 높은 사람들 곁에 있고 싶을 수도 있다. 이를 위해서는 몇 가지 심리적 조정이 필요하다. 첫째, 자신에게 스스로를 끌어올릴 능력이 있다고 믿어야 한다. 전반적인 학습 및 개선 능력에 대한 자신감은 시기심을 치료하는 명약이 되어줄 것이다. 그러면 타인이 가진 것을 가지고 싶어하고 무력감으로 훼방을 놓는 것이 아니라, 스스로 똑같은 것을 얻고 자신에게 그럴 능력이 있음을 믿으려는 충동을 느낄 수 있다. 둘째, 이를 뒷받침할 탄탄한 업무 윤리를 계발해야 한다. 우리가 빈틈없고 성실하다면 어떤 장애물이든 극복하고 자신의 위치를 끌어올릴 수 있을 것이다. 게으르고 제멋대로인 사람들이야말로 시기심에 빠지기가 훨씬 쉽다.

✦ **오늘의 법칙** ✦　우리 뇌의 비교 메커니즘을 중단시킬 수는 없으므로, 그것을 생산적이고 창의적인 방향으로 돌리는 것이 최선이다.

『인간 본성의 법칙』: 10. 상대의 자존심을 건드리지 않는다 — 시기심의 법칙

11월 5일　자신을 속속들이 알라

남을 아는 자는 현명한 자이고 자신을 아는 자는 깨우친 자이다. **노자**

감정적 자아는 무지 위에서 쑥쑥 자란다. 감정적 자아가 어떻게 작용하고 당신을 지배하는지를 깨닫는 순간, 당신은 감정으로부터 벗어나 감정을 길들일 수 있다. 따라서 이성으로 가는 첫 단계는 언제나 내면을 향해야 한다. 당신은 감정적 자아가 날뛰지 못하도록 제어하고 싶을 것이다. 그러려면 자신이 스트레스를 받았을 때에 어떻게 행동하는지 성찰해야 한다. 그런 순간에 어떤 특정한 약점이 드러나는가? 남을 기쁘게 하려는 소망인가, 따돌리거나 통제하려는 욕구인가, 깊은 불신인가? 자신의 결정, 특히 효과가 없었던 결정을 돌아보라. 패턴을 볼 수 있는가? 결정을 방해하는 이면의 불안감이 보이는가? 자신의 강점을 들여다보라. 당신을 남들과 다르게 만드는 것이 무엇인지 찾아보라. 이렇게 하면 자신의 장기적인 유익과 접목되고, 능력에 부합하는 목표를 정할 수 있을 것이다. 자신을 남다르게 만드는 것을 파악하고 중요시하면, 집단의 편향과 영향에 이끌리지 않고 저항할 수 있다.

✦ **오늘의 법칙** ✦　거리를 두고서 스스로를 바라보면서 자기기만의 안개를 꿰뚫어볼 수 있는가?
『인간 본성의 법칙』: 1. 나를 지배하는 감정을 극복한다 ― 비이성적 행동의 법칙

11월 6일   누구 탓인가?

　　무엇이든 잘못되었을 경우, 남을 탓하는 것은 인간 본성이다. 하지만 코가 꿰여 휘둘리면서 눈앞에 있는 것밖에 보지 못하는 바보짓은 다른 사람들 몫으로 내버려두라. 당신은 다르게 보아야 한다. 사업이나 정치나 삶에서 어떤 행동이 잘못되면, 애초에 그것이 어디에서 비롯되었는지 거슬러올라가라. 어쩌면 엉뚱한 목표를 세웠는지도 모른다. 이 말은 당신에게 일어나는 나쁜 일이 대부분 스스로가 자초한 결과라는 뜻이다. 더 신중을 기하고 더 현명한 방침을 세우고 시야를 더 넓혔다면, 위험을 피할 수 있었을 것이다. 그러니 무엇인가가 잘못되면 자신을 깊이 들여다보라. 감정에 휩쓸리지 말고, 자신을 비난하거나 죄책감에 사로잡히지 말고, 다음번에는 더 견고한 단계와 더 넓은 시야로 시작하라.

◆ **오늘의 법칙** ◆　**실패에서 당신이 무슨 역할을 했는지 살펴보라. 반드시 찾을 수 있을 것이다.**
『전쟁의 기술』: 12. 전투는 패배해도 전쟁에서는 이겨라 ─ 대전략의 눈

11월 7일 미트프로이데를 연습하라

우리를 무는 뱀은 우리를 해칠 작정이며 우리를 물면서 기뻐한다. 가장 하등한 동물도 다른 존재의 고통은 상상할 줄 안다. 하지만 다른 존재의 기쁨을 상상하고 그 것을 기뻐하는 것은 가장 고등한 동물의 최고 특권이다. **프리드리히 니체**

여러 연구에서 보듯이 타인의 고통에서 기쁨을 경험하는 샤 덴프로이데는 시기심과 뚜렷한 연관이 있다. 우리는 누군가를 질투할 때, 그들의 좌절이나 고통에 흥분과 (심지어) 기쁨을 느끼기 쉽다. 하지만 정반대를 연습하는 것이 현명하다. 철학자 프리드리히 니체Friedrich Nietzsche는 이것을 미트프로이데Mitfreude—'함께 기뻐하다'—라고 불렀다. 이 말은 상대방의 행운을 그저 축하해주는 것이 아니라—이는 쉬운 일이며 쉽게 잊힌다—그들의 기쁨을 공감의 형태로 느끼도록 적극적으로 노력하라는 뜻이다. 다소 부자연스러울 수도 있다. 처음에는 시기심을 느끼는 것이 인지상정이기 때문이다. 하지만 우리는 행복이나 만족을 경험하는 것이 상대방에게 어떤 느낌일지 상상하는 법을 훈련할 수 있다. 이것은 우리의 뇌에서 추한 시기심을 제거할 뿐만 아니라 남다른 형태의 라포르(rapport, 친밀감)를 형성한다. 미트프로이데의 대상이 되면 우리는 타인이 나의 행운을 단순히 말로만 축하하는 것이 아니라 그가 진정으로 흥분한 것을 느낄 수 있으며, 우리 또한 그들에게 같은 감정을 느낀다. 이것은 매우 드문 일이기 때문에, 사람들을 하나로 묶는 강력한 힘이 있다.

✦ **오늘의 법칙** ✦ **타인의 기쁨을 내면화하라. 이렇게 하면 자신의 경험에 비추어 이 감정을 느 끼는 능력이 커진다.**

『인간 본성의 법칙』: 10. 상대의 자존심을 건드리지 않는다 — 시기심의 법칙

11월 8일　지고의 인내

　　시간은 무한한 영원과 우주를 더 감당할 만하고 더 인간적으로 만들기 위해서 우리가 만든 인위적 개념이다. 시간 개념은 우리가 만든 것이므로, 우리는 이 개념을 어느 정도 주무르고 활용할 수도 있다. 아이의 시간은 길고 느리며 넓게 펼쳐지는 반면에 어른의 시간은 무섭도록 빨리 획 하고 지나간다. 그렇다면 시간은 지각하기 나름이며, 우리가 알고 있듯이 지각은 의지로 변형할 수 있다. 시간을 다루는 대가가 되려면 이것을 첫 번째로 이해해야 한다. 감정으로 인한 내면의 소란이 시간을 빨리 흐르게 한다면, 사건에 대한 감정적인 반응을 통제할 경우 시간이 훨씬 느리게 갈 것이라고 결론을 내릴 수 있다. 이렇게 처리 방식이 달라지면 미래의 시간을 지각하는 범위가 넓어지고, 두려움과 분노를 가라앉힐 가능성이 열리며, 시간을 다루는 기술에 가장 필요한 인내심을 발휘할 수 있다.

　　결코 서두르는 것처럼 보이지 말라. 서두르는 것은 스스로가 시간을 통제하지 못하고 있음을 드러내는 셈이다. 마치 모든 것이 결국 이루어질 것임을 아는 것처럼 언제나 인내심을 발휘하라. 적절한 순간을 찾는 탐정이 되어라. 시대정신의 냄새를 맡고 당신을 권력으로 인도할 흐름을 포착하라. 때가 아직 무르익지 않았을 때에 물러나는 법과 때가 무르익었을 때에 힘차게 공격하는 법을 익혀라.

✦ 오늘의 법칙 ✦　　**인내를 연습하라. 시급한 문제가 생겼을 때에는 하루 기다렸다가 대응하라.**
『권력의 법칙』: 29. 적당한 때를 기다려라 — 물러날 때와 나아갈 때

11월 9일 과대망상 충동을 승화하라

　　과대망상은 우리 모두가 가지고 있는 원초적 형태의 에너지이다. 과대망상은 가진 것보다 더 바라게 하고, 남들에게 인정과 존경을 받고 싶게 하고, 자신을 넘어선 무엇인가와 유대감을 느끼고 싶게 한다. 문제는 에너지 자체가 아니라—이 에너지는 우리의 야심에 연료로 쓰일 수 있다—에너지가 향하는 방향에 있다. 보통 과대망상은 스스로를 실제보다 더 위대하고 우월하다고 상상하게 한다. 이것을 판타지 과대망상이라고 부를 수 있다. 우리의 환상과 주목받을 때에 느끼는 왜곡된 인상에서 비롯되기 때문이다. 판타지 과대망상은 한 환상적 생각에서 다른 환상적 생각으로 전전하며 자신이 받게 될 온갖 포상과 관심을 상상하게 한다. 당신이 해야 할 일은 정반대이다. 하나의 과제나 문제에 온전히 집중하는 습관을 들여야 한다. 목표를 비교적 단순하게, 몇 년이 아니라 몇 달 안에 달성할 수 있도록 하라. 목표를 세부 단계와 하위 목표로 나눠라. 이때 당신은 몰입 상태를 추구해야 한다. 이것은 정신이 업무에 점차 빠져들어 곧잘 아이디어가 떠오르는 경지를 말한다. 이런 몰입은 즐거우며 중독성이 있다. 이 몰입 상태에 들어가지 못하면, 멀티태스킹을 해야 할 것이고, 집중력을 잃을 수밖에 없다. 업무 외의 프로젝트에 한눈팔지 말라. 중요한 것은 몇 시간을 투입하느냐가 아니라 얼마나 집중적으로 꾸준히 노력하느냐이다. 이와 관련하여 당신이 이미 가지고 있거나 계발 중인 능력을 이 과제에 활용하라. 당신의 목표는 능력을 지속적으로 향상시키는 것이며, 깊이 집중하면 틀림없이 이를 이룰 수 있다. 자신감은 커질 것이다. 이것만으로도 계속해서 앞으로 나아가기에는 충분할 것이다.

✦ **오늘의 법칙** ✦ 눈에 보이는 다른 과제들에 대한 환상에 빠져들지 말라. 자신의 업무에 최대한 깊이 몰입하여 이 과대망상의 에너지를 승화하라.

『인간 본성의 법칙』: 11. 나의 한계를 현실적으로 평가한다 ─ 과대망상의 법칙

11월 10일 부족주의를 초월하라

부족주의tribalism는 우리 본성의 가장 깊고 원초적인 부분에 뿌리를 두고 있으나, 지금은 훨씬 거대한 기술적 위업과 접목되어 더 위험해졌다. 수천 년 전 집단을 단단히 결속하고 생존할 수 있게 해주었던 힘이 이제는 인류라는 종을 쉽게 멸종시킬 수 있게 되었다. 부족은 적이 앞에 있으면 자신의 존재 자체가 위태롭다고 느낀다. 중간 지대는 없다. 부족 간에는 더 치열하고 폭력적인 전투가 벌어질 수 있다. 인류의 미래는 이 부족주의를 초월하여 자신의 운명을 나머지 모든 사람의 운명과 이어진 것으로 보는 능력에 달려 있다. 우리는 하나의 종이고, 똑같은 태초의 인간에게서 기원했으며, 모두가 형제자매이다. 우리가 다르다는 생각은 대부분 착각이다. 차이가 있다고 상상하는 것이야말로 집단의 광기를 부르는 한 가지 요인이다. 우리는 스스로를 하나의 거대한 현실 집단으로 여기고 깊은 소속감을 느껴야 한다. 우리가 자초한 위협적인 문제들을 해결하려면, 훨씬 높은 차원에서의 협력과 부족주의에서는 찾아볼 수 없는 실용적 정신이 필요하다. 그렇다고 해서 다양한 문화와 그로 인한 풍요로움이 종말을 맞는 것은 아니다. 실은 현실 집단이야말로 내적인 다양성을 북돋운다.

✦ **오늘의 법칙** ✦ **우리는 자신이 속한 제1의 집단이 인류라는 결론에 도달해야 한다. 그것이 우리의 필연적 미래이다. 그밖의 모든 것은 퇴행적이며 너무나 위험하다.**

『인간 본성의 법칙』: 14. 집단의 영향력에 저항하라 — 동조의 법칙

11월 11일 산에 올라라

현재의 순간에 갇혀 있는 것은 마치 산자락에서 사는 것과 같다. 우리 눈에 가장 뚜렷이 보이는 것—주변 사람들, 주변 숲—때문에 우리는 현실에 대해서 제한적이고 왜곡된 시야를 가지게 된다. 시간의 흐름은 천천히 산을 오르는 것과 같다. 우리가 현재 느꼈던 감정들은 시간의 흐름을 따라가다 보면 그렇게 강하게 느껴지지 않는다. 우리는 초연한 태도로 사물을 더 뚜렷이 볼 수 있다. 시간의 흐름을 따라 더 높이 올라갈수록 더 많은 정보가 풍경에 더해진다. 3개월 뒤에 보는 것보다는 1년 뒤에 알게 되는 것이 훨씬 정확하다. 당신이 현재 보고 듣는 것—최신 뉴스와 유행, 주변 사람들의 의견과 행동, 무엇이든 더없이 극적으로 보이는 것—에 가장 큰 인상을 받는 것은 인간 본성의 동물적 부분 때문이다. 이 때문에 당신은 빠른 결과와 공돈을 약속하는 솔깃한 책략에 넘어간다. 당신이 현재 상황에 과잉 반응하여 사건들의 향방이 달라질 때, 지나치게 환호하거나 겁에 질리는 것 또한 이 때문이다. 당신의 시선은 사건들을 지배하는 더 폭넓은 추세에, 당장 눈앞에 보이지 않는 것에 닿아 있어야 한다. 결코 장기적인 목표를 시야에서 놓치지 말라. 시야가 넓어지면 어떤 목표에든 도달할 수 있는 끈기와 명료함을 얻게 될 것이다.

✦ **오늘의 법칙** ✦ **현재 순간에서 시야를 확장함으로써 시간의 효과를 만들어내라.**
『인간 본성의 법칙』: 6. 사건을 뒤흔드는 더 큰 흐름을 주시한다 ― 근시안의 법칙

11월 12일 관습을 깨라

수백 년간, 그리고 오늘날까지도 성 역할은 가장 막강한 관습 중의 하나이다. 남성과 여성이 할 수 있는 말과 행동이 어찌나 엄격히 구분되는지, 이것이 사회적 관습이 아니라 생물학적 차이 때문인 것처럼 보일 지경이다. 특히 여성은 더 다정하고 상냥하도록 사회화된다. 그들은 여기에 부응해야 한다는 끊임없는 압박을 느끼며 이것을 자연스럽고 생물학적인 것으로 착각한다. 마를레네 디트리히와 조세핀 베이커 같은 배우, 엘리너 루스벨트 같은 정계 인사, 코코 샤넬 같은 기업인을 비롯하여 역사상 가장 영향력 있는 여성들 중 일부는 이 규범을 의도적으로 깨뜨린 사람들이었다. 그들은 전통적으로 남성적이라고 여겨지는 행동을 했으며, 성 역할을 뒤섞고 교란했다고 할 만한 방식으로 자신들의 그림자를 끄집어내어 보여주었다. 재클린 케네디 오나시스조차 정치인의 아내에 대한 전통적인 고정 관념을 거스르는 방법으로 막강한 권력을 얻었다. 그녀에게는 심술궂은 면모가 뚜렷했다. 사람들이 자신을 불쾌하게 하면 그녀는 불쾌감을 공공연히 드러냈다. 남들이 자신을 어떻게 생각하는지는 개의치 않았다. 그녀가 화제의 인물이 된 것은 그녀가 풍기는 자연스러움 때문이었다. 이것을 뭉뚱그려 일종의 구마의식으로 생각하라. 당신이 이런 욕망과 충동을 드러내면, 그림자는 더는 당신 성격의 한구석에 숨어 은밀하게 왜곡과 조작을 저지르지 않을 것이다.

✦ **오늘의 법칙** ✦ 그림자를 드러내라. 자신의 악마를 풀어주어 진정한 인간으로서의 면모를 강화하라.

『인간 본성의 법칙』: 9. 내 안의 어둠을 직시한다 ─ 억압의 법칙

11월 13일 바보들을 달갑게 참아주어라

당신은 모든 곳에 있거나 모든 사람과 싸울 수는 없다. 시간과 에너지에는 한계가 있으며 당신은 그것들을 보전하는 방법을 배워야 한다. 시간과 에너지가 고갈되어 좌절감에 빠지면 마음의 평정이 무너질 수 있다. 세상은 바보들—결과를 얻을 때까지 기다리지 못하는 사람들, 줏대 없는 사람들, 눈앞의 상황밖에 보지 못하는 사람들—로 가득하다. 우유부단한 상사, 성마른 동료, 과민한 부하 직원 등 어디에나 그런 사람들이 있다. 바보들과 함께 일할 때에는 그들과 싸우지 말라. 어린이나 반려동물을 대하듯이 그들을 대하라. 당신의 심리적 균형에 영향을 미칠 만큼 중요한 존재가 아니라고 생각하라. 바보들의 면전에서 활기를 유지하는 능력이 중요하다.

✦ **오늘의 법칙** ✦ 바보들로부터 감정적으로 초연하라. 그들이 무해한 발상에 빠져 있도록 내버려둔 채 그들의 어리석음을 속으로 비웃어라.

『전쟁의 기술』: 3. 평정심을 잃지 마라 ─ 리더의 정신력

11월 14일 성자 같은 모습을 보여라

우리가 역사의 어느 시기를 살아가든 언제나 긍정적으로 간주되는 특질들이 있다. 이 특질들을 드러내는 법을 알아야 한다. 이를테면 성자 같은 모습은 항상 인기가 있다. 오늘날의 성자는 16세기의 성자와 내용은 분명히 다르겠지만 본질은 같다. 선하고 나무랄 데 없다고 간주되는 것을 체화하는 것이다. 현대 사회에서 이것은 자신을 진보적이고 지극히 관용적이고 열린 마음의 소유자로 내세운다는 뜻이다. 너그럽게 기부하고 소셜 미디어에서 대의에 지지를 표명하는 모습을 보여라. 진실과 정직을 드러내는 것은 언제나 효과적이다. 자신의 약점과 상처받기 쉬운 부분 몇 가지를 공개적으로 고백하는 것도 괜찮은 수법이다. 어떤 이유에서인지 사람들은 겸손의 표현을 진실함이라고 여긴다. 단지 그런 흉내를 내는 것에 불과할 가능성이 큰 데도 말이다. 이따금 고개를 숙여 겸손하게 보이는 법을 익혀라. 손에 피를 묻혀야 하는 일은 남에게 시키고, 당신의 손은 깨끗해야 한다. 결코 마키아벨리적 리더를 노골적으로 표방하지 말라. 그것은 텔레비전에서나 통하는 방법이다.

✦ **오늘의 법칙** ✦ **사람들이 대체로 겉모습으로 타인을 평가한다면, 적절한 페르소나를 채택함으로써 그런 심리를 역이용하라. 겸손한 분위기, 심지어 성자 같은 태도는 언제나 효과적이다. 위선이나 우월감을 결코 내비치지 말라.**

『인간 본성의 법칙』: 3. 가면 뒤에 숨은 실체를 꿰뚫는다 — 역할 놀이의 법칙

11월 15일 너그러운 마음을 품어라

우리 모두는 어린 시절의 트라우마와 상처를 안고 살아간다. 사회생활에서는 나이를 먹을수록 실망과 모욕이 쌓여간다. 자신이 삶의 좋은 것들을 누릴 자격이 없는 무가치한 존재라는 생각에 종종 시달리기도 한다. 누구나 스스로에 대해서 크나큰 의심을 품을 때가 있다. 이 감정들이 우리의 마음을 지배하는 강박적 생각으로 이어질 수도 있다. 우리는 불안과 실망을 다스리려고 경험의 폭을 줄이고, 고통을 누그러뜨리려고 알코올 같은 습관에 빠지기도 한다. 우리도 모르는 사이에 삶에 대해서 부정적이고 두려워하는 태도를 취한다. 이것은 우리 스스로 만든 감옥이 된다. 하지만 꼭 이래야 하는 것은 아니다. 우리는 스스로를 해방시킬 수 있다. 그러려면 선택, 세상을 바라보는 다른 관점, 태도의 변화가 필요하다. 기본적으로 이 자유는 타인과 자신에게 너그러운 마음을 품는 것에서 비롯된다. 사람들을 인정하고, 그들의 인간 본성을 이해하고 가능하다면 사랑함으로써 우리의 마음을 강박적이고 옹졸한 감정으로부터 해방시킬 수 있다. 사람들의 말과 행동에 사사건건 반응하지 않을 수 있다. 어느 정도 거리를 둘 수 있으며 모든 것을 개인적으로 받아들이지 않을 수 있다. 더 고차원적인 목표를 위해서 정신적 여유 공간을 확보할 수 있다. 새로운 태도로 인해 활력을 느끼면 이 태도를 최대한 발휘하고 싶어질 것이다.

✦ **오늘의 법칙** ✦ **자신과 타인에게 너그러움을 느끼면, 그들은 우리에게 이끌리며 자신도 너그러운 마음을 품고 싶어한다.**

『인간 본성의 법칙』: 8. 태도를 바꾸면 주변이 변한다 —자기훼방의 법칙

11월 16일 　어두운 면을 아울러라

　　에이브러햄 링컨은 어릴 적부터 자신을 즐겨 분석했는데 그의 자기평가에서 번번이 떠오른 테마는 자신에게 분열적 성격이 있다는 것이었다. 한 측면은 잔혹하리만치 야심이 컸으나, 다른 한 측면은 예민하고 여린 탓에 종종 우울해졌다. 본성의 두 측면 때문에 그는 거북함과 위화감을 느꼈다. 이를테면 거친 측면에서 그는 권투를 좋아했으며 링에서 상대를 때려눕히는 것을 즐겼다. 법조계와 정계에서는 신랄한 유머 감각을 발휘했다. 여린 측면을 보면 그는 시를 사랑했고 동물을 아꼈으며 어떤 종류의 물리적 학대도 싫어했다. 최악일 때에는 깊은 우울감에 빠져 죽음을 곱씹기 일쑤였다. 전반적으로 그는 자신이 정치의 난투극에 뛰어들기에는 너무 예민하다고 생각했다. 그는 이런 측면을 부정하지 않고 대중에게, 평범한 남녀에게 깊이 공감하는 능력으로 승화시켰다. 전쟁에서의 인명 손실을 깊이 염려했으며 전쟁을 빨리 끝내려고 모든 노력을 기울였다. 그는 남부를 악으로 치부하지 않고 오히려 남부가 처한 곤경에 공감하여 복수 없는 평화를 계획했다. 또한 자신의 어두운 측면을 스스로에 대한 건강한 유머 감각과 접목하여 못생긴 외모, 새된 목소리, 우울한 성격을 곧잘 농담거리로 삼았다. 이런 상반된 성격들을 끌어안아 자신의 대외적 페르소나에 아우름으로써 그는 더없이 진실하다는 인상을 풍겼다. 사람들은 정치 지도자에게서는 한 번도 느껴보지 못한 동질감을 그에게 느낄 수 있었다.

✦ 오늘의 법칙 ✦　당신의 목표는 자신의 어두운 측면을 온전히 받아들이는 것만이 아니라 현재 성격에 아우르려는 욕구를 품는 것이다. 이렇게 하면 더 온전한 인간이 될 수 있으며 진정성을 발산하여 사람들을 끌어당길 수 있다.

『인간 본성의 법칙』: 9. 내 안의 어둠을 직시한다 ─ 억압의 법칙

11월 17일　상상과 현실의 균형을 맞춰라

　　당신의 프로젝트는 아이디어에서 시작되며, 당신은 이 아이디어를 가다듬고 다양한 가능성에 마음을 연 채 상상에 날개를 단다. 어느 시점이 되면 당신은 계획 단계에서 실행 단계로 넘어간다. 이제는 자신이 존경하는 사람들이나 평소에 당신에게 귀 기울여주는 사람들에게 피드백과 비평을 적극적으로 요청해야 한다. 계획에 있는 결함과 미흡함에 대해서 기꺼이 귀를 열어야 한다. 이것이 당신의 능력을 향상시킬 유일한 방법이기 때문이다. 프로젝트가 상상한 결과를 내지 못하거나 문제가 해결되지 않으면 최선의 배움의 기회라고 생각하고 받아들여라. 자신이 무엇을 잘못했는지 최대한 철저히 분석하라. 피드백을 얻고 결과를 분석했으면 그 프로젝트를 재개하거나 새로운 프로젝트를 시작하라. 다시 한번 상상에 날개를 달아주되 경험에서 배운 것을 접목하라. 이 과정을 끝없이 반복하며 자신의 발전을 흥겹게 지켜보라. 상상 단계에 너무 오래 머물면 당신이 만들어내는 것이 허황되고 현실과 동떨어질 우려가 있다. 반면에 피드백에 귀 기울이고 남들이 말하거나 원하는 것을 시시콜콜 반영하면 상투적이고 뻔한 결과밖에 얻지 못할 것이다. 하지만 현실(피드백)과 상상이 꾸준히 대화를 주고받도록 한다면, 실용적이면서도 효과적인 결과를 산출할 것이다.

✦ **오늘의 법칙** ✦　**자신의 상상과 사람들의 피드백 사이를 끊임없이 오가면 당신의 결과물은 유일무이하면서도 주변 사람들과 연결될 것이다. 이것은 완벽한 조합이다.**

『인간 본성의 법칙』 : 11. 나의 한계를 현실적으로 평가한다 — 과대망상의 법칙

11월 18일 외부에 초점을 맞춰라

우리 인간은 천성적으로 자신에게 몰두하며 자신의 감정, 상처, 환상에 내적으로 초점을 맞추는 일에 대부분의 시간을 보낸다. 이것을 최대한 뒤집는 습관을 들여라. 방법은 세 가지이다. 첫째, 경청의 기술을 다듬어 타인의 말과 비언어적 단서에 집중하라. 사람들의 말에서 행간을 읽는 훈련을 하라. 그들의 기분과 욕구에 주목하고 그들에게 부족한 것을 파악하라. 사람들의 미소와 긍정적 표정을 곧이곧대로 받아들이지 말고 이면의 긴장이나 저의를 간파하라. 둘째, 사람들의 존경을 얻는 일에 전념하라. 존경을 당연하게 여기지 말라. 내면에 치중하여 자신의 감정에 초점을 맞추지 말고 당신의 지위와 위대함 때문에 사람들이 취하는 태도에 현혹되지 말라. 사람들의 개별적 욕구를 존중하고 자신이 더 큰 선을 위해서 노력한다는 것을 입증하여 존경을 얻어라. 셋째, 리더가 된다는 것에는 엄청난 책임이 따른다는 사실을 명심하라. 집단의 안녕이 당신의 결정에 달려 있다. 관심을 받는 것이 아니라 가장 많은 사람들에게 가장 유익한 결과를 도출하는 것을 목표로 삼아라. 자아가 아니라 일에 몰두하라. 집단에 깊고 본능적인 유대감을 느끼고, 자신의 운명과 그들의 운명이 긴밀하게 연결되었다고 생각하라.

✦ **오늘의 법칙** ✦ **이 태도를 발산하면 사람들도 이를 느낄 것이며 당신에게 이끌릴 것이다. 이유는 간단하다. 사람들의 기분에 이토록 민감하고 결과에 이토록 집중하는 사람을 만나는 일은 흔치 않기 때문이다.**

『인간 본성의 법칙』: 15. 권위란 따르고 싶은 모습을 연출하는 기술이다 ─ 변덕의 법칙

11월 19일 운명

각 사람의 참된 자신은 마음이다. 그러므로 자신이 신神임을 알라. 최고신이 우주를
다스리듯이, 신은 움직이고 느끼고 기억하고 미래를 보고 통치하고 자신에게 속한
몸을 인도하고 다스린다. 이 영원한 신이 부분적으로 필멸하는 우주를 다스리듯이
당신의 영원한 혼은 자신의 연약한 몸을 다스린다. **키케로**

알렉산드로스 대왕과 율리우스 카이사르 같은 고대의 많은
위대한 지도자들은 자신이 신의 후손이며 신성을 부여받았다고 믿었다. 이런
자기 확신은 높은 수준의 자신감으로 발휘되어 타인에게 전달되고 영향을 미
쳤다. 자기 충족적 예언이 된 것이다. 당신은 그런 거창한 생각을 품을 필요까
지는 없지만, 자신이 위대하거나 중요한 일을 성취할 운명이라고 느낀다면 사
람들의 반대나 저항을 맞닥뜨리더라도 회복할 수 있을 것이다. 그런 순간에
찾아오는 의심을 내면화하지 않을 것이다. 진취적 정신을 가질 것이다. 끊임
없이 새로운 것을 시도하고 심지어 위험을 감수할 것이다. 이것은 실패해도
다시 도전할 능력이 있음을 확신하고, 자신이 성공할 운명이라고 느끼기 때문
이다.

✦ **오늘의 법칙** ✦   **당신은 위대한 일을 성취할 운명이며, 이 생각은 자기 충족적 예언이 된다.**
『인간 본성의 법칙』: 8. 태도를 바꾸면 주변이 변한다 — 자기훼방의 법칙

11월 20일 집중하고 우선순위를 정하라

진정 우리에게 속한 것은 시간뿐이다. 아무것도 못 가진 사람도 시간만은 가지고 있다. 판에 박힌 일에든 수많은 중요한 일에든 자신의 귀한 인생을 허비하는 것은 둘 다 똑같은 불운이다. **발타자르 그라시안**

어떤 활동은 시간 낭비이다. 저속한 본성을 가진 사람들은 당신을 그들과 같은 수준으로 끌어내릴 것이며, 당신은 그들을 피해야 한다. 장기적 목표와 단기적 목표를 주시하고 집중력과 경계심을 유지하라. 창조적으로 탐구하고 방황하는 호사를 스스로에게 허락하되, 이면에는 항상 목적의식을 간직하라.

✦ **오늘의 법칙** ✦ 주의를 산만하게 하는 것들로 가득한 세상에서 초점을 맞추고 우선순위를 정하라.

『인간 본성의 법칙』: 15. 권위란 따르고 싶은 모습을 연출하는 기술이다 ─ 변덕의 법칙

11월 21일 가장 가까운 것에 연결되어라

인생은 짧고 우리가 가진 에너지에는 한계가 있다. 선망에 이끌리면 헛된 탐색과 변화에 시간을 허비할 우려가 있다. 보통의 경우라면, 더 나은 것을 바라며 끝까지 기다리지 말고 지금 가진 것을 최대한 활용하라. 현실이 당신에게 손짓한다. 가장 먼 것이 아니라 가장 가까운 것에 마음을 쏟으면 전과는 사뭇 다른 감정을 느끼게 될 것이다. 같은 테두리 안에 있는 사람들과는 더 깊은 차원에서 관계를 맺을 수 있다. 상대에게는 결코 우리가 알지 못할 많은 부분들이 있을 텐데, 이것은 끝없는 매혹의 원천일 수 있다. 주변 환경과도 더 깊이 연결될 수 있다. 당신이 일하는 장소에는 당신이 파고들 수 있는 깊은 역사가 있다. 자신의 환경을 더 잘 알면 권력의 기회를 많이 얻을 수 있다. 스스로에 대해서도 마찬가지이다. 당신에게는 자신조차 결코 온전히 이해할 수 없는 신비로운 구석들이 있다. 자신을 더 잘 알려고 노력하면 본성의 노예가 되지 않고 본성을 다스릴 수 있다. 당신의 일에는 끝없는 개선과 혁신의 가능성, 상상력을 자극하는 끝없는 도전이 있다. 이것들은 당신에게 가장 가까이 있으며 당신의 (가상 세계가 아닌) 현실 세계를 이룬다.

✦ **오늘의 법칙** ✦ 결국 당신이 진정 탐내야 하는 것은 현실과의 더 깊은 관계이다. 그러면 당신은 차분함, 집중력, 바꿀 수 있는 것을 바꾸는 현실적 권력을 얻을 것이다.

『인간 본성의 법칙』: 5. 잡힐 듯 잡히지 않는 욕망의 대상이 되라 ― 선망의 법칙

11월 22일 자신에게 무슨 일이 일어나든 받아들여라

살면서 경험한 흥미로운 사건들에 대해 들으면 많은 사람들은 비슷한 일이 자신에게도 일어났으면 하고 바랄 것이다. 상대방이 그 사건을 묘사하면서 그것에 의미를 부여한 정신적 능력을 오히려 부러워해야 한다는 사실은 완전히 잊은 채 말이다.
아르투어 쇼펜하우어

1928년 배우 조앤 크로퍼드Joan Crawford는 할리우드에서 꽤나 성공을 거뒀으나, 점차 한정되는 배역에 불만을 느끼고 있었다. 그녀는 재능이 자신만 못한 여배우들이 자신을 뛰어넘는 것을 보았다. 어쩌면 적극적으로 나서지 않은 탓인지도 모르겠다는 생각이 든 그녀는 MGM 영화사의 막강한 제작 책임자 어빙 솔버그Irving Thalberg에게 자신의 의견을 피력하기로 마음먹었다. 그녀는 솔버그가 이런 행동을 건방지게 여기며 천성적으로 복수심이 강하다는 사실을 몰랐다. 그는 그녀에게 서부극의 배역을 맡겼다. 그녀가 이 배역을 거부할 것이며, 이런 역을 맡은 많은 여배우들이 연기 생활에 종지부를 찍었음을 알고 있었기 때문이다. 하지만 조앤은 교훈을 얻었으며 운명을 받아들이기로 했다. 그녀는 서부극에 정을 붙였으며 승마의 명수가 되었다. 옛 서부에 대한 책을 읽고 서부의 문화에 매료되었다. 그녀는 남보다 앞설 수 있다면 서부극 여배우로 두각을 나타내겠노라 다짐했다. 최소한 연기의 폭을 넓힐 수는 있었다. 그녀는 연기에 대해서도, 할리우드에서 여배우가 맞닥뜨리는 최대의 난관—할리우드에서는 배우의 생명이 대체로 매우 짧다—에 대해서도 평생 이런 태도를 간직했다. 그녀에게는 모든 실패가 성장하고 발전할 기회였다.

✦ **오늘의 법칙** ✦ 모든 장애물을 학습 경험으로, 더 강해질 수단으로 끌어안아라.
『인간 본성의 법칙』: 8. 태도를 바꾸면 주변이 변한다 — 자기훼방의 법칙

11월 23일　인간적 위대함을 존경하라

　　존경심은 시기심의 정반대이다. 상대방을 존경할 때에는 불안감을 느끼지 않은 채 그들의 성취를 인정하고 축하할 수 있다. 그들이 예술이나 과학이나 사업에서 우월하다는 것을 인정하면서도 고통을 느끼지 않는다. 하지만 이것이 전부가 아니다. 누군가의 위대함을 인정하는 것은 인류 최고의 잠재력을 찬미하는 것이다. 우리는 최상의 인간 본성에 대해서 미트프로이데를 경험한다. 우리는 모든 위대한 인간 성취에 따르는 자부심을 공유한다. 이런 존경심은 우리에게 일상생활의 옹졸함을 초월하여 평정심을 느끼게 한다.

✦ 오늘의 법칙 ✦　죽은 사람들이야 일말의 시기심도 없이 쉽게 존경할 수 있겠지만, 살아 있는 사람들 중 적어도 한 명을 우리의 만신전에 포함해보라. 우리가 충분히 젊다면 그런 존경 대상을 본보기로 삼을 수도 있다.

『인간 본성의 법칙』 : 10. 상대의 자존심을 건드리지 않는다 — 시기심의 법칙

11월 24일 당신을 끌어올려줄 집단의 힘을 모색하라

집단의 현실은 다음과 같다. 집단은 일을 완수하고 무엇인가를 만들고 문제를 해결하기 위해서 존재한다. 집단에는 이용할 수 있는 자원—구성원의 노동과 힘, 자금—이 있다. 집단은 거의 언제나 경쟁이 매우 치열하고 끊임없이 변하는 특수한 환경에서 기능한다. 건강한 집단은 일 자체에, 즉 자원을 최대한 활용하고 불가피한 모든 변화에 적응하는 것에 주안점을 둔다. 이런 집단은 끝없는 정치 게임에 시간을 허비하지 않으므로 건강하지 못한 집단들보다 훨씬 많은 것을 성취할 수 있다. 건강한 집단은 인간 본성의 가장 좋은 측면—공감능력, 고차원의 협업 능력—을 끌어낸다.

우리는 개인의 심리적 건강에 초점을 맞추고 정신과 의사가 이런 문제를 해결해줄 수 있는지 알고 싶어한다. 그러나 우리는 집단이 건강하지 못할 때 개인이 불안정과 신경증을 겪을 수 있다는 사실은 간과한다. 그 반대도 사실이다. 자신의 역할을 훌륭히 해내는 현실적 집단에 동참하면 우리는 건강하고 온전해질 수 있다. 이런 경험은 기억에 저장되며 인생을 바꾼다. 우리는 능력에 대한 자신감을 얻고, 집단은 여기에 보상을 준다. 우리는 현실에 연결되었다는 느낌을 받고, 우리를 끌어올려줄 집단의 힘에 이끌려 사회적 본성을 애초에 의도된 것과 같은 높은 차원에서 실현한다. 우리와 같은 절실함으로 협력하는 타인들과의 유대감을 느끼며 그로부터 활력이 충전되는 느낌을 받는다.

✦ **오늘의 법칙** ✦ **집단이 당신의 생각과 감정에 미치는 영향을 속속들이 이해해야 한다. 이런 자각을 얻으면 집단이 집단의 일원인 당신을 끌어올려주는 힘을 경험할 수 있다.**
『인간 본성의 법칙』: 14. 집단의 영향력에 저항하라—동조의 법칙

11월 25일 자기애를 공감으로 승화하라

우리는 자신이 대하는 사람들을 제법 잘 이해한다고 상상한다. 삶은 때로 혹독하며 우리가 신경 써야 할 일은 너무나 많다. 우리는 게으르며 기존 판단에 의존하고 싶어한다. 실제로 이것은 죽느냐 사느냐의 문제이며, 우리의 성공은 이 능력을 얼마나 발전시키느냐에 달려 있다. 그런데도 우리는 이 사실을 깨우치지 못한다. 각자의 삶의 문제들에 사로잡힌 탓에 사람들의 기분과 의도를 끊임없이 오독하고 이로 인해서 계속해서 기회를 놓치고 있음을 알아보지 못하기 때문이다. 따라서 당신에게 놀라운 사회성이 있으며 당신이 이 능력을 발전시키지 않고 있다는 사실을 깨달아야 한다. 이 첫 단계가 가장 중요하다. 가장 좋은 방법은 직접 시도해보는 것이다. 끊임없는 내적 독백을 그만두고 사람들에게 더 깊이 관심을 기울여라. 개인과 집단의 분위기 변화를 주시하라. 개개인의 심리와 그 원인을 읽어내라. 그들의 처지에 서려고 노력하고 그들의 세계와 가치 체계 속으로 들어가라. 마치 자신의 눈이 난데없이 자외선을 볼 수 있게 된 것처럼, 당신은 존재하는 줄도 몰랐던 비언어적 행동의 세계를 고스란히 알게 될 것이다. 이 능력을 알게 되면 당신은 그 중요성을 체감하고 새로운 사회적 가능성에 눈을 뜰 것이다.

✦ **오늘의 법칙** ✦ **우리는 모두 나르시시스트이며, 사람마다 그 정도가 다를 뿐이다. 우리의 인생 과제는 이 자기애를 다스려 자신의 민감함을 내면으로가 아니라 외부로, 타인에게로 돌리는 법을 배우는 것이다.**

『인간 본성의 법칙』: 2. 자기애를 타인에 대한 공감으로 바꾼다 — 자기도취의 법칙

11월 26일 확증 편향

일급 지성은 상반된 두 개념을 한꺼번에 머릿속에 담아두면서도 여전히 자신의 몫을 할 수 있는 능력에 있다. **F. 스콧 피츠제럴드**

어떤 개념을 고수하고 그 개념에 합리적으로 도달했음을 확신하려면, 자신의 견해를 뒷받침하는 근거를 찾아야 한다. 자신의 개념보다 더 객관적이거나 과학적인 것이 무엇인지 알아보아야 한다. 하지만 쾌락 원칙이 무의식에 미치는 영향 때문에 우리는 믿고 싶은 것을 확증하는 근거를 찾아다니기 십상이다. 이것을 확증 편향이라고 한다. 세상의 확증 편향을 파헤치려면 진실이라고 하기에 너무나 그럴듯해 보이는 이론을 들여다보라. 그 이론을 입증하는 통계와 조사를 함께 볼 수 있을 것이다. 자기 주장이 옳다고 확신한다면, 그 주장을 뒷받침해줄 자료를 찾기란 그다지 힘들지 않다. 인터넷에서는 논쟁의 양측을 각각 뒷받침하는 연구들을 쉽게 찾아볼 수 있다. 일반적으로는 사람들이 '근거'를 내놓았다는 이유만으로 그들의 생각이 타당하다고 인정해서는 결코 안 된다. 최대한 회의적인 태도로 근거를 직접 냉철하게 살펴보라.

✦ **오늘의 법칙** ✦ **자신이 애지중지하는 신념과 타인의 신념을 반증하는 근거를 찾고자 하는 충동을 맨 처음 느껴야 한다. 이것이 참된 과학이다.**

『인간 본성의 법칙』: 1. 나를 지배하는 감정을 극복한다 — 비이성적 행동의 법칙

11월 27일 주변 사람들을 오판하고 있다고 가정하라

당신이 맞닥뜨리는 최대의 위험은 자신이 사람들을 진정으로 이해하며 그들을 한눈에 분류할 수 있다는 자신감이다. 오히려 자신이 무지하며 사람들을 부정확하게 판단하는 타고난 편견을 가졌다는 가정에서 출발해야 한다. 주변 사람들은 자신의 목적에 맞는 가면을 내세운다. 당신은 가면을 현실로 착각한다. 섣불리 판단하려는 성향을 버려라. 마음을 열고 사람들을 새로운 관점에서 보라. 상대방이 당신과 비슷하다거나 가치를 공유할 것이라고 가정하지 말라. 당신이 만나는 사람들은 저마다 미지의 세계와 같으므로, 각각의 특수한 심리적 특징을 조심스럽게 탐구해야 한다. 자신이 발견하는 것에 단단히 놀랄 각오를 하라.

✦ **오늘의 법칙** ✦　**이 유연하고 개방적인 정신은 창의적인 에너지와 비슷하다. 그것은 더 많은 가능성과 대안을 고려하려는 의지이다. 사실 공감능력을 계발하면 창의력도 향상된다.**

『인간 본성의 법칙』: 2. 자기애를 타인에 대한 공감으로 바꾼다 — 자기도취의 법칙

11월 28일 과거를 되살려라

　　자각하지는 못하지만, 현재의 우리는 인간의 사고와 심리에 축적되어온 모든 변화의 잡다한 산물이다. 과거를 죽은 것으로 치부하는 것은 자신의 존재를 부정하는 격이다. 그러면 뿌리를 잃고 야만인이 되어 자신의 본성과 분리된다. 자신의 내면에서 역사를 되살림으로써 역사를 대하는 태도를 극적으로 바꿔야 한다. 우선, 이유를 막론하고 당신에게 특히 흥미로운 과거의 한 시대를 선택하라. 그 시대의 정신을 재창조하고, 적극적으로 상상력을 발휘하여 자신이 읽고 있는 인물들의 주관적 경험 속으로 들어가보라. 그들의 눈으로 세상을 보라. 지난 100년간 집필된 빼어난 책들을 활용하여 특정 시기의 일상생활에 대한 감을 얻어라(이를테면 라이오넬 카슨의 『고대 로마의 일상생활』이나 요한 하위징아의 『중세의 가을』을 읽어보라). 당대 문학에서 지배적인 정신을 감지할 수도 있다. F. 스콧 피츠제럴드F. Scott Fitzgerald의 소설은 재즈 시대를 다룬 어떤 학술서보다 그 시대를 더욱 생생하게 체험하게 해줄 것이다. 좋고 나쁨이나 옳고 그름을 판단하려는 충동은 모두 내려놓아라.

✦ **오늘의 법칙** ✦　사람들은 자신이 이해하는 맥락 안에서 자신들의 현재 순간을 경험하고 있었다. 그들의 내면에서 그 경험을 이해하려고 노력하라.

『인간 본성의 법칙』: 17. 시대의 흐름에서 기회를 포착한다 — 세대 근시안의 법칙

11월 29일 기수와 말

고대 그리스인들에게는 기수와 말이라는 적당한 비유가 있었다. 말은 우리를 끊임없이 움직이게 하는 감정적 본성이다. 이 말은 어마어마한 에너지와 힘을 가졌지만, 기수가 없으면 갈피를 잡지 못한다. 천방지축으로 날뛰다 포식자의 먹잇감이 되거나 끊임없이 말썽을 일으킨다. 기수는 우리의 생각하는 자아이다. 훈련과 연습을 거쳐 고삐를 쥐고 말을 인도하며 저 힘센 동물적 에너지를 생산적인 것으로 탈바꿈시킨다. 둘 중 하나만으로는 무용지물이다. 기수가 없으면 운동이나 목적이 방향성을 가질 수 없다. 말이 없으면 에너지도, 힘도 없다. 대부분의 사람들은 말이 우세하고 기수는 약하다. 어떤 사람은 기수가 너무 강하여 고삐를 꽉 쥐고 두려움 때문에 말을 이따금 전속력으로 질주하지 못하게 한다. 말과 기수는 협력해야 한다. 즉, 행동을 사전에 고려하라는 뜻이다. 결정을 내리기 전에 상황을 최대한 검토해야 한다. 하지만 일단 무엇을 할지 결정했으면 고삐를 늦추고 대담성과 모험심으로 행동에 돌입하라. 에너지의 노예가 되는 것이 아니라 에너지를 승화하라. 이것이 이성의 본질이다. 이 이상理想의 실례를 알고 싶다면, 회의론(기수)과 호기심(말)의 완벽한 균형을 유지하려고 노력해보라. 이 상태에서 당신은 자신의 열정과 타인의 열정에 대해 회의적이다. 당신은 사람들의 설명과 그들이 내놓는 '근거'를 곧이곧대로 받아들이지 않는다. 그들이 말하는 동기가 아니라 행동의 결과를 본다. 하지만 이것이 지나치면 당신의 정신은 자유분방한 아이디어로부터, 흥미진진한 추측으로부터, 호기심 자체로부터 문을 닫을 것이다. 그러니 모든 것에 호기심을 느끼던 어린 시절의 유연한 정신을 간직하되, 모든 생각과 믿음을 스스로 검증하고 조사하려는 냉철한 욕구를 고수하라. 둘은 공존할 수 있다. 모든 천재는 이런 균형을 달성한 사람이다.

✦ 오늘의 법칙 ✦ 감정과 생각은 떼어놓을 수 없다. 둘은 서로 완전히 엮여 있다. 하지만 우세한 요인이 있게 마련이어서, 어떤 사람들은 감정에 의해 지배되는 것이 분명해 보인다. 감정이 당신을 이끄는 대로 따라가지 말고 감정을 더 높은 차원으로 승화하는 법을 익혀라.

『인간 본성의 법칙』: 1. 나를 지배하는 감정을 극복한다 — 비이성적 행동의 법칙

11월 30일 목적의식을 품고서 나아가라

역사적으로 군대에는 두 유형이 있다. 하나는 대의나 이념을 위해서 싸우는 군대이고, 다른 하나는 직업의 일환으로 주로 돈을 위해서 싸우는 군대이다. 대의를 위해서 전장에 나가는 군대는 더 치열하게 싸운다. 그들은 대의와 국가에 자신의 운명을 건다. 대의를 위해서라면 기꺼이 전장에서 목숨을 희생할 각오가 되어 있다. 열성이 덜한 병사라도 집단의 사기에 휩쓸린다. 장수는 병사들에게 더 많은 것을 요구할 수 있다. 부대는 더 단합하며 부대 지휘관들은 더 큰 창의성을 발휘한다. 대의를 위해서 싸우는 군대는 전력 증강자force multiplier라고 불린다. 대의와 밀접하게 연결될수록 사기가 충천하며 이는 더 큰 전력으로 표출된다. 이런 군대는 규모는 훨씬 크지만 동기는 부족한 군대를 곧잘 물리칠 수 있다. 인생도 비슷하다고 말할 수 있다. 높은 목적의식을 품는 것은 일종의 전력 증강자이다. 당신의 모든 결정과 행동은 중추적인 이념과 목적을 나침반으로 삼아 더 큰 힘을 발휘한다. 당신 성격의 많은 측면들이 이 목적에 동원되어 당신에게 꾸준히 에너지를 공급한다. 당신은 역경을 이겨내는 집중력과 역량으로부터 추진력을 얻으며 스스로에게 더 많은 것을 요구할 수 있다.

✦ **오늘의 법칙** ✦　**수많은 사람들이 우왕좌왕하는 세상에서 목적의식을 지닌 사람들은 쉽게 나머지 사람들을 뛰어넘으며 주목을 끈다. 자신의 목적의식을 찾고, 최대한 깊은 연결을 맺어 더욱 끌어올려라.**

『인간 본성의 법칙』: 13. 인생의 소명을 발견하고 지침으로 삼는다 — 목표 상실의 법칙

12월

우주적 숭고함

— 정신을 극한까지 확장하라 —

December _____

우리가 매일 하는 생각의 성격이 정신의 수준을 결정한다. 언제나 같은 집착과 사건 주위를 맴돌면 정신의 풍경이 황량하고 단조로워지며 이 때문에 자기도 모르게 비참해진다. 당신이 해야 할 일은 정신을 외부로 발산할 방법을 찾는 것이다. 상상력의 고삐를 풀고 삶의 경험을 더욱 풍성하게 하라. 정신을 최대한 확장하는 방법은 우주적 숭고함에 연결시키는 것이다. 공간과 시간의 무한함을 생각해보라. 빅뱅으로 촉발된 이루 말할 수 없이 경이로운 사건들을 떠올려보라. 어떤 원초적 풍경을 방문하여 우리 지구의 시원始原으로 돌아가라. 무한한 우주가 반영된 인간 두뇌의 무한함을 생각해보라. 우리 모두가 죽을 수밖에 없는 존재임을 성찰하라. 당신은 매일 끝없는 경이로움에 둘러싸이며, 당신이 어디까지 정신을 확장하고 그 어마어마한 힘을 발휘하느냐는 그 경이로움을 하루하루의 의식에 얼마나 아우르느냐에 달려 있다. 12월은 우주적 숭고함이라는 극한까지 정신을 확장하는 법을 배우는 달이다.

죽음—이것은 우리가 가장 두려워하는 일이다. 그러나 이 두려움은 우리가 인식조차 하지 못하는 영향을 우리에게 미친다. 정신생활 전반에 영향을 미치며 은밀하게 삶에 대한 두려움을 심는다. 대부분의 사람들을 괴롭히는 잠재적이고 만성적인 불안은 상당 부분 자신의 필멸성을 직면하지 못하는 데에서 비롯된다.

우리의 문화는 죽음을 극한까지 부정하여 죽음의 존재를 최대한 지워버린다.

당신이 수백 년 전으로 돌아간다면, 눈앞에서 사람들의 죽음을 목격했을 것이다. 거리나 집에서 보았을지도 모른다. 대부분의 사람들은 식량을 얻기 위해서 짐승을 죽여야 했다. 당신은 눈앞에서 짐승이 도축되는 광경을 보았을 것이다.

죽음은 실존했다. 끊임없이 존재했다. 그래서 사람들은 늘 죽음을 생각했다. 그들은 필멸이라는 관념을 다스리기 위해서 종교에 의탁했다.

지금 우리는 정반대의 세상에서 살고 있다. 우리는 죽음이라는 생각 자체를 억눌러야 한다. 이제는 어디에서도 죽음을 볼 수 없다. 죽음은 병원에 안치되고 모든 거북한 것들이 살균되며 이 일은 닫힌 문 뒤에서 벌어진다. 아무도 죽음에 대해서 이야기하지 않는다. 필멸의 두려움에 대처하는 법을 아는 것이야말로 당신이 가질 수 있는 가장 중요한 삶의 능력이라는 사실을 누구도 당신에게 말해주지 않는다. 아무도 가르쳐주지 않는다. 당신의 부모는 죽음에 대해서 말하지 않는다. 당신의 여자친구나 남자친구도 죽음을 입에 올리지 않는다. 누구도 말하지 않는다. 죽음은 작고 추한 비밀로 치부된다. 하지만 죽음이야말로 우리가 가진 유일한 현실이다. 우리 모두는 언젠가 죽는다.

그러므로 당신이 죽음을 부정하더라도, 죽음을 억압하더라도—대부분의 사람들이 이렇게 한다—죽음은 은밀하게 빠져나온다. 죽음은 당신이 일상생활에서 불안을 느끼게 한다. 당신이 삶에서 가장 중요한 것을 외면하기 때문이다. 당신은 깨닫지 못하지만, 죽음은 당신이 하루하루 어떤 결정을 내리는지, 사람들과 어떻게 교류하는지에 영향을 미친다. 결론은 단순하다. 이 두려움을 직면하여 생기와 힘으로 탈바꿈시키는 법을 찾아야 한다.

이렇게 생각해보라. 당신은 내일 죽을 수도 있다. 이것은 당신이 어쩔 수 없는 일이다. 당신이 아직 젊고 스물다섯 살밖에 안 되었을 수도 있지만, 젊어서 죽는 사람도 얼마든지 있다. 이 말의 의미를 깨달아라. 이것은 당신의 시간이 제한되어 있다는 뜻이다. 당신의 앞에는 드넓은 삶이 펼쳐져 있지 않다. 당신은 성취하고 싶은 꿈과 열망과 계획을 가지고 있으며, 인생이 짧고 위태롭다는 것을 알기 때문에 조급함을 느낀다. 또한 주변에서 보이는 모든 것에 감사한다. 어느 때든 삶이 당신을 떠나갈 수 있음을 깨달으면 삶은 더 생생하고 강렬해진다.

이 깨달음은 뺨을 한 대 맞은 듯이 급작스럽게 나를 찾아왔다. 『인간 본성의 법칙』을 탈고하고 두 달 뒤에 나는 심장 발작을 겪었다. 꽤 심한 발작이어서, 목숨을 건지고 영구적인 뇌 손상을 면한 것만 해도 천만다행이었다. 몇 분만 늦었다면 나는 저세상 사람이 되었을 것이다. 혼수상태에 빠졌다가 깨어보니 몸 왼쪽이 전부 마비되어 있었다. 운동능력은 서서히 돌아왔다. 공교롭게도 나는 인간의 필멸성을 성찰하라는 장을 쓴 직후에 이 현실과 직면했다. 내가 책에 쓴 글은 진실이다.

이제 나는 주변에서 내가 볼 수 있는 모든 것을 바라보고 내가 가진 모든 것을 비리본다. 그때의 경험은 모든 깃을 더 강렬하게 만들어준다. 색깔도, 소리도 더 강렬하다. 다른 사람들과 연결되어 있다는 감각도 더 강렬하다. 이제는 나 자신의 필멸성뿐 아니라 나와 함께하는 사람들의 필멸성도 자각하기 때문이다. 여자친구도, 나의 어머니와 누나도, 친구들도 내일 죽을 수 있다. 나는 그들을 더 높은 차원에서 보듬어야 한다. 우리 모두가 필멸자임을 깨달아야 한다. 다른 사람들도 죽음을 직면하고 있음을 아는 것은 그들과 나를 이어주는 방법이자 매우 원초적인 인간적 차원에서 그들과 깊이 공감하는 방법이다.

자신의 필멸성을 맞닥뜨림으로써 얻는 본질적인 힘을 나는 숭고함이라고 부른다. 그것은 우리가 살아가는 세상이 얼마나 경이로운지, 우리가 (자신이 영원히 살 것이라고 생각하고) 이를 얼마나 당연시하는지를 보여주기 때문이다. 이것은 나에게 엄청나게 중요한 개념이며, 내가 죽음의 고비를 넘겼다는 점에서 매우 개인적인 개념이다.

나는 이 깨달음을 망망대해의 바닷가에 서 있는 것에 비유한다. 당신은 저 검은 바다가 두려워 돌아서고 물러난다. 나는 당신이 자신의 작은 배에 올라타서 저 바다를 탐험하기를 바란다.

12월 1일 무한과 경이로움

나머지 모든 짐승은 고개를 숙이고 눈을 땅에 두지만, 신들은 인간에게만큼은 숭고한 얼굴을 주고 싶었다. 눈을 들어 하늘을 보면서 하늘의 별들을 관찰할 수 있는 얼굴을. **오비디우스**

우주적 숭고함은 '공간이나 시간의 측면에서 무한이라는 감각이 구체화되거나 내포된 물리적 대상을 맞닥뜨리는 것'이라고 정의할 수 있다. 고대 세계의 선조들은 이 심오한 인간적 욕구를 이해했다. 인간을 초월하는 거대한 힘을 자각하는 제의—종종 성인식—는 전 세계 모든 문화에서 찾아볼 수 있다. 샤먼이나 현자가 종종 안내자 역할을 했다. 오늘날에는 그런 안내자를 쉽게 찾아볼 수 없으며, 우주적 숭고함을 마주할 통상적 방법도 없다. 사실 우리는 정반대를 목격한다. 우리의 정신을 지배하는 미디어는 찰나의 사소한 볼거리와 과장된 드라마를 쏟아낸다. 우리를 정신적 쳇바퀴로부터 끌어내줄 확장을 추구한다면, 스스로 해내는 수밖에 없다. 하지만 다행히도 그 과정은 우리가 상상하는 것만큼 힘들지는 않다. 우리의 주변에는 무한과 경이로움의 사례가 얼마든지 있기 때문이다. 무한은 침묵, 끝 모를 지평선, 캄캄한 공간 등 다양한 형상들로 나타난다. 중요한 것은 우리가 이 장소들에 얼마나 조율되어 있는가이다. 평상시의 한계를 확장하고 초월하려는 욕구, 주의를 산만하게 하는 요소들을 떨쳐내고 현실을 정면으로 맞닥뜨리려는 의지를 품었는가이다. 우리가 추구해야 하는 것은 더 많은 말이 아니라 경험이다.

✦ **오늘의 법칙** ✦ 당신의 마음을 순간의 드라마에서 끌어내어 확장을 추구하라.
『숭고함의 법칙』: 1. 정신을 극한까지 확장하라—우주적 숭고함

12월 2일 가장 있을 법하지 않은 사건

숭고함의 본보기는 도덕에 대한 성찰에서 찾을 수 있지만, 정신을 훈련하면 다른 생각과 행동을 통해서도 숭고함을 경험할 수 있다. 이를테면 밤하늘을 올려다볼 때 마음을 열어 우주의 무한함을 헤아리고 저 거대한 암흑에 파묻힌 지구가 얼마나 작은지 생각해보라. 또는 지구에서 생명이 출현한 사건을 생각하면서 숭고함을 마주할 수도 있다. 생명이라는 실험이 이 행성에서 시작되도록 하기 위해서는 수천 가지 요인들이 맞아떨어져야 했음을 떠올리며 이것이 얼마나 오래 전에—아마도 특정한 순간에—일어난 사건인지, 얼마나 있을 법하지 않은 사건인지 떠올려보라. 시간의 어마어마한 양과 생명의 시초는 우리의 개념화 능력을 뛰어넘기 때문에, 우리에게는 숭고함의 감각만이 남는다. 여기에서 한발 더 나아갈 수도 있다. 수백만 년 전 우리가 영장류 조상으로부터 갈라져 나오면서 인류라는 실험이 시작되었다. 그러나 우리는 신체적으로 약하고 수적으로 열세였기 때문에 끊임없이 멸종 위협에 시달렸다. 그 있을 법한 사건이 일어났다면—나머지 인간 종을 비롯한 수많은 종이 멸종했듯이—세상은 사뭇 다른 방향으로 흘러갔을 것이다. 사실 우리의 부모가 만나고 우리가 태어난 것도 그에 못지않게 있을 법하지 않은 우연한 사건들이 잇따라 일어난 덕분이다.

✦ **오늘의 법칙** ✦ **우리는 자신이 개인으로서 존재하는 것을 당연시하지만, 이를 위해서는 온갖 우연적 요소들이 맞아떨어졌어야 했음을 감안한다면, 우리는 이것을 매우 희소한 사건으로 바라보게 된다.**

『인간 본성의 법칙』: 18. 인간의 운명인 죽음을 생각한다—죽음 부정의 법칙

12월 3일 자신의 필멸성을 직면하라

삶의 성스러운 가치는 늘 그래왔다. 낮에 별을 생각하지 못하듯이 우리는 이 가치가 우리에게 있는 동안에는 이것을 망각하며, 무관심하게 살아가는 내내 거의 눈길을 주지 않는다. 어둠이 내려앉고서야 우리는 머리 위의 별들이 얼마나 장엄한지를 깨닫는다. **슈테판 츠바이크**

대부분의 사람들은 평생 죽음에 대한 생각을 회피하며 살아간다. 그러나 우리는 죽음의 필연성을 언제나 마음속에 담아두어야 한다. 인생이 짧다는 사실을 깨달으면 우리는 목표들을 실현해야 한다는 목적의식과 위기의식으로 가득 찬다. 이 현실을 대면하고 받아들이는 훈련을 하면 인생에서 불가피한 좌절, 이별, 위기를 더 수월하게 헤쳐나갈 수 있다. 우리의 이 짧은 생애에서 정말 중요한 것이 무엇인지에 대한 균형 감각도 얻을 수 있다. 대부분의 사람들은 스스로를 타인과 분리하여 우월감을 느낄 방법을 끊임없이 찾는다. 하지만 우리가 해야 할 일은 모든 사람에게서 필멸성을 보고 이것이 어떻게 우리 모두를 평등하게 하고 서로를 연결하는지 깨닫는 것이다.

✦ **오늘의 법칙** ✦ 자신의 필멸성을 깊이 자각하면 인생의 모든 측면을 더 생생하게 경험할 수 있다.

『인간 본성의 법칙』: 18. 인간의 운명인 죽음을 생각한다 ─ 죽음 부정의 법칙

12월 4일 우주가 당신 안에 있다

나는 두려움을 느끼기 직전이 반갑다. ……맨땅에 서서 상쾌한 공기에 머리를 씻고 무한한 공간으로 고양되면 옹졸한 이기심은 모조리 사라진다. 나는 투명한 안구眼球가 된다. 나는 무無이다. 우주적 존재의 모든 물결이 나를 통과하여 흐르는 것을 본다. 나는 신의 일부이다. **랠프 월도 에머슨**

우리가 성찰하는 것들 중에서 아마도 가장 숭고하고 경이로운 무한의 형태는 가장 가까이 있는 것, 바로 우리의 뇌이다. 생각해보라. 인간 두뇌의 피질에는 약 1,000조 개의 시냅스(뉴런과 뉴런의 연결 부위)가 있다. 생물학자 제럴드 에덜먼Gerald Edelman의 추정처럼, 이 시냅스의 개수를 1초에 1개씩 전부 헤아리는 데에만 약 3,200만 년이 걸린다. 그러니 이 시냅스들이 연결되기까지의 모든 경로를 계산한다면, 그 값은 천문학적일 것이다. 대략 20뒤에 0이 100만 개 오는 숫자인데, 이것은 우주의 모든 대전帶電 입자 개수보다 많으며 우주에 있는 모든 물질의 개수보다도 많다. 신경과학자 크리스토프 코흐Christof Koch는 인간의 두뇌가 "우리가 아는 우주에서 가장 복잡한 물체"라고 단언했다. 이에 못지않게 놀라운 것은 두뇌의 어마어마한 동작 속도이다. 두뇌의 내부 공간은 우주의 외부 공간에 맞먹으며, 규모가 무한에 가깝다(암석에 들어 있는 것과 동일한 기본 입자들로 이루어진 장기臟器가 이 모든 속도와 위력을 발휘하는 것이다).

✦ **오늘의 법칙** ✦   우주의 장엄함은 진실로 우리 내면에 있다.
『숭고함의 법칙』: 1. 정신을 극한까지 확장하라 — 우주적 숭고함

12월 5일 정신을 순간에 몰입시켜라

매일 아침, 나는 식사를 하거나 일을 하기 전에 40분간 명상을 한다. 이 시간은 매우 치열한 40분이다. 머릿속을 완전히 비우기 때문이다. 나는 10년 가까이 매일 아침마다 명상을 하고 있으며 앞으로도 계속할 작정이다. 당신은 '고작 40분'이라고 생각하겠지만, 이 시간 동안 고도의 집중력을 유지하는 것은 엄청나게 힘든 일이다. 그 시간 동안 아무 생각도 하지 않으려고 해본다면, 이것이 얼마나 힘든지 실감할 것이다. 그러나 집중하고 머릿속을 비우는 능력이 미치는 효과는 엄청나다. 사람들을 혼란에 빠뜨리는 것은 생각하고 말하는 정신이다. 18홀에서 20피트 퍼팅을 가늠하는 골프 선수나 9회 말 투 아웃에 타석에 들어선 야구 선수나 결정적인 순간에 필드 골을 차는 축구 선수에게서 볼 수 있듯이, 그 순간에 생각을 하면 그 생각이 신체적 과정을 방해한다. 당신이 설령 근육 기억을 숙달했더라도 생각은 순간순간 당신을 골탕 먹일 것이다. 일본 검객들이 선불교와 좌선에 몰두한 것은 이 때문이다. 골프 선수나 야구 선수나 축구 선수야 정신적 압박을 받고 있을 뿐이라고 말할 수도 있겠지만, 결투는 생사가 달린 문제이다. 생각하는 정신을 가라앉히지 못하면 검객은 죽는다. 선불교는 정신 상태를 변화시키는 방법이었다. 명상은 사람들이 정신을 다스리고 순간과 하나가 되도록 했다.

✦ **오늘의 법칙** ✦ **이것은 운동 경기에서든 어느 상황에서든 당신이 도달할 수 있는 가장 강력한 경지이다. 생각을 멈추면 순간 속에 존재할 수 있다. 매일 현재 순간에 집중하는 연습을 하라.**

"로버트 그린 : 숙달과 연구", 「숙달을 찾아서 : 마이클 저베이스」 대담, 2017년 1월 25일

12월 6일 살아 있는 시간이냐, 죽은 시간이냐?

Vivre sans temps mort(시간을 허비하지 말고 살라), **파리의 정치 슬로건**

살아 있는 시간은 당신이 가진 유일한 실제 소유물이다. 당신이 가진 나머지 모든 것—가족, 집, 차, 일자리—은 빼앗길 수 있다. 살아 있는 시간은 당신이 진정으로 소유한 유일한 것인데, 당신은 이것을 내어줄 수 있다. 남들을 위해서 일하는 것은 자신의 시간을 내어주는 것이다. 그들이 당신의 시간을 소유하며 당신은 불행해질 것이다. 외적 쾌락과 오락에 탐닉하는 것도 시간을 내어주는 것이다. 온갖 욕망과 집착의 노예가 되어 자신이 가진 시간을 써버리는 격이다. 하지만 살아 있는 시간을 자신의 것으로 만들 수도 있다. 실제로 시간을 소유하고 이 시간의 주인이 되어 매 순간에 의미를 부여할 수 있다. 그렇게 하면 그 시간은 당신 것이 된다. 시간은 당신 내면에서 살아 있다. 파릇파릇하며 쑥쑥 자란다. 당신은 시간을 소유하고 시간을 살아 있게 한다. 이 문제를 바라보는 또다른 방법은—이것은 내가 시간에 대해서 언제나 생각하는 방식인데—매사를 자신의 것으로 만드는 것이다. 당신이 인생에서 하는 모든 일을 자신의 것—자신의 시간, 생각, 정신생활 등등—을 만드는 과정이 되게 하라.

✦ **오늘의 법칙** ✦ 단 1분도 허비하지 말라. 교통 체증을 겪고 있든 아파서 누워 있든 장시간 일하고 있든 오늘을 자신의 것으로 만들라.

데일리 스토익, "로버트 그린이 설명하는 살아 있는 시간과 죽은 시간의 개념", 유튜브, 2020년 5월 10일

12월 7일　옆구리에 박힌 총알

죽음의 현실이 닥쳐오고 신의 힘에 대한 자각이 옆구리에 박힌 총알처럼 우리의 자만심을 산산조각 냈다. 극적인 것, 비극적인 것, 무한한 것에 대한 감각이 우리에게 내려와 우리를 슬픔으로 가득 채우지만, 이것은 슬픔보다 더 큰 경이로움을 가져다준다. **플래너리 오코너**

스물다섯 살에 루푸스가 발병한 이후 플래너리 오코너Flannery O'Connor는 13년간 자신을 향한 총구를 응시했으며 외면하지 않았다. 그녀는 죽음의 지근거리에서 살아가면서, 이것을 행동을 독려하고 긴박감을 느끼고 종교적 믿음을 더욱 굳건하게 하고 삶의 모든 신비와 불확실성에 대한 경이감을 촉발하라는 요청으로 받아들였다. 자신의 처지를 활용하여 정말로 중요한 것이 무엇인지를 스스로에게 일깨웠으며, 다른 사람들을 괴롭히는 옹졸한 다툼과 근심을 멀리할 수 있었다. 현재에 닻을 내리고 모든 순간과 만남에 감사할 수 있었다. 우리는 플래너리 오코너 같은 사람들의 이야기를 읽을 때면 거리를 두는 경향이 있다. 자신이 훨씬 편안한 위치에 있음에 안도감을 느끼는 것이다. 하지만 그것은 중대한 실수이다. 그녀가 자신의 필멸성을 생생하고도 명백하게 감지한 것은 우리보다 유리한 점이었다. 죽음을 직면하고 그 자각을 활용할 수 있었기 때문이다. 이에 반해서 우리는 죽음에 대한 생각을 회피하고 우리 앞의 시간이 끝이 없다고 상상하며 삶을 찔끔찔끔 살아간다. 그러다 현실이 우리를 덮쳐 경력이 뜻밖의 위기를 맞거나 관계가 고통스럽게 끊어지거나 가까운 사람이 세상을 떠나거나 심지어 목숨을 위협하는 질병에 걸려서 우리의 옆구리에 총알이 박히면, 대개 속수무책으로 당하고 만다.

플래너리 오코너의 운명이 곧 우리의 운명이다. 우리는 모두 죽어가는 과정에 있으며 모두가 똑같은 불확실성과 마주하고 있다.

『인간 본성의 법칙』: 18. 인간의 운명인 죽음을 생각한다 ― 죽음 부정의 법칙

12월 8일 자신보다 거대한 것에 연결되어라

1905년에 스물세 살의 작가 버지니아 울프Virginia Woolf는 어린 시절 이후 처음으로 영국 콘월의 해변 오두막으로 돌아갔다. 그곳은 그녀의 가족이 여러 해 동안 여름을 보내며 목가적 풍경을 즐기던 곳이었다. 그녀의 어머니는 오래 전에 죽었으며, 최근에는 아버지뿐 아니라 가장 가까운 이부자매마저 세상을 떠나자 그녀는 깊은 우울에 빠져들었다. 오두막에 다가간 순간, 그녀는 그곳에 어릴 적의 유령들—죽었거나 멀리 떠난 사람들—이 거주하고 있음을 보았다. 버려진 가구들이 놓인 폐가는 그녀에게 모진 시간의 흐름을 일깨웠다. 밖에서는 파도 소리, 과거 수백만 년간 똑같았고 그녀가 죽은 뒤로도 같은 시간 동안 똑같을 소리가 무한의 압도적인 느낌을 불러일으켰다. 그녀는 자신보다 훨씬 거대한 것에 연결되어 어린 시절의 감각과 열정을 다시 경험했다. 우주적 숭고함을 맞닥뜨림으로써 그녀는 자신의 문제들과 우울감을 적당한 거리에서 바라볼 수 있었다. 이후 30년간 그녀는 꾸준히 오두막으로 돌아와 스스로를 치유했다. 이 경험은 훗날 그녀의 반자전적 소설 『등대로To the Lighthouse』에 실려 불멸을 얻었다.

✦ **오늘의 법칙** ✦ 당신도 나이를 먹으면서 비슷한 일을 시도할 수 있다. 어릴 적에 살던 곳으로 돌아가 시간의 흐름을 느끼고 자신을 포함한 자연의 영원한 순환에 이 느낌을 접목해보라.

『숭고함의 법칙』: 1. 정신을 극한까지 확장하라 ─ 우주적 숭고함

12월 9일 탈인간적이고 무한한 것과의 만남

지각의 문을 닦으면 모든 것이 제 모습대로 보일 것이다. 무한의 모습으로.
윌리엄 블레이크

우리 대부분은 자신이 살아가는 인간적 거품에서 좀처럼 벗어나지 못한다. 우리는 말, 기호, 구조물, 그리고 눈에 보이는 거의 모든 것에, 우리의 흔적을 품은 채 길든 자연 등에 파묻혀 산다. 이 거품에서 벗어나 야생을 여행하는 것만으로는 충분하지 않다. 어디를 가든 따라다니는 전자기기와 강박적 생각이 여전히 함께할 것이기 때문이다. 당신의 두뇌는 기존 패턴에 너무 익숙해져 있다. 여행할 때마다 우주적 숭고함을 접하려면, 첫째, 인간의 영향이 전무하거나 거의 감지되지 않는 곳을 찾아가라. 다행히 이 모험을 위해서 멀리 갈 필요는 없다. 그런 장소는 주변에 얼마든지 있으며 쉽게 접근할 수 있다. 이 풍경 속으로 최대한 깊이 들어가라. 둘째, 전자기기는 최대한 두고 가라. 이렇게 많은 것을 벗어던진 상태로 어떤 물리적 난관과 심지어 관리 가능한 위험까지도 환영해야 한다. 셋째, 평상시 주의를 산만하게 하는 것들이 없어졌으니 이전의 모든 생각과 관찰의 패턴을 버리려고 노력하라. 시간을 거슬러 이 장소의 고색창연함을 느껴보라. 인간이 지배자가 되기 오래 전 지구의 흔적을 찾아라. 이 풍경의 요소들이 당신의 마음을 최대한 가득 채우게 하고 자신이 그것들과 어우러지는 감각을 느껴라. 친숙한 환경으로 돌아오면 주변이 얼마나 다르게 보이는지, 내면에 어떤 변화가 일어났는지를 살펴보라.

✦ **오늘의 법칙** ✦   **오늘 인간적 거품에서 벗어나라.**

『숭고함의 법칙』: 1. 정신을 극한까지 확장하라 ── 우주적 숭고함

12월 10일 전체를 보라

우리 인간은 사물들을 따로 떼어 보는 경향이 있다. 우리는 자신과 타인을 개별적 존재로 본다. 우리의 존재 자체, 의식, 두뇌, 심리가 시간을 훌쩍 거슬러올라 우리 이전의 모든 과거 사람들에게 의존하고 있음을 깨닫지 못한다. 우리는 다른 동물을 볼 때, 우리와 그들 사이에 건널 수 없는 간극이 있다고 상상한다. 모든 생명을 연결하는 끈은 우리에게 전혀 보이지 않기 때문에 일상적 의식의 일부가 되지 못한다. 다르게 생각하고 느끼면서 언제나 숨겨진 끈을 찾도록 스스로를 훈련해야 한다. 모든 사건과 현상을 아우르는 전체가 있다고 상상하라. 이 전체는 당신의 심리뿐 아니라 어린 시절까지 거슬러오르는 당신의 모든 무의식적 동기들을 아우른다. 이 전체는 당신뿐 아니라 부모, 친구, 사회, 문화적 시대정신을 비롯하여 당신의 삶에 작용하는 온갖 다양한 영향들을 아우른다. 이 전체는 당신뿐 아니라 당신이 지금 살아가는 세상을 빚은 과거의 모든 인류 세대를 아우른다. 마지막으로 이 전체는 당신뿐 아니라 인류의 진화를 낳고 당신 안에서 살고 있는 모든 생명을 아우른다.

✦ 오늘의 법칙 ✦　세상을 볼 때 눈에 보이는 모든 개별적 형상에 시선을 고정하지 말고, 모든 것을 하나로 바라보라. 고동치고 맥박 치는 하나의 거미줄이 40억 년 전부터 지금까지 뻗어 있으며 당신은 줄 한 가닥에 찍힌, 작지만 꼭 필요한 점이라고 상상하라.

『숭고함의 법칙』: 2. 살아 있음의 낯섦에 눈떠라 ― 생물학적 숭고함

12월 11일 아이의 척도 감각

우리가 스스로에게 솔직하다면, 많은 사람들은 자신의 경험이 단조롭게 느껴진다는 것을 인정해야 한다. 너무나 많은 것들이 똑같아 보이며, 이는 별로 놀라운 일이 아니다. 우리의 삶에는 무엇인가가 빠져 있지만, 그것이 무엇인지를 가려내기란 쉬운 일이 아니다. 우리는 싱숭생숭해지면 여행을 떠나든, 연애를 하든, 직장을 옮기든 자신을 뒤흔들 수 있는 일이면 무엇이든 한다. 그러나 참신함이 바래면 이내 진부함이 돌아온다. 문제의 구체적인 원인을 찾기보다는 또다른, 더 전반적인 각도에서 문제를 공략하려고 시도하라. 문제의 근원은 우리가 어른이 되면서 가지게 된 전체적인 척도 감각에 있는지도 모른다. 이것이 우리의 감정에서 어떤 역할을 하는지 이해하려면, 자신의 관점이 사뭇 달랐던 어린 시절을 돌아보아야 한다. 어린 시절에는 기본적으로 주변의 거의 모든 것에 비해서 우리가 작고 약했다. 우리는 크기와 힘 면에서 우리를 압도하는 사물과 힘—나무, 건물, 언덕과 산, 바다, 폭풍우, 어른들의 사회생활—에 둘러싸여 있었다. 이 왜소함의 감각은 이 세계에 대한 강렬한 호기심을 촉발했다. 주변의 세상을 이해하려고 애씀으로써 우리는 어떤 의미에서는 세상을 만만하게 만들어 덜 두려워할 수 있었다. 또한 너무도 거대한 세상에서 우리는 너무도 작았기 때문에 우리가 보는 모든 것은 새롭고 경이롭고 신비로 가득했다.

✦ **오늘의 법칙** ✦   어릴 적의 척도 감각으로 오늘 세상을 맞닥뜨려보라.

『숭고함의 법칙』: 1. 정신을 극한까지 확장하라 — 우주적 숭고함

12월 12일 삶과 죽음

우리는 결코 도달하지 못할지도 모르는 노년을 두려워한다. **장 드 라브뤼예르**

삶과 죽음의 차이는 이렇게 말할 수 있다. 죽음은 부패 말고는 어떤 움직임이나 변화도 없는 완전한 정지이다. 우리는 죽고 나면 타인들과 분리되어 완전히 혼자가 된다. 이에 반해서 삶은 움직임이요, 다른 생명과의 연결이요, 생명의 다양성이다. 죽음에 대한 생각을 부정하고 억압함으로써 우리는 자신의 불안을 키우며, 우리의 내면은 더욱더 죽은 것이나 마찬가지가 되고 만다. 우리는 타인들과 분리되고, 생각은 습관적이고 반복적으로 바뀌며, 전반적인 움직임과 변화는 거의 없어진다. 이에 반해서 죽음에 친숙함과 친밀감을 느끼고, 죽음에 대한 생각을 마주하는 능력은 우리에게 더 큰 생기를 느끼게 하는 역설적인 효과를 발휘한다.

✦ **오늘의 법칙** ✦   **죽음이라는 현실과 연결되면 우리는 삶의 현실과 충만함에 더 심오하게 연결된다. 반면에 죽음을 삶과 분리하고 죽음의 자각을 억압하면 정반대의 결과를 낳는다.**

『인간 본성의 법칙』: 18. 인간의 운명인 죽음을 생각한다 ─ 죽음 부정의 법칙

12월 13일 세상을 어떻게 볼 것인가

자신을 탐험가로 생각하라. 당신은 의식이라는 선물을 가진 채 우리 인간이 이제 갓 탐사하기 시작한 거대한 미지의 우주 앞에 서 있다. 대부분의 사람들은 특정한 생각과 원리에 의존하는 쪽을 더 좋아하며, 그것들 중 상당수는 어릴 적에 받아들인 것들이다. 그들은 낯설고 불확실한 것을 내심 두려워한다. 그래서 호기심 대신 확신을 추구한다. 서른 살 즈음 되면, 그들은 마치 자신이 알아야 할 것을 모두 아는 것처럼 군다. 탐험가로서 당신은 그 모든 확실성을 뒤로해야 한다. 끊임없이 새로운 아이디어와 사고방식을 찾아야 한다. 정신이 다다를 수 있는 곳에 한계를 두지 말라. 갑자기 일관성이 없어 보이거나 자신이 몇 달 전에 믿었던 것과 정면으로 모순되는 아이디어를 발전시키는 것에 개의치 말라. 아이디어는 가지고 노는 장난감과 같다. 너무 오래 가지고 있으면 생명력을 잃는다. 어릴 시절의 정신과 호기심으로 돌아가라. 아집이 생기기 전, 옳은 것이 세상과 관계를 맺는 것보다 더 중요해지기 전으로 돌아가라. 모든 문화와 시대를 아울러 온갖 형태의 지식을 섭렵하라. 도전을 환영하라. 그러려면 자신의 무의식에서 비롯되는 통찰을 탐구하는 데에 주저하지 말라. 이 무의식은 꿈에 나타날 수도 있고 지루한 순간에 떠오를 수도 있고 특정 순간에 분출하는 억압된 욕망을 통해서 드러날 수도 있다. 그곳에는 두려워할 것이나 억압해야 할 것이 아무것도 없다. 무의식은 당신이 자유롭게 탐험할 수 있는 또 하나의 영역일 뿐이다.

✦ **오늘의 법칙** ✦ 이런 식으로 마음을 열면 실현되지 않은 창의력을 분출할 수 있으며 거대한 정신적 즐거움을 스스로에게 선사할 수 있다.

『인간 본성의 법칙』: 8. 태도를 바꾸면 주변이 변한다 — 자기훼방의 법칙

12월 14일 습관과 진부함으로부터 스스로를 해방시켜라

아름다움에는 한계가 있지만 숭고함에는 한계가 없기 때문에, 자신이 할 수 없는 것을 숭고함의 존재 속에서 상상하는 정신은 실패로 인해 고통을 겪을지라도 그 시도의 거대함을 숙고하면서 즐거움을 얻는다. **이마누엘 칸트**

다른 생명을 숙고함으로써 숭고함을 경험할 수도 있다. 우리는 자신의 신경계와 지각계를 바탕으로 무엇이 현실인지에 대해서 나름의 믿음을 가지고 있지만, (반향 정위를 통해서 위치를 지각하는) 박쥐는 다른 차원의 현실에서 살아간다. 박쥐의 지각은 우리의 지각계를 뛰어넘는다. 우리가 지각하지 못하는 다른 요소들, 우리에게 보이지 않는 다른 현실들로는 무엇이 있을까? (대부분의 과학 분야에서 최근 발견된 사실들은 눈을 번쩍 뜨이게 하는 효과가 있으며, 대중과학 잡지의 아무 기사나 읽어도 숭고한 생각을 몇 가지 얻을 수 있다.) 또는 평상시의 나침반 바늘이 뒤죽박죽이 되는 장소에 직접 가볼 수도 있다. 사뭇 다른 문화를 접하거나, 탁 트인 바다, 드넓은 눈밭, 우람한 산처럼 인간적 요소를 보잘것없어 보이게 하는 풍경을 찾아가라. 우리를 왜소하게 만드는 것을 물리적으로 대면하면, 우리는 자신이 모든 것의 중심이자 척도이던 평상시의 지각이 뒤집히는 경험을 하게 될 것이다.

✦ **오늘의 법칙** ✦ 숭고한 것을 대면하면 우리는 떨림을 느끼고 죽음 자체를 미리 맛보는데, 이것은 우리의 정신이 아우르기에는 너무나 거대한 경험이다. 이것은 한순간 우리를 자만심으로부터 흔들어 깨워 습관과 진부함의 죽음 같은 손아귀에서 우리를 해방시킨다.

『인간 본성의 법칙』: 18. 인간의 운명인 죽음을 생각한다 — 죽음 부정의 법칙

12월 15일 육체적 죽음에 대한 자각을 경험하라

언제나 자신이 두려워하는 일을 하라. **랠프 월도 에머슨**

일본 검객들은 가장 예민한 신경의 중추이자 삶과의 연결 고리가 내장에 있다고 생각했다. 내장은 우리를 죽음과 연결하는 중심이기도 했다. 그들은 이 감각을 최대한 깊이 명상하여 육체적 죽음에 대한 자각을 경험했다. 하지만 내장뿐 아니라, 우리는 쇠약해졌을 때에 뼈에서도 비슷한 자각을 경험할 수 있다. 우리는 잠들기 전에도 종종 죽음을 신체적으로 느낄 수 있다. 몇 초간 자신이 한 형태의 의식에서 다른 형태의 의식으로 넘어가는 것을 느끼는데, 그 전환의 감각은 죽음과도 같다. 여기에는 두려워할 것이 전혀 없다. 사실 죽음을 자각하는 것은 자신의 만성적인 불안을 가라앉히는 큰 효과가 있다.

✦ **오늘의 법칙** ✦ 여기에서도 상상력을 동원할 수 있다. 죽음이 다가오는 날 우리가 어디에 있을 것이며, 어떻게 죽게 될 것인지 상상해보라. 이것을 최대한 생생하게 느껴야 한다. 내일이 그날일 수도 있으니까.

『인간 본성의 법칙』: 18. 인간의 운명인 죽음을 생각한다 — 죽음 부정의 법칙

12월 16일 임사 체험

> 지금 당장이라도 이승을 떠날 수 있다는 사실이 당신의 말과 행동과 생각을 좌우하도록 하라. **마르쿠스 아우렐리우스**

임사 체험을 겪은 사람들이 쓴 책들에는 흥미로운 내용이 담겨 있다. 임사 체험의 효과는 다음과 같다. 평상시에 우리는 시선을 내면으로 향한 채 매우 산만하고 꿈속에 있는 듯한 상태로 살아간다. 우리의 정신 활동은 대부분 순전히 내적이며, 현실과 거의 무관한 환상과 분노를 중심으로 돌아간다. 반면에 죽음에 가까이 다가가면 온몸이 그 위협에 반응하면서 갑자기 주의가 집중된다. 아드레날린이 치솟고 혈액이 더욱 세차게 뇌와 신경계로 몰려드는 것을 느낀다. 그러면 정신이 훨씬 높은 수준으로 집중되며 우리는 새로운 세부 사항을 알아차리고 사람들의 얼굴을 새로운 시각에서 바라보며 주변 만물에서 덧없음을 감지하여 감정적 반응이 깊어진다. 이 효과는 몇 년, 심지어 몇십 년간 지속될 수도 있다.

✦ 오늘의 법칙 ✦ 임사 체험을 재현하려면 목숨을 위험에 빠뜨려야겠지만, 소소하게 일부 효과를 얻을 수 있다. 우선 자신의 죽음을 명상하고 그것을 더 현실적이고 물질적인 무엇인가로 전환할 방법을 모색하라.

『인간 본성의 법칙』: 18. 인간의 운명인 죽음을 생각한다 ── 죽음 부정의 법칙

12월 17일 모든 생명의 덧없음을 체감하라

인간이 결코 아다시 들판의 이슬처럼 희미해지거나 도리베 산 위의 연기처럼 사라지지 않고 영영 세상에 머문다면, 만물은 우리를 감동시킬 힘을 잃지 않겠는가! 삶에서 가장 귀중한 것은 그 불확실성이다. **요시다 겐코**

　　세상을 마치 마지막으로 보는 것처럼 보려고 노력하라. 주변 사람들, 매일 접하는 광경과 소리, 차량 소음, 새소리, 창밖 풍경을 이렇게 바라보라. 우리가 없어도 세상은 여전히 지속될 것이라고 상상한 직후에 자신이 다시 삶으로 돌아오는 기분을 느껴보라. 그러면 같은 풍경을 새로운 시각에서 보게 될 것이다. 당연하게 느끼거나 보는 둥 마는 둥하지 않을 것이다. 모든 생명의 덧없음을 체감하라. 만물이 안정되고 견고해 보이는 것은 우리의 착각에 불과하다. 이 지각에 따르는 슬픔을 두려워해서는 안 된다. 평상시에는 우리의 욕구와 관심에 단단히 매여 있던 감정이 세상을 향해, 또한 삶 자체의 애틋함을 향해 활짝 열릴 것이며, 우리는 이를 환영해야 한다.

✦ **오늘의 법칙** ✦　오늘 당신이 마지막으로 세상을 본다고 가정해보라.
『인간 본성의 법칙』: 18. 인간의 운명인 죽음을 생각한다 — 죽음 부정의 법칙

12월 18일 긴박감과 절박감을 품어라

삶은 선물이다. 삶은 행복이다. 매 분은 행복의 영원이 될 수도 있었다! 이것을 젊어서 알았다면! 이제 내 삶은 달라질 것이다. 이제 나는 거듭날 것이다. 형제여, 나는 희망을 잃지 않겠노라 맹세한다. 내 영혼을 순수하게 지키고 내 가슴을 열 것이다. 나는 더 나은 사람으로 거듭날 것이다. **표도르 도스토옙스키**

　무의식적으로 스스로를 죽음의 자각으로부터 단절하면, 우리는 시간과 특별한 관계를 맺게 된다. 시간과의 관계가 느슨해지고 확대된다. 우리는 시간이 언제나 실제보다 훨씬 많다고 상상한다. 우리의 정신은 모든 희망과 소망이 성취될 미래로 날아간다. 계획이나 목표가 있어도 좀처럼 에너지를 쏟아붓지 않는다. 내일 해도 된다고 스스로에게 말한다. 지금은 다른 목표나 계획에 착수해야겠다는 욕구를 느끼기도 한다. 모든 것이 솔깃하고 저마다 달라 보이는데, 어떻게 하나에 전념할 수 있겠는가? 일을 마무리해야 한다는 생각에 막연한 불안감을 느끼면서도 언제나 뒤로 미루고 힘을 분산한다. 그러다 마감일이 닥치면 시간과의 꿈 같은 관계가 산산조각 나고 어떤 대단한 집중력을 발휘하여 평소였다면 몇 주일이나 몇 달이 걸렸을 일을 며칠 만에 해치운다. 마감일로 인한 변화에는 신체적 성격도 있다. 아드레날린이 분출되어 우리를 활력으로 채우고 정신을 집중시켜 창의력을 북돋우기 때문이다. 몸과 마음이 하나의 목적에 온전히 집중되는 것을 느끼면 기운이 난다. 이것은 오늘날 우리의 산만한 상태에서는 좀처럼 경험하지 못하는 현상이다.

✦ **오늘의 법칙** ✦ 　자신의 필멸성을 일종의 끊임없는 마감일로 생각함으로써 위에서 언급한 삶의 모든 활동에서와 비슷한 효과를 거둬라.

『인간 본성의 법칙』: 18. 인간의 운명인 죽음을 생각한다 ─ 죽음 부정의 법칙

12월 19일 다시 태어난 것처럼 느껴라

삶은 끊임없이 죽어가는 과정이다. 아르투어 쇼펜하우어

1849년 12월 차르에 반대하는 음모에 가담했다가 투옥된 스물일곱 살의 작가 표도르 도스토옙스키Fyodor Dostoevskii는 느닷없이 동료 죄수들과 함께 상트페테르부르크의 한 광장으로 이송되었으며 곧 사형이 집행될 것이라는 말을 들었다. 전혀 예상치 못한 것이었다. 도스토옙스키가 총살 부대 앞에 서기 전, 마음의 준비를 할 시간은 몇 분밖에 없었다. 그 몇 분간 전에는 한 번도 느껴본 적 없는 감정이 밀려들었다. 그는 햇살이 성당 돔에 내리쬐는 것을 보았으며 모든 삶이 그 햇살처럼 덧없음을 깨달았다. 만물이 더 생생하게 느껴졌다. 그는 동료 죄수들의 얼굴 표정에서 용감한 겉모습 뒤의 두려움을 보았다. 마치 그들의 생각과 느낌이 투명하게 보이는 것 같았다. 마지막 순간 차르의 특사가 말을 타고 광장에 도착하여 사형이 몇 년간의 시베리아 중노동으로 감형되었다고 선포했다. 죽음과의 심리적 접촉에 완전히 압도당했던 도스토옙스키는 다시 태어난 기분이었다. 그 경험은 여생 동안 그에게 새겨져 새로운 깊이의 공감을 불러일으키고 관찰력을 키워주었다. 심오하고 개인적인 방식으로 죽음을 접한 다른 사람들도 비슷한 경험을 했다.

✦ **오늘의 법칙** ✦　당신이 사형 집행 직전에 구명받았다고 상상해보라. 이제 하루하루는 당신이 누리지 못하리라고 생각한 나날이다. 그렇게 살라.

『인간 본성의 법칙』: 18. 인간의 운명인 죽음을 생각한다 — 죽음 부정의 법칙

12월 20일 무엇이 중요한지 알라

당신이 두려워하는 모든 것에 대해서는 필멸자처럼 행동하고 당신이 욕망하는 모든 것에 대해서는 불멸자처럼 행동하라. **세네카**

당신에게는 도달해야 할 목표, 마무리해야 할 과제, 개선해야 할 관계가 있다. 삶의 불확실성을 감안하면 이것들은 우리의 마지막 과제일 수도 있고, 이 땅에서의 마지막 싸움일 수도 있다. 우리는 지금 하는 일에 온전히 전념해야 한다. 이것을 끊임없이 자각하면 무엇이 정말로 중요한지를 알게 된다. 옹졸하게 다투거나 다른 일에 한눈을 파는 것이 얼마나 짜증스러운 시간 낭비인지 깨닫는 것이다. 우리는 일을 마무리하는 데에서 오는 성취감을 원한다. 우리의 정신이 일과 하나가 되는 몰입 속에서 자신을 잊고 싶어한다. 그런 다음에는 우리가 일에서 돌아서더라도, 자신이 추구하는 쾌락과 기분 전환이 덧없음을 알기 때문에 더 의미 있어지고 더 강렬해진다.

✦ **오늘의 법칙** ✦ **인생이 짧다는 사실을 자각함으로써 하루하루의 행동에 명료함을 부여하라.**
『인간 본성의 법칙』: 18. 인간의 운명인 죽음을 생각한다 — 죽음 부정의 법칙

12월 21일 죽음에 대한 자각이 차이를 해소하게 하라

> 다시 한번 전염병이 돌면 이 모든 차이가 해소될 것이다. 죽음을 직면하면, 또는 죽음의 위협을 가하는 질병을 직면하면 우리의 기질에서 울분이 벗겨져 나가고 우리 가운데에서 적개심이 사라지고 우리는 새로운 시선으로 세상을 보게 될 것이다.
> **대니얼 디포**

1665년에 무시무시한 전염병이 런던을 휩쓸어 10만 명 가까운 주민들이 목숨을 잃었다. 작가 대니얼 디포Daniel Defoe는 당시 다섯 살에 불과했지만 전염병을 직접 목격했으며 이 경험은 그에게 오랫동안 깊은 인상을 남겼다. 약 60년이 지난 후에 그는 그해 런던에서 일어난 사건들을 나이 든 화자의 시선에서 재창조하기로 마음먹었다. 그는 자신의 기억과 방대한 조사와 삼촌의 일기를 활용하여 『페스트, 1665년 런던을 휩쓸다A Journal of the Plague Year』를 썼다. 책의 화자는 전염병이 기승을 부릴 때, 특이한 현상을 목격한다. 런던 사람들이 동료 시민들에게 훨씬 깊은 공감을 느꼈으며 평상시의 차이, 특히 종교 문제에 대한 차이가 사라진 것이다.

죽음을 통해서 삶의 철학을 깨달음으로써, 전염병이 우리의 부족적 성향과 평소의 자아도취에 미치는 것과 같은 정화 효과를 만들어낼 수 있다. 처음에는 작은 규모에서 주변 사람들을 바라보면서 그들의 죽음을 보고 상상하라. 이것이 그들에 대한 자신의 인식을 어떻게 갑자기 바꾸는지를 눈여겨보라.

✦ **오늘의 법칙** ✦ **고통과 죽음에 대해서 자신뿐 아니라 다른 사람들이 얼마나 취약한지 실감하라.**

『인간 본성의 법칙』: 18. 인간의 운명인 죽음을 생각한다 — 죽음 부정의 법칙

12월 22일 궁극적 어리석음

> 사람의 삶에서 일어나는 사건은 탄생, 삶, 죽음의 세 가지뿐이다. 그는 탄생을 의식
> 하지 못하고 고통 속에서 죽으며 망각 속에서 살아간다. **장 드 라브뤼예르**

　나는 실리콘 밸리가 죽음을 무한정 연기하거나 끝장내는 일에 집착하는 현상을 어떻게 생각하느냐는 질문을 종종 받는다. 나는 이것이 어리석음의 극치라고 생각하며, 오랫동안 반대의 목소리를 높여왔다. 그것은 존재하는 유일한 현실로부터 달아나는 것과 같다. 우리는 현실이 무엇인지를 놓고 논쟁을 벌일 수 있다. 우리에게는 나름의 현실이 있다. 반향 정위 능력이 없는 우리의 현실은 박쥐나 파리가 보는 현실과 다르다. 모든 피조물에게는 나름의 현실이 있지만 우리가 말할 수 있는 단 한 가지는 우리가 태어나고 죽는다는 것이다. 죽음에서 탈출하여 수명 연장을 꿈꾸는 것은 얼마나 이기적이고 자기중심적인가? 모든 사람이 수명을 50년, 100년 늘리려고 한다면 어떻게 되겠는가? 지구에 무슨 일이 벌어지겠는가? 지구에는 이미 80억의 인구가 살고 있다. 사람들이 죽지 않으면 자원이 사라질 것이다. 숨 쉴 공기와 마실 물이 부족해질 것이다. 따라서 수명을 늘리려는 것은 자신을 최우선에 놓는 격이다. 더 많은 '나'를, 더 많은 에너지를 소비하고 세상에서 더 많은 공간을 차지할 작정인가? 인구가 지금의 80억이 아니라 150억이 되더라도? 이런 정신 나간 짓이 어디에 있겠는가? 이것은 어리석음의 극치이자 광기이다.

✦ 오늘의 법칙 ✦　필멸성을 부정하고 맞서는 것은 인간적 어리석음의 극치이며 인간 본성에 대한 궁극적 모독이다. 마치 자신이 자연을 초월할 수 있다는 듯이. 당신은 자연을 초월할 수 없다. 자연이 당신의 한계를 정하기 때문이다.

"인간 본성의 법칙:로버트 그린 인터뷰", dailystoic.com, 2018년 10월 23일

12월 23일 가짜 숭고함을 피하라

우리가 오늘날 맞닥뜨리는 문제는 많은 사람들이 너무 약삭 빠르고 회의적이어서 숭고함 같은 구식 개념을 얕잡아본다는 것이다. 한물간 종교적 경험의 냄새를 풍긴다는 이유에서이다. 하지만 인간이 자신의 심리 구조에 새겨진 자연스러운 성향을 억압하거나 부정하려고 들면 억압된 욕망이 결국 오염될 수밖에 없는데, 이것이 가짜 숭고함이다. 가짜 숭고함을 추구하는 방법으로는 약물이나 알코올이 있으며, 우리를 엄격한 자아로부터 일시적으로 해방시키고 확장과 권력의 감각을 선사하거나 적어도 우리가 현대 세계에서 경험하는 우울을 완화하는 온갖 자극제도 있다. 게임이나 음란물을 통해서 가짜 숭고함을 추구할 수도 있는데, 매번 같은 효과를 얻으려면 폭력과 자극의 세기를 끊임없이 키워야 한다. 그런가 하면 사람들의 잠재적 분노와 불안을 해소해준다며 우후죽순 생겨나는 온갖 자질구레한 운동과 숭배 행위도 있다. 이 집단들을 통해서 사람들은 일상의 진부함으로부터 일시적인 해방감을 경험할 수는 있지만, 결국 대의의 아우라가 바래면 새 대의를 찾아야 한다. 또한 이 시대에는 기술 자체도 새로운 종교가 될 수 있다. 우리는 기술과 알고리즘을 통해서 자신을 표현하고 모든 것을 해결할 수 있다. 이것들이 가짜인 이유는 다음과 같다. 참된 숭고함은 산을 보거나 밤하늘을 올려다보거나 짐승을 맞닥뜨리거나 케이크를 차에 적시거나 강렬한 집단적 경험을 공유하거나 사람이나 자연에 깊은 사랑을 느끼는 등의 외부적 원천에 의해서 촉발되기는 하지만, 그렇더라도 변화는 우리의 내면에서 일어난다. 우리의 지각은 달라지고 정신이 경계를 넘어 확장된다. 그 뒤로는 세상이 다르게 보인다.

✦ 오늘의 법칙 ✦ 가짜 숭고함은 외부적 원천에서 비롯하며, 자극의 원인 자체에 대한 의존성이 증가하는 것 말고는 어떤 내적 변화도 지속되지 않는다. 21세기에 인류가 빠져 있는 온갖 중독은 거짓되고 타락한 형태의 숭고함이다.

『숭고함의 법칙』: 머리말

12월 24일 스스로를 사지에 몰아넣어라

　　군 지휘관들은 군대가 탄생한 이래로 이 주제에 대해서 생각해왔다. 어떻게 하면 병사들을 더 의욕적이고 공격적이고 필사적으로 싸우게 할 수 있을까? 어떤 장군들은 불같은 웅변에 의존했으며, 유난히 달변인 사람들은 어느 정도 성공을 거두기도 했다. 그러나 2,000여 년 전 중국의 전략가 손자는 연설이 아무리 사기를 북돋운다고 해도 듣기만 하는 것은 너무 수동적인 경험이므로 그 효과가 지속되지 않는다고 생각했다. 그 대신 손자가 제안한 것은 '사지死地'이다. 사지란 산이나 강, 숲 같은 지형지물이 부대의 뒤에 있어서 퇴로가 없는 장소를 일컫는다. 퇴각할 길이 없으면 평지에서 싸울 때보다 군대의 사기가 두세 배로 오른다고 손자는 주장했다. 이것은 죽음을 절박하게 느끼기 때문이다. 손자는 병사들을 의도적으로 사지에 배치하여 그들이 절망적인 상황에서 죽기살기로 싸우도록 하라고 조언했다. 세상을 지배하는 것은 필요이다. 사람들은 반드시 해야 할 때에 행동을 바꾸며, 목숨이 달려 있을 때에만 긴박감을 느낀다.

✦ 오늘의 법칙 ✦　**시간이나 자원을 허비할 수 없을 만큼 절박한 상황에 스스로를 몰아넣어라. 패배를 감당할 수 없다면 패배하지 않을 것이다. 자신을 '사지'에 몰아넣어라. 등 뒤에 벽에 있으면, 살기 위해서 죽기살기로 싸워야 한다.**
『전쟁의 기술』: 4. 절체절명의 순간으로 자신을 밀어넣어라 — 배수진

12월 25일 이 또한 계속되지 않을 것이다

인간의 정신은 사람, 문화, 자아 정체성에 대한 고정된 이미지를 내세워 시간의 가차 없는 흐름을 멈추게 하는 습성이 있다. 그러나 우리가 진정으로 진화에 민감하다면, 부단히 흘러가는 세상에서 이 이미지들이 스쳐 지나가는 그림자에 불과하다는 사실을 깨달을 것이다. 하루하루 시시각각 우리는 늙어간다. 타인과의 교류는 매번 우리의 생각을 바꾸고 빚는다. 우리는 끊임없이 발전하는 산물이며 결코 똑같은 상태에 머무르지 않는다. 헤라클레이토스Heracleitos가 말했다. "당신은 같은 강에 두 번 발을 담글 수 없다. 강은 같은 강이 아니고 당신은 같은 사람이 아니다." 진화는 새로운 형태와 실험의 공간을 창조하기 위해서 이 끊임없는 흐름과 대량 멸종의 주기적 순환이 필요하다. 그러나 인간은 자신의 필멸성을 자각하고서 움츠러든다. 우리는 과거에 붙박여 이 흐름을 정신적으로 멈추고 싶어한다. 기쁨뿐 아니라 고뇌와 심지어 고통에까지 매달리고 싶어한다. 이 모든 것은 내적 영속성과 안정성의 환상을 만들어내기 위해서이다. 하지만 우리가 정작 해야 할 일은 떠나보내는 것, 생명이 우리에게 강요하는 모든 이별을 온전히 받아들이는 것이다. 우리의 경험과 모든 주변 생물에 애틋함과 의미를 부여하는 것은 다름 아닌 그것들의 덧없음이다. 아무것도 지속되지 않으리라는 것을 위안으로 삼아라. 우리가 지금 느끼는 우울과 실망도 언젠가는 끝날 것이다. 주변 세상을 목격할 우리의 시간이 얼마나 짧은가를 알면, 그 숭고함은 더욱 커진다.

✦ **오늘의 법칙** ✦   과거를 떠나보내고 자신이 생명의 흐름에 쓸려 내려가는 것을 느껴라. 그러면 그 뒤에 떠오르는 모든 힘과 에너지를 느낄 수 있을 것이다.

『숭고함의 법칙』: 2. 살아 있음의 낯섦에 눈떠라 — 생물학적 숭고함

12월 26일 지구적 뇌로의 여행

당신은 자신이 생각하는 대로의 존재가 되며 하루하루의 생각은 당신의 현실이 된다. 당신은 뇌의 풍경을 풍요롭게도, 황량하게도 창조할 수 있다. 똑같은 강박, 스마트폰의 조그만 영역으로 생각을 위축시키면 그것이야말로 당신이 자신만을 위해 창조한 세상이 된다. 당신이 물려받은 이 엄청난 수단을 그렇게 허비하다니! 방향을 반대로 돌리면 정반대의 과정이 시작될 것이다. 끊임없는 확장이 일어나고, 마음의 문이 모든 방향으로 열리고, 창의적 연결과 새로운 아이디어가 뇌에 쏟아질 것이다. 당신은 탐색을 그만두고 싶지 않을 것이다. 당신의 탐색은 인간 정신의 부단한 활력을 위한 끊임없는 즐거움의 원천이기 때문이다. 이것이야말로 당신이 선택해야 할 방향이다. 우리 인간은 흥미롭게도 이 무한한 내적 우주를 일종의 지구적 뇌인 인터넷의 형태로 무의식적으로 모방했다. 인터넷에는 거의 모든 역사 기록이 담겨 있으며, 모든 분야와 시도를 망라하는 수십억 인구의 생각과 경험이 들어 있다. 그 내용의 대부분은 헛소리이지만 일부는 서로 다른 생각과 분야의 연결이라는 형태로 새로운 가능성을 품고 있다.

✦ **오늘의 법칙** ✦ **인터넷이라는 이 경이로운 수단을 관심 끌기나 분노 배출이나 우월성 과시에 쓰지 말고 지구적 뇌 속으로 안내하는 매혹적인 초대장이라는 새로운 시각에서 들여다보라. 이 여행에서 당신은 인터넷이라는 방대한 우주를 자유롭게 돌아다니며 놀라운 연결을 만들어낼 것이다.**

『숭고함의 법칙』: 1. 정신을 극한까지 확장하라 — 우주적 숭고함

12월 27일 아모르 파티

> 인간의 위대함을 위한 나의 공식은 아모르 파티이다. 이것은 미래에도, 과거에도, 영원을 통틀어 언제라도 자신 아닌 다른 것이 되기를 바라지 않는 것이다. 필연적으로 일어나는 것을 감수할 뿐 아니라 사랑하는 것이다. **프리드리히 니체**

아모르 파티(amor fati, 운명에 대한 사랑)의 의미는 다음과 같다. 삶에는 우리가 어쩔 수 없는 것이 많으며, 죽음은 그 궁극적인 사례이다. 우리는 질병과 신체적 고통을 경험할 것이다. 사람들과의 사별을 겪을 것이다. 자신의 잘못과 동료 인간들의 지독한 악의 때문에 실패를 경험할 것이다. 우리의 과제는 이 순간들을 받아들이고—고통을 위해서가 아니라 배움을 얻고 자신을 성장시킬 기회로서—심지어 끌어안는 것이다. 이렇게 하면 삶 자체를 긍정하고 그 모든 가능성을 수용할 수 있다. 그 핵심은 죽음을 온전히 받아들이는 것이다.

✦ **오늘의 법칙** ✦ 끊임없이 사건들을 운명으로 바라보는 연습을 하라. 모든 일에는 이유가 있으며 그것에서 교훈을 끌어내는 것은 우리의 몫이다.

『인간 본성의 법칙』: 18. 인간의 운명인 죽음을 생각한다 — 죽음 부정의 법칙

12월 28일 하늘과 별

별들. ……밤마다 이 미美의 사절들이 밖으로 나와 준열한 미소로 우주를 밝힌다.
랠프 월도 에머슨

구름 한 점 없는 날, 온전히 자신의 생각만 품은 채 무한한 푸른 하늘을 올려다보며 정신을 확장시켜라. 끝없는 우주를 느끼려고 노력하라. 그런 다음 태양을 보라. 평소에는 태양을 당연시했다면, 이번에는 여느 별처럼 탄생하여 사멸하는 과정에 있는 하나의 별로 바라보라. 잠시 이 형언할 수 없는 현실을 이해하려고 해보라. 태양과 지구 사이의 거리는 생명의 탄생에 안성맞춤이었으며, 생명은 바로 저 태양이 비추는 온갖 다채로운 색깔을 낳았다. 달 표면을 걸었던 아폴로 호의 우주 비행사들은 그곳에서 생명 없는 풍경을 지배하는 암울한 회색과 갈색을 보았다고 말했다. 색깔의 존재가 얼마나 귀한지 마음에 새긴 채 색깔 자체를 놀랍고 경이로운 현상으로 바라보라. 밤에는 달이나 별들을 보면서 바빌로니아인, 고대 이집트인과 그리스인, 마야인을 비롯한 선조들을 황홀하게 하고 그들의 넋을 빼앗은 것과 똑같은 광경을 지금 보고 있음을 떠올려보라. 그들은 밤하늘을 보면서 그 많은 신화와 믿음 체계를 만들어 우주에 생명을 부여했다. 이것을 받아들이면서 정교한 현대적 관점을 버리고, 원시 종교의 눈으로 하늘을 살아 있는 존재로 바라보라. 달을 보면서 지구와 테이아(Theia : 우리 태양계에 한때 존재한 행성)가 충돌하여 생긴 먼지에서 달이 기원했음을 생각하라. 별들을 볼 때는 수백만 년, 수십억 년이 걸려 우리에게 온 빛을 보고 있음을 곱씹어라.

✦ **오늘의 법칙** ✦　　하늘과 별들을 마치 처음 보는 것처럼 보라.

『숭고함의 법칙』: 1. 정신을 극한까지 확장하라 — 우주적 숭고함

12월 29일 수수께끼를 묵상하라

우선 스스로에 대해서 묵상하라. 당신의 몸과 마음은 실로 수수께끼이다. 당신은 감정의 원천에 결코 접근할 수 없다. 뇌 속을 들여다볼 수 없고 생각을 불러일으키는 과정들을 볼 수 없다. 당신의 생각이 수많은 외부 자극들로부터 얼마나 영향을 받았는지도 알지 못한다. 신체의 과정을 들여다볼 수도 없다. 몸속에서 당신을 살아 있게 하는 모든 것의 고차원적인 복잡성을 파악할 수 없다. 당신의 감각은 현실의 일부만을 드러낼 뿐이다. 당신은 박쥐나 돌고래가 보는 것을 볼 수 없으며 고양이나 개가 듣는 것을 듣지 못한다. 너무나 많은 것들이 여전히 당신의 감각에 감지되지 않는다. 당신이라는 총체적 수수께끼를 숙고한 뒤에 이것을 바깥으로 확장하라. 당신은 주변 사람들의 생각과 내면적 삶에 대해서 어떤 실마리도 잡지 못한다. 그들은 당신이 상상하는 것보다 훨씬 복잡하다. 당신은 문화에서 현재 순간을 관통하는 추세와 그것이 가져올 미래를 전혀 파악하지 못한다. 당신은 다른 생명체들의 내적 작용과 경험을 이해하지 못하며 당신이 걷고 있는 이 지구의 기원에 대해서도 전혀 알지 못한다. 계속 확장하라. 우리 은하와 그 너머의 행성들은 끝없는 수수께끼를 담고 있으며 심지어 기상천외한 형태의 외계 생명체가 존재할 가능성도 있다. 우주는 대부분 암흑 물질과 암흑 에너지로 이루어져 있다. 당신은 실로 보이지 않는 것으로 둘러싸여 있는 것이다. 과학이 발전할수록 더 많은 수수께끼가 밝혀진다는 사실을 곱씹어라. 당신은 항해를 계속하다가 마침내 우리가 아는 우주의 경계선에 도달한다. 그 너머에 무엇이 있는지는 우리의 상상을 뛰어넘으며 어쩌면 이는 궁극적 수수께끼인지도 모른다.

불확실성과 심지어 불편함의 느낌을 숙고하고 단단히 붙잡아라. 잠들어 있던 당신의 경이감은 그런 불확실성 가운데에서 꿈틀거리기 시작할 것이며, 마치 당신이 어릴 적에 그랬던 것처럼 만물이 새롭고 놀랍게 보이기 시작할 것이다.

『숭고함의 법칙』: 1. 정신을 극한까지 확장하라 — 우주적 숭고함

12월 30일 자신의 무의미함을 받아들여라

몸집이 점점 작아져 어릴 적으로 돌아간다고 상상해보라. 잠시 당신이 부모보다, 당신이 다닌 학교보다, 주변의 물리적 세상보다 작았을 때의 감각을 다시 경험하라. 거대해 보이는 것과 마주했을 때의 두려움과 흥분으로 돌아가라. 그런 다음 더 몸집을 줄여 유아기로 돌아가 어둠이나 그림자를 보고서 느끼던 공포감을 다시 상상하라. 상상을 계속 이어가 자궁으로, 당신이 생명체로서 존재한 가장 작은 기원으로, 세포 수준으로, 한낱 분자로, 그다음 원자로, 입자로, 말 그대로 대기 중으로 흩어지는 순간으로 돌아가라. 이것은 죽음의 과정을 거꾸로 돌리는 셈이다. 무엇도 당신을 우주 만물로부터 분리하지 않는 정도로까지 작음의 감각을 느껴보라.

이 무無로의 소멸을 내면에서 느꼈다면 이렇게 생각해보라. 이것이 무한한 시공간에 대비되는 개체로서 당신 앞에 놓인 현실이다.

✦ **오늘의 법칙** ✦　**당신이 이 무의미함과 작음을 자각한다는 사실이야말로 역설적으로 당신을 강하고 중요하게 한다. 다른 어떤 동물도 현실을 이렇게 이해하지는 못한다. 이런 자각은 척도를 올바르게 감지했을 때에 찾아오는 경외감과 연결의 감각을 당신에게 회복시켜줄 것이다.**

『숭고함의 법칙』: 1. 정신을 극한까지 확장하라 ― 우주적 숭고함

12월 31일 궁극적 자유

죽음을 미리 성찰하는 것은 자유를 미리 성찰하는 것이다. ……죽는 법을 배운 사람은 노예가 되는 법을 떨쳐버린 사람이다. 죽는 법을 알면 모든 굴종과 제약에서 벗어날 수 있다. **미셸 드 몽테뉴**

마지막으로, 죽음을 통한 삶의 철학을 이렇게 생각해보라. 인간 의식이 탄생한 뒤로 죽음에 대한 자각은 우리를 두려움에 떨게 했다. 이 두려움은 우리의 믿음, 종교, 제도를 형성했으며, 우리가 보거나 이해하지 못하는 방식으로 온갖 행동에 영향을 미쳤다. 우리 인간은 두려움과 회피의 노예가 되었다. 하지만 방향을 바꿔서 자신의 필멸성을 더욱 자각하면 참된 자유를 맛볼 수 있다. 삶을 예측 가능하게 만들기 위해서 자신의 생각과 행동을 더는 제한할 필요가 없다. 결과를 두려워하지 않고 더 대담하게 행동할 수 있다. 불안을 가라앉히려고 동원하는 온갖 환각과 중독으로부터 벗어날 수 있다. 자신의 일, 관계, 모든 행동에 온전히 전념할 수 있다.

✦ **오늘의 법칙** ✦ **이런 자유를 조금이라도 맛보고 나면 우리는 시간이 허락하는 한 우리의 가능성을 더욱 탐구하고 확장하고 싶어질 것이다.**
『인간 본성의 법칙』: 18. 인간의 운명인 죽음을 생각한다 ─ 죽음 부정의 법칙